JONAS VERLAG

Edition Herus

Herausgegeben von HERUS e.V.
Hessisch-russischer interkultureller Austausch
und humanitäre Hilfe

www.herus-ev.de

Die Deutsche Bibliothek – CIP-Einheitsaufnahme

Ein Titeldatensatz für diese Publikation ist erhältlich
bei der Deutschen Bibliothek

© 2003 Jonas Verlag
für Kunst und Literatur GmbH
Weidenhäuser Str. 88
D-35037 Marburg
www.jonas-verlag.de

Umschlagabbildung: Chiffre für den außerordentlichen
Gesandten nach Rußland Generalleutnant v. Wutginau, 1724/25,
und Bericht F. v. Kettlers, 1726, Nov. 23, in: Staatsarchiv Marburg,
Best. 4f Rußland, Nr. 74, f. 339, Nr. 7, f. 4.

Gestaltung: Simone Tavenrath
Druck: Fuldaer Verlagsagentur

ISBN 3-89445-326-5

Inge Auerbach

Der hessische Löwe und der russische Bär

Die Beziehungen zwischen
Hessen-Kassel und Russland
16.–20. Jahrhundert

Jonas Verlag

VORWORT

Im Rahmen der Veranstaltungen der Deutsch-Russischen Kulturbegegnungen des Jahres 2003/2004 sowie des Ersten hessisch-russischen Kulturfestivals der HERUS e.V. lenkt das Hessische Staatsarchiv Marburg die Aufmerksamkeit auf eine alte Tradition des Rußlandinteresses in einem mittleren deutschen Territorium im Herzen Deutschlands: in Hessen-Kassel. Die Beschäftigung mit dem Thema ist kein Zufall. So beherbergte das Staatsarchiv nach dem Zweiten Weltkrieg für Jahrzehnte umfangreiche Archivalienbestände aus dem Baltikum. Es lieferte darüber hinaus Ausstellungsbeiträge speziell zu den Rußlandbeziehungen. Anläßlich der Universitätsjubiläen 1977 und 2001 zeigte es Quellen zu den beiden prominentesten Marburger russischen Studenten, Lomonosov und Pasternak, und zur „Marburger Schule" der Philosophie. Eine eigene Lomonosovausstellung entstand 1990 aus einer Kooperation mit dem Historischen Museum Moskau.

Ein besonderer Schwerpunkt des Staatsarchivs ist das Thema Auswanderung: Die Datenbank HESAUS erfaßt die Auswanderer aus Hessen-Kassel bis 1866, darunter auch die Rußlandauswanderer. Nachdem sich seit 1984 eine Wanderausstellung zur Auswanderung aus Hessen zu einem „Dauerbrenner" entwickelt hatte, wurde 1996 eine weitere kleinere Ausstellung speziell zur Rußlandauswanderung gezeigt.

Vor diesem Hintergrund greift die vorliegende Veröffentlichung nun in einem Überblick für die Zeit vom 16. bis zum Beginn des 20. Jahrhunderts die prägnanten Themen der Beziehungen zwischen Nord-Hessen und Rußland auf. Ohne weitere Unterstützung wäre dies nicht möglich gewesen. Daher ist an dieser Stelle herzlich zu danken HERUS (Hessisch-russischer interkultureller Austausch und humanitäre Hilfe) e.V., namentlich den Vorsitzenden Dr. A. de Faria e Castro und C. v. Rintelen sowie dem Geschäftsführer A. M. Zimmer, für die Aufnahme in die Reihe „Edition HERUS". Die Historische Kommission für Hessen hat sich ebenfalls an den Druckkosten beteiligt. Das Manuskript kritisch durchgesehen haben ein guter Freund, Dr. G. A. Bickert, sowie die Archivarskollegen des Staatsarchivs Marburg Dr. A. Hedwig, Dr. G. Menk, Dr. U. Löwenstein, Dr. G. Hollenberg und Dr. A. Schwersmann. Für die technische Unterstützung bedurfte es der Hilfe weiterer Mitarbeiter des Staatsarchivs: der Foto- und der Restaurierungswerkstatt, der Computerspezialisten und Frau Sabl. Allen danke ich herzlich für die Bemühungen. Schließlich geht der Dank an die Leihgeber von Bildern und anderen Realien für das Buch sowie die zugehörige Ausstellung.

Gewidmet ist der Band meiner Schwester Gisela.

I. Auerbach

Marburg, September 2003

Inhalt

Einleitung 6

I. Auswärtige Beziehungen 11

1. Hessen und Moskovien zur Zeit Ivans des Schrecklichen.
   Das frühe hessische Rußlandbild 12
2. Der Westen und die russische Kultur bis zum Beginn
   des 18. Jahrhunderts 28
3. Kurland, Schweden und Rußland.
   Hessische Heiratspolitik im Spannungsfeld der großen Mächte ... 43
4. Die diplomatischen Beziehungen und die Auswirkungen
   auf das Rußlandbild im 18. und 19. Jahrhundert 56

II. Wanderungen 69

1. Marburger Spuren im Werk Michail Vasil´evič Lomonosovs 72
2. Verbindungen zwischen Hessen und Rußland
   im 18. Jahrhundert 91
3. Auswanderung aus Hessen-Kassel nach Rußland
   im 19. Jahrhundert 100
4. Napoleons Hessen 107
5. Russische Kriegsgefangene des Ersten Weltkriegs in Hessen ... 112

Anhang

Anmerkungen 129
Bildnachweis 198
Dank 199
Abkürzungen 199
Quellen 200
Literatur 201

Einleitung

Die hessischen Veranstaltungen zur Pflege der deutsch-russischen Beziehungen in den Deutsch-Russischen Kulturbegegnungen des Jahres 2003/4 bieten Anlaß zum Nachdenken. Was hat Nordhessen mit Rußland zu tun? Rußland, so scheint es auf den ersten Blick, liegt Nordhessen bzw. dem alten Hessen-Kassel, im Herzen Deutschlands fern. Doch ist dies wirklich so? War dies immer so? Was wußte man wann und warum über Rußland, gab es ein Publikum, einen Interessenten- bzw. Leserkreis für Neuigkeiten oder Landeskundliches aus Rußland? Dies sind die Leitfragen für die vorliegende Publikation, denn schaut man genauer hin, so zeigt sich aus der historischen Überlieferung, daß in Hessen-Kassel eine sehr alte Tradition des Interesses an Moskovien existiert hat, und zwar in zwei Sphären: einerseits in der fürstlichen, diplomatischen, aber andererseits sehr wohl auch in derjenigen der Untertanen. Dieser Gesichtspunkt gliedert das Buch in zwei große Abschnitte.

Es waren nicht so sehr die Leser von Büchern, die Intellektuellen, die Studierten, die Pfarrer, die Moskovien seit der Wende zum 16. Jahrhundert als etwas Barbarisches, Exotisches, als den russischen Bären, fasziniert hat.[1] Der Hof in Kassel war auf Nachrichten über Moskovien angewiesen, da er außenpolitisch Stellung zu nehmen hatte. Das beginnt mit dem Livlandkrieg Ivans d. Schrecklichen im 16. Jahrhundert: Die Reichsstände mußten über die Finanzierung eines Krieges zur Verteidigung eines Reichslehens Livland nachdenken. Später, nach der gescheiterten habsburgischen Kandidatur auf den polnischen Thron, stand eine militärische Intervention in Polen-Litauen im Bündnis mit dem russischen Zaren auf der Tagesordnung. All das kostete Geld. Man brauchte als Landesherr Fakten, Nachrichten, um entscheiden zu können. Auf dem Reichstag zu Regensburg 1576 sahen die hessischen Gesandten die ersten leibhaftigen Russen und gewannen einen persönlichen Eindruck von diesen Exoten.

Die Frage ist, über welchen Wissenshorizont verfügte man in historischer Zeit in

1 *Russischer Bär, Karikatur von 1812 (Ausschnitt)*

Hessen. Was wußte man damals nachweisbar von Moskovien? Natürlich war die Kenntnis von Rußland bruchstückhaft, das Meiste fehlte, vor allem aktuelle Nachrichten über die Vorgänge innerhalb des riesigen russischen Reiches. Mit der Wende zum 17. Jahrhundert scheint das Rußlandinteresse zu erkalten, abgesehen von einem kurzen Aufflackern: Zu Beginn der *Smuta*, der russischen Zeit der Wirren, schmiedete Landgraf Moritz das unrealistische Projekt einer Einbeziehung Moskoviens in ein antispanisches Bündnis, offenbar aus reiner machtpolitischer Kalkulation. Die Herrschaft des Zaren erwies sich jedoch bald als nicht ausreichend legitimiert, um seine Dynastie am Ruder zu halten. Dies konnten weder der Landgraf noch Boris Godunov voraussehen. Aber auch grundsätzlich hatte sich Moritz hier verhoben. Boris Godunov arbeitete auf eine Einheirat seiner Kinder in die Familie der Könige hin. Konkret gab es ein Heiratsprojekt für seine Tochter Ksenija mit dem Erzherzog Maximilian, dann Verlobung mit einem Dänenprinzen. Er versuchte eine Kooperation mit den Habsburgern in der polnischen Frage. In der russischen Autokratie bestand im Unterschied zu Ständestaaten wie dem Heiligen Römischen Reich Deutscher Nation ein striktes Monopol des Herrschers auf Außenpolitik. Reichsfürsten waren keine standesgemäßen Verhandlungspartner, und erst recht nicht, wenn sie gegen einen potentiellen Bündnispartner opponieren wollen. Das hätte Landgraf Moritz wissen können, selbst wenn er nur die alte Landeskunde der „Moscovia" des Sigismund v. Herberstein gelesen und die unter den Fürsten ausgetauschten Neuigkeiten vom Kaiserhof angemessen interpretiert hätte.

Es liegt nahe, für die Lücke in der Fortentwicklung der hessisch-russischen Interessen und Beziehungen den 30jährigen Krieg und die Ohnmacht des nicht allzu bedeutenden und schwer zerstörten deutschen Territoriums ins Feld zu führen und verantwortlich zu machen. Doch die Medaille hat eine zweite Seite: Rußland schottete sich seit der Zeit Vasilijs III. bewußt und äußerst effektiv vom Westen ab. Der Westen war „ungläubig", dort lebten keine echten Christen, mit ihnen wollte man so wenig wie möglich zu tun haben. Die totale Nachrichtensperre hat der kaiserliche Gesandte Sigismund v. Herberstein bei seinen Aufenthalten in Moskau 1516, 1526/27 noch nicht erlebt. Seiner *„Moscovia"* (1549), einer Landesbeschreibung, war daher für ein Jahrhundert im deutschsprachigen Raum die Rolle des Standardwerkes über russische Verhältnisse beschieden. Erst der Gelehrte Adam Olearius konnte 1649 aufgrund eigenen Augenscheins eine neue Landeskunde verfassen. Sickerte dennoch Westliches ein, beschränkt auf den Zarenhof oder durch die Zaren veranlaßt, dann kam es in der Regel aus dem auch sprachlich benachbarten Polen-Litauen. Peter der Große tanzte in Pyrmont polnische Tänze. Warum, verstanden die deutschen Zaungäste nicht.

Auch in Moskau gab es einen beschränkten Wissenshorizont. Wofür interessierten sich die Moscoviter überhaupt, was rezipierten sie wann und warum aus dem Westen. Welche Rolle spielte gegebenenfalls Hessen? Dazu ist es nützlich, sich zunächst einen Überblick zu verschaffen über alle relevanten Aspekte der Beziehungen Rußlands zum Westen. Erst vor diesem Hintergrund ist Peter der Große, seine Bedeutung für den kulturellen Umbruch in Rußland, den Wandel vom alten zum neuen Rußland zu verstehen – und ebenso die intellektuelle Entwicklung des Universalgenies Michail

Vasil´evič Lomonosov: Er ist im allerrussischsten Milieu der von Peters Reformen fast unberührten Altgläubigen im Norden Rußlands aufgewachsen und hat dann nach Marburger Vorbild die Verfassung der St. Petersburger Akademie der Wissenschaften weiter verwestlichen wollen. Hiermit und mit weiteren „Marburger" Einflüssen auf sein Werk wird sich die vorliegende Arbeit eingehender befassen.

Für die fürstliche Sphäre auf deutscher Seite bedeutete die Abschottung Rußlands vor der Zeit Peter des Großen das Weitertradieren alter Stereotypen, ein völlig veraltetes Rußlandbild, das Mißtrauen schuf. Dies ging so weit, daß die Landgrafensöhne Friedrich und Georg voller Skepsis gegenüber dem russischen Bären Heiratschancen mit Töchtern des Zaren nicht wahrnehmen wollten. Dabei hatten sie eine Mutter, die aus Kurland kam, einen weltweit engagierten Großkaufmann zum Vater hatte und doch wohl relativ mehr über Rußland wußte als der Durchschnittsdeutsche. Es beeindruckte sie auch nicht, daß es inzwischen persönliche Kontakte zwischen Landgraf Karl und Peter dem Großen gab und Diplomaten über den großen Erfolg einer Modernisierung Rußlands durch die Reformen dieses Zaren wie über die Fürstentöchter angemessene Erziehung der Prinzessinnen berichteten. Standesgründe bewirkten ein übriges: Uneheliche, wenn auch legitimierte Töchter einer ehemaligen Dienstmagd, der späteren Katharina II., kamen selbst dann nicht in Frage, wenn man das berühmte Sechstel der Erde erheiraten konnte.

Die Chance einer Kasseler Heirat mit einer Tochter Peters des Großen wurde also vertan. Landgraf Karl, Vater des Schwedenkönigs, war Peters erste Wahl als Schwiegervater für seine Kinder. Hier hätte sich aus zarischer Sicht eine dynastische Lösung der Probleme mit Schweden ergeben können, mit dem um die Vorherrschaft im Ostseeraum gerungen wurde. Die Heirat in ein „kleineres" Haus stand im übrigen in der Tradition moscovitischer Heiraten, um das Gleichgewicht der Großen bei Hofe nicht zu stören. Der Heiratsmarkt unter den deutschen Fürsten ließ sich in solche Grundprinzipien zarischer Familienpolitik gut einpassen: man konnte Katholiken umgehen, da Protestanten mutmaßlich leichter zu einem Glaubenswechsel zur Orthodoxie zu bewegen waren – die Protestanten galten in der orthodoxen Kirche grundsätzlich als weniger gefährlich.

Die direkten diplomatischen Beziehungen Hessen-Kassels zu Rußland entwickelten sich in der fürstlichen Sphäre, stockend, ohne große darauf verschwendete Energie, nach vorgegebenen Mustern des westlichen diplomatischen Korps. Unter den Herrschern wurden im 18. Jahrhundert formalisierte quasi-familiäre Beziehungen üblich. Hessen schickte aus aktuellem Anlaß auch einige außerordentliche Gesandte nach St. Petersburg oder Moskau. Was sie über Rußland berichteten, ist einigermaßen überraschend: Es sind Eindrücke aus der Sphäre der völlig verwestlichten russischen Oberschichten. Auch der sogenannte Gemeine Mann hatte nun, im 18. und 19. Jahrhundert, durch Wanderungsbewegungen nach Rußland, persönliche Kontakte geknüpft, und die reine Menge der anfallenden Geschäfte erzwang schließlich die Errichtung kurhessischer Konsulate im Russischen Reich.

Hier stehen wir an einer Nahtstelle, dem Sprung von den Fürsten zu den Untertanen. Es sind Wanderungen, freiwillige und unfreiwillige, kurzfristige Reisen und auf Dauer angelegte Aufbrüche aus der Heimat von Einzelpersonen oder Gruppen in beide Richtungen, die hessische Einflüsse auf die russische Kultur, russische Einflüsse auf die von Hessen bewirkt haben: Man denke hier nur an die prominenten Marburger Studenten Lomonosov und Pasternak oder an die Gründung der Willingshäuser Malerschule durch den „Russen" und am russischen Hof gut eingeführten Baltendeutschen v. Reutern.

Das Universalgenie Lomonosov hat in Marburg studiert, und ohne seine Marburger Bildung ist ein erheblicher Teil seines Werkes nicht zu verstehen. Der zweite sehr prominente Russe an der Marburger Universität, der Schriftsteller und Nobelpreisträger Boris Pasternak hingegen hat in seinem Œuvre auf den ersten Blick wenig „Marburger" Einflüsse aufzuweisen. Er kam im Sommersemester 1912 hierher wegen der philosophischen Schule der Neukantianer (Cohen, Natorp) und blieb nur ein Semester. Die russischen Studenten an der Marburger Universität bis zum Ausbruch des 1. Weltkrieges waren im übrigen, wie Pasternak selbst, überwiegend Juden. Der harte antisemitische Numerus clausus an russischen Hochschulen zwang sie ins Auslandsstudium.

Pasternak hat relativ wenig, ausschließlich Philosophie, studiert, aber angefangen zu dichten. Wie die übrigen Russen saß er bei einem anderen „Russen", dem Philosophen Nikolaj Hartmann aus Riga – baltische bzw. russische Gastfreundschaft wird den Zulauf bei dem nicht so prominenten Privatdozenten z.T. erklären. Pasternak hörte bei Hartmann zu einer Zeit, als dieser über den Zwischenschritt der *„Philosophischen Grundfragen der Biologie"* (1912) seine *„Philosophie der Natur"* vorbereitete, über die Grundbegriffe des Lebendigen nachdachte und Wert- und Personenfragen der Ethik über Kant hinausgehend neu zu beleuchten suchte. Schließlich ging er dann in seiner Tugendlehre ausweglosen Kon-

2 Evgenija Vladimirovna Pasternak, Boris Pasternak in den 20-er Jahren

fliktsituationen im menschlichen Leben nach, rechnete mit notwendiger Schuld und beleuchtete die Rolle des Gewissens, von Ethik und Religion neu. „Dr. Živago" („Dr. des Lebendigen") darf durchaus in diese Tradition des Philosophierens gestellt werden. Diese Untersuchung kann hier nur angeregt, nicht geleistet werden.

Abgesehen von prominenten Einzelwanderern oder Reisenden fallen die Massenwanderungen in das Blickfeld. Es handelt sich dabei in erster Linie um die Folge von Kriegen. Das Schicksal von Kriegsgefangenen ist speziell aus hessischer Sicht bemerkenswert. Die Behandlung der Deutschen im Zarenreich 1812 ff. und auf der anderen Seite die der russischen Staatsangehörigen als deutsche Kriegsgefangene des Ersten Weltkrieges geben Anlaß zu einer eingehenderen Betrachtung. Es gäbe eine russische Sicht der Dinge zu beiden Themenbereichen, die aber künftigen Forschungen überlassen werden muß.

In Bezug auf die Behandlung der russischen Gefangenen durch die preußische Verwaltung zu Beginn des 20. Jahrhunderts im Vergleich zu derjenigen der „Untermenschen" im sogenannten Dritten Reich lassen sich markante Unterschiede feststellen. Es werden aber ebenso die Wurzeln sichtbar für die spätere Mißhandlung in der überkommenen Diskriminierung von allen Fremden im Dorf, von Unterschichten in der Gestalt von „Russen/Polen/Saisonarbeitern" wie der von Kriegsgegnern im allgemeinen. Jedenfalls ist das Bild in sich noch differenzierter als im Zweiten Weltkrieg, im Guten wie im Bösen, da die Obrigkeit Überschreitungen gegen bürgerliche Moralvorstellungen nicht förderte, sondern – wenn manchmal auch nur aus reinen Nützlichkeitserwägungen – zu unterbinden suchte.

Das Fach Osteuropäischen Geschichte hat sich, zumal nach Ende des „Kalten Krieges", der Frage der eigenen Existenzberechtigung zu stellen. Sie war immer mehr als Politikwissenschaft, bei weitem mehr als „Magd der Tagespolitik"und akzentuierte immer auch die Rückbesinnung auf die Vergangenheit in der Hoffnung, die in der Gegenwart weiter lebenden Traditionen bzw. historisch bedingte Verhaltensmuster zu verstehen. Letztlich ist dies ganz „normale" Geschichtsschreibung. In Marburg geschieht dies mit Blick auf Rußland bereits seit dem Ende des 19. Jahrhunderts. In dieser Tradition, der Förderung des „Verstehens" der russischen Kultur und Geschichte wurde das vorliegende Buch geschrieben. Wirkliches Verstehen basiert immer, wie der Fortschritt in der Erkenntnis überhaupt, auf der Berücksichtigung und der Sicherung der Fakten. Daher wurde auf einen wissenschaftlichen Anmerkungsapparat nicht verzichtet. Er kann – und wird hoffentlich – für weitere Forschungen nützlich sein.

---

1 Zu den Anfängen des westlichen Bildes vom russischen Bären im England der Shakespeare-Zeit, Anfang des 17. Jahrhunderts, vgl. H. Lemberg, Zur Entstehung des Osteuropabegriffs im 19. Jahrhundert. Vom „Norden" zum „Osten" Europas, in: JbfGO, Bd. 33 (1985), 48 ff.

I. Auswärtige Beziehungen

I.
Hessen und Moskovien zur Zeit Ivans des Schrecklichen. Das frühe hessische Russlandbild

„*Die ... ausführliche Behandlung der osteuropäischen Geschichte wird kaum der Rechtfertigung bedürfen ... Das weltgeschichtlich Große, in welcher Gestalt es auch erscheinen mag, ist an sich wissenswürdig, und findet zwischen uns und den Russen in unserer Denkungsart ein Zwiespalt statt, der sich noch nicht ausgeglichen hat, so ist es für uns selbst ersprießlich, den Grund für diese Gegensätze mit denen aus ihnen für Staatsbildung und Volkserziehung sich ergebenden Forderungen klar zur Anschauung zu bringen*" – so Ernst Herrmann, der erste Osteuropahistoriker, Rankeschüler und Marburger Professor für Neuere Geschichte ganz an den Anfängen des Faches Osteuropäische Geschichte in Deutschland.[1]

In der Tat hat sich seit dieser Zeit, also fast 150 Jahren, erwiesen, daß die Darstellung des Verhältnisses der Deutschen zu den Russen neben der Untersuchung von Einzelphänomenen der Geschichte dieser Nation ein so zentrales Anliegen der wissenschaftlichen Forschung geblieben ist, daß noch immer die Beschäftigung mit der russischen Geschichte das gesamte Fach Osteuropäische Geschichte beherrscht. Rußland ist mit seinen aktuellen Problemen auch nach seinem Abstieg aus dem Rang einer der Großmächte ein zentrales Thema der deutschen Presse geblieben. Und doch liegt im Selbstverständnis der Deutschen nicht so viel an der Spiegelung der Bedeutung der eigenen Nation im russischen Gegenbild wie für die Russen an dem Thema „Rußland und der Westen", was zur Entstehung der beiden, bis heute nicht völlig überwundenen Denkschulen des 19. Jahrhunderts, der Slavophilen und der Westler geführt hat. Für das im Herzen Deutschlands liegende Hessen-Kas-

3 Ernst Herrmann

sel lag Rußland, mit dem man keine gemeinsamen Grenzen hatte, immer weit entfernt, es war kein Reiseziel, kein unmittelbarer Handelspartner von Bedeutung und es lag auch fast vollständig außerhalb dynastischer Interessen. Allein bei der Minorität der Kommunisten und mancher Sozialisten erreichte die Sowjetunion im 20. Jahrhundert den Status von Frankreich, Italien oder England als von Ländern, nach denen man sich intellektuell orientierte, die man in einzelnen Bereichen imitierte, die man relativ gut kannte oder zu kennen glaubte.

Die Absicht der Untersuchungen, die sich mit der Entwicklung des deutschen Rußlandbildes befassen,[2] nach dem Zweiten Weltkrieg getragen von dem Gefühl der Schuld gegenüber dem zum „Untermenschen" abgestempelten und entsprechend behandelten Russen,[3] ist der Abbau von Vorurteilen.[4] Je mehr dies gelungen ist, auch durch die Breitenwirkung des Tourismus, um so überflüssiger wird der Missionseifer, der die Osteuropaforschung in den ersten Jahrzehnten nach dem Kriege getragen hat.

Erarbeitet wurden Wandlungen im Rußlandbild, Nuancen der Übernahme von Argumenten und Bildern, der Einbau neuer Erfahrungen in das Gesamtbild von Rußland.[5] Was in der Osteuropaforschung nicht weiter vertieft wurde, ist die Frage, warum bestimmte Phänomene wahrgenommen werden, andere hingegen nicht oder weniger. Herrmann, der Neuhistoriker, hatte bereits darauf hingewiesen, daß es „für uns selbst ersprießlich" sei, nach den Ursachen zu forschen, und damit erkannt, daß ein Griff in die deutsche Geschichte notwendig sei, um den „Grund für die Gegensätze" genauer zu erkennen, man also vergleichende Geschichte treiben müsse.

Im folgenden sollen an ungedrucktes hessisches Quellenmaterial, sog. „Zeitungen",[6] Fragen gestellt werden (1.) nach der Rolle von unterschiedlichen Verhaltensnormen bei der Entstehung von Bildern des anderen Volkes, (2.) nach der Funktion des Rußland-Stereotyps in der deutschen Gesellschaft, (3.) nach den Kommunikationskanälen und deren Auswirkung auf das jeweilige Rußlandbild und (4.) nach der Bedeutung des Rußlandbildes und heimischer Faktoren für die Stellungnahme des Hauses Hessen zur Reichspolitik gegenüber Moskau.

Die Rolle von unterschiedlichen Verhaltensnormen bei der Entstehung von Bildern des anderen Volkes

Die Erkenntnis der Nachbardisziplinen Psychologie und Soziologie, daß das Stereotyp, das Setzen der eigenen Normen und Wertvorstellungen zum allgemeingültigen Maßstab des Verhaltens, einem sozialpsychologischen Bedürfnis, d.h. der Sicherung des Selbstwertgefühls und des Zusammenhalts der Eigengruppe, dient,[7] steht im Gegensatz zur Feststellung: *„Wir wissen nicht, ob es irgendwelche psychische Gleichartigkeiten von Angehörigen ein- und desselben Volkes gibt, wir sind deshalb auch nicht in der Lage zu entscheiden, ob Urteile, mit denen eine derartige Gleichartigkeit angenommen wird, richtig sein können oder nicht"*.[8] Es gibt für Völker jedenfalls eine gemeinsame Prägung durch die jeweilige Rechtsordnung in Gestalt von mündlichem oder geschriebenem Recht und Anordnungen der Obrigkeiten zum Zwecke der Sozialdisziplinierung, die das Verhalten und Urteilen lenken, auch wenn sie längst in Vergessenheit geraten sind. Man muß also nach den Gründen forschen, die für das Erkennen einer Merkwürdigkeit im Fremden verantwortlich sein mögen.

Nachrichten im Sinne der Presse beinhalten neben aktuellen Ereignissen zumeist ungewöhnliche Dinge, d.h. Verstöße gegen eine geltende Norm. Was von Rußland oder den Russen in Deutschland berichtet wird, war also aufgefallen. Daß es ins Blickfeld trat, hat deutsche Gründe. Wenn also die russischen Gesandten auf dem Reichstag in Regensburg 1576 als „Knoblauchesser" charakterisiert werden[9] – nach dem Ausweis unabhängiger Quellen aßen die Russen im 16. Jahrhundert tatsächlich viel Zwiebeln oder Knoblauch[10] – bedeutet das, daß die hessische Küche damals den Knoblauch nicht oder nur sparsam verwendete. Das Vorurteil vermittelt also Einsichten nicht nur in russische, sondern auch in deutsche Verhältnisse. Daß dieses nationale Vorurteil nicht an den Russen hängen blieb, beruht auf einem Wandel der russischen Küche, die sich seit dem 18. Jahrhundert an der französischen orientierte. Darüber hinaus mag die erst kürzlich nach dem Zweiten Weltkrieg, als Folge der Auslandsreisen und durch die Restaurants der Ausländer in Deutschland, eingetretene Internationalisierung der deutschen Kochgewohnheiten auf lange Sicht zum Absterben des deutschen Stereotyps „Knoblauchesser" gegenüber anderen Nationen überhaupt führen.

Das Beispiel zeigt, daß bei der Erforschung des Rußlandbildes mehrere Perspektiven ins Spiel kommen: (1.) der Eindruck des Deutschen im 16. Jahrhundert von seinem russischen Zeitgenossen, (2.) der Rückblick des Historikers auf die historischen Gegebenheiten in Rußland, (3.) der Rückblick des deutschen Historikers auf seine eigene Geschichte – beides in der Absicht, Fakten aus dem 16. Jahrhundert zu erklären, und (4.) das moderne Bild des Deutschen von Rußland und den Russen. Bei der Untersuchung muß daher deutlich bleiben, aus welcher Perspektive gerade argumentiert wird.

Betrifft das nationale Vorurteil der Deutschen das Gebiet des Verhaltens, so erklärt sich dessen Entstehung häufig – und wie erwähnt – aus deutschen Rechtsvorschriften. Diese können jung, aber auch alt und längst vergessen sein und nur noch als Erziehungsnorm weiter leben. Das Gleiche gilt natürlich aus russischer Sicht für das Urteil über die Deutschen.

Wenn der Engländer Fletcher im 16. Jahrhundert feststellte,[11] in Rußland denke bei einem abendlichen Überfall niemand daran, dem um Hilfe Rufenden Unterstützung zu leisten,[12] so hätte sich in gleicher Lage der negative Eindruck eines Deutschen von dem seinen nicht unterschieden. Die Pflicht zum Beistand für einen Überfallenen, das Herbeieilen auf den Hilferuf, das „Gerüfte", hat alte germanische Wurzeln.[13] Das russische Recht aber schreibt anders als das germanische nicht die Hilfeleistung im *Verlauf der Gewalttat*, sondern nur die Beteiligung von Jedermann an der Fahndung nach dem Übeltäter *nach geschehenem Verbrechen* vor.[14]

Relativ junge Normen können ebenfalls beiderseitige nationale Vorurteile bewirken. Wenn 1576 der deutsche Kaiser auf dem Reichstag das Austrinken des Glases beim Toast auf den Kaiser untersagt und darum bittet, das gegenseitige Zutrinken zu beschränken,[15] so mußte ein entsprechendes Verhalten des Deutschen beim Russen den Eindruck grober Unhöflichkeit erwecken. Wie Herberstein berichtet, galt es, beim Toast den Becher zu leeren und zum Zeichen der Ehrung des Betroffenen das leere Glas auf den eigenen Kopf zu stülpen.[16] Fletcher erzählt, in Rußland betränke man sich mit Trinksprüchen zu Ehren des Herrschers selbst unter Privatleuten.[17] Er, die übrigen Engländer, deutsche und schwedische Rußlandberichte kritisieren die maßlose Trunksucht der Russen.[18] Betrunkenheit galt im Westen, nicht so in der *weltlichen* russischen Gesellschaft, als Laster. Das Eintreten gegen den Trunk war in Rußland nur ein Teil der kirchlichen Askese.[19]

Bereits das 16. Jahrhundert wußte um die Wirkung falscher Eindrücke. Hinter der Feststellung der hessischen Gesandten am Reichstag zu Regensburg 1576, die russische Gesandtschaft sei mit militärischem Spalier durch die ganze Stadt empfangen worden,[20] verbirgt sich die Verwunderung über eine deutsche Neuerung im diplomatischen Protokoll nach moscovitischem Muster – dies erfahren wir nur aus einer anderen zeitgenössischen hessischen Quelle.[21]

Ein solcher Rückbezug der Meldungen über Rußland und die Russen auf deutsche Rechtsverhältnisse ist bislang von der Osteuropaforschung so gut wie nicht geleistet worden, und dies scheint umso bedauerlicher, wenn wir uns Punkt 2 unseres Fragenkataloges zuwenden.

Die Funktion des Russland-Stereotyps in der deutschen Gesellschaft

Die von A. Kappeler ausgewerteten etwa 60 gedruckten Flugblätter des 16. Jahrhunderts gelten beim derzeitigen Stand der Forschung noch immer als repräsentativ für das deutsche Rußlandbild.[22] In Hessen lassen sich an Drucken nur zwei Flugblätter über militärische Aktionen des polnischen Königs Stefan Báthory gegen den Zaren im Rahmen des 25jährigen Livländischen Krieges (1558–1583)[23] und das nachfolgend beschriebene Flugblatt aus Livland nachweisen – und dies in der fürstlichen Korrespondenz.

Die Moritat „*Ein kleglichs und erbermlichs Lied von der grawsamen Tyranney, so der Moscoviter mit der Stat Reffel in Lieffland getrieben hat*"[24] war auf die Melodie des Kirchenliedes „*Komm her zu mir spricht Gottes Sohn*" zu singen, und dies deutet auf die Zielgruppe hin: Pfarrer und Gemeinde im Gottesdienst. Die Moral: Sünden führen zu Gottes Strafe, deutet auf den eigentlichen Zweck der Druckschriften hin, die Sozialdisziplinierung u.a. durch die Einschärfung der in der eigenen Gesellschaft gültigen, natürlich besten oder besseren Normen. Es ist nicht allein der Gesichtspunkt der Unterhaltung des Lesers/Hörers mit Greuelmärchen und durch saftige Sensationen,[25] auch nicht Motivieren des Gemeinen Mannes zu Hilfszahlungen – über Kollekten in den Gemeinden zugunsten Livlands wissen wir beim derzeitigen Stand der Forschung nichts –, sondern die pädagogische Absicht der Erziehung zum guten Christen, die den Druck der Flugblätter beflügelt.

Die Sensationslust der hessischen Pfarrer und deren Neigung über „*Zeitungen*" (d.h. Neuigkeiten) zu predigen, kannte deren Landesherr wohl.[26] Daß die 60 Flugblätter aber tatsächlich zur Kenntnis der gebildeten Öffentlichkeit im gesamten heiligen Römischen Reich oder gerade Hessens gelangt sind, ist jedoch nicht zu beweisen. Ob diese vor allem in Süddeutschland (Nürnberg) gedruckten Flugschriften überregionale Bedeutung gewonnen haben, wäre also noch zu untersuchen. Die dafür erforderliche systematische Analyse von deren Verbreitung in heutigen deutschen Handschriftensammlungen und Archiven steht noch aus. Das sog. „deutsche Rußlandbild des 16. Jahrhunderts" Kappelers *kann* – aber muß nicht – *eines* der hessischen Rußlandbilder gewesen sein.

Ein Kleglichs
vnd erbermliches Lied,
von der grawsamen Tyranney, so der Moscowiter mit der Stat Reffel in Lieffland getrieben hat, darin er so viel Tausent Christen vmbbringen lassen / welche geschehen ist in diesem 71. Jar, an S. Michels Tag / wie denn die Son in Blut verwandelt ist gewest / das menig lich gesehen hat.

Im Thon,
Kompt her zu mir spricht Gottes Son / etc.

MErck auff o werde Christenheit,
Den grossen Jamer vnd leid,
Was sich hat zugetragen,
In der Stadt Röffel genandt,
Ist den Reußlleuten wol bekant,
O Gott dir thu ichs klagen.

Es ist geschehen in diesem Jar,
Im 71. nempt eben war,
Wol an S. Michels tage,
Wie denn meniglich gesehen hat,
Das die Sonn was von Blut so rot,
Viel Christen wurden erschlagen.

Der Moscowiter thet sich vnterston
Die Christen wolt er verderbet hon,
Wie es denn ist geschehen,
An S. Michels tag thu ich euch kunt,
40000. wurden erschlagen zur stund,
Thu ich euch hertzlich verjehen.

Es geschah wol an S. Michels tag,
Das man die Sonn in trawren sach,
Durchaus in Teutschen Landen,
Die Man / Weib vnd auch Kinderlin,
Desgleichen auch die Jungfrawe rein
Musten leiden grosse schande.

Drey stürm thet er wol vor der Stat
Zu letzt ers auch erobert hat,
Mit seinem grossen gewalte,
Als er nun kam in die Stat,

Darin er getyranneyet hat,
Mit Jungen vnd mit Alten.

Erstlich er vmbringen lies,
Die Gewaltigen er fangen hies,
Bis auff die 30. Tausent,
Die lies er zusamen kuplen behend,
Vnd hies jn binden Füs vnd Hend,
Lies sie füren ins Meer hinaussen.

Auff fünff Schiffen thu ich euch kund,
Die lies er versincken in den grund,
Mit Fewer thet ers verspringen,
Ein Meil wegs von der Stat es geschach,
Das man die Christen schwimmen sach
Weiter thu ich euch singen.

Die Weiber er ambringen hies,
Die Kinder er anspissen lies,
Die Frawen hies er verbrennen,
Das ist je grosse Jamers not,
Das der Tyran getrieben hat,
Das mag ein Christ wol erkennen.

Wie Gott die straff vns senden thut,
Ein jeder Christ mags neme zu mut,
Vnd fassen in trewen hertzen,
Das er vns behüt für solcher not,
Wie denn der Tyran getrieben hat,
Mit den Christen one schertzen.

Als er die Stat erobert hett,
Darnach sie verbrennen thet,
An vier orten der gleichen,
Mit pulffer ers anstossen hies,
Die Güter er von dannen füren lies,
Merckt was ich weiter wil anzeigen.

Was sie mit den Jungfrawen trieben han,
Das wil ich kürtzlich zeigen an,
Ein froms hertz sols erbarmen,
Sie zwungen sie mit nöten,
Das sie nach jrem willen theten,
Merckt weiter reich vnd armen.

Darnach namen sie die Jungfrauwen rein,
Schnitten jn ab die Brüst vnd Bein,
Nacket thettens sie ausziehen,
Vnd bandens an ein Saul zu band,
Vnd trieben mit jn grosse sünd vnd schand,
Theten mit pfeilen nach jn schiessen.

O lieben Christen bedenckt die grosse not,
Die der Moscowiter getrieben hat,
An man / weib vnd auch Jungfrawe,
Desgleichen auch von den Kinderlein,
Die musten von jn leiden notes pein,

Gott wil vns nur damit drawen.
Ob wir vns auch erweichen lon,
Vnd begern von Sünden abzuston,
Vnd zu Gott auff möchten sehen,
Aber es leyder nicht geschicht,
Es wil sich auch niemand bessern nit,
Drumb thut sich die letzte zeit nehen.

Es lest Gott viel wunderzeichen sehen,
Die hat je meniglich gesehen,
Wol an Sanct Michels tage,
Wie die Sonn was von Blut so rot,
O lieben Christen bedenckt die grosse not,
Die denselben tag ist geschehen.

Ach jr lieben Christen allgemein,
Wie könt jr so vnbarmhertzig sein,
Das jr kein straff wolt bedencken,
Es geschehe in summa was da wöll,
So wirds veracht mit grossem quell,
Gott wirds euch warlich nit schencken.

Der brauch ist jetzund in der Welt,
Das man nur stelt nach gut vnd gelt,
Gotts Wort thut man verachten,
Man gedenckt gar nicht an Gottes Gericht,
Das er keinem nicht vber sicht,
Das wil kein Mensch betrachten.

Die Kinder sein jetzund so enwicht,

Gross Gottslesterung von jn geschicht,
Mit fluchen vnd mit schelten,
Darumb thut Gott herschicken behend,
Grosse thewrung wol an dem end,
Das müssen die vnschüldigen entgelten.

Fürwar wo wir nit bussethon,
Vnd von vnsern Sünden abston,
So wird vns auch geschehen,
Wie den andern Christen wol zu der stund,
Darumb bit ein jder von hertze grund,
Das Gott vns wöll vbersehen.

Darumb jr lieben Christen Leut,
Bitt Gott von hertzen allezeit,
So wird er euch erhören,
Vnd vns beystan in diesem Leben,
Dort wird er vns das ewig geben.
Amen / Gott wöll sein Glauben mehren.

ENDE.

---

4 *Ein kleglichs und erbermlichs Lied von der grawsamen Tyranney, so die Moscoviter mit der Stat Reffel in Lieffland getrieben hat*

Die Kommunikationskanäle und deren Auswirkung auf das Rußlandbild in Hessen

Wie bereits eingangs bemerkt, lag Rußland für das im Herzen Deutschlands liegende Hessen immer weit entfernt. Entdeckt wurde Rußland in der Zeit der Renaissance über gedruckte Reiseberichte, die auch nach Hessen gelangt sein mögen, als etwas Exotisches. Vor allem die mehrfach aufgelegten Rußlandbücher des 16. Jahrhunderts, landeskundliche Arbeiten italienischer, polnischer und deutscher Gewährsleute, vor allem Sebastian Münster und Sigismund v. Herberstein,[27] dürften das Rußlandbild des Gebildeten, auch in Hessen, mitbestimmt haben.

Die politisch Verantwortlichen, die zum Beispiel über die Bewilligung einer Livlandhilfe durch die Reichsstände zu entscheiden hatten, informierten sich jedoch anders und schneller als durch Drucke durch das Kommunikationsmittel der geschriebenen Zeitungen. Diese wurden an den Postwegen von eigenen Agenten zusammengestellt, ergänzt und weiterbefördert oder als Anlage in den fürstlichen Korrespondenzen weiter gereicht.[28] Für die geschriebenen Zeitungen über Moskau und die Moscoviter lassen sich die klassischen Forderungen der Kommunikationsforschung (Laswell) erfüllen. Wir können feststellen, wer was wem mit welcher Wirkung mitgeteilt hat.[29] Prinzipiell gab es in Hessen zwei Empfänger und Sammler von Zeitungen: den landgräflichen Hof und den deutschen Orden. Wie weit Rußlandnachrichten von den landgräflichen Räten, die prinzipiell zur Geheimhaltung ihrer Dienstgeschäfte verpflichtet waren, weiter verbreitet wurden, muß dahin-

5 *Sigismund v. Herberstein in moscovitischer Tracht*

6 *Moscovitische Reiter*

gestellt bleiben. Das Rußlandbild der Zeitungen ist also das einer in öffentlichen Ämtern tätigen Elite und wurde durch deren Amtstätigkeit politisch wirksam.

Die Absender der Zeitungen an den Landgrafen sind vor allem der Kurfürst von Sachsen, zu Philipps d. Großmütigen Zeiten auch ein kaiserlicher Rat, daneben Braunschweig-Lüneburg, Brandenburg, Schleswig-Holstein, der Bischof von Münster, gelegentlich auch die Pfalz und Württemberg. In Wilhelms IV. Regierungszeit konzentrierte sich der Schriftwechsel mehr und mehr auf die protestantischen Reichsfürsten. Der Deutsche Orden pflegte im Unterschied zu den Landgrafen direkte Kontakte mit Livland, erhielt also die farbigeren, noch unter dem frischen Eindruck der Ereignisse geschriebenen Zeitungen. Die wenigen Quellen der Deutschordensballei Hessen vermitteln über das hessische Rußlandbild vor allem folgende Einsichten: (1.) Das Rußlandbild war nicht einheitlich. (2.) Neben der heute noch faßbaren schriftlichen Überlieferung von Rußlandnachrichten hat eine mündliche Tradition bestanden. Ein aus moscovitischer Kriegsgefangenschaft heimgekehrter Ordensritter wird offenbar im ganzen Reich – auch nach Hessen – herumgeschickt, um über seine Eindrücke und Erlebnisse zu berichten.[30] (3.) Der Krieg in Livland konnte auch als ein Glaubenskrieg gedeutet werden – und dieser Gesichtspunkt tritt in der Korrespondenz des Deutschen Ordens verständlicherweise eher in den Vordergrund als bei weltlichen Fürsten.[31]

Das orthodoxe Rußland gehörte nicht zum christlichen Abendland, weil es gegen moralische Normen verstieß, die u.a. vom Papst gesetzt worden sind, also die griechisch-orthodoxe Welt nicht erreicht haben. Das dritte Laterankonzil (1179) hatte beispielsweise den Verkauf von Kriegsgefangenen in die Sklaverei geächtet.[32] Die Moscoviter aber trieben die Livländer,[33] natürlich auch Litauer (dazu gehörten nach modernem Verständnis auch Weißrussen und Ukrainer),[34] später im Krieg gegen Schweden auch Finnen,[35] in Massen in die Sklaverei, und zwar sowohl gefangene Soldaten als auch die Zivilbevölkerung.

Die moscovitische Gesellschaft kannte bei sich die Institution der Sklaverei, in der Regel in der Form der Hausssklaverei,[36] und gerade für diejenigen russischen Adligen, die zu ihrem Unterhalt mit leerem Land, ohne Bauern, ausgestattet waren, mußten Arbeitskräfte eine wertvolle Kriegsbeute darstellen. Das galt übrigens nicht nur für den christlichen, sondern auch für den frisch unterworfenen tatarischen Adel im Heer des Zaren.[37] Darüber hinaus sind im Livländischen Krieg Ivans d. Schrecklichen Livländer und Litauer[38] nachweislich in den orientalischen Sklavenhandel gelangt.[39] Rußland war von alters her eine der Hauptquellen für den im Mittelmeerraum florierenden Sklavenmarkt.[40] Die Verpflichtung der russischen Kirche und des russischen Staates, Sklaven aus der Knechtschaft bei den Mohammedanern freizukaufen,[41] betraf nur griechisch-orthodoxe Christen. Der russische Terminus „*Christ*" schloß im 16. Jahrhundert die Katholiken und Protestanten nicht unbedingt ein,[42] und dies rechtfertigte aus moscovitischer Sicht eine Kriegsführung gegen den Westen wie gegen die Tataren.

Hierbei traten weitere Verstöße gegen westliche normative Vorstellungen auf. Die Gottesfriedensbewegung hatte am Krieg nicht direkt beteiligte Gruppen wie Geistliche, Hirten, Bauern, Arbeiter, Kaufleute, Frauen, Alte und Kinder für geschützt erklärt,[43] und diese Norm, bestimmte Gruppen aus den Gewaltakten der kämpfenden Truppe auszunehmen, wurde seither – bekanntlich nicht immer mit Erfolg – im Westen in den Instruktionen für Söldnerführer und Truppe regelmäßig neu eingeschärft.[44] Gegen diese im Westen gesetzte Norm verstieß das moscovitische Heer häufig und mit System. Ging es nach westlichen Vorstellungen im Krieg um die Sicherung des Friedens gegenüber einer gerade unterworfenen Bevölkerung auf der Basis freiwilliger Kooperation bei möglichster Erhaltung der Wirtschaftskraft der künftigen Steuerzahler,[45] so stand Moskau in anderen, mongolischen und vielleicht auch noch älteren Traditionen.[46] Nicht die freiwillige Kooperation, sondern die Furcht des überlebenden Rests der Bevölkerung, deren Sorge ums eigene Überleben, sicherte die Herrschaft. Der Verwaltungsaufwand der Zentrale und der Beamtenapparat konnten dann minimal bleiben.[47] Den Verrat eines Einzelnen mit der Ausrottung der gesamten Bevölkerung eines Ortes oder eines großen Teils davon zu ahnden, war unter Ivan IV. üblich. Wir wissen das von der Reaktion auf nachgewiesene Verratsfälle in kleinen Ortschaften an der litauisch-russischen Grenze[48] und vom Zug des schrecklichen Zaren nach Novgorod (1570).[49] Das gleiche Schicksal traf auch Dorpat nach dem mißglückten Putsch Taubes und Kruses (1571).[50] Wenn Kollektivhaftung für Hochverrat in den Augen des moscovitischen Adels eine legitime Strafe war, dann erklärt sich das Wegschauen der Bojaren und des Hochadels bei Ivans Terror mühelos.

In der Vereinbarung zu Beginn der Opričnina[51] hatte sich der Zar nichts ausbedungen, was neu schien: das Recht, über Ungehorsame die nicht genau definierte Ungnade (*opala*) zu verhängen, die bis zur

7 *Siegel des Großfürsten von Litauen (und Königs von Polen) Sigismunds II. Augusts am durch Blut befleckten Adelsdiplom des Abenteuerers und Publizisten Johann Taube, 1572*

Todesstrafe und dem Einzug des Vermögens des Betroffenen gehen konnte.[52] Wer Hochverratspläne nicht anzeige, war ungehorsam.[53] Wo Schuld und Unschuld des Einzelnen nicht ermittelt wurde, war dann der Massenterror rechtens. Der aus hessischer Sicht vermeintliche Einzelfall des Abführens von Bürgern der Städte Dorpat und Narva nach Moskovien und ihres dortigen Wiederansiedelns[54] hat als Terrormaßnahme zwecks Sicherung der Herrschaft seine Parallelen in der Behandlung der Fürsten von Jaroslavl' zu Beginn der Opričninazeit (Aussiedlung nach Kazan' 1564–1566)[55] oder in der Aussiedlung der Oberschichten von Novgorod unter Ivan III. (1488/89).[56] Das Zu-Tode-Martern von Kriegsgefangenen verstieß gegen das ritterliche Gebot der Fairness,[57] des Schutzes der Schwachen,[58] zumal dann, wenn es sich um Zivilbevölkerung handelte.[59] Planmäßig organisierte Greueltaten[60] (die Technik der verbrannten Erde bei Verteidigung und Angriff[61]) entsprachen weder den ritterlichen Normen des Schutzes der Schwachen noch vor allem christlichen Vorstellungen vom gerechten Krieg. Dieser war ohne Emotionen, ohne Grausamkeit zu führen.[62] Der Moscoviter, der sich im Krieg verhielt wie der Türke, war ein Barbar und kein Christ und wird daher mit dem Türken oft genug in einem Atemzug genannt, ja, aus hessischer Sicht schneidet der Zar schlechter ab als der Sultan.[63] Wenn der polnische König Stefan Báthory später kritisierte, der Zar verstieße gegen den Ehrenkodex christlicher Herrscher, wenn er bereits entwaffnete Gefangene in der Haft umbringe,[64] so dürfte sich dies mit dem generellen hessischen Eindruck vom Krieg in Livland und den Moscovitern gedeckt haben.

Das Rußland Ivans IV., des Schrecklichen, trat als Macht erstmals unter Philipp dem Großmütigen und seinen Söhnen, hier vertreten durch Wilhelm IV., in den Gesichtskreis der Hessen. Hessen hatte keine direkten Kontakte zu Moskau, sieht man einmal ab von dem 1561 vermuteten Waffenschmuggel eines englischen Kaufmannes im Auftrage der englischen Königin aus dem Gebiet von Schmalkalden (Grafschaft Henneberg).[65] Der Handel mit Spießen und Gewehrrohren verstieß gegen das Reichsverbot des Exports von kriegswichtigem Material nach Moskovien.[66] Moscoviter von Angesicht zu Angesicht gesehen haben nur die hessischen Gesandten auf dem Reichstag zu Regensburg 1576.[67] Um ein Haar wäre aber Philipp d. Großmütige selbst in den Livländischen Krieg hineingezogen worden, hätte er nicht Mitte Februar 1557 den kaiserlichen Auftrag, gemeinsam mit dem Herzog von Braunschweig-Lüneburg, dem Herzog von Pommern und zwei kaiserlichen Räten in Livland, im Konflikt zwischen dem Orden und dem Erzbischof von Riga, zu vermitteln, wegen Befangenheit ausgeschlagen.[68] Zu diesem Zeitpunkt rechnete übrigens noch niemand damit, daß sich die livländischen Wirren zu einem Krieg mit Moskau weiter entwickeln würden. Erst mit Ivans IV. Einfall in Livland 1558 regte sich in Hessen überhaupt ein Interesse an Moskovien,[69] und Livland blieb für die gesamte Regierungszeit des schrecklichen Zaren die Brille, durch die man auf Moskovien blickte.

Daher fielen bestimmte Aspekte der Regierungspraxis des Moscoviters überhaupt nicht in den hessischen Blick. Das betrifft vor allem Moskaus innenpolitische Verhältnisse, den Terror Ivans IV. gegen seine eigenen Landsleute, die Opričnina.[70] Noch vor Beginn der eigentlichen Terrorperiode, 1562, kamen Meldungen von Ivans Grausamkeit, Hinrichtungen von Bojaren eingeschlossen, nach Hessen.[71] Selbst das Bild des Zaren, der mit Stalin den zweifelhaften Ruhm teilt, für die physische Vernichtung eines hohen Prozentsatzes der eigenen Untertanen aus rein innenpolitischen, wenn nicht psychopathischen Gründen, verantwortlich zu sein,[72] blieb blaß. Auch sein Tod wurde in Hessen nicht gemeldet.[73]

Eine französische Zeitung mag uns den Grund für diese Unterlassungen angeben: willkürliche Hinrichtungen gehörten zum Bild des Tyrannen,[74] und als ein solcher galt Ivan. Ob der Zar an Verfolgungs- oder Größenwahn leide, ob er geistesgestört sei oder nicht, stellt sich dann als Problem nicht. Die heute in der Forschung diskutierten Fragen, ob und welche objektiven Ursachen für Repressionsmaßnahmen vorgelegen haben mögen (Psychopath oder nicht, so Hellie und Crummey[75]), warum der möglicherweise Geisteskranke auf dem Thron nicht so ausgeschaltet wurde wie sein Zeitgenosse

Erik XIV. in Schweden oder wenig später der Kaiser Rudolf II., warum Widerstand gegen den Herrscher nicht geleistet wurde, dessen Elitetruppen nach Aussage eines moscovitischen Zeitgenossen zunächst an Zahl die der adligen Hintersassen auch nur eines der Großen nicht überschritten[76] (noch bestand ja das moderne staatliche Monopol des Waffentragens in ganz Europa nicht), – all das trat nicht ins hessische Blickfeld.

Man wußte wohl, daß Ivan IV. „stolz", „arglistig" und „böse" sei,[77] daß er Verträge nicht hielt (aus hessischer Sicht war dem Herzog Magnus ganz Livland versprochen[78]) und daß er an Astrologen glaubte, die ihm die Erwerbung Livlands vorausgesagt hatten.[79] Man hatte von seiner Neigung zu Jähzorn und von Ausfälligkeiten bei diplomatischen Verhandlungen gehört.[80] Der Bericht eines polnischen Gesandten an den Kurfürsten von Brandenburg fand also in Hessen durchaus Glauben: „*Dieser Gesandte soll im Beisein vornehmer Leut erzählet haben, daß der Großfürst in der Muscaw* [in der Tat erkannte Polen-Litauen die Annahme des Zarentitels durch Ivan IV. nicht an] *einen Eremiten bei sich gehabt, der ein gar frommer Mann gewesen und viel zukünftiger Dinge prognosticiert habe, denen der Muscovitter zu sich erfordert, ihm zu sagen, ob er Glück oder Unglück gegen den Polen haben sollte. Ob nun wohl der Eremita das zu sagen verweigert, so habe er's doch sagen müssen, und stracks zu bekannt, daß er kein Glück oder Victoriam haben werde, denn Gott werde ihn strafen umb der großen Tyrannei willen, so er an den Christen und seinem eigenen Volk geübt. Soll weiter gefragt haben, ob sein Gemahlin mit einem Herrn oder Fräulein schwanger gehe. Darauf der Eremita berichtet, daß die Großfürstin in wenigen Tagen einen jungen Sohn zur Welt bringen werde. Darauf er sein Gemahl aufschneiden lassen und des Eremiten Anzeige wahr funden. Habe der Muscoviter den Eremiten sobald strangulieren und säbeln lassen und gesagt: 'Er sollte nicht erleben, wissen oder sich freuen, daß es ihm so gehe, wie er prophezeit.'*"[81]

Was Hessen hier zur Kenntnis kam, ist ein besonderer Typ des Heiligen in Rußland, der „Narr in Christo" (russ. *Jurodivyj*), den Narren Spielende und als einziger die Wahrheit Sagende. Diese in der Stadt lebenden Heiligen begannen mit Vasilij Blažennyj auch auf das politische Geschehen Einfluß zu nehmen.[82] Auf sie soll selbst Ivan IV. gelegentlich Rücksicht genommen haben,[83] jedenfalls gewann dieser Typ von Frömmigkeit unter Ivan – wohl als Reaktion des Volkes auf den Terror – besonders an Bedeutung.

Verwunderung erregte in Hessen eine Zeitung von 1582 über den Totschlag des Thronfolgers Ivans d. J. durch den eigenen Vater im Jähzorn nicht: „*Daher* [auf die Bitte des Zarevič um die Entsendung an der Spitze einer Truppe vor das belagerte Pskov] *der Vater erzürnet, und den Sohn mit seinem Stabe auf den Leib gestoßen; darauf er zum Vater angefangen: 'Du Bluthund! Du hast so viel Bluts vergossen und wilt nun dein eigen Blut auch ermorden!' Uf diese Worte ist der Großfürst noch heftiger erzürnet, und den Sohn noch einsten mit dem Stabe auf den Leib und an ein gefährlichen Ort gestoßen, daß er den 4. oder 5. Tag hernach verstorben.*"[84] Damit erweist sich die zweite, des päpstlichen Gesandten Possevinos eigene Version, die Ursache des Streits zwischen dem Zaren und dem Zarevič sei eine Fehlgeburt der Frau Ivans d. J. nach einem Streit mit dem Schwiegervater wegen deren mangelhafter Bekleidung gewesen,[85] als spätere, gut erfundene Legende in der gleichen sexuell eingefärbten Tendenz wie die oben zitierte Zeitung aus Halle von 1573.

Das Rußlandbild der Landgrafen wie anderer deutscher Fürsten war also nicht frei von nationalen Vorurteilen, doch relativ sachlich. Anders als das der Flugblätter lebte es nicht von Greuelgeschichten, die ihre Wirkung dem unterschiedlichen Normensystem in beiden Gesellschaften verdankten. Die andere, die russische, rechtliche Norm oder fremde politische Tradition, die in der mit Abscheu aufgenommenen Einzelmeldung sichtbar wird, ist von den Zeitgenossen im Westen aber nicht immer als solche verstanden worden. Umso wertvoller ist für die vergleichende Untersuchung westlicher ständischer und der moscovitischen Gesellschaft die Meldung als solche in ihrer Eigenschaft als Indiz für verschiedenartige Strukturen.

Die Bedeutung des Russlandbildes und heimischer Faktoren für die Stellungnahme des Hauses Hessen zur Reichspolitik gegenüber Moskau

Philipps d. Großmütigen erste Reaktion auf Nachrichten über den Einfall der Moscoviter und der von ihnen unterworfenen Tataren in Livland war mehr als kühl.[86] Ihn interessierte nur, ob die deutschen Balleien des Ordens rüsteten.[87] Das war nicht der Fall.[88] Bestimmend für die hessische Haltung im Livlandkonflikt waren von nun an machtpolitische Erwägungen, doch schloß das negative Image Ivans IV. und der Moscoviter eine Option für eine Abtretung des Ordensstaates an Rußland aus.

Infolgedessen war der Landgraf, als auf dem Reichstag von 1559 auf Antrag Mecklenburgs über eine Livlandhilfe verhandelt wurde, der Ansicht, eine Aufgabe Livlands zugunsten Moskaus komme nicht in Frage. Hilfe für die Verteidigung des Landes bis zu einer gütlichen Vereinbarung mit dem Zaren sei notwendig, freilich nur in Maßen.[89] Eigentlich, so stellte man fest, kenne man auch die Ursachen des Konfliktes nicht.[90] Jedenfalls bot sich für den Reformator Hessens nun eine Gelegenheit, eine Reform des Ordens in Livland zu erzwingen. Er wünschte die Aufhebung der Aufnahmebeschränkungen auf Niederländer und Westfalen und die Kassation der neuerlichen livländischen Vereinbarung über den Ausschluß von Fürsten und Grafen, schließlich die Einführung des freien Zuganges im Orden ohne Rücksicht auf die Konfession.[91] Als sich gerüchteweise die Unterstellung Livlands unter Polen abzeichnete, meinte Philipp, *„daran wäre so viel nicht verloren."*[92] Es ging also nur um den Verbleib Livlands beim christlichen Abendland, nicht beim Reich. Der deutsche Reichstag verabschiedete schließlich eine Livlandhilfe von 100 000 Gulden – sie wurde nie gezahlt[93] – und beschloß statt einer großen Gesandtschaft nach Rußland nur einen Schriftwechsel mit dem Zaren und anderen Mächten zur Beilegung des Konfliktes.[94]

Bereits in dieser frühen Phase des Livlandkrieges zeichnete sich ab, daß Moscoviter und Türken sich an Grausamkeit der Kriegsführung nichts nachgaben[95], doch Philipp ging davon aus, daß die Führung von zwei Kriegen, gegen Moscoviter und Türken, die Kräfte des Reiches überschreite.[96] Die Grundlinie der hessischen Politik war von nun an ein Ausweichen gegenüber der Verpflichtung des Heiligen Römischen Reiches Deutscher Nation zum Schutz seiner Glieder, also der hessische Versuch, die daraus folgernde finanzielle Belastung zu reduzieren. Für den erweiterten Deputationstag in Speyer 1559 hängte das der Landgraf zunächst an Formalien auf, d.h. er

8 Privilegium Sigismundi Augusti, 1561, Nov. 28. Übernahme der Lehenshoheit vom Kaiser durch den Großfürsten von Litauen mit Garantie der Rechte der Ritterschaft

bezweifelte – erfolglos – die Kompetenz dieses Gremiums zur Bewilligung einer weiteren Livlandhilfe.[97] Auf dem Reichstag von 1561 machte er den Vorschlag, die finanziellen Verpflichtungen aufzuteilen: die niederdeutschen Reichskreise – sie hatten sich bei der Zahlung der Türkenhilfe ohnehin zurückgehalten – sollten für den Krieg in Livland aufkommen, die oberdeutschen unter Einschluß Hessens zusammen mit den habsburgischen Ländern die Türkenabwehr tragen.[98] 1560 erkannten die deutschen Fürsten – ohne Wissen von des Zaren gelehrtem Stammbaum, der mit der Abstammung von des Kaisers Augustus Bruder Prus Ansprüche auf Preußen und Danzig anmeldet[99] –, daß hinter Ivans Angriff auf Livland weitreichende Expansionspläne standen.[100] Gleichzeitig läßt sich für uns erkennen, daß sich die deutschen Abwehrmaßnahmen nicht gegen diesen Zaren speziell richten, sondern von Befürchtungen langfristiger Machtverschiebungen zugunsten Moskoviens in Europa getragen werden.

Als der Zar um Katharina, die jüngere Schwester des kinderlosen letzten Jagiellonen Sigismund II. August warb, regte sich sofort das Schreckgespenst eines Moscoviters auf dem polnischen Königsthron, ja als deutscher Kaiser, nachdem Moskau einmal in Polen-Litauen fest Fuß gefaßt habe: *„Und haben"*, so berichtete man nach Hessen, *„... Ewer fürstliche Gnaden gleichfalls eine sehr seltsame Zeitung zu vernehmen, wellichermaßen starke Heiratsverhandlungen zwischen dem Moscoviter und Künig zu Poln vorhanden und wohl halb schon im Werk seien. Sonder Zweifel dahin gerichtet, damit sollicher Moscowitter diesem Künig zu Poln auch an der königlichen Kron succedire, wie mir glaubwürdig geschrieben wird, daß sein Anhang bei der polnischen Ritterschaft schon sehr groß seie. Sollte ihn nun, da Gott davor seie, solches geraten, was wurden die Kaiserliche Majestät mit Schlesien, auch fürter die Mark und alle sächsische Land hieran für einen Nachparn überkommen, der ane Zweifel mit der Zeit nicht würde unterlassen, darzu nach dem römischen Kaisertumb zu trachten. Gott füge es mit Gnaden besser!"*[101]

Von der vor allem in Norddeutschland 1561 ausbrechenden Panik, dem Zaren ginge es um das *dominium maris baltici*,[102] ließ sich Philipp d. Großmütige nicht anstecken. Er wußte wohl, daß zwischen Moskau und Hessen noch ein breites Glacis lag.[103] Am Ostseehandel war Hessen ohnehin nicht unmittelbar beteiligt. Da Hessen nicht zahlen wollte, trotz der inzwischen durch die polnisch-russischen diplomatischen Verhandlungen sicher bekannten Ansprüche Ivans auf Livland,[104] billigte der Landgraf konsequenterweise die Unterwerfung des Ordensstaates und des Erzbistums Riga unter Polen-Litauen mit der Folge der Säkularisierung des Ordensstaates: *„Hören aber die Zeitungen nicht gern, und ist uns leid, daß sich die Sachen also zugetragen haben, doch ist darneben zu bedenken und zum Gemüt zu führen: Sollte sich die Teutsche Nation dem Livland in einen neuen Krieg gepickt haben und auch in Ungern gegen den Türken Hülf leisten, wäre es den Ständen solcher Teutschen Nation, sonderlich aber den armen, ein schwere Last und ihnen zu erschwinden und zu ertragen nicht wohl müglich gewesen. – So ist es auch der Teutschen Herren in Eiffland eigen Schuld, daß die beschwerliche Sache so weit gelaufen, dann sie untereinander in Unwillen und Uneinigkeit gestanden und noch große Papisten gewesen."*[105] Im Reich stand er mit diesem Urteil möglicherweise allein.[106]

Als Philipp wenig später davon erfuhr, daß Schweden und Dänemark[107] ihren Fuß auf die Gegenküste gesetzt hatten, erschien das als eine günstige Entwicklung. Die drohende steuerliche Belastung Hessens durch eine dauernde Livlandhilfe wurde mit dem Zerfall des Ordensstaates gegenstandslos. Abgesehen von vielen spektakulären Meldungen über die Kriegslage[108] und über das vergebliche Werben des Abenteurers Johann Taube Ende 1563 um das Vertrauen der Livländer in den Zaren[109], d.h. für die Unterwerfung der livländischen Stände unter Moskau,[110] verloren Livland und Moskovien an Interesse.

Das änderte sich schlagartig, in Hessen nun unter Wilhelm IV., als sich ein Bündnis zwischen Moskau und Kaiser Maximilian II. abzeichnete. Es ging bei der Doppelwahl in Polen 1575/6 darum, die Kandidatur des Kaisers gegen Stefan Báthory durchzusetzen. Um den Preis einer Aufteilung Polens und Litauens – wem Livland zufallen soll, blieb strittig[111] – glaubte der Kaiser gegen seinen Konkurrenten zur polnischen Königskrone gelangen zu können. Jener aber heiratete die unattraktive Schwester des letzten Jagiellonen, um seinen Regierungsantritt zu legitimieren, und Maximilian starb bald nach der Wahl.[112] Stefan setzte sich also im Bürgerkrieg in Polen durch.[113]

Hessen war gegen die deutsche Kandidatur in Polen und gegen das deutsche Bündnis mit Moskau. Wieder lieferten finanzielle Aspekte das wichtigste Gegenargument, weil bei einer Verfolgung der habsburgischen Ansprüche ein Krieg gegen Polen und die mit Stefan Báthory verbündeten Türken drohte.[114] Hinzu traten reichspolitische Gesichtspunkte, die Residenzpflicht des Königs in Polen – in Abwesenheit des Herrschers ruhte dort die Rechtsprechung – und die voraussehbare Vernachlässigung der Hauptaufgabe des Kaisers, der Sicherung des Reichslandfriedens.[115] Schließlich kamen bei den machtpolitischen Erwägungen auch die inzwischen entstandenen hessischen Vorurteile gegenüber dem Moscoviter ins Spiel: „*Wenn gleich die Türken still säßen ... und man's allein mit den Poln zu tun hätte, auch die kaiserliche Majestät und der Muscowitter die kaiserliche Majestät ihrer mächtig würden, also daß der Muscovitter Littaw und die kaiserliche Majestät Poln bekähme, so hätten wir die barbarische Völker so viel näher zu Nachbarn und vor ihnen desto mehr zu befahren. Darumb raten wir treulich, man gehe des Gogs und Magogs müßig und laß sich mit dem Moscowitter in kein Bundtnus ein.*"[116]

Landgraf Wilhelm IV. plädierte seinerseits für eine Erneuerung des Bündnisses mit Polen, der alten, bewährten Schutzmauer der Christenheit[117], und für die potentielle Nachfolge des Kaiserhauses nach dem Ableben des Siebenbürgers. Kinder aus dessen Ehe mit der ältlichen Anna Jagiellonka waren nicht mehr zu erwarten: „*Dieweil alle Stände, ausbescheiden etzlicher wenig Privatpersonen, von ihrer Majestät abgefallen, schlagen aber sonstet vor, daß sich das Reich zwischen Ihrer Majestät und den Ständen in Poln gutlicher Handlung sollt undernehmen, und's dahin richten, daß die alte Foedera erneuert, das Reich vor Verstattung des Passes der Türken und Tartarn, auch Ihrer Majestät und ihr Erben nach Absterben des Battori der Succession versichert werden möchten. Das zeigen wir Euch deshalben an, daß Ihr Euch diesem Bedenken gemäß auch habt in Euerm Votieren zu verhalten.*"[118] Mit der russischen Gesandtschaft an den Reichstag sollte wegen des Bündnisangebots an Polen-Litauen nur dilatorisch verhandelt werden.[119]

Um die Höhe der Türkensteuer und um die Finanzierung der erneut geplanten großen deutschen Gesandtschaft nach Moskau wurden auf dem Reichstag in Regensburg 1576 die außenpolitischen Alternativvorstellungen von Kaiser und Landgrafen ausdebattiert – hinter überhöhten Steuerforderungen vermutete Hessen nämlich Feldzugspläne der Habsburger gegen Polen.[120] Die seit 1559 immer wieder ins Gespräch gebrachte Abordnung von Gesandten nach Rußland sollte den Livlandkonflikt auf gütlichem Wege zugunsten des Reiches beilegen. Die Skeptiker, unter ihnen die Landgrafen von Hessen, vermuten jedoch mit Recht, daß es nichts zu verhandeln gäbe,[121] denn der Zar war nicht geneigt, seine Eroberungen aufzugeben, und hatte Livland – dies wurde dem

9 Moscoviter der Regensburger Gesandtschaft

Reichstag zu Regensburg 1576 vorgeführt – demonstrativ in seinen Titel aufgenommen.¹²² Daß aus der kaiserlichen Gesandtschaft wie aus dem Heiratsprojekt des Zaren für Ivan d. J. mit einer Habsburgerin und aus dessen angeregtem Besuch am Kaiserhof nichts wurde,¹²³ weil Maximilian am letzten Tag des Reichstages starb, nahm Wilhelm IV. mit Erleichterung zur Kenntnis.¹²⁴

Allerdings hatte dort die Trunksucht der Moscoviter und die Unbildung der mitgebrachten orthodoxen Geistlichen deutsche Vorurteile über die Barbaren bestätigt: *„So geben auch der Gesandte mores zimbliche Andeutung, was vor ein barbarisch und wild Volk umb die Muscoviter sein muße."*¹²⁵ Die Legation wurde nicht abgefertigt, weil die deutschen Reichsstände die Gesandtschaftskosten nicht zahlten, vor allem aber auch wegen deren Rußlandfurcht. Es stand von Anfang an fest, daß allein eine hochrangige Abordnung auf Gehör beim Zaren rechnen konnte.¹²⁶ Die deutschen Reichsfürsten, vor allem der zunächst angesprochene Herzog Barnim von Pommern, aber fürchteten um ihr Leben,¹²⁷ zumindest rechneten sie mit Mißhandlungen. Man hatte vom Hetzen der Gesandtschaften durch das Land bis zum Fallen der Pferde¹²⁸ oder vom absichtlichen Verzögern der Geschäfte im harmlosesten Fall,¹²⁹ am Kaiserhof in Prag aber auch von dem üblen „Scherz" des Zaren gehört, der 1571 beim großen Brand Moskaus,¹³⁰ selbst in Sicherheit, die Gesandten in die Flammen gelockt haben soll: *„Die Römische Kaiserliche Majestät haben eine stattliche Botschaft zu dem Muscoviter, bei demselben etwas zu werben und anzubringen, abgefertigt. Als aber die Botschaft in die Stadt Muscovia kommen, hat sich denselben Tag der Tattarische Konig sehen lassen, die Stadt belegert, wie sich aber die Muscoviter zur Wehr gesetzt, hat er die Stadt anzunden lassen, darin, wie man ge-*

wiß schreibt, in die zweimalhunderttausend Mann sollen umbkommen sein. Er aber der Muscoviter, damit er sich erhalten möchte, ist in ein steinern Gewelb geflohen, der kaiserlichen Botschaft einen zugeschickt mit Vermeldung, daß er ihme nicht wisse zu helfen, sondern, so es die Botschaft wollte, sollte sie mit ihme allein durch das Feuer setzten, wurde sie alsdann wohl davon kommen. Welches die Botschaft bewilliget, doch nicht ohne sonderliche Verletzung durch den Brand ihrer Kleider, am Leibe aber unversehrt bis zu dem Graben kommen, vermeinen sie durch den Graben zu setzen und also davon zu kommen. Haben sie den Feind gespürt, in ein Höll sich begeben, darinnen kein Wasser gewesen und des Nachts davon geritten."[131] Ein langes Fernbleiben jedes Landesherren mußte sich überdies auf die Amtsgeschäfte im eigenen deutschen Territorium negativ auswirken. Kurz, man setzte unliebsame Zwischenfälle und unangenehme Überraschung bei den Gesandtschaften zu dem Barbaren voraus. Das negative Rußlandbild der deutschen Fürsten beeinflußte deren politische Entscheidungen also nicht unerheblich.

Auch für andere hochfliegende Pläne waren weder Philipp d. Großmütige noch der nüchtern rechnende Wilhelm IV. zu gewinnen. Auf den Vorschlag zu Beginn des Livlandkonfliktes, die jüngeren hessischen Prinzen als Feldherren an die Ostgrenze des Reichs zu senden, ging schon der Vater nicht ein.[132] Wilhelm schlug 1575 dem Schwager Herzog Adolf v. Holstein und der Schwester unter Hinweis auf die eigenen finanziellen Schwierigkeiten, die ihm durch die Landesteilung in Hessen entstanden waren, einen Kredit ab, der zur Auslösung der oberdünischen Schlösser in Livland zwecks Erwerb des Landes für Holstein bestimmt war.[133] Der Plan des Erich v. Braunschweig, ebenfalls vom August 1575, sich zum Hochmeister des Deutschen Ordens wählen zu lassen und in dieser Eigenschaft Livland für das Reich zurückzugewinnen, reizte den Landgrafen in Anbetracht der militärischen Probleme von Polen-Litauen, Schweden und Dänemark im Kampf gegen den Zaren um Livland nur zum Lachen.[134] Erichs zweiter Versuch, in den Kampf gegen den Moscoviter einzugreifen, scheiterte.[135]

Hessen sah übrigens das Scheitern eines anderen unrealistischen Gedankengebäudes voraus, das einer großen Koalition aller christlichen Mächte gegen die Türken, das seit 1571 in mehreren Anläufen diskutiert und betrieben wurde.[136] Die Avancen Ivans IV. beim Papst wegen einer möglichen Glaubensunion von Katholiken und Orthodoxen und einer Koalition gegen die Osmanen hatten nach seinen inzwischen eingetretenen militärischen Mißerfolgen, dem Verlust von Polock und Velikie Luki, und in der unklaren Situation vor Pskov keinen anderen Zweck, als mit dem Papst einen geneigten Vermittler für einen Waffenstillstand mit Polen zu gewinnen.[137] Daß der Zar darüber hinaus in Italien auch Wirtschaftspolitik betrieb und versuchte, Handelsverträge mit italienischen Staaten abzuschließen, interessierte Hessen nicht.[138]

Fassen wir zusammen, so zeigt sich, daß das generell negative Rußlandbild nicht für sich allein genommen, sondern stets im Zusammenwirken mit anderen Faktoren politische Bedeutung gewann. Wichtige Faktoren waren die Furcht vor machtpolitischen Verschiebungen in Europa und die Absicht der Landgrafen, die deutsche Libertät, d.h. die eigenen Privilegien, zu erhalten und eine steuerliche Überlastung der Untertanen infolge einer militärischen Bedrohung durch die Türken *und* die Moscoviter zu vermeiden.[139]

2.

DER WESTEN UND DIE RUSSISCHE KULTUR BIS ZUM BEGINN DES 18. JAHRHUNDERTS

Im Folgenden wird von einer Epoche die Rede sein, in der hessisch-russische Beziehungen noch keine Rolle spielten. Mochten die hessischen Landgrafen auch hin und wieder aus Zeitungs- und Gesandtenberichten etwas über die Ereignisse im Moscoviterreich erfahren und sich eine Meinung darüber bilden, die Großfürsten und Zaren nahmen das so weit entfernt liegende kleine deutschen Land gewiss kaum zur Kenntnis. Dennoch muss das ambivalente und spannungsreiche Verhältnis zwischen Moskau und dem westlichen Europa zum besseren Verständnis der folgenden Entwicklungen eingehender beleuchtet werden.

Peter der Große hat bekanntlich auf dem Verordnungswege Rußland an den Westen angleichen wollen. Er suchte damit einen Prozeß zu beschleunigen, der längst im Gange war – die Übernahme technischer Neuerungen im weitesten Sinne und die Anpassung an Formen westlicher Geselligkeit. Wie für die heutigen Entwicklungsländer ist zu fragen, ob eine behutsame und langsamere Europäisierung die bis ins 19. Jahrhundert noch äußerlich auffällige Spaltung der russischen Gesellschaft in eine europäisierte Oberschicht und eine von westlicher Kultur fast unberührte Bauernschaft hätte vermeiden können, ob Peters Reformen zu einem Verlust der nationalen Identität geführt haben, und ob überhaupt Alternativen zum dem von ihm bewußt gewählten Kurs bestanden haben. Die Bedeutung dieses Zaren für die Europäisierung Rußlands sollte weniger an der Wirkung der einzelnen Reformen gemessen werden als an der Änderung im Selbstverständnis der russischen Gesellschaft, die er erzwungen hat.

Im vorpetrinischen Zarenreich galt ein sich am Westen orientierender Russe als Außenseiter, sein Interesse für das Fremde war zumindest verdächtig, wenn nicht sogar von strafrechtlichen Sanktionen bedroht. Man war der sicheren Überzeugung, im einzigen irdischen Staat zu leben, der zugleich den rechten Glauben und seine nationale Souveränität bewahrt habe. Die Rechtgläubigkeit der orthodoxen Christen unter türkischer Herrschaft erschien ebenso wie die der Glaubensbrüder in der Ukraine oder im heutigen Weißrußland zweifelhaft. In Moskau sah man die Reinheit der Lehre in den russischen Teilen Polen-Litauens so bedroht, daß 1620 eine Umtaufe der Orthodoxen aus dem Westen angeordnet wurde, sofern sie bei ihrer Taufe als Säugling nicht dreimal im Wasser untergetaucht, sondern nur mit Wasser übergossen worden waren.[140]

Der christliche Westen war der Sitz von Ungläubigen, die kaum höher zu achten waren als Mohammedaner oder Juden. Der Begriff „*Christ*" schloss im Altrussischen Lateiner, d.h. Katholiken und Protestanten, nur bedingt ein. Ein Krieg im Westen war für den gläubigen Russen eine Art des Glaubenskrieges. Kurz, man tat gut, sich vom Westen fern zu halten. Mit den Worten der Bibel befahl etwa der Metropolit Daniil (1522–1539): „*Habt keinen Verkehr mit den Ungläubigen*, denn „*was hat die Gerechtigkeit für Genieß mit der Ungerechtigkeit? Wie stimmt Christus mit Belial oder was für ein Teil hat der Gläubige mit dem Ungläubigen? Was hat der Tempel Gottes für ein Gleiches mit dem Götzen? Ihr aber seid der Tempel Gottes wie denn Gott spricht: 'Ich will in ihnen wohnen und will ihr Gott sein und sie sollen mein Volk sein'. Darum gehet aus von ihnen und sondert euch ab und rühret kein Unreines an.*"[141] Daß dieses Gebot der Absonderung von den Lateinern ernst zu nehmen war, demonstrierte der Zar, wenn er sich nach dem Handkuß westlicher Gesandter die Hände wusch.[142]

Konsequenterweise wurden auch die Möglichkeiten der Russen, mit Ausländern in Kontakt zu treten, vom Staat bewußt beschränkt. Reisende westliche Kaufleute oder Gesandtschaften wurden in gesonderten Unterkünften, im Handelshof oder in den Gesandtschaftshöfen untergebracht und – offiziell zu ihrem Schutz – bewacht. Spaziergänge, Einkäufe oder gar Besuche bei Russen wurden durch die Wachen unterbunden. Eine dieser Aufsichtspersonen, der Pristav Tret'jak Surova syn Čabukov, erhielt 1562 die folgende Dienstanweisung: „*Tret'jak hat ohne Unterbrechung mit dem litauischen Gesandten zusammenzuwohnen und darauf zu sehen, daß niemand zum litauischen Gesandten kommt und daß mit dem litauischen Gesandten oder dessen Leuten niemand spricht. Die Leute des litauischen Gesandten aber dürfen den Hof nicht verlassen. Was aber der Gesandte in beliebiger Sache zu Tret'jak sagt, daß soll der Tret'Jak dem D'jaken Andrej Vasil'ev berichten. Und den Adligen (deti bojarskie), den Moskauern, die dem Tret'jak zugewiesen sind, denen soll der Tret'jak befehlen, ständig bei dem Gesandten zu leben und dort zu übernachten...*".[143] Die Masse der Moscoviter bekam eine westliche Gesandtschaft nur bei ihrer Ankunft und auf ihrem Wege zum offiziellen Empfang bei Hofe zu Gesicht, wenn die Bevölkerung am Straßenrand zusammengetrieben wurde, um den Ausländern die Macht des russischen Zaren zu demonstrieren. Bei dieser Gelegenheit konnten dann die Schaulustigen ihrerseits ihre Neugier etwa im Hinblick auf westliche Moden befriedigen.[144] Erst im 17. Jahrhundert wurde – möglicherweise unter dem Eindruck westlicher diplomatischer Gepflogenheiten – die Isolation der Gesandtschaften aufgegeben. Die Holsteinische Gesandtschaft 1634 war, wie der Gelehrte Olearius berichtet, die erste der die Stadt Moskau zugänglich gemacht wurde.[145]

Trotz dieser gewollten Abgrenzung von den Fremden konnten sich seit Ende des 15. Jahrhunderts in Moskau Ausländer in größerer Zahl auf über die ganze Stadt verstreuten Grundstücke ansiedeln. Doch bereits unter Zar Vasilij III. (1505–1533) wurden sie angewiesen, in einen speziellen Ausländerbezirk umzuziehen und Häuserkäufe in der Stadt Moskau selbst zu unterlassen. Diese erste Ausländervorstadt im Süden der Stadt – Nali (Schenk ein!) genannt, weil den Fremden das Schankverbot während der russischen Fasten nicht zugemutet wurde – ging im 16. Jahrhundert wieder ein.[146] Eine zweite Ausländersiedlung entstand unter Ivan IV. an der Bolvanovka (zwischen Jauza und Moskva) im Osten der Stadt. Vermutlich sind beide 1578 von Ivan IV. zerstört worden.[147] Boris Godunov richtet weit außerhalb von Moskau an der Jauza ein neues Ausländerghetto, den sog. Kokuj ein. Er

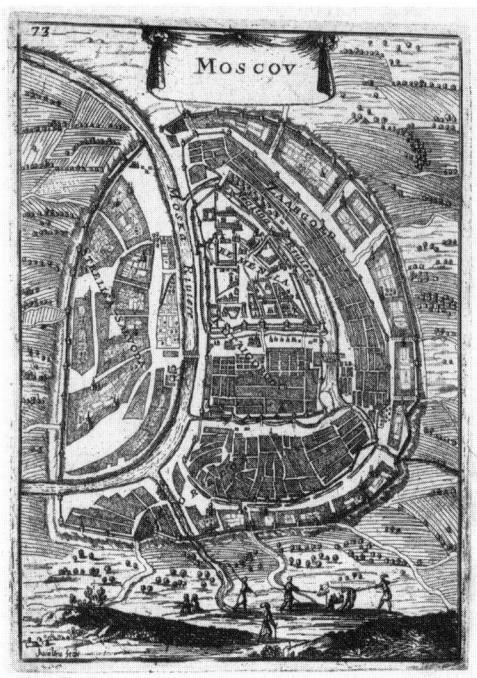

10 François Antoine Aveline (1727–1780), Plan von Moskau (deutsche Vorstadt unten links)

brannte 1610 bei einem Angriff auf Moskau in der Zeit der Wirren ab.[148] Wieder ließen sich alle Westeuropäer mitten in Moskau nieder.[149] Unter dem Patriarchen Iosif (1642–1652) ereiferte sich die Geistlichkeit gegen das Zusammenleben von Orthodoxen und Lateinern, und der Patriarch selbst hätte die Handelsleute und Offiziere am liebsten aus der Stadt geworfen. 1643 wurden so zahlreiche Bittschriften gegen den Bau nicht-orthodoxer Kirchen unweit von orthodoxen Gotteshäusern und gegen das Eingehen von Dienstverhältnissen Orthodoxer bei Lateinern eingegeben, daß der Zar den Abriß dieser Gebetshäuser befahl und den Verkauf weiterer Grundstücke an Fremde verbot. Deren Aussiedlung in eine neue Ausländervorstadt verlangte er allerdings nicht.[150]

Erst nach großen Bränden 1652 wurde die berühmte deutsche Vorstadt, in der Peter der Große einen Teil seiner Jugend verbracht hat, außerhalb der Stadt an der Jauza, d.h. an der alten Stelle der Ausländerslobode, errichtet.[151] Der Lebensstil dort war völlig westlich.[152] Europäische Kleidung der Ausländer war Vorschrift, seit der Patriarch Nikon, über das Verhalten *russisch* gekleideter Ausländer bei einer Prozession erzürnt, beim Zaren eine entsprechende Kleiderordnung erwirkt hatte.[153] Die Häuser – im westlichen Baustil – demonstrieren besser als Bücher und Stiche europäische Architektur und Gartenarchitektur. Olearius berichtet, erst kurz vor seiner Zeit hätten die Russen in den Gärten der Ausländer Edelrosen und grünen Salat kennen gelernt und stellt zugleich fest, der Obstbau sei seit dem Beginn des 16. Jahrhunderts, erheblich verbessert worden.[154] Westlicher Einfluß veränderte damit also innerhalb von mehr als 100 Jahren den russischen Küchenzettel.

So wenig trotz allen Mißtrauens die kontrollierte Ansiedlung von Ausländern in Moskau verhindert werden konnte, so wenig sahen sich die Zaren in der Lage, auf die Teilnahme am Konzert der europäischen Mächte ganz zu verzichten. Im diplomatischen Verkehr mit dem Westen führte dies in einigen Punkten zu einer Angleichung des Zeremoniells an europäische Sitten (Hutziehen)[155] und der Übernahme bestimmter Formalien im Schriftwechsel. Auch einzelne Elemente des burgundischen Hofzeremoniells drangen über den österreichischen Gesandten nach Moskau vor. Machten auch Empfang und Aufnahme auswärtiger Gesandter noch bis in die Zeit Peters des Großen einen insgesamt nichteuropäischen Eindruck, so öffnete doch ihre bloße Anwesenheit den Weg für mancherlei neue Einflüsse. Die nach einem

Brand von 1547 notwendige Neuausmalung der Wände des Empfangssaales für fremde Gesandte, die sog. Zolotaja Palata, erfolgte in Anlehnung an westliche Bildinhalte.[156]

Gegenüber dem deutschen Kaiser beanspruchten die Großfürsten von Moskau Ranggleichheit, wenn nicht gar das größere Ansehen. Nach der *„Erzählung über die Fürsten von Vladimir"*, die die eigenmächtige Zarenkrönung Ivans IV. ebenso rechtfertigte wie die wiederholte Ablehnung der angebotenen Belehnung mit einer Königskrone durch den deutschen Kaiser,[157] beruhte dieser Anspruch auf der Abstammung in direkter männlicher Linie vom Bruder des Kaisers Augustus, Prus, und auf der Übernahme der zarischen Regalien des byzantinischen Kaisers über eine Heirat durch den Sohn der nach Kiev verpflanzten byzantinischen Prinzessin, Vladimir Monomach (1113–1125). Beides ist Legende.

Versuche, bestimmte Familien durch eine vermeintliche Abstammung von bedeutenden Römern im Rang aufzuwerten, sind eine typische Erscheinung der Renaissance im Westen. In den Bemühungen, politische Ansprüche durch Herleitung aus Rom zu rechtfertigen, wird man im Rußland des 15./16. Jahrhunderts Einflüsse westlichen Denkens suchen müssen, da im für die orthodoxen Ostslaven Rom ist als Sitz der Häresie *par excellence* eindeutig negativ konnotiert war.[158]

Ob die *„Erzählung über die Fürsten von Vladimir"* von einem Immigranten aus dem Westen, dem in Moskovien sofort gefangen gesetzten, aus Litauen kommenden Metropoliten Spiridion Savva stammt[159] – zuvor hatte ihn bereits der polnische König nicht anerkannt und ins Gefängnis geworfen –, oder ob Savva (1506–1523) in seinem Sendschreiben nur eine ältere Erzählung vom Ende des 15. Jahrhunderts referiert, ist umstritten.[160] Im diplomatischen Verkehr, z.B. mit Polen, verteidigte Ivan IV. jedenfalls nicht nur seinen Anspruch auf den Zarentitel, sondern auch auf sein *„Vatererbe"*, die Heimat des Prus, d.h. Livland und Preußen, mit eben dieser Legende.[161] Da der Westen inzwischen die Grundsätze historischer Quellenkritik entwickelt hatte, bedachte der neue polnische König Stefan Báthory Ivan den Schrecklichen denn auch wegen dessen vermeintlicher römischer Abstammung mit Spott und Hohn.[162]

Innenpolitisch mag die Krönung Ivans IV. zum Zaren wie die auffällige Traditionspflege, etwa durch die Chronik des „Stufenbuchs" (russ.: *Stepennaja kniga*), die Absicht verfolgt haben, die Regierung eines Großfürsten zu legitimieren, dessen Abstammung von dem offiziellen Vater, dem vermutlich impotenten Vasilij III., ziemlich zweifelhaft war. Daß entsprechende Gerüchte kursiert haben müssen, wissen wir durch den kaiserlichen Gesandten Herberstein[163] und durch eine relativ unauffällige Bemerkung des ersten prominenten politischen Flüchtlings aus Moskau nach dem Westen, des Bojaren Andrej Michajlovič Kurbskij. Übrigens gibt es zu diesem staatlichen Rückgriff auf römische Traditionen eine kirchliche Parallele vom Ende des 15. Jahrhunderts. Der Erzbischof von Novgorod hatte damit offensichtlich versucht, Ansprüche auf den ersten Rang in der russischen Kirche, wenn nicht gar auf die Suprematie der Kirche über den Staat anzumelden. Es handelt sich hier um die Legende über die Translation seiner weißen Mitra aus Rom über Byzanz nach Novgorod. Diese *„Erzählung über die weiße Mitra"* vermittelte übrigens Rußland die Kenntnis vom Text der sog. Konstantinischen Schenkung.[164]

Auch im Bereich der Repräsentation und Insignien lassen sich westliche Einflüsse nachweisen. „*Szepter*" war noch bei der Zarenkrönung Ivans IV. ein abstrakter Begriff für Herrschaft. Beim Empfang russischer Gesandter im Westen dürfte sich herausgestellt haben, daß das Szepter dort ein Gegenstand war, der dem russischen Zaren fehlte. Der Herrscherornat wurde daher vor 1553/54, dem Zeitpunkt des Empfangs der englischen Kaufleute durch Ivan IV., um ein von dem Augsburger David Gower[165] angefertigtes Szepter vermehrt.[166]

Nach 1489 tauchte im Siegel Ivans III. der Doppeladler auf. Es ist verschiedentlich darüber gerätselt worden, wie der Doppeladler ins russische Staatssiegel gelangt ist. Nahe lag es, byzantinische Herkunft und einen Zusammenhang mit der Heirat Ivans III. mit der Nichte des letzten byzantinischen Kaisers zu vermuten. Inzwischen ist die Forschung von der älteren Überschätzung der Bedeutung dieser Eheschließung auf die Ausformung russischen staatlichen Selbstverständnisses abgekommen und neigt eher dazu, hier westliche Einflüsse zu sehen. Im Siegel des byzantinischen Kaisers wird der Doppeladler nicht verwendet, doch trifft man ihn beim Vater der Sofija, dem Despoten von Morea.[167] Die Übernahme des Doppeladlers ins russische Siegel erfolgte jedoch erst etwa 20 Jahre nach der Heirat der Sofija mit dem Großfürsten von Moskau. Die Wirkung der Eheschließung auf die Ausgestaltung der Herrscherzeichen wäre also außerordentlich spät erfolgt. Näher liegt es daher, einen direkten Zusammenhang zwischen dem ersten Kontakt mit Habsburg – der Kaiser führte den Doppeladler im Siegel – und dem russischen Siegel zu sehen:[168] Gleichrangigkeit der beiden Verhandlungspartner sollte auch in der staatlichen Symbolik zum Ausdruck kommen.

Im diplomatischen Verkehr stellte sich außerdem heraus, daß die wechselnde Bedeutung des Besiegelten auch durch die Größe der Siegel optisch zum Ausdruck gebracht wurde. Unter Ivan IV. wurde daher in Rußland ein großes, ein mittleres und ein kleines Staatssiegel eingeführt, letzteres in der Größe etwa den zuvor gebrauchten Siegeln entsprechend. Die Verwendung dieser Siegel war allerdings weniger streng reglementiert als in Polen. Die Gestaltung des großen Staatssiegels erfolgte in Anlehnung an deutsche Kaisersiegel unter Einbeziehung von Elementen des großen polnischen Kronsiegels.[169]

In einen weiteren wichtigen Bereich staatlicher Symbolik, dem Münzwesen, kommt westlicher Einfluß weniger deutlich zum Ausdruck. Man weiß, daß spätestens seit Mitte des 15. Jahrhunderts westliche Münzmeister in Moskau tätig waren. Bekannt sind vor allem die Münzmeister Ivans III., der Venezianer Gian-Battista della Volpe in den 50-er Jahren und der Erbauer des Uspenskij sobor im Kreml und Kanonengießer Aristoteles Fioravanti – er war 1473 in Bologna der Falschmünzerei beschuldigt worden. Beiden lassen sich Münzen mit der Aufschrift *„Master Aleksandr"* bzw. *„Ornistoteles"* zuordnen.

Die Form der Münzen ist allerdings nicht westlich. Rußland hatte im 14. Jahrhundert eine eigene Technik der Münzherstellung aus Drahtstücken statt aus kleinen Silberplättchen entwickelt. Da die Schrötlinge meist zu klein und die Stempel aus schlechtem Stahl waren, ist das Münzbild der so entstandenen sogenannten „Tropfkopeken" in der Regel schlecht und unvollständig. Das Gewicht wurde nicht justiert, nur die Länge des Drahtstückes war abgemessen worden. Die Technik des Münzschlagens blieb russisch. Wichtiger als der künstlerische Gesichtspunkt war wohl, daß westliche Kenntnisse die Verluste beim Umschmelzen der importierten Silbertaler – Rußland nutzte damals seine eigenen Bodenschätze noch nicht – oder des importierten Rohsilbers gering hielten.¹⁷⁰

Neben den Münzmeistern arbeiteten seit der 2. Hälfte des 15. Jahrhunderts für den Hof auch westliche Gold- und Silberschmiede. (Als Sofija Paläolog 1484 in Ungnade fiel, wurden u.a. viele westliche Ausländer und Silberschmiede verhaftet.) Florale Elemente in den Silberarbeiten wie bei der Ausgestaltung der Steinportale des Facettenpalais im Moskauer Kreml´ gelten als Entlehnungen aus dem Formenschatz der Renaissance im Westen.¹⁷¹

Anders als im Profan- und Festungsbau wurde im älteren Rußland im Kirchenbau durch westliche Architekten das Fremde mit dem Russischen immer in einer Weise verbunden, daß ein eigener russischer Baustil erhalten blieb. Die Entwicklung begann mit der Berufung des bereits erwähnten Aristoteles Fioravanti 1475. Sein Hauptwerk, der Uspenskij Sobor in Moskau, als Gegenstück zum Uspenskij Sobor der alten Hautpstadt Vladimir bestellt, verband Traditionen des Kirchenbaus von Vladimir-Suzdal´ und Novgorod mit dem Raumgefühl der Renaissance. Seine Kirche ist innen unvergleichlich geräumiger als alle russischen Vorgängerinnen und dabei in sich geometrisch logisch gegliedert. Nur die Bearbeitung der Pilaster und Kapitelle läßt ahnen, daß Italiener am Bau beteiligt waren. Die Bauhütte Fioravantis (1475–1479) im Kreml´ von Moskau wurde zu einer regelrechten Schule für Steinarchitektur. Sie vermittelte den Russen die Kenntnis des Flaschenzugs und neuer Techniken im Steinbau. Der eigene russische Versuch, eine neue große Hauptkirche im Moskauer Kreml´ zu errichten, war 1474 wegen mangelhafter Kenntnisse der Gesetze der Baustatik ge-

scheitert. Der Bau war eingestürzt. Die Grablege der Großfürsten bzw. Zaren, die Erzengelkathedrale des Italieners Alevisio Novi (beendet 1509), diente den Russen vor allem als Studienobjekt für die Kunst, Mauern zu gliedern und Gebäude zu dekorieren. Das Absetzen der dekorativen Elemente am Bau durch weiße Farbe vom roten Backsteinhintergrund der russischen Kirchen und Profanbauten des 16.–17. Jahrhunderts geht auf diese – heute weiß gestrichene – Kirche im Moskauer Kreml´ zurück.¹⁷² Westlichen Barock vermittelten im 17. Jahrhundert nach Moskau vor allem Ukrainer. Mit dem sogenannten Naryškin-Barock, einem Stil den Peters der Große mütterliche Familie gefördert hat – endete zunächst die selbständige Architektur Rußlands, danach baute man rein westlich¹⁷³.

11 François Antoine Aveline (1727–1780), Der Moskauer Kreml´

Auch andere unmittelbare Einflüsse westlicher Kultur auf Rußland gehören in den Bereich des Hofes. Man weiß, daß in der 2. Hälfte des 17. Jahrhunderts einige der Großen des Reiches bereits ihre Haushaltungen in Anlehnung an die Sitten des Zarenhofes westlich umgestaltet haben. Ob auch andere Schichten, von rein technischen Neuerungen abgesehen, es wagen konnten, westlichen Moden zu folgen, muß dahingestellt bleiben.

Die frühesten kirchlichen Polemiken auf dem Gebiet der Mode richteten sich im ersten Drittel des 16. Jahrhunderts gegen das Abrasieren der Bärte.[174] Peinlich wurde das, als der Großfürst Vasilij III., um seiner jungen Frau, der Tochter eines Flüchtlings aus Litauen, Elena Glinskaja, zu gefallen den Bart ablegte.[175] Die „Unsitten" nahmen zu. Der nächste Verwandte des Zaren, Nikita Ivanovič Romanov, soll sich Mitte des 17. Jahrhunderts bis zu einem Verbot durch den Patriarchen nach westlicher oder polnischer Mode gekleidet haben.[176] Zar Fedor Alekseevič, von dem Litauer Simeon Polockij erzogen,[177] sprach selbst Polnisch, liebte polnische Kleider, polnische Bücher, polnische Instrumentalmusik und westlichen Gesang. Seit Mitte des 17. Jahrhunderts wurde die Zahl der ukrainischen oder weißrussischen Haus- oder Musiklehrer bei den russischen Oberschichten immer größer.[178] Der Zar und selbst der Patriarch warben in der Ukraine systematisch Sänger an.[179] Daß westliche mehrstimmige Musik Mode wurde, zeigt sich auch in den noch heute erhaltenen Liederbüchern meist geistlichen Inhalts mit polnischen, russifizierten oder ins Russische übertragenen polnischen Liedern.[180] Orgeln im Haushalt des Zaren gab es übrigens schon seit dem 15. Jahrhundert.[181] Erst spät, schon zu Peters Zeiten, und nunmehr ganz privat, begann die als unmoralisch von der Kirche der alten Zeit verdammte Liebeslyrik mit Gedichten des Petr Andreevič Kvašnin-Samarin (ca. 1696–1699).[182] Mit Blick auf Polen-Litauen nahm der russische Adel im 17. Jahrhundert Wappen an und führte Siegel.[183] Die Küche der Oberschichten übernahm seit dem 16. Jahrhundert natürlich auch Kochrezepte der Polen.[184] In den Eliten begann man, wenn auch noch nicht ganz konsequent, im polnischen Stil zu leben.

Für die Versorgung des Hofes mit westlicher Kultur waren einige zentrale Behörden zuständig. Das Waffenamt (Oružejnaja palata) unterhielt Werkstätten für Ikonenmalerei, Fresken, weltliche Gemälde, Manuskripte, Tischler, Holzschnitzer und zur Herstellung von dekorativen Gegenständen aller Art für den Haushalt des Zaren.[185] Im 17. Jahrhundert kamen in Rußland weltliche Portraits auf. Selbst die Ikonen wiesen

12 Mitglied der Zarenfamilie der Zeit Peters d. Gr. noch in altrussischer Tracht

nun realistisch schattierte Gesichter und Körper der dargestellten Personen auf. Gebäude und Pflanzen wurden nach der Natur gezeichnet. Es lassen sich mehrere westeuropäische Maler als Lehrer der Russen nachweisen. Gegen deren verderblichen Einfluß wetterte die offizielle Kirche in gleichem Maße wie die Altgläubigen.[186]

Die Oružejnaja palata förderte in ihren eigenen Unternehmungen natürlich auch die Übernahme westlicher Techniken bei der Herstellung von Leinen, Tuch, Seide und Samt. Dahinter stand die Idee, dem Hof den Import von Luxusgütern zu ersparen, geistesgeschichtlich aber noch kein früher Merkantilismus, sondern das Ideal der geschlossenen Hauswirtschaft. Neuerungen auf diesem Gebiet waren etwa der breite, horizontale Webstuhl für Leinen,[187] die Aufnahme der Baumwollweberei[188] und zu Zeiten Peters des Großen die Einführung des Spinnrades.[189] Manches mißglückte, obwohl man westliche Spezialisten, polnische Weber, beschäftigte.[190] Die Versuche eigener Seidenproduktion schlugen fehl,[191] ebenso die Sammetherstellung,[192] und das in Rußland produzierte Tuch entsprach ebenfalls nicht der Qualität der importierten Produkte.[193] Zwei Deutsche arbeiteten im Saffijanhof,[194] aber polnische Kriegsgefangene waren es, die in der Masse die Techniken westlicher Weberei nach Moskovien vermittelten. Am erfolgreichsten war man bei der Leinenherstellung.

Für den Pomp und die Unterhaltung nach westlichem Muster bei Hofe war das Außenamt (Posol´skij prikaz), zuständig. Die Verskunst war neu, seit deren Anfängen in Rußland lieferte der Posol´skij prikaz – daneben auch die Druckerei – zu allen offiziellen Anlässen die erwarteten Gedichte. Seit den 70er Jahren, unter Aleksej Michajlovič, organisierte der Posol´skij prikaz auch das Theater. Unter Leitung des protestantischen Pfarrers der deutschen Vorstadt spielten zunächst dessen Schüler in russischer Sprache.[195] Um der besseren sprachlichen Verständlichkeit am ohnehin polonisierten Hof willen wurden diese dann durch ca. 60 Polen aus der Moskauer Bevölkerung ersetzt.

Das Außenamt, dem die besten Dolmetscher zur Verfügung standen, übersetzte nicht nur diplomatische Schriftstücke und historische, geographische, medizinische und naturwissenschaftliche Fachliteratur, sondern vor allem auch westliche Trivialliteratur wie die *„Schöne Maggelone"*.[196] Der aus Moskovien nicht wieder entlassene kaiserliche Gesandte Adam Thurn von Einödt wird zum Übersetzer der *„Kosmographie"* Mercators aus dem Lateinischen ins Russische.[197] Uninteressant, wenn nicht politisch gefährlich schienen die Arbeiten westlicher Juristen oder Philosophen. Was nicht direkt verwertbar war, wie etwa der litauische Rechtskodex, das *„Statut"*, bleibt auf diesem politisch heiklen Sektor unübersetzt.[198] Die Bestimmungen dieses Statuts über die Strafen bei Majestätsbeleidigung gingen in Moskovien allerdings in den Rechtskodex (russ. *Uloženie*) von 1649 ein, und wurden dort auch rigoros angewandt. Hier wird später die Humanisierung des russischen Strafrechtes der Aufklärungszeit ansetzen können.

Über das sofort praktisch Verwertbare oder das harmlos Unterhaltende hinaus wollte sich also das Rußland vor Peter dem Großen, selbst der Hof, möglichst von Europa abschirmen, und noch immer war es äußerst gefährlich, Westliches zu loben. Ein Litauer, der 1639 sich in einem Gespräch mit einem Russen lästerlich über die Kultur des Moskauer Rußland geäußert hatte, beging im Gefängnis Selbstmord, da ihm wegen Majestätsbeleidigung ohnehin die Todesstrafe drohte.¹⁹⁹ Bis zur offiziellen Öffnung Rußlands gegenüber dem Westen informierte sich nur der auswärtige Dienst durch Gesandtenberichte (*statejnye spiski*) ihrer eigenen Gesandtschaften über den Westen²⁰⁰. Hinzu kamen importierte gedruckte Zeitungen des XVII. Jahrhunderts aus dem Westen – diese haben sich in russischen Archiven z.T. erhalten.²⁰¹ Und schließlich kannte man eine eigene, wohl etwas weiter verbreitete, handschriftliche Zeitung, die *vesty-kuranty*, die über politische, militärische und kulturelle Ereignisse im westlichen Ausland berichtete, und zwar schon vor Peters Reise nach dem Westen 1697–1698.²⁰²

War die Rezeption westlicher Einflüsse auf diplomatischem, höfischen und künstlerischem Gebiet aus europäischer Sicht, zumindest solange sie nicht zur Untermauerung von Ranganpsprüchen gebraucht wurde, als Erfolg zu werten, so lagen die Interessen bei den Handelsbeziehungen und der Vermittlung militärischer Kenntnisse deutlich anders. Dem russischen Willen, sich von Europa abzuschließen, entsprachen Bemühungen des Westens, den Export von Wissen, von Rohstoffen und Waffen nach Moskovien zu unterbinden. Polen, der Orden in Livland und die Hanse fürchteten die junge Großmacht oder den Handelskonkurrenten im Osten und suchten deren Aufstieg mit einem Embargo militärisch wichtiger Güter gegenzusteuern. Der Deutsche Kaiser als Lehensherr Livlands unterstützte solche Bestrebungen. Den Interessen der Politiker arbeiteten jedoch die Handelsinteressen entgegen. Daher war Rußlands Boykottierung durch den Westen zu keiner Zeit so wirksam wie die in Rußland selbst getroffenen Maßnahmen zur Isolierung.

Rußlands wichtigste Importgüter von militärischer Bedeutung waren neben Waffen vor allem die Buntmetalle und Gußeisen. 1495 wurde in allen livländischen Städten der Export von Blei, Gußeisen und Draht nach Moskovien untersagt. Drei Jahre später wurde das Verbot abgeändert und betraf von nun an nur noch Kanonen, Rüstungen und Salpeter. Mit Litauen kam die Hanse 1507 überein, an Rußland keine Bunt- und Edelmetalle mehr zu liefern. Der Orden in Livland schloß sich 1509 dem Vertrag an. Nach Abschluß eines neuen Handelsvertrages zwischen der Hanse und Rußland 1514 wurde das Embargo jedoch aufgehoben.²⁰³

In Kriegszeiten verstärkten sich die Bemühungen Polen-Litauens und des Ordensstaates mit dem Deutschen Reich im Hintergrund, Rußland über den Handel zu hindern, sich zu „zivilisieren". Am Ende des Nordischen Siebenjährigen Krieges erkannten Schweden und Dänemark im Frieden von Stettin 1570 z.B. die Lehenshoheit des Deutschen Reiches über Livland und dessen Recht an, den Narvahandel zu beschränken, sobald deutsches Gebiet bedroht erschien. Entsprechende Verbote des Kaisers wie des Königs von Polen im Livlandkrieg Ivans IV. fanden jedoch kein Gehör. Das Gewinnstreben behielt den Vorrang.²⁰⁴

Von Bedeutung war der Westen für Rußland auch hinsichtlich des Festungsbaus. Ende des 15. Jahrhunderts wurden fast alle Festungen an der Westgrenze erneuert. Sie erhielten Türme als Zentrum der Verteidigung, massive und gerade Mauern mit Schießscharten, die Artilleriebeschuß durch den Angreifer länger standhielten und diesem hinter Mauerbiegungen dann keinen Schutz vor der russischen Artillerie mehr boten.²⁰⁵

Als es für Rußland im 16.–17. Jahrhundert unter anderem darum ging, sein eigenes

Territorium zu erweitern oder sich gegen Okkupationspläne Polen-Litauens oder Schwedens zu behaupten, war der Zwang zur Anpassung an den Westen auf militärischem Gebiet besonders groß. Die Übernahmen betrafen den bereits genannten Festungsbau, die Waffentechnik und die Ausbildung des Heeres. Bekannt ist das Scheitern der Aktion des Moskau-Deutschen Schlitte, 1548 im Deutschen Reich 123 Doktoren, Gelehrte, Glockengießer, Bergleute, Goldschmiede, Baumeister, Brunnenbauer, Papiermacher und Drucker anzuwerben. Obwohl Kaiser Karl V. ihre Abreise gestattet hatte, überzeugte Reval die Hanse von der Gefahr für die gesamte deutsche Nation durch ein mit westlicher Technik militärisch gestärktes Moskau. Die meisten Spezialisten wurden in Lübeck am Einschiffen gehindert, der Rest von ihnen in Livland gefangen gesetzt.

Kriegsdrohungen des Zaren gegen Livland Anfang der 1550er Jahre wegen des Handelsembargos und der Zurückweisung westlicher Immigranten nach Rußland halfen nichts. Rußland blieb bei der Gewinnung von Entwicklungshilfe aus dem Westen auf Umwege angewiesen[206] – wie übrigens auch das Osmanische Reich. Trotz aller westlichen Verhinderungsversuche stellten aber schließlich dennoch militärische Spezialisten den höchsten Prozentsatz von Einwanderern nach Moskovien. Von den 206 Höfen der Deutschen Vorstadt bei Moskau gehörten 1652 z.B. 70% Offizieren und Soldaten, 12% Handwerkern wie Silberschmieden, zwei Goldschmieden, Uhrmachern und Schneidern, aber auch Büchsenmachern, einem Kanonengießer, einem Granatenmacher und einem Sattler.[207] Die Russen trugen selbst kaum etwas Neues zur Verbesserung der Waffen oder der Kriegstechnik bei, sondern kopierten westliche Erfindungen oder Methoden. Die meisten Neuerungen standen im Zusammenahng mit der Umrüstung eines Teils der russischen Armee von einem mit Pfeil und Bogen bewaffneten Reiterheer zu einer modernen Streitmacht, deren Schlagkraft auf dem Fußvolk und der Artillerie beruhte. Die Produktion von Kanonen und einer Art Haubitzen begann in Rußland 1470. Der Kanonenhof, die Waffenschmiede des Großfürsten, existierte in Moskau zumindest seit 1488.

Verbesserungen in der Waffentechnik drangen rasch nach Moskau vor – wie auch ins Osmanische Reich. Der Falconet, 1536 von Italienern erfunden, wurde schon elf Jahre später in Moskau hergestellt. Selbst die ganz frühen Kanonen waren von guter Qualität und blieben bis in die 2. Hälfte des 17. Jahrhunderts in Rußland im Gebrauch. Produziert wurden bessere Kanonen aus Bronze und schlechtere Eisenkanonen. Anfang des 17. Jahrhunderts wurde der Kanonenhof von 50 Personen, davon zehn Meister, betrieben. Die Namen der Kanonen- oder Glockengießer aus Italien, Schottland und Deutschland sind bekannt[208]. Diese Spezialisten hat die Fähigkeit der Russen, auf technischem Gebiet zu lernen, bald beunruhigt. Mitte des 17. Jahrhunderts berichtete beispielsweise Olearius von den Russen: *„Sie seynd lehrhaft, können, was sie von den Deutschen sehen, wol nachaffen und haben in wenig Jahren viel von ihnen gesehen und gelernet, das sie zuvor nicht gewußt haben ... Insonderheit habe ich mich über die Goldschmiede verwundert, daß sie jetzo ein silbern Geschirr so tieff und hoch, auch zimlich förmlich treiben können, als ein Deutscher thun mag. Darumb, wer in Handarbeit sonderliche Wissenschaften und Griffe für sich allein behalten will, lässet keinen Russen zusehen. So that anfänglich der* berühmte Stückengiesser Hans Falck, wenn er in den fürnembsten Stücken des Formirens und Giessens zu Wercke, müßten die russischen Handlanger ihren Abtritt nehmen. Jetzo aber sollen sie auch große Stükken und Glocken zu giessen wissen."[209] Bereits Ende des 16. Jahrhunderts waren die Russen zum Kanonen- oder gleichzeitig betriebenen Glockengießen nicht mehr unbedingt auf westliche Hilfe angewiesen und vom Import unabhängig.[210]

Gewehre mußten indessen anders als Kanonen weiter ganz oder in einzelnen Teilen eingeführt werden. Bereits Ende des 16. Jahrhunderts wurde eine eigene Gewehrproduktion in Moskau in Gang gesetzt, und diese wurde nach dem Ende der Zeit der Wirren dort wieder aufgenommen. Die fremden Schmiede unterstanden der Kasse (Kazna) des Zaren, waren gegenüber den lokalen Gewalten exemt, arbeiteten jedoch auch privat für den Markt. 1517 wurden z.B. in Innsbruck Waffenschmiede angeworben, von denen die Einheimischen die Techniken abschauten. Problematisch war und blieb für die Russen vor allem die Anfertigung von Gewehrschlössern. Dafür waren mehrere Spezialisten nötig, und man brauchte Eisen von guter Qualität. Beides war bis ins 17. Jahrhundert hinein kaum zu haben. Gewehrschlösser wurden daher an der Wende von 16. zum 17. Jahrhundert vor allem aus Schottland importiert, die Gewehrläufe dazu wurden dann von Schmieden in Moskau, Tula und später auch in Nižnij Novgorod angefertigt.[211]

Die Erfindung des granulierten Pulvers gelangte ebenfalls rasch nach Moskovien. Ein von Westeuropäern bedienter Pulverhof existierte in Moskau zumindest ab 1494.[212] 1535 war es den Litauern gelungen, durch Minen erstmals eine russische Festung, Starodub, zur Übergabe zu zwingen.

1552 wurde Kazan´, die Hauptstadt des damit eroberten Tatarenreiches, von russischen Truppen gestürmt, nachdem der aus Litauen angeworbene Mineur Razmysl Petrov die Mauern der gegnerischen Festung untergraben und an mehreren Stellen gesprengt hatte.[213] Neuerungen in der Konstruktion von Geschossen wurden in Rußland ebenfalls nachgebaut.[214]

Man bemühte sich in Rußland auch um den Aufbau einer modernen eigenen Eisenindustrie, um vom Import von Gußeisen aus dem Westen unabhängig zu werden. Ein Projekt englischer Kaufleute von 1567, eine Eisenhütte zu errichten, wurde offenbar nicht verwirklicht. Noch im 16. Jahrhundert aber richteten die Stroganovs bei Sol´vyčegodsk die erste Eisenhütte ein, deren Hammer zum Schmieden des Roheisens mit Wasserkraft angetrieben wurde.[215] Die allmählich vordringenden Wasserräder, etwa auch in einer Papiermühle, sind eine Neuerung aus dem Westen[216]. Die erste moderne Waffenschmiede wurde um 1637 unter zeitweiliger stiller Beteiligung des Schwagers des Zaren von Westeuropäern eingerichtet. Entscheidend für die Qualität des Eisens war der Hochofen, dessen Luftzufuhr durch Wasserkraft geregelt wurde.

Der Holländer Winius, der dänische Untertan Peter Marselis und dessen Verwandter Akkema besaßen genug Kapital, um drei Hüttenwerke bei Tula zu errichten. Diese Eisenproduktion wurde mit Werkstätten für die Herstellung von Kanonen, sowie von Handfeuer-, Hieb-, und Stichwaffen kombiniert. Für den reinen Aufbau und den Vertrieb der Eisenwerke wurden ausländische Spezialisten auf Zeit angeworben. Die Holzkohle mußte aber ebenfalls aus dem Westen importiert werden. Anlaß zur Unzufriedenheit mit der Arbeit der Werke bei Tula gab es für die Russen aus verschiedenen

Gründen. Einer davon war, daß die Ausländer die Ausbildung russischer Fachleute in der Eisenindustrie behinderten, also ihren Kenntnisvorsprung wahren wollten. Infolgedessen wurden die Betriebe nach dem Ablauf der zehn Gnadenjahre und einem Prozeß vom Staat eingezogen und als Staatsunternehmen weitergeführt.[217] Die seit alters bekannten Erzvorkommen wurden sonst, von dieser Ausnahme abgesehen, im 17. Jahrhundert noch von bäuerlichen Kleinstbetrieben ausgebeutet. Der Zar förderte aber auch die Entdeckung neuer Lagerstätten. Seit Beginn des 17. Jahrhunderts wurde das Gebiet am und jenseits des Urals offensichtlich meist von Ortsansässigen oder von Russen erforscht. Die geologischen Gutachten über den Wert der Erze erstellten dann westliche Bergingenieure, oder man holte diese auch direkt im Ausland ein.[218]

Über die militärischen Kenntnisse der Russen hatte sich der kaiserliche Gesandte Herberstein zu Beginn des 16. Jahrhunderts noch recht abfällig geäußert.[219] Doch hielt sich Rußland damals bereits westliche Truppen. In der Stadt Moskau besaß der Großfürst ein Ausländerregiment von 1500 Mann, und zwar meist Artillerie[220]. Während des gesamten 16. und 17. Jahrhunderts hielten sich westeuropäische Militärs in Moskovien auf und wiesen die Russen in den jeweils neuesten Stand der Kriegstechnik ein. Dabei handelte es sich allerdings nicht um eine kontinuierliche Erscheinung. Es gab durchaus Unterbrechungen, Höhen und Tiefen, denn die Ausländer wurden in mehreren Wellen angeworben und wieder entlassen.[221] Sie vermittelten jedenfalls den Drill und die lineare Taktik westlicher Infanterie des 17. Jahrhunderts nach Rußland. Jeder Neubeginn der Heeresreformen führte natürlich darüber hinaus zu einer neuen Rezeption aktueller kriegswissenschaftlicher Literatur. Fronspergers Kriegsbuch, 1607 dem Zaren zugesandt, wurde zur Basis für das sogenannte *„Kriegsbuch"* der Übersetzer am Zarenhof Michail Jur´ev und Ivan Fomin. Doch A. M. Radiševskij verfaßte etwa gleichzeitig ein eigenes Kriegsreglement, wieder auf der Basis von Fronsperger, aber auch unter Heranziehung anderer deutscher und italienischer Literatur (1621).[222] Das dritte in Rußland überhaupt gedruckte Buch weltlichen Inhalts, das Kriegsreglement von 1649, war eine Übersetzung der Arbeit des Jakob v. Wallhausen *„Kriegskunst zu Fuß"*.[223] Hier wurden Vorstellungen des führenden Militärtheoretikers zu Beginn des 17. Jahrhunderts, Moritz von Oranien, popularisiert.[224]

Für die Deckung des zivilen Bedarfs an westlichen Waren wurden auf dem Seeweg wie auf dem weniger gut erforschten Landweg durch Polen-Litauen vorwiegend Tuch, Salz, Metalle, Papier aus Italien und Frankreich, Hering, Wein, Meth, Bier, Nüsse, Pfeffer, Krakauer Käse und Luxusgüter aller Art importiert.[225] Haupthandelsplatz war, solange dieser Hafen in russischem Besitz war, Narva (1558–1581).[226] Anschließend verlagerte sich der direkte Kontakt mit westlichen Kaufleuten bis in die Zeit Peters des Großen hinein an das Eismeer. Seit 1555 handelten von dort aus die Engländer der Russischen Kompanie zollfrei in Rußland.[227] Boris Godunovs Plan, den Ostseehandel mit Lübeck in Ivangorod zu intensivieren, scheiterte an einer schwedischen Flottenblokade des Hafens. Boris förderte übrigens nicht mehr nur die englischen Kaufleute, sondern privilegierte auch andere, etwa kriegsgefangene livländische Kaufleute in Moskau bei deren Handel innerhalb des Russischen Reiches.[228] Unter den ersten Romanovzaren beteiligten sich am Handel in Archangel´sk vor allem Holländer, weniger Engländer, Dänen, Schweden und deutschen Kaufleute.²²⁹ Auf Drängen der Russen wurde erst unter Aleksej Michajlovič die Privilegierung der Ausländer auf dem russischen Markt aufgehoben.

Da der verminderte Profit die kostspielige Reise durch das Eismeer nicht mehr als lohnend erscheinen ließ und Schweden durch Aufhebung des Stapelrechts in Livland bemüht war, seinen dortigen Ostseehäfen aufzuhelfen, verlagerte sich in der zweiten Hälfte des 17. Jahrhunderts, doch nur bis zum Kriegsausbruch 1656, die Masse des Rußlandhandels vorübergehend wieder in die Ostsee. Mit Archangel´sk besaß Moskau seit der Mitte des 16. Jahrhunderts für seinen Westhandel einen eigenen, wenn auch nicht eisfreien Hafen, und damit ließen sich seine Handelsbeziehungen zum Westen nicht mehr völlig blockieren. Daß die schwedischen Ostseeprovinzen vor ihrer Annexion durch Rußland unter Peter dem Großen als wirtschaftlicher Sperrgürtel vor Rußland gelegen hätten, trifft nicht zu. Der Frieden von Kardis 1661 mit seinen Folgeverträgen hatte den Transit in einer Form geregelt, die Schweden die – wenn auch vergebliche Hoffnung – gestattete, man könne den russischen Handel von Archangel´sk endgültig auf die baltischen Häfen umlenken.²³⁰ Auf Dauer oder längere Zeit ließen sich nach der Aufhebung der Sonderstellung der Englischen Kompanie im Rußlandhandel 1649 in Moskau selbst vor allem Holländer nieder, an Zahl gefolgt von Norddeutschen, in der Tradition der Hanse. Zunächst waren vor allem Lübecker zugezogen, seit der 2. Hälfte des 17. Jahrhunderts Hamburger.²³¹

Trotz gelegentlicher Erwähnung westlicher Papiermacher in Rußland und eines im 16. Jahrhundert nachweisbaren russischen Wasserzeichens²³² blieb Rußland bis ins 18. Jahrhundert hinein auf den Import von Papier aus dem Westen angewiesen. Gegen größere Widerstände vor allem kirchlicher Kreise setzte sich aber der Druck seit Mitte des 16. Jahrhunderts durch. Gedruckte Bücher wurden übrigens zunächst zu einem höheren Preis vertrieben als geschriebene – das Mißtrauen ging also kaum von den gewerbsmäßigen Schreibern aus, die ihren Absatzmarkt durchaus nicht gefährdet sahen.²³³ Die Kirchenführung versuchte seit Ende des 15. Jahrhunderts korrekte Bibeltexte in Umlauf zu bringen.²³⁴ Die Buchstabengläubigkeit der Russen, von der weiter unten die Rede sein wird, setzte seit Beginn des 16. Jahrhunderts jede Veränderung des Gewohnten mit Häresie gleich. Da die Kirchenleitung den Bedenken der Geistlichen nachgab, wurden Übersetzer und/oder Drucker, die vom Metropoliten und Zaren zunächst zu ihrer Tätigkeit ermuntert worden waren, häufig geopfert. Das traf den Schüler Savonarolas und späteren orthodoxen Mönch auf dem Athos Maksim Grek in den 20-er Jahren des 16. Jahrhunderts²³⁵ in gleicher Weise wie den ersten Drucker in Moskovien Ivan Fedorov 1566/67.²³⁶

Die frühesten Drucke in kyrillischer Schrift waren zum Teil Importe aus dem Westen. Die ersten Drucke in kyrillischer Schrift überhaupt, Inkunabeln des Deutschen Sebald Fiol aus Krakau, trafen in den 1490er Jahren noch nicht auf ein für den Wortlaut theologischer Texte sensibilisiertes moscovitisches Publikum und sind daher in relativ großer Zahl erhalten.²³⁷ Der Übersetzer der Bibel in die russische Volkssprache und erste moderne Drucker Franciszek Skoryna, ein Litauer, versuchte seine Drucke ebenfalls selbst oder durch seinen Finanzier in Moskovien zu vertreiben, als man dort gerade dabei war, dem Übersetzer

Maksim Grek den Prozeß zu machen.²³⁸ Da auch Skoryna neu übersetzt hatte, waren seine Bibeln in Moskovien in den 20er Jahren des 16. Jahrhunderts nicht nur kein Erfolg, sondern wurden im Gegenteil auf Befehl des Großfürsten verbrannt.²³⁹ Ivan Fedorov und sein aus Litauen stammender Mitarbeiter Petr Mstislavskij, die ersten Drucker in Moskau selbst, wurden 1566/67 mit Gewalt vertrieben.²⁴⁰ Als gedruckte kirchliche Literatur aus den orthodoxen Gebieten im Südosten von Polen-Litauen, wo in der Auseinandersetzung mit Reformation und Gegenreformation das Schulwesen und die Druckereien der Orthodoxen einen zuvor nicht da gewesenen Aufschwung genommen hatten, nach Rußland gelangte, wurde der Import 1627, wenn auch nicht mit durchschlagendem Erfolg, untersagt.²⁴¹

Der Versuch des Patriarchen Nikon 1653 mit seinen, von Theologen aus Griechenland und klassisch gebildeten Ukrainern unterstützten Reformen, dem moscovitischen Kirchenvolk korrektes Verhalten (Bekreuzigen mit zwei oder drei Fingern) und revidierte Bücher aufzuzwingen, endete mit einer Kirchenspaltung.²⁴²

Das Bewußtsein für die Wichtigkeit des Wortlautes der Bibeltexte – basierend auf dem Umstand, daß die hebräische, griechische und lateinische Überlieferung differieren, und bei jeder Übersetzung Verzerrungen im Sinn erfolgt sind²⁴³ – hatte die Kirche um die Wende zu 16. Jahrhundert im Kirchenvolk selbst geschärft. In der Auseinandersetzung mit den sogenannten „Judaisierenden" hatte sich die orthodoxe Kirche in der peinlichen Lagen gesehen, selbst keinen vollständigen Bibeltext zu besitzen, während die Sektierer das Fehlende für sich längst neu übersetzt hatten. Damals hatte der Erzbischof von Novogorod Genadij unter Mitwirkung eines Dominikanermönchs Benjamin eine Neuübersetzung der Bibel, der sog. Gennadius-Bibel, angeregt.²⁴⁴ Und von nun an hatten sich Rechtgläubige und Häretiker durch den Wortlaut ihrer jeweiligen Bibeltexte identifizieren lassen.

Die physische Vernichtung der Ketzer, der Judaisierenden, geschah damals unter westlichem Einfluß, das heißt, unter ausdrücklicher Berufung auf die Methoden der Inquisition. Kenntnis davon erhalten hatte Gennadij durch einen österreichischen Gesandten.²⁴⁵ Über die Lehren der Judaisierenden selbst ist so gut wie nichts bekannt – die Forschung vermutet Einflüsse der Hussiten oder von vorreformatorischen Strömungen.²⁴⁶

Für Abweichungen vom rechten Glauben waren jedoch nicht nur westliche Theologen, sondern vor allem westliche Ärzte am Zarenhof verantwortlich. Ihre Stellung bei Hofe – bis in die zweite Hälfte des 17. Jahrhunderts hinein waren sie die Leibärzte der Herrscherfamilie – schützte sie anders als die Drucker oder Übersetzer vor Ketzerprozessen. Ihr Berufsrisiko war ein anderes: Bei ärztlichen Kunstfehlern konnten sie hingerichtet werden.²⁴⁷ Eine erheblich wichtigere Rolle haben aber einige unter ihnen als Hofastrologen gespielt.

Der wohl bekannteste war Nikolaj Bulev (1490–1533) aus Lübeck. Er hat auch medizinische Literatur ins Russische übersetzt und auf diese Weise Erkenntnisse des Westens nach Moskovien vermittelt. Größere geistesgeschichtliche Bedeutung hatten jedoch seine Bemühungen um eine Union der Orthodoxen mit den Katholiken. Damit belebte er die altrussische Literatur. Gegen ihn und seine astrologischen Voraussagen sind Sendschreiben des bereits erwähnten Übersetzers Maksim Grek wie des Erfinders der Theorie vom Moskau als dem 3. Rom, dem

Starec Filofej, erhalten. Beide wandten sich unter Hinweis auf die von Gott so gewollte Freiheit des Menschen gegen den Glauben an die Sterne.[248] Berüchtigt war der Astrologe und Leibarzt Ivans IV., des Schrecklichen, der Westfale Elisej Bomelij (hingerichtet 1575). Ihm wurden nicht nur Giftmorde vorgeworfen, sondern er soll mit seinen astrologischen Voraussagen für plötzliche Wendungen in der Politik des Zaren verantwortlich gewesen sein.[249]

Abschließend läßt sich feststellen, daß bis zum Beginn des 18. Jahrhunderts Rußlands Beziehungen zum Westen einseitig waren. Westreisen unternahmen nur Gesandtschaften und in deren Gefolge einzelne Kaufleute. Die Zahl der im 16./17. Jahrhundert in Europa tätigen russischen Kaufleute läßt sich an den Fingern abzählen. Für den Westhandel blieb Rußland also auf die Vermittlung der fremden Kaufleute angewiesen.[250] Bis zur Zeit Peter des Großen hatte auch kein Russe an europäischen Universitäten studiert. Von den unter Boris Godunov erstmalig nach England, Frankreich und Deutschland entsandten russischen Studenten ist bekanntlich keiner in die Heimat zurückgekehrt.[251] Selbst das Gesandtschaftspersonal erwarb seine Fremdsprachenkenntnisse in der Regel in Rußland.[252] Die westlichen Einflüsse auf die russische Kultur gingen also im wesentlichen von den Westeuropäern in Rußland oder von Büchern aus.

Vermittler westlicher Kulturgüter in Rußland waren neben den bereits erwähnten Gesandten, Kaufleuten und Spezialisten in ihrer Breite vor allem Kriegsgefangene aus dem Baltikum und Polen-Litauen. Ein direkter Einfluß von Heiratsbeziehungen nach Litauen (Mutter Ivans IV.) oder aus dem Überwechseln von Adligen aus Litauen nach Moskovien läßt sich nicht nachweisen – er mag existiert haben. Die Bedeutung der Rolle von Pilgern, Mönchen, Lehrern oder Gelehrten aus den sprachlich und konfessionell den Großrussen nahe stehenden Gebieten, aus der Ukraine und Weißrußland, für die Vermittlung westlicher Musik und Literatur im weitesten Sinne ist allerdings kaum zu überschätzen.

Trotz aller Abgrenzungsversuche aber hatte bereits 1668 ein auswärtiger Beobachter hoffnungsvoll erklärt: *„Mögen die Neider giften, ich aber sehe, daß Rußland große Fortschritte macht. Ich glaube über die Russen das Folgende: daß eine Zeit anbricht, wo sie die äußere Hilfe nicht mehr brauchen, ja, sie sogar verachten."*[253] Peter der Große und die russischen Herrscherinnen der Aufklärungszeit werden das Ihre tun, um dieses Ziel zu erreichen.[254]

3.

Kurland, Schweden und Russland. Hessische Heiratspolitik im Spannungsfeld der grossen Mächte

Die großen deutschen Dynastien von den Kurfürsten bis hin zu den Grafen spielten während der frühen Neuzeit innerhalb der europäischen Politik eine durchaus gewichtige Rolle. Dies galt im hessischen Bereich insbesondere für die Nassauer, nicht weniger aber für die hessischen Landgrafen. Bereits unter Landgraf Philipp dem Großmütigen bis zur Niederlage des Schmalkaldischen Bundes vor Mühlberg der Gegenspieler Kaiser Karls V. im Reich, stand Hessen im Mittelpunkt der großen Politik. Die Rolle der Landgrafschaft änderte sich auch nach der Aufteilung der Landgrafschaft unter die vier Söhne (1567) zumindest für Hessen-Kassel nur maßvoll. Denn gerade die Kasseler Linie, die den übergroßen Teil der Landmasse geerbt hatte und nach dem Aussterben der Marburger Linie 1604 noch ein weiteres Stück des territorialen Kuchens erhielt, verstand sich weiter als herausgehobener Teil des großen Netzwerks der europäischen Dynasten. Dies galt sowohl für Landgraf Wilhelm IV., den ältesten Sohn Landgraf Philipps, wie auch Wilhelms besonders ehrgeizigen Erben Moritz, der Hessen-Kassel ab 1592 regierte.[255]

Bereits unter Moritz lassen sich Bemühungen der Kontaktaufnahme zu Moskovien nachweisen – und selbst Persien schien ihm als politischer Partner geeignet und angemessen.[256] Doch gerade unter Moritz begann schon vor dem Ausbruch des Dreißigjährigen Krieges ein rasanter politischer Niedergang Hessen-Kassels, der sich schließlich im laufenden Krieg noch beschleunigte. 1627 sah sich der Landgraf zur Abdankung gezwungen. Sein Sohn Wilhelm V. sah in den 30er Jahren keinen anderen Ausweg aus der verfahrenen Lage mehr, als ein reichsrechtlich bedenkliches Bündnis zuerst mit Schweden, dann mit Frankreich einzugehen. Im Westfälischen Frieden retteten die Landgrafschaft Hessen-Kassel allein die politischen Künste der Landgräfin Amalie Elisabeth. Nur runde zwei Jahrzehnte später, als Landgraf Karl 1670 die Regierung Hessen-Kassels übernahm, waren die Jahre der Gefahr und des Niedergangs vergessen. Jetzt bot sich der Landgrafschaft als armiertem Reichsstand neuerlich die Chance, im Konzert der großen Mächte eine wichtige Rolle zu spielen.

Die Regierungszeit Landgraf Karls, die von 1670 bis 1730 dauerte, umfaßte nicht weniger als sechs Jahrzehnte. Karl stellte einen typischen Repräsentanten barocker Lebenskunst und -lust dar, der es nicht verabsäumte, sich durch mannigfaltige militärische Beteiligung Hessen-Kassels (Subsidienverträge) an den großen Militäraktionen auszuzeichnen. Zugleich aber fällt auf, daß die gewachsene Macht Hessen-Kassels sich darin niederschlug, daß Karl seine Söhne und Töchter auf dem großen europäischen Heiratsmarkt als Figuren seiner politischen Ambitionen benutzte. Am bekanntesten geworden ist die Heirat seines ältesten Sohnes Friedrich mit Ulrike Eleonore, einer Schwester König Karls XII. von Schweden. Sie brachte der Landgrafschaft nicht nur kurzfristig eine Königskrone ein, sondern sollte dem hessen-kasselischen Hause eigentlich langfristig den Weg in den europäischen Norden ebnen. Die Chance, sich über eine geschickte Eheverbindung neue mächtepolitische Perspektiven zu eröffnen, läßt sich schon in der Heirat Landgraf Karls erkennen. Denn er schloß am 21. Mai 1673 die Ehe mit der hinterlassenen Braut seines Bruders, seiner Cousine Maria Amalie von Kurland. Eingefädelt hatte diese Verbindung mit Kurland die Mutter, Landgräfin Hedwig Sophie, eine Schwester des Großen Kurfürsten. Hedwig Sophie fiel dieser Schritt insoweit leicht, als schon ihre Schwester nach Kurland geheiratet hatte.[257] Die Ehe der Kurländerin mit dem berühmten Landgrafen von Hessen-Kassel scheint wie die ihrer Eltern ungewöhnlich glücklich gewesen zu sein. Ein Anzeichen dafür könnte in der großen Zahl von Kindern gesehen werden – obwohl Kinder im dynastischen Fürstenstaat sicherlich auch immer ein Mittel zum höheren politischen Zweck darstellten. Der Landgraf und seine Frau aus Kurland hatten nicht weniger als 14 Kinder, wobei allerdings sechs früh starben. Unter anderem überlebten drei Prinzen den Militärdienst nicht. Eine wichtige Rolle innerhalb der großen Kinderschar spielte Georg, mithin der jüngste, am 8. Januar 1691 geborene Sohn, auf den später noch näher einzugehen ist.[258]

Doch kehren wir erst einmal zur Gemahlin Landgraf Karls zurück. Maria Amalie

13 Jakob v. Kurland

Ketteler, Tochter des Herzogs Jakob von Kurland, war ein Jahr älter als ihr künftiger Gemahl. Sie verfügte zwar über keine betont intellektuelle Bildung, aber hatte immerhin eine gute Mädchenerziehung erhalten.[259] Ihre Lehrer waren überwiegend Geistliche, vornehmlich der Hofprediger Georg Bimbeis und der künftige Kapitular zu Herford, Gravius. Maria Amalia sprach später gut Französisch, war in den weiblichen Tugenden geübt und las religiöse Literatur. Die Bibel und die Psalmen konnte sie auswendig rezitieren. Hingegen lernte sie kein Latein. Gleichwohl läßt ihr Auftreten erkennen, daß sie wohl aus einer ungewöhnlich bildungsbeflissenen und weltoffenen Familie stammte. Ihr Vater, Herzog Jakob, hatte studiert, ja war Ehrenrektor von Leipzig geworden.[260] Jakobs Vater wiederum hatte es zum Ehrenrektor von Rostock gebracht.[261]

Herzog Jakob von Kurland hatte, wie viele seiner adligen Standesgenossen, im

Rahmen seiner Ausbildung zuerst einmal eine Kavaliersreise nach Frankreich unternommen. Danach aber hielt er sich auch noch an deutschen Höfen auf.²⁶² Im Anschluß an die Ausbildung wurde Jakob Militär, wobei er mit seinen Landsleuten im polnischen Heer gegen Rußland und unter Bernhard v. Weimar im Dreißigjährigen Krieg kämpfte. Erst 1643 trat er die Herrschaft in Kurland an.²⁶³ Innerhalb eines Territoriums, das formal unter polnischer Oberlehnsherrschaft stand, erwies er sich als guter Ökonom. Er suchte, da die Erhöhung seiner Einnahmen über Steuern nicht möglich war, die Bewirtschaftung der eigenen Güter zu verbessern. Auch stieg er – und dies war unter Fürsten relativ ungewöhnlich – im großen Stil in den Handel ein, baute in Windau Kriegs- und Handelsschiffe, beteiligte sich sogar am Sklavenhandel von Afrika nach Amerika, gründete eine Kolonie in Guinea, und erwarb vorübergehend in Westindien als weitere Kolonie die Insel Tobago.²⁶⁴ Trotz aller diplomatischen Bemühungen Jakobs gingen beide Kolonien aber faktisch 1662 verloren.²⁶⁵ Schließlich verfolgte er neben dem Fernhandel auch Industrieprojekte. So erwarb er bei Friedrich III. von Dänemark 1664 die Konzession, in Norwegen Erze zu schürfen und Eisen zu produzieren. Von Christian V. erhielt er das Privileg, mit jährlich drei Schiffen in Island Handel zu treiben.²⁶⁶ Doch machte der Krieg diese hoffnungsvollen Ansätze einer eigenen aktiven fürstlichen Wirtschaftspolitik in Stil eines Großkaufmanns erst einmal zunichte.²⁶⁷

Das Fernziel des Herzogs war es, von der Steuerbewilligung der Stände unabhängig zu werden, überdies auch – ganz der absolutistischen Doktrin gemäß – ein stehendes Heer statt des Lehensaufgebotes des Adels einzuführen. Es ging ihm auch um einen außenpolitischen Zugewinn an Macht und Ansehen für sein Fürstentum.²⁶⁸ Doch wie vieles im Absolutismus gingen nicht alle Pläne auf. Als symbolischer Rest seiner Größe blieb der sogenannte Schiffssaal im Schloß zu Goldingen, in dem der Herzog Bilder aller von ihm gebauten Schiffe hatte malen lassen.²⁶⁹ Mehr als nur Symbolik besaß das große Vermögen und die noch größeren Ansprüche auf Vermögenswerte, die er seinen Kindern zu sichern suchte.²⁷⁰

Alle diese Aktivitäten boten Anregungen der unterschiedlichsten Art für heranwachsende Familienmitglieder. Der bedeutende kurländische Herzog legte nämlich großen Wert auf eine sorgfältige formale Ausbildung seiner Kinder. So studierte Erbprinz Friedrich Casimir zunächst in Erlangen Rechtswissenschaft, um dann in niederländische Militärdienste einzutreten. Er heiratete eine Prinzessin aus dem kalvinistischen Zweig des Hauses Nassau-Siegen²⁷¹, das in Johann Moritz über enge Verbindungen sowohl zum Berliner Hof des Großen Kurfürsten wie über gute Beziehungen zu den Oraniern im Haag verfügte. Der nächste Bruder Ferdinand, 1655 geboren und mithin fünf Jahre jünger, war preußischer Offizier und blieb lange Junggeselle. Er wurde zunächst zum Regenten für den noch minderjährigen Neffen Friedrich Wilhelm bestimmt. Bei ihm handelte es sich um den letzten nominellen Herzog von Kurland aus dem Hauses der Ketteler.²⁷²

Die dynastischen Verhältnisse der Ketteler boten für Hessen-Kassel auf den ersten Blick keinen Ansatzpunkt auf einen Erwerb Kurlands. Die verfassungsrechtliche Situation war nämlich eindeutig, galt doch nach salischem Recht die reine Agnatenfolge, und zwar beschränkt auf die *linea recta*, also mithin nur immer der jeweils älteste Sohn.²⁷³ Da Maria Amalie als jüngste Toch-

45

ter Herzog Jakobs über zwei ältere Brüder verfügte, kamen sie in der Erbfolge zuerst einmal vor ihr zum Zuge. Überdies aber stand vor ihr eine mit dem Landgrafen von Hessen-Homburg vermählte ältere Schwester, wobei aus dieser Verbindung mehrere Kinder hervorgegangen waren. Auch sie standen in der Erbfolge vor ihr. Doch damit nicht genug: In der späteren Äbtissin von Herford war noch eine zweite ältere Schwester vorhanden, die bei dem Ausfall der männlichen Seite hätte berücksichtigt werden müssen.[274] Vor allem aber erhoben die Stände den Anspruch auf eine „Freie Wahl", so daß ein weiteres Moment der Ungewißheit vorhanden war.

Allerdings vereinfachte sich die ersten Blickes schwierige dynastische Situation dadurch, daß sowohl die beiden älteren Brüder wie auch der Neffe und letzte direkte Nachkomme im Mannesstamm starben. Plötzlich fehlten die männlichen Erben im Hause.[275] Mit dieser veränderten Konstellation ergaben sich für die weiblichen Mitglieder der Familie zuvor unerwartete Aussichten. Nicht ohne tätige Nachhilfe aus Kassel bestimmte nun der nominell letzte Herzog Ferdinand aus dem Exil einen der Söhne seiner jüngsten Schwester Maria Amalie, nämlich den Prinzen Georg, der wiederum zugleich der Bruder des schwedischen Königs aus hessischem Hause war, mehr oder weniger überraschend zu seinem Nachfolger. Daß er sich bei den Ständen mit diesem Vorgehen eventuell nicht durchsetzen konnte, stand auf einem anderen Blatt.[276] Immerhin folgte dieses Procedere der Erwartung, daß die Verwandtschaft bei einer Wahl durch die Stände den Vorzug vor anderen Bewerbern erhalten könnte.

Ist damit der Problemrahmen in Form der staatsrechtlichen und dynastischen Situation grob umrissen, so bedarf es ebenfalls noch einer näheren Betrachtung der personellen Ausgangssituation. Dabei rückt naturgemäß Maria Amalie in den Mittelpunkt. Die spätere Gemahlin des Landgrafen Karl wurde am 12. Juni 1653 in Mitau geboren. Die Jugend der jüngsten Ketteler-Tochter, der später ein natürlicher scharfer Verstand und eine hohe Begabung in politischen Angelegenheiten nachgerühmt werden sollte,[277] stand in mehrerlei Hinsicht unter einem besonderen Stern. Dies galt zuerst einmal konfessionell. Während der Vater lutherischen Glaubens war, entstammte die Mutter einer calvinistischen Familie. Sie wurde laut Ehevertrag als Tochter auch streng calvinistisch erzogen.[278] Aber auch in anderer Hinsicht verlief die Jugendzeit Maria Amalies außergewöhnlich, ja sie darf selbst nach den Maßstäben der Zeit turbulent genannt werden. Nach dem Überfall Schwedens auf das Herzogtum Kurland wurde Maria Amalie nämlich mit ihrer gesamten Familie von 1658 bis zum Kriegsende 1670 in Ivangorod interniert. Danach wuchs sie in Mitau auf. Überdies kannte sie auch Goldingen, Libau und Windau, die als große Jagdreviere galten.[279] Schließlich wurde sie an den preußischen Hof in Berlin geschickt. Von hier aus besuchte sie 1699 erstmals Kassel.[280] Im Jahre 1700 ging auch ihre Mutter mit dem kurländischen Erben an den preußischen Hof.[281] Dort erlebte der künftige Herzog von Kurland die Krönung des ersten Königs von Preußen. Ab 1703, nachdem sich seine Mutter mit dem Markgrafen Ernst von Brandenburg-Bayreuth verehelicht hatte, wuchs der Erbe in Süddeutschland auf. Auch er erhielt eine sorgfältige Erziehung und Ausbildung und studierte – wie bereits erwähnt – an der Erlanger Akademie. Er war es, der auf Vermittlung seines Oheims, des Königs von Preußen, eine Nichte des Zaren Peters d. Großen, Anna Ivanovna, heiratete.[282]

Anna Ivanovna, aus der Sicht des russischen Hofes die arme Verwandte in Kurland, stammte nicht von Peter d. Großen, sondern von dessen Bruder und Mitzaren Ivan ab. Sie kam am 28. Januar 1693 im Moskauer Kreml´ zur Welt, mithin an der „russischen" Wende zur Neuzeit. In alter Zeit wäre sie unverheiratbar gewesen. Im Ausland hätte die Glaubensschranke zu den Katholiken oder Protestanten ein Ehehindernis gebildet, und im Land selbst Standesrücksichten. Allerdings erwartete sie nicht länger eine Karriere zwischen Terem (einer Art von russischem Harem) und Klosterzelle, sondern sie wurde im Alter von 17 Jahren zur Schachfigur in Peters des Großen außenpolitischen Plänen, die die Verwandlung der Ostsee in ein *mare rossicum* vorsahen. Also verheiratete sie der große Zar, um den russischen Einfluß auf Kurland auszudehnen, mit Herzog Friedrich Wilhelm. Übrigens geschah dies auf ungewöhnliche Weise, nämlich auf einer Doppelhochzeit der Fürstlichkeiten mit einem Zwergenpaar.[283]

Anna Ivanovna war keine schöne Frau. Sie war dunkelhaarig, hatte graue Augen, war sehr groß, dick mit einem häßlichen Gesicht und einer lauten durchdringenden Stimme, kurz: Sie stellte einen mehr männlich wirkenden Typ dar.[284] Daneben forderte und flößte sie Respekt ein und war nachtragend im Guten wie im Bösen.[285] Für Frauen hatte sie ein nicht gewöhnliches Hobby: Sie war eine leidenschaftliche Jägerin, schoß ausgezeichnet und liebte die überkommenen altrussischen Tierkämpfe von Bären mit Hunden, Wölfen oder Hirschen. Später wird sie als Zarin in St. Petersburg in der Nähe des Winterpalastes eine eigene Menagerie unterhalten.[286] Auch in anderer Beziehung steht sie zwischen dem alten und dem neuen Rußland. Ihre Kindheit hatte sie in Izmajlovo bei Moskau verbracht, aber ihre Ausbildung stand schon unter ungewöhnlich deutlichem westlichen Einfluß. Denn sie lernte Lesen und Schreiben, Rechnen, Geographie, Deutsch und Französisch, übte sich im Tanzen. Damit war ihre Ausbildung umfangreicher als jene, die die spätere Landgräfin Maria Amalie genossen hatte. Der Lehrer Annas war der ältere Bruder des deutschen Politikers Ostermann, der später auch Peters Enkel Petr Alekseevič unterrichtete. 1708 siedelte Anna mit ihrer Mutter nach St. Petersburg über. Der Haushalt der Zarinwitwe Praskov´ja, die von Peter dem Großen großzügig behandelt wurde, wies jedoch noch durchaus altrussische Elemente auf: einen Kreis von aus religiösen Gründen im Hause unterhaltenen Armen, Krüppeln und Witwen, aber auch Narren und Zwerge, wie sie Peter der Große selbst sehr liebte. Dies bleibt auch später an Annas Zarenhof so.[287]

Allerdings starb Annas Mann nach der Hochzeit in der neuen Hauptstadt St. Petersburg auf der Reise nach Kurland[288] – und damit wurde sie zur armen Kirchenmaus, selbst wenn aus kurländischer Sicht weiter aufwendig Hof gehalten wurde. Anna sollte nämlich auf Peters Wunsch nicht wieder nach Rußland zurückkehren, sondern in Kurland verbleiben, um dort den russischen Einfluß aufrecht zu erhalten.[289] Tatsächlich hatte die Ritterschaft die Macht in einem Lande inne, das durch Kampfhandlungen und Truppendurchzüge völlig verwüstet war.[290] Eigentlich wäre die Ritterschaft für den Unterhalt der Witwe zuständig gewesen, aber sie übte sich in finanzieller Zurückhaltung. Sympathien fand die junge Frau in Mitau nur bei ihrer Tante, Peters des Großen zweiter Frau, der „Deutschen" Katharina, einer Magd des Pastors Glück aus Marienburg[291], die Anna auch finanziell unterstützte. Es dürften russische

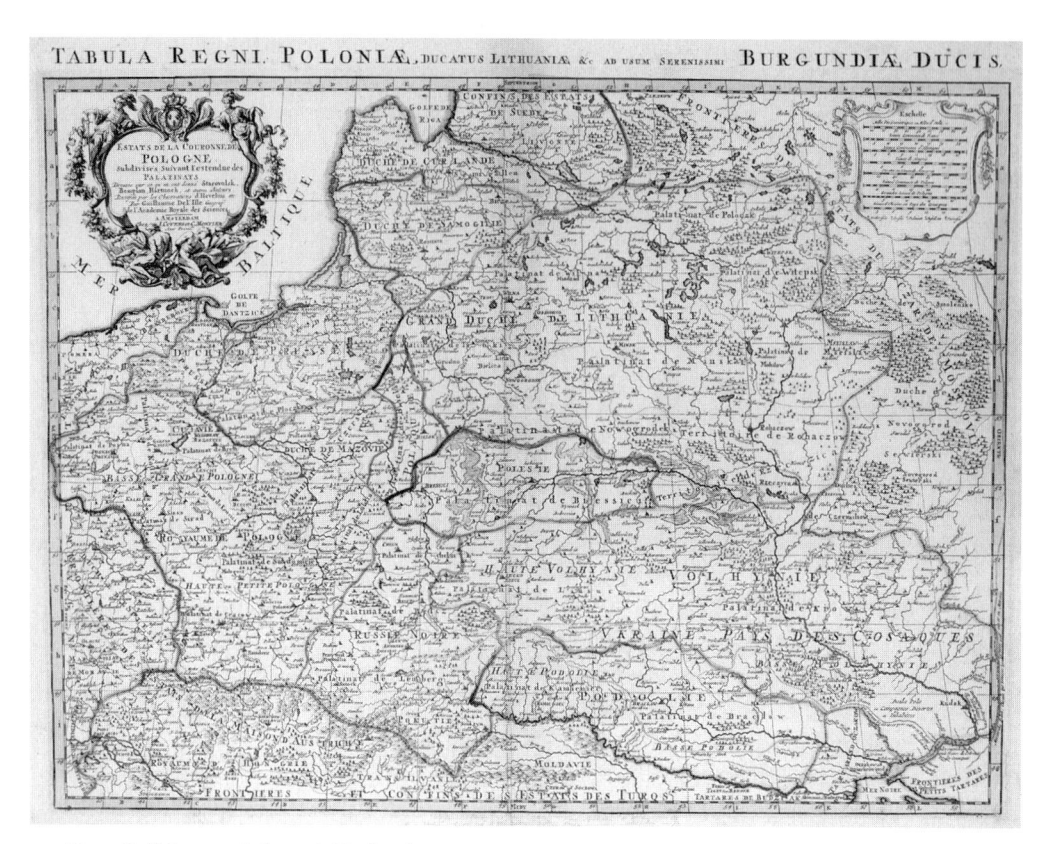

14 Karte Delisles von Polen mit Kurland

Gelder gewesen sein, die es ihr ermöglichten, nicht nur einen vielbesuchten Hof zu halten, sondern auch bedeutende Summen auf Einlösung fürstlicher Pfandgüter und zum Ankauf von Privatgütern zu verwenden.[292] Daß solche Finanzgeschäfte im Reich bekannt wurden, ließ sich nicht vermeiden.[293] Der russische Resident in Mitau P. M. Bestužev[294] nutzte schließlich die Lage zu seinen Gunsten aus, machte die junge Witwe zu seiner Geliebten und hielt sie in völliger Abhängigkeit, aus der Anna sich erst löste, als ihn während einer Dienstreise nach St. Petersburg 1718 der junge Ernst Johann Bühren (Biron), zwar aus unprominenten Verhältnissen stammend, aber doch gebildet – er hatte in Königsberg studiert – ausstach. Biron war im übrigen verheiratet mit einer Benigna Gottlieb v. Trotha-Treyden und hatte mit dieser vor seiner Übersiedlung nach Rußland drei Kinder. Deren jüngster Sohn, Karl Ernst, mag übrigens ein Sohn der Anna gewesen sein. Darauf deutet evtl. deren besondere Fürsorge für das Kind hin. Jedenfalls führte Anna mit den Birons eine durchaus harmonische Ehe zu dritt[295]. Anna wurde später selbst Kaiserin von Rußland, nachdem Peter II. in der Nacht vom 18. zum 19. Januar 1730 unerwartet gestorben war und sich die Familie Dolgorukij mit ihren Plänen, aufgrund eines gefälschten Testaments dessen bloße Braut

Ekaterina Alekseevna Dolgorukaja, Schwester eines Favoriten Peters II., zur Kaiserin von Rußland zu machen, nicht durchsetzen konnte.[296] Die „*Bironovščina*" wird zum Inbegriff von Fremdenherrschaft in Rußland werden,[297] weil Biron Annas wichtigster Berater war und blieb.[298] An ihn fiel schließlich 1737 Kurland.[299]

Trotz dieser Affaire hatte Anna später, nämlich 1726, sogar ihrerseits gewünschte Heiratschancen: Graf Moritz von Sachsen, später Kriegsheld in Frankreich, ein Sohn Augusts des Starken aus der Beziehung mit Aurora v. Königsmarck, wurde 1726 von der Kurländischen Ritterschaft zum Herzog von Kurland designiert.[300] Flatterhaft wie er war, zeigte er sich wie sein Vater August sehr an der Ehe mit Anna interessiert. Der sächsische Kurfürst verfolgte auf diesem Weg den Plan, Kurland im Hause Wettin erblich zu machen. August hoffte mit diesem von der polnischen *Rzeczpospolita* beanspruchten Territorium im Hintergrund künftig und auf Dauer die „Freie Wahl" des Königs von Polen zugunsten von Sachsen lenken zu können. Allerdings hätte die *Rzezcpospolita* nach dem zu erwartenden Aussterben des Hauses Ketteler als Oberlehensherr und im Einverständnis mit einer Mehrheit der polnisch-litauischen Öffentlichkeit die direkte Einverleibung Kurlands vorgezogen.[301] Die kurländischen Stände wiederum spekulierten ihrerseits auf „Freie Wahl" ihres neuen Herren. Daneben meldete aber auch Preußen ein Interesse an, überdies blieb auch Rußland mit im Spiel, beide als Gegner einer Inkorporation in die Doppelmonarchie mit eigenen Plänen, Familienangehörige oder andere Favoriten mit einem Land zu versorgen.[302]

Diese außergewöhnliche Situation verlockte die internationale Diplomatie geradezu zum Projekteschmieden. Insgesamt ließen ca. zehn Prätendenten ihr Interesse am Herzogshut von Kurland erkennen.[303] Ein erster Kandidat war der mit seinen Ständen zerstrittene, persönlich unsympathische Herzog Karl-Leopold v. Mecklenburg-Schwerin. Ihm war es 1714 gleich, welche Nichte des Zaren er heiraten würde, die Witwe Anna oder eine andere. Er bekam dann deren Schwester Katharina zur Frau.[304] Ein zweiter Prätendent war Herzog Johann Adolph II. von Sachsen-Weißenfels, Generalleutnant im Dienste Augusts des Starken. Johann Adolph wollte daneben aber auch Anna Ivanovna heiraten. Über seine Nachfolge kam es 1718 sogar zu einem dann nicht ratifizierten Vertrag zwischen Peter dem Großen und August d. Starken.[305] Nur einige Monate später plante Peter am 1./12. August 1718 in Reval einen Heiratsvertrag für Anna mit dem Markgrafen Friedrich Wilhelm von Brandenburg-Schwedt, um die Beziehungen zu Preußen zu verbessern.[306] Freilich wurde aus diesem Projekt nichts.

Nach dem Frieden v. Nystadt mit Schweden kam Dänemark, das zunächst von der Thronfolge in Schweden durch die Gattin des ältesten Sohnes Landgraf Karls, Ulrike Eleonore, ausgeschlossen war, ins Spiel. Herzog Karl Friedrich v. Holstein-Gottorp, der sich 1725 kurz nach dem Tode Peters des Großen mit dessen Tochter Anna Petrovna vermählte, sollte nach einem Vorschlag aus Wien von der Kaiserin Katharina I. Livland und Estland zum Geschenk und Kurland von der Krone Polen erhalten.[307] Die Prinzen von Hessen-Homburg befanden sich wegen Kurland ebenfalls bereits am Zarenhof, was die Gerüchte über eine Heirat mit Anna ins Kraut schießen ließ.[308] Potentieller Konkurrent war auch der Markgraf Albert v. Hohenzollern, den Preußen ins Spiel brachte, um Kurland zu gewinnen.[309] Der

Günstling Menšikov und Katharina I. waren gegen eine Ausweitung des polnischen Einflusses auf Kurland oder gar Gebietsabtretungen, ja, Menšikov hatte selbst Aspirationen auf den Besitz von Kurland entwickelt[310] und trotz aller Bestechungen schon vor dem Tode Peters gegenüber weiteren Konkurrenten erfolgreich „gemauert"[311]. Am nächsten kam seinem Ziel auch bei seiner künftigen Braut der bereits erwähnte Moritz v. Sachsen, für dessen Wahl in Kurland bereits 1726 ein außerordentlicher Landtag ausgeschrieben werden sollte. In letzter Minute untersagte August d. Starke diesen Wahllandtag, offenbar aus Rücksichten auf die Polen, die für eine direkte Inkorporation Kurlands in die polnische *Rzeczpospolita* plädierten.[312]

Schließlich griff Menšikov in Mitau sogar persönlich ein. Denn Moritz, der Sohn aus einer unebenbürtigen Beziehung, schien ihm für eine Zarentochter keine standesgemäße Verbindung. Vielmehr bot er sich Anna Ivanovna selbst als der bessere Kandidat an.[313] Nach außen hin aber brachte er neue deutsche Prinzen ins Spiel, darunter Nachkommen des Hauses Ketteler, die Söhne des Landgrafen von Hessen-Homburg und der Elisabeth von Kurland, Johann Wilhelm und Johann Karl, beide bereits in russischen Diensten; zuletzt wurde auch Prinz Karl aus dem Hause Holstein-Gottorp genannt. Wie Moritz v. Sachsen hatte auch der Holsteiner keinerlei verwandtschaftliche Beziehungen zum aussterbenden Hause Ketteler aufzuweisen.[314] Der wie sein Vater gut aussehende Sachse wurde von russischen Truppen vertrieben, den Kurländern aber drohte in Polen ein Hochverratsprozeß wegen der angemaßten „Freien Wahl" eines neuen Herren.[315] Moritz verlor wegen seiner amoureusen Eskapaden die Unterstützung seiner potentiellen Gemahlin – und die wäre wichtig gewesen, nachdem Katharina I. gestorben war und Menšikovs Stern als Regent für Peter II. unterging.[316]

Der eigentliche Erbe von Kurland war nach dem Tode von Annas Mann rechtlich dessen Bruder Ferdinand. Doch befand er sich wegen seiner Bindung an Karl XII. von Schweden im Exil in Danzig.[317] Ferdinand, der schließlich in der Nacht vom 3. zum 4. Mai 1737 dort starb[318], stellte kurz vor dem geplatzten Wahllandtag für Moritz 1726 den vom Stammbaum her gesehen weniger begünstigten Bruder des Königs v. Schweden und Sohn seiner jüngeren Schwester Maria Amalie, der Frau des Kasseler Landgrafen Karl, den jungen Landgrafen Georg, als seinen Wunschkandidaten vor[319]. Ein solches Projekt bildete den Abschluß einer langfristigen Entwicklung der hessen-kasselischen Politik, mit den Heiratsplänen seiner Prinzen Nord- bzw. Osteuropapolitik zu be-

15 Prinz Georg v. Hessen

treiben. Landgraf Karl strebte dabei an, seinen Sohn zum offiziellen Erben Kurlands eingesetzt zu sehen.³²⁰

Dieser Wunsch sollte nicht über den papiernen Status hinauskommen. Doch beließ Karl es nicht dabei, sondern suchte zugleich den möglichen Landerwerb über die Aufnahme unmittelbarer familiärer Beziehungen zum Zarenhaus zu sichern.

Damit rückte parallel der Moskauer Hof in das Blickfeld. Es war unter den deutschen Höfen offenes Geheimnis, daß es des Zaren „*Intention wäre, seine Prinzen und Prinzessinnen alle hier im Reich zu verheiraten.*"³²¹ Ein erster Erfolg war zu verzeichnen, als vergleichsweise rasch eine Eheberedung zwischen dem Zarevič Alexej und der Wolfenbütteler Prinzessin Charlotte zustande kam.³²² Darüber hinaus aber gab es weitere Pläne. So schlug der russische Gesandte in Wien, Johann Christoph v. Urbich, eine Eheverbindung des Erbprinzen von Hessen und späteren schwedischen Königs Friedrich mit einer Nichte Peters d. Großen vor. Als Töchter des älteren Bruders Peters des Großen und dessen Mitregenten Ivan waren die Nichten „purpurgeboren", also im Unterschied zu Peters eigenen Töchtern standesgemäß ohne jede Einschränkung. Sie brachten u.U. Erbansprüche auf das russische Reich ein, und Peter ließ eine hübsche, *à la française* erzogene Braut, den Rang eines Generalissimus in der russischen Armee für deren Bräutigam, 1 Million Taler Brautschatz und eine Gage von 20 000 Talern ausloben. Aber beide Nichten waren griechisch-orthodox. Die hessischen Eltern konnten sich offenbar 1708 in der Konfessionsfrage noch zu keinem Zugeständnis aufraffen. Das erste russische Angebot erledigte sich damit von selbst.³²³

Zehn Jahre später, im Jahre 1719 lebten die Pläne wieder auf. Jetzt schickte Peter der Große den Kommandanten von Olonitz und Artillerieobersten Carl Wilhelm Henning an den Kasseler Hof, um Landgraf Karl mit einem Höflichkeitsbesuch zu beehren. Der Gesandte überbrachte dabei persönliche Handarbeiten des Zaren; im Gegenzug erhielt er nicht nur Geschenke des Landgrafen, sondern wurde auch mit Versicherung seiner Hochachtung bedacht³²⁴. An diese Mission knüpfen sich mehrere Fragen. Zuerst einmal: War das der Beginn der erneuten, nunmehr direkten Sondierungen wegen einer Eheverbindung? Oder aber war kurz vor Ende des Nordischen Krieges nur am schwedischen Hof das betreffende Heiratsprojekt in Übereinstimmung mit Frankreich für den jüngeren Bruder Georg von Hessen und zugleich des Gemahls der Königin Ulrike Eleonore aus- oder weitergedacht worden?³²⁵ Schließlich: War Landgraf Karl darüber nicht informiert und suchte gegen Jahresende erst um das sonst überflüssige Einverständnis seines ältesten Sohnes in Schweden nach?³²⁶

Wenn der Zar 1719 einen Vorstoß gemacht haben sollte, der direkt oder indirekt ein Heiratsprojekt beinhaltete, so war es im folgenden Jahr der russische Vizekanzler Petr Pavlovič Šafirov, der überraschend alle Pläne rundweg zurückwies.³²⁷ Allerdings war der Vorstoß von 1719 zum Verdruß des Landgrafen Karl durch französische Indiskretion bald öffentliches Geheimnis geworden.³²⁸ Der Pariser Gesandte in St. Petersburg, de Campredon³²⁹, sollte eigentlich zunächst den Boden vorbereiten und vor allem versuchen, den Herzog v. Holstein aus dem Rennen um die Hand einer Zarentochter zu werfen.³³⁰ Letzterer konnte auf diplomatische Fürsprache des Kaisers und des englischen Königs beim Zaren hoffen.³³¹ Hessen-Kassel beschritt dabei zunächst den indirekten Weg: Über die Frau ihres Agenten

16 Anna Petrovna, ca. 1725

St. Hilaire und deren private Beziehungen zur Gouvernante der ältesten Tochter Peters suchte man die russische Seite von den Vorteilen einer Eheverbindung mit dem Hause Hessen zu überzeugen. Dazu gehörte vor allem ein sicheres und komfortables Exil für den Fall, daß nach Peters Tode bei Hofe Wirren ausbrechen würden. Hierbei handelte es sich allerdings um ein Argument, mit dem natürlich auch jeder andere Konkurrent arbeiten konnte.³³²

Das Heiratsprojekt war zunächst ein Teil der anstehenden Friedensverhandlungen unter der Bedingung eines Ausschlusses der übermächtigen schwedischen Stände, dann als ein Mittel zur Verbesserung der schwedisch-russischen Beziehungen gedacht. Es ging dabei vor allem um die Aufrechterhaltung bzw. Installierung von Erbansprüchen des Hauses Hessen-Kassel in Schweden.

Der König von Schweden wie auch der Landgraf in Kassel betonten infolgedessen, ein Friedensschluß mit Rußland werde nicht zustande kommen, wenn die Carevna den Holsteiner heirate. Dieser konnte auf Widerstand unter den allmächtigen schwedischen Ständen rechnen, denn er habe Livland und Finnland von Schweden abtrennen wollen und arbeite im Wahlkönigreich Schweden auf eine offizielle Erklärung zum designierten Nachfolger der Ulrike Eleonora hin.³³³ Landgraf Karl hatte dabei im Auge, über die Heirat mit der voraussichtlich kinderlosen Schwester Karls XII. die Gründung einer hessischen Nebenlinie auf dem schwedischen Thron zu erreichen. Angesichts einer solchen Aussicht investierte er in den instabilen Ständestaat Schweden viel Kapital, um hier eine hessische Fraktion aufzubauen, die seine hochfliegenden Pläne unterstützen sollte.³³⁴

Der Konkurrent um die Hand der ältesten Tochter Peters, Herzog Karl Friedrich von Holstein-Gottorp, hatte insoweit bessere Karten als das Haus Hessen, als er der Sohn einer Schwester Karls XII. war, unmittelbar vom alten Königshaus abstammte und sich bereits am Zarenhofe aufhielt.³³⁵ Ihn favorisierte Katharina, die ihre älteste Tochter um jeden Preis verheiratet sehen wollte, während Peter dem potentiellen Schwiegersohn eher reserviert gegenüber gestanden haben soll.³³⁶ Man rechnete mit der Thronfolge dieser Tochter und damit, der Schwiegersohn würde zunächst Vizekönig der durch Peter eroberten Provinzen im Baltikum.³³⁷ Erbansprüche, die sich von der Abstammung aus einer königlichen Familie herleiten ließen, konnten in einer strikten Wahlmonarchie, die Schweden bekanntermaßen war, jedoch auch kontraproduktiv sein, wenn die Stände ein Erblichmachen der Krone und die Abschaffung der „Freien

Wahl" befürchten mußten.³³⁸ Ja, es gab Gerüchte, Hannover und Dänemark ständen hinter einer republikanischen Fraktion, die die schwedische Verfassung nach holländischem oder Schweizer Muster umgestalten wollte, also die Abschaffung der Monarchie als solcher anstrebte.³³⁹ Nur der Frieden von Nystadt stand dem im Weg – er garantierte die Erhaltung des Status quo.

Das geplante, durch die Hessen geförderte Ablenkungsmanöver für den Rivalen, die Verheiratung der jüngsten Tochter des Landgrafen Karl, der Prinzessin Wilhelmine, mit eben diesem Holsteiner, an dessen hohe Lebenserwartung niemand glaubte, fand allerdings bei der Hessin wenig Gegenliebe.³⁴⁰ Wäre die Verbindung zustande gekommen, dann hätte dies die Hand der ältesten Carevna, der möglichen Erbin des Russischen Reiches, frei gemacht. Allerdings trat eine unerwartete Wendung der Dinge ein, als Wilhelmine überraschend verstarb.³⁴¹ Ohnehin ging es dem politisch ambitionierten Vater, dem Landgrafen Karl, grundsätzlich nur um eine Entspannung des schwedisch-russischen Verhältnisses, also um eine „Stütze" für seinen Sohn Friedrich, den Nutzen für Schweden durch den potentiellen Einfluß des Schwiegersohnes auf Peter.³⁴² Übrigens spielte man hessischerseits auf beiden Seiten, der russischen³⁴³ wie der Holsteiner³⁴⁴, wegen der engen Verwandtschaft beider Geschwister zum schwedischen Königshaus mit längerfristigen Aussichten auf den schwedischen Thron, obwohl über ihn wegen der „Freien Wahl" eigentlich nur die dortigen Stände zu verfügen hatten. Mit beiden Heiraten, des Sohnes wie der Tochter, hätte sich Landgraf Karls Traum von der Etablierung einer hessischen Dynastie in Schweden realisiert.

Der offenbar liebenswerte junge Landgraf Georg hätte sich notfalls in den Willen des Vaters gefügt und nach Rußland geheiratet³⁴⁵, aber er hatte seine Vorbehalte gegenüber Peters Töchtern wegen deren Bildungsstand und vor allem der illegitimen und nicht standesgemäßen Abstammung: *„So will mir mit allem kindlichen Gehorsam dero väterlichen Willen hierin unterwerfen, ohnangesehen niemalen zum Heuraten incliniert gewesen, auch noch Reflexion zu machen wäre, ob diese Princess aus einer legitimen Heurat herstammet oder nicht und ich dann auch mir von einer russischen Education werde zu getrösten haben".*³⁴⁶ Peter reagierte empfindlich auf Standesvorbehalte deutscher und anderer Fürstlichkeiten gegenüber seinen Kindern aus der Verbindung mit der ehemaligen Dienstmagd Katharina auch dort, wo er sie nur vermutete. Zwar äußerte sie Georg nur familienintern, doch gefallen waren solche Äußerungen schon.³⁴⁷

Georg wußte aber offenbar nichts Genaues über Peters Töchter und hielt es auch für

17 Karl Friedrich v. Holstein-Gottorp

überflüssig, sich eingehender über deren Person zu informieren. Dabei standen die Dinge so, daß Katharina dem Zaren seit 1704 zahlreiche Kinder geboren hatte. Das Erwachsenenalter erreichten allerdings nur die beiden Töchter Anna und Elisabeth. Ein 1722 von Peter erlassenes Gesetz über die Thronfolge stellte es dem Zaren völlig frei, seinen Nachfolger zu bestimmen. Peter hat jedoch kein Testament gemacht, so daß die Thronfolge bei Eintritt seines Todes offen war.[348] Dies führte dazu, daß Katharina I. sich erfolgreich darauf berufen konnte, sie sei die durch ihren Mann gekrönte Zarin.[349] Erst nach ihr käme mit der Kurländerin Anna Ivanovna dann die nächste Generation an die Reihe. Anna Petrovna stand näher am Thron, Elisabeth, am 18. Dezember 1709, dem Tag des Sieges von Poltava, geboren und immerhin 18 Jahre jünger als Prinz Georg, war die attraktivere der beiden jungen Damen.[350] Im Hinblick auf die Erziehung gaben sie sich jedoch kaum etwas nach, was ganz im Sinne Peters war, der seine Töchter gezielt zu verheiraten suchte.[351] So hatte Elisabeth Lesen, Schreiben, Rechnen, Musik, Tanz, Etikette, Mode, Französisch, Italienisch und Deutsch gelernt, war eine ausgezeichnete Reiterin, dichtete und sang auch selbst, ja unterhielt später an ihrem kleinen Hof sogar ein eigenes Theater. Sie liebte Ausflüge, die Jagd und Maskeraden, ja galt als leichtsinnig und lebenslustig.[352] Überdies war sie eitel: Als Kaiserin wird sie später mindestens zwei Mal am Tage die Kleidung wechseln, nie ein Kleid zweimal tragen – und je älter sie wird, um so rigoroser erzwingen, daß sie bei Hofe die attraktivste Frau ist und bleibt. Luxus war das, was sie um sich herum brauchte, aber Luxus war auch der Nährboden für Kultur.

Gerade unter Elisabeth tritt Rußland in eine erste Periode der Blüte von Kunst und Wissenschaft ein, und zwar nicht mehr nur als Import, sondern vielmehr getragen von den Russen selbst. Bei ihr handelte es sich um eine der Frauen, die Landgraf Georg für unter seiner Würde hielt. Doch blieb Elisabeth bekanntlich unverheiratet. Pläne einer Eheschließung mit Ludwig XV. von Frankreich scheiterten in der ersten Hälfte der 1720er Jahre, ebenso das zweite Projekt, das sie auf einen bedeutenden Thron gebracht hätte, indem sie mit ihrem eigenen Neffen Peter II. Alekseevič die Ehe geschlossen hätte.[353] Elisabeth war auch um 1725 als potentielle Gemahlin des preußischen Thronfolgers, des künftigen Friedrichs d. Großen, im Gespräch.[354] Zumindest der Holsteiner hätte Elisabeth vorgezogen, beugte sich aber Vernunftgründen und heiratete Anna.[355] Dasselbe hatte übrigens für den Grafen Moritz v. Sachsen gegolten, der in der Hoffnung auf die Mitgift Kurland in St. Petersburg wegen Elisabeth sondieren ließ, bevor er das Projekt seiner Heirat mit Anna v. Kurland in Angriff nahm.[356] Im übrigen hatte der ständig auf Brautschau befindliche Erbe von Kurland im Exil, Herzog Ferdinand, ebenfalls ein Auge auf Elisabeth geworfen – allerdings ohne jeden Erfolg.[357]

Im Laufe der weiteren Verhandlungen um eine russische Heirat des Prinzen Georg war auch diese jüngere Tochter Peters des Großen und mit dieser Kurland im Gespräch. Unter Hinweis auf die Erbansprüche wäre für beide Kurland als Mitgift in Frage gekommen.[358] Prinz Georg zweifelte grundsätzlich daran, daß Peter um einer solchen Heirat willen, die gerade neu erworbenen Provinzen wieder aufgeben würde. Die Idee einer direkten Gesandtschaft aus Kassel in der Heiratsangelegenheit wurde in Kassel fallen gelassen, das Heiratsprojekt Anfang 1723 endgültig aufgegeben.[359] Der französische Gesandte in Rußland, der bereits erwähnte de Campredon, hat die hessische Verbindung gegenüber dem Kanzler Šafirov aber noch im Herbst 1723 angelegentlich empfohlen.³⁶⁰ Erst Anfang Dezember 1724 wurde die Verlobung der Großfürstin Anna Petrovna mit dem Herzog von Holstein offiziell.³⁶¹ Karl Friedrich gelang es gegen die Opposition von Menšikov aber nicht, zur maßgeblichen Figur der russischen Innen- wie Außenpolitik für seine Schwiegermutter Katharina I. zu werden.³⁶² Immerhin wird sich die Zarin bzw. deren Außenminister Ostermann mit den präsumptiven Erbansprüchen ihres Schwiegersohns auf Schweden und in dessen Konflikt mit Dänemark um Holstein solidarisieren.³⁶³ Die auf die Länge der Zeit bedeutendsten Spuren des Holsteiners haben sich im Geschäftsgang russischer Behörden erhalten. Er gestaltete diesen nach bewährtem deutschen Muster um.

Mithin dürfen wir zwei mißglückte Anläufe zu einer dynastischen Verbindung der Kasseler Linie der Landgrafen mit den Romanovs zur Zeit Peters d. Großen verzeichnen. Danach aber trat erst einmal eine Pause ein. Schließlich wurden im 19. Jahrhundert wirklich Familienbande geknüpft, wenn auch nur in einer Nebenlinie: Friedrich Wilhelm Landgraf v. Hessen-Rumpenheim heiratete mit Einverständnis der Kasseler Hauptlinie 1844 die Großfürstin Aleksandra Nikolaevna, die allerdings nach wenigen Monaten der Ehe starb.³⁶⁴ Der Rumpenheimer wäre damals noch präsumptiver Thronfolger in Dänemark gewesen.³⁶⁵ Er stieg später, nach der Absetzung des Kurfürsten, zum Chef des Hauses Hessen auf. Friedrich Wilhelm war hessischer, preußischer und russischer und dänischer General und jeweils Chef eines Regiments, hier der Husaren in Odessa.³⁶⁶

Wirft man einen kurzen Blick auf die innerhessischen Verhältnisse, so tritt eine völlige Verschiebung der Gewichte ein. Im Gegensatz zur Kasseler trat die Darmstädter Linie des Hauses Hessen mit deren Nebenlinien durch spektakuläre Eheschließungen, u.a. mit drei späteren russischen Zaren,³⁶⁷ sowie durch eine bis ins 18. Jahrhundert hineinreichende Tradition des militärischen Dienstes in Rußland hervor. Ihre Kasseler Konkurrenz stellte sie damit weit in den Schatten.

Mit den letztlich ungünstig ausgegangenen und damit unerfreulichen Affairen um die hessischen Brautwerbungen der Zeit Peters des Großen wurde unter Landgraf Karl eine große Chance vertan, neben der schwedischen Krone eine weitere Stärkung der hessischen Stellung im Norden und Osten Europas zu erreichen.

4.
Die diplomatischen Beziehungen und die Auswirkungen auf das Russlandbild im 18. und 19. Jahrhundert

Rußland blieb für Hessen-Kassel – wie für andere deutsche Mittelstaaten auch – nach den Anfängen der deutschen Rußlandbeziehungen auf Reichsebene im 16. Jahrhundert – eher am politischen Rande. Dies unterscheidet es etwa von Frankreich, das nahezu durchgängig zum fast schon natürlich wirkenden Partner Hessens bzw. Hessen-Kassels wurde. Die politische Interessenlage schlug sich auch in den diplomatischen Beziehungen nieder: Allein und ausschließlich dynastische Verbindungen erfordern keine ständige Vertretung am Hof des Partners, sondern nur gelegentliche Missionen. Auch Aus- bzw. Einwanderungen von Untertanen schlugen sich nur auf konsularischer Ebene nieder, führten aber nicht zu ständigen diplomatischen Beziehungen. Auch wirtschaftliche Beziehungen ergaben sich nicht, da der Industrialisierungsgrad Hessen-Kassels bzw. des Kurstaates bis zur Annexion durch Preußen 1866 gering war.[368] Die wichtigste Voraussetzung für einen engen Austausch, die die Unterhaltung ständiger Gesandtschaften nach sich gezogen hätten, entfielen damit aus politischen Gründen. Aber auch aus geopolitischer Warte drängten sich Beziehungen nicht auf. Die Mittelmacht Hessen-Kassel lag im Herzen Deutschlands, vom Zarenreich immer durch mehrere andere, darunter große Territorien wie Brandenburg bzw. Brandenburg-Preußen, getrennt.

Diese erste Bestandsaufnahme der Rahmenbedingungen für das 18. und 19. Jahrhundert bedeutet natürlich nicht, daß es nicht diplomatische Kontakte zwischen Rußland und Hessen-Kassel unterschiedlicher Intensität auf fürstlicher Ebene gegeben hätte. Engere Beziehungen entwickelten sich besonders in der Zeit Peters des Großen, nicht zuletzt wegen der Nähe Kassels zu Schweden. Zunächst muß aber festgehalten werden, daß sich die gegenseitigen Beziehungen auf den üblichen diplomatischen Austausch der Zeit beschränken: auf schriftliche Höflichkeitsbeweise,[369] Beileidsschreiben,[370] Anzeigen von Heiraten[371] und Geburten in den jeweiligen Fürstenhäusern,[372] Neujahrsglückwünsche und Ordenssachen.[373] Zunächst teilte Rußland anstehende Eheverbindungen mit deutschen Fürstenhäusern im übrigen noch nicht selbst mit; dies geschah von der gegebenenfalls betroffenen deutschen Seite aus.[374] Die Höflichkeitsbezeigungen nahmen zeitweise ihren Weg über den russischen Residenten im Niedersächsischen Reichskreis zu Hamburg, später auch über die außerordentlichen Gesandten in Frankfurt/Main.[375]

Bemerkenswert direkte Beziehungen entwickelten sich zu Beginn des 18. Jahrhunderts. So suchte der hessische Landgraf Karl aktiv und unmittelbar den Kontakt zu Peter dem Großen, als dieser im Juni 1716 für ca. zwei Wochen zwecks einer Badekur im waldeckischen Pyrmont weilte.³⁷⁶ Hier nahmen die hessen-kasselischen Rußlandinteressen eine ungewohnte Dimension an und gingen bei weitem über reine Kuriosität, das Sammeln von Zeitungen und Nachrichten hinaus. Im Zentrum der beiderseitigen Interessen stand Schweden. Landgraf Karl bemühte sich um die Unterstützung der schwedischen Außenpolitik – aus Gründen der Familiensolidarität: Karls ältester Sohn Friedrich war, wie erwähnt, König von Schweden und damit im Nordischen Krieg (1700–1721) unmittelbarer Widersacher des russischen Zaren. Schweden wie Rußland verfolgten mit Macht die Erweiterung ihrer Einflußsphären im Ostseeraum. So nutzte der Landgraf den Aufenthalt des Zaren, und Hessen-Kassel übernahm die Rolle des Sprachrohrs, quasi als eine diplomatische Außenstelle Schwedens. Kurzfristig strebte Landgraf Karl die Verhinderung einer russischen Landung in Schonen an, langfristig aber die Vermittlung eines russisch-schwedischen Friedens bzw. eines Waffenstillstandes.³⁷⁷ Dabei beabsichtigte man am Rande auch das Ausforschen möglicher darmstädtischer Heiratsprojekte nach Rußland.³⁷⁸

Zwei Anläufe einer Vermittlung zwischen den beiden nordischen Mächten wurden unternommen, der erste in Pyrmont, ein zweiter dann in Schwerin. Doch wurde der Vertreter Kassels von russischer Seite schließlich beschieden, daß „*Ewer Hochfürstliche Durchlaucht mit ferneren Schikkungen an sie sich nicht incommodieren möchten, indem doch solche überflüssig und ohne Nutzen sein würden, dan des Czaaren Majestät lieber den Krieg noch 30 Jahr continuiren, als Liflandt restituieren wollten*"³⁷⁹. Die hessische Taktik lief hinaus auf den Versuch einer Herauslösung Rußlands aus dem Kreis seiner Alliierten. Man argumentierte, Rußland könne in diesem Krieg nichts mehr profitieren, Dänemark sei militärisch bereits mit der Landung in Norwegen überfordert, August der Starke arbeite nur auf die Errichtung eines absolutisti-

18 Badehaus auf der Saline bei Pyrmont, Anfang 19. Jahrhundert

schen Regiments in Polen hin, und dies könne schließlich nicht im Interesse aller Nachbarn liegen: *„Ich glaubte, man sollte die Respublique von Polen bei ihrer hergebrachten Freiheit mainteniren, weilen selbige unsterblich, auch jederzeit die Ruhe und den Frieden liebeten, auch niemalen Aggressores würden, sondern jederzeit nur auf ihre Defensive und Conservation bedacht wären. Dahingegen souverainer Herren Maximen mit deren Tod und Successoren changireten nach Gelegenheit der Conjuncturen und Zeiten".*[380] Die Kasseler Initiative zeigte nicht unerwartet keinen Erfolg.

Doch entspannen sich bald weitere direkte Anlässe, die Beziehungen zwischen Zar und Landgrafen zu vertiefen. Am Anfang stand ein Höflichkeitsbesuch des Obersten der Artillerie und Kommandanten von Olonitz Georg Wilhelm de Hennin mit sehr persönlichen Geschenken Peters.[381] Es folgte ein weiterer Besuch des Gardeleutnants Graf Musin-Puškin 1719.[382] Kassel plante den Gegenbesuch seines Sondergesandten, des Obristen v. Degenfeld, zu einem späteren Zeitpunkt. Durch die verwandtschaftliche Nähe des Landgrafen zum schwedischen König wollte man zur Vermeidung unnötiger Komplikationen zunächst den Ausgang des Nordischen Krieges abwarten. Es sollte wohl auch etwas Gras über die gescheiterten Heiratsprojekte wachsen.[383] Die Mission sollte 1722 durchgeführt werden. Offizieller Anlaß war nicht nur die Gratulation zum Friedensschluß, sondern auch die, wenn auch nicht vorbehaltlose, so doch grundsätzliche Anerkennung des neuen russischen Kaisertitels, den Peter 1721 angenommen hatte.[384] Da man in Kassel zunächst nicht recht wußte, wie überhaupt mit dem Zarentitel umzugehen sei, zog man es vor, zunächst die generelle Lage zu sondieren.[385] In St. Petersburg angekommen, sollte sich der hessische Gesandte vor Ort durch den französischen Botschafter de Campredon über die bei Hofe gebräuchlichen Curialien informieren lassen.[386] Mit wenigen Ausnahmen akzeptierten die anderen dort vertretenen Mächte, speziell der Deutsche Kaiser, die Rangerhöhung zunächst aber nicht. So wurde Peter der Große fortan hessischerseits als „Großzarische Majestät" angesprochen, also bewußt anders als der Deutsche Kaiser, womit zumindest für das erste eine Position gefunden war.[387] Trotz der frühen Anerkennung scheute sich Hessen-Kassel in den 1740er Jahren nicht zu versuchen, Kapital aus der Titelfrage zu schlagen und unter Einschaltung des Reichstages in Regensburg gegen die Anerkennung des Kaisertitels für sich selbst die Anrede „Durchlauchtigster Fürst" einzuhandeln.[388]

Hessen-Kassel unterhielt in St. Petersburg keine ständige Vertretung.[389] In wichtigen Angelegenheiten wurden von den Landgrafen Gesandtschaften abgefertigt. Nachdem das oben dargestellte Heiratsprojekt zwischen beiden Häusern fallen gelassen worden war, sollte sich 1724 der Generalmajor v. Wutginau in St. Petersburg für eine Verbesserung der schwedisch-russischen Beziehungen einsetzen und Rußland gegebenenfalls einen Subsidienvertrag in dessen Türkenkrieg anbieten. Denkbar ist auch, daß er darüber hinaus auch weiter auf die Verwirklichung der letztwilligen Verfügung des Herzogs Ferdinand v. Kurland zugunsten einer hessen-kasselischen Erbfolge hinwirken sollte.[390] Die Zeitläufte überholten den Sondergesandten und seine Mission: Er konnte also nicht mehr tun, als Nachrichten und allgemeine, was Schweden betraf ziemlich niederschmetternde, Eindrücke sammeln.[391] Pläne, nach dessen Abreise

*19 Newa-Ansicht,
18. Jahrhundert*

zumindest einen Gesandtschaftssekretär in St. Petersburg zu hinterlassen, wurden aufgegeben,³⁹² da bekannt war, daß Katharina I. schon vor dem Ableben Peters des Großen darauf hin gearbeitet hatte, ihrem künftigen Schwiegersohn nicht nur Holstein, sondern auch die Thronfolge in Schweden zu sichern.³⁹³

Nach der Erlangung der Kurwürde für Hessen-Kassel 1803 stattete der General-Major und Ritter des Militärordens Ludwig August v. Lehrten-Dingelstedt am Zarenhofe in St. Petersburg Ende Oktober 1803 den Dank seines Herren für die Beförderung der hessischen Rangerhöhung bei Kaiser Alexander I. ab.³⁹⁴ Nach diesem Erfolg bemühte sich Hessen-Kassel um die nun nächste mögliche Rangerhöhung, die Erlangung der Königswürde. Auch in dieser Angelegenheit entwickelte sich diplomatische Initiative gegenüber Rußland. 1819 begab sich ein hessischer Gesandter nach St. Petersburg, um für das Haus Hessen die Königswürde auszuhandeln. Insbesondere Preußen stand dem Plan jedoch ablehnend gegenüber.³⁹⁵ In St. Petersburg gab man

schließlich zu erkennen, man sei prinzipiell nicht dagegen, es hinge aber von der Zustimmung der anderen Höfe ab. Damit war das Projekt gestorben.³⁹⁶ Dies wog um so schwerer, als der Gesandte sich in anderen Fragen Zurückhaltung auferlegt hatte: Immerhin stand die Klärung des Umstandes an, wie der Schaden zu regulieren sei, der durch die in russischen Besitz übergegangenen, durch die Franzosen nach Malmaison verschleppten und dann *en bloc* aus Privatbesitz versteigerten und durch den Zaren erworbenen Gemälde der Kasseler Galerie³⁹⁷ entstanden war. Ferner stand die Frage der zurückgehaltenen Kriegsgefangenen auf der Agenda³⁹⁸. In beiden Angelegenheiten bewegte sich nichts. Ein weiterer Auftrag waren Sondierungen zwecks einer Eheschließung des 1793 geborenen Großfürsten Michail Pavlovič und einer der landgräflichen Töchter, Caroline, geb. 1799, oder Marie, geb. 1804.³⁹⁹ Für die Jüngste interessierten sich die Mitglieder des Zarenhauses mehr.⁴⁰⁰ Der junge Mann schien jedoch trotz aller Planungen seiner Angehörigen noch keine Lust zum Heiraten zu haben. Er ließ sich 1824 mit einer Württembergerin vermählen.[401]

Im 19. Jahrhundert schließen sich dann einzelne Sondergesandtschaften an den Zarenhof aus Anlaß familiärer Ereignisse an. 1826 gehen Generalmajor v. Haynau und Rittmeister v. Ochs mit einem Kondolenzschreiben zum Ableben des Zaren Alexanders I. und einem Glückwunsch zur Thronbesteigung an Nikolaus I. ab. Die kostspielige Gesandtschaft brachte keine greifbaren positiven Ergebnisse, nur gewisse Erkenntnisse über die Gründe des zeitweise kühlen russisch-kasseler Verhältnisses, wegen eines *Faux-pas* der Hessen relativ unpolitischer Natur Alexander I. gegenüber.[402] Haynau gelang es in der kurzen Zeit seines Aufenthaltes nicht, Zugang zu den Interna, zu den russischen Verwaltungsspitzen und zum diplomatischen Corps zu finden – es fehlte jegliche Vorarbeit durch eine professionelle Diplomatie. Eine weitere Sondergesandtschaft folgt 1856 wieder durch einen Militär, den General-Major v. Loßberg. Der Kasseler erschien zur Krönung Alexanders II. in Moskau.[403]

Zeitweise intensivierten sich die zwischenstaatlichen Beziehungen aber doch beträchtlich. In die napoleonische Zeit fielen die ersten, Hessen unmittelbar betreffenden politischen Verträge und damit Kontakte mit der russischen Seite. So war der Zar 1802 in den Entschädigungsverhandlungen mit Hessen-Rotenburg und Hessen-Kassel als Vermittler tätig.[404] Mit Vertrag vom 20. November/2. Dezember 1813 sprach sich Rußland für die Wiedererrichtung des Kurfürstentums Hessen aus.[405] Damit verbunden waren Militärkonventionen wegen der noch anstehenden Kampfhandlungen gegen den Kaiser der Franzosen[406].

Vor diesem Hintergrund war es also kaum ein Zufall, dass sich die Frage stellte, wie weit die diplomatischen Verbindungen festere Formen annehmen sollten. So hielt es der russische Generalleutnant v. Driesen im Sommer 1803 für dringend erforderlich, eine ständige diplomatische Vertretung Hessen-Kassels und eine russische in Kassel einzurichten.[407] Gehör fand er nicht. 1819 wurde erneut über die Einrichtung einer kurhessischen Gesandtschaft in St. Petersburg nachgedacht. Letztlich verhinderten die hohen Kosten das Projekt. Der damalige Sondergesandte v. Ochs hatte auch auf die billigere Möglichkeit hingewiesen, einen *Chargé d'affaires* – er dachte an seinen eigenen Sohn – auf Dauer nach Rußland abzusenden, dessen standesgemäßer Aufwand erheblich geringer gewesen wäre als der eines Gesandten.[408] Die durch den Kurfürsten favorisierte Mitvertretung der kurhessischen Interessen durch einen gemeinsamen Geschäftsträger mit anderen deutschen Staaten[409] – gedacht war an den württembergischen –, traf auf protokollarische Hindernisse: Die Mitvertretung eines zweiten Staates durch eine Person war in St. Petersburg nicht üblich.[410] Dieses Prinzip konnte durch Hessen-Kassel nicht durchbrochen werden, auch nicht angesichts der Tatsache, daß umgekehrt russische Gesandte an mehreren deutschen Höfen akkreditiert waren. Der Hesse hatte sich nach seinem längeren Aufenthalt allerdings davon überzeugt, daß eine Gesandtschaft nicht den Nutzen bringen würde, den man von ihr erhoffte, denn *„seine Majestät, den Kaiser bekommt man in Geschäften gar nicht zu sprechen."*[411] Damit wurden die Pläne ad acta gelegt. In den 1850er Jahren übernahm Prinz Friedrich Wilhelm von Hessen inoffiziell die Vertretung Kurhessens am russischen Hofe.[412]

Die Bemühungen auf russischer Seite, Kontakte zu Hessen-Kassel aufzunehmen, wurden selbstverständlich gleichfalls den eigenen Interessen untergeordnet. So verwundert es auf den ersten Blick nicht, daß sich offizielle Vertreter Rußlands vergleichsweise selten in Kassel einfanden. In der Zeit der Werbung von Kolonisten für die Wolga, in der zweiten Hälfte des 18. Jahrhunderts, agierten im hessischen Raum russische Agenten ohne anerkannten diplomatischen Status. Hieran änderte sich auch nichts, als der Agent Facius unter Hinweis auf seinen Auftraggeber Simolin am Reichstag in Regensburg und den sich davon ableitenden diplomatischen Status gegen seine Ausweisung aus Frankfurt protestierte.[413]

Aber der Reichstag zu Regensburg bot zum Ende des Heiligen Römischen Reiches beiden Ländern Möglichkeiten, Kontakte aufzunehmen und zu pflegen, denn Rußland wie Hessen-Kassel waren dort durch ihre Diplomaten vertreten. Doch ergab sich die Notwendigkeit unmittelbarer Verhandlungen offenbar nur in Einzelfällen. So ließ Katharina II. 1779 ihren Konsul Baron v. Asseburg über Hessens Gesandten v. Wülkenitz Kontakte zum Landgrafen anknüpfen, in der Hoffnung auf Wiederherstellung des durch den Bayrischen Erbfolgekrieg gestörten Friedens in Deutschland.[414]

Wenige Jahre später, 1782, entsandte Katharina II. zwecks Schutz der Reichsverfassung schließlich erstmals einen außerordentlichen Gesandten an die Fränkisch-Schwäbisch-, Westfälisch-, Ober- und Niederrheinischen Kreise nach Frankfurt/Main, den Grafen Nikolaj Rumjancev,[415] 1797 wurde er von Baron v. Stackelberg abgelöst.[416] Dieser begab sich im Sommer 1789 für eine kurze Zeit zurück nach Rußland und ernannte den außerordentlichen Gesandten am bayrischen Hof v. Peterson zu seinem Vertreter.[417] 1795 spielt der Botschafter am Kaiserhof de Vukasovicz die

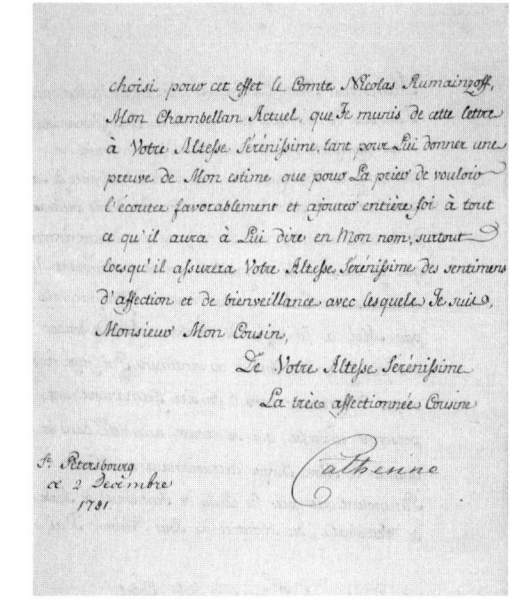

20 Autograph Katharinas II. mit Akkreditierung des Grafen Nikolaj Rumjancev zum Gesandten bei mehreren Reichskreisen in Frankfurt/Main nach dem Frieden von Teschen, 1781

gleiche Rolle.⁴¹⁸ Seit 1790 wird dieser russische Gesandte beim Oberrheinischen Kreis in Frankfurt im hessischen Staatskalender geführt.⁴¹⁹

Über die russischen Gesandten bei den Reichskreisen konnten durchaus schwerwiegendere politische Geschäfte abgewickelt werden. So setzte Rußland über den russischen Gesandten in Frankfurt Hessen-Kassel 1792 über den Friedensschluß mit der Türkei oder über ein englisch-russisches Bündnis 1795 in Kenntnis.⁴²⁰ Unmittelbar betroffen von der Auseinandersetzung mit Napoleon waren ebenfalls die Reichskreise. Über Frankfurt lief 1799 beispielsweise ein russischer Antrag ein, der sich mit dem Durchzug russischer Truppen unter Rimskij-Korsakov von Westgalizien durch Mähren und das Deutsche Reich nach Italien befaßte. In diesem Zusammenhang kam sogar ein persönlicher Besuch eines russischen Diplomaten in Kassel zustande.⁴²¹

Alle sonstigen Angelegenheiten, die weitergehenden Einsatz erforderten, wurden in der Regel über die Sondergesandten abgewickelt. Dabei ließen sich die Zaren gegenüber Hessen-Kassel je nach Anlässen durch außerordentliche Gesandte vertreten, die noch weitere Geschäfte wahrnahmen und daher ihren festen Wohnsitz andernorts aufschlugen.

Der erste von ihnen, Generalleutnant und Ritter Vasilij v. Chanykov saß zunächst in Weimar, dann in Dresden.⁴²² Dann vertrat der Gesandte beim Bundestag Markeloff den russischen Hof auch in Hessen.⁴²³ Sein Nachfolger wurde der Wirkliche Staatsrat und Ritter v. Anstett, wegen seiner Hauptgeschäfte bei der deutschen Bundesversammlung mit Sitz in Frankfurt/Main.⁴²⁴ Der nächste für Kassel zuständige außerordentliche Gesandte wurde der ehemalige Gesandte in Madrid und Geheime Rat Freiherr v. Oubril (russ. *Ubri*), der wiederum hauptsächlich sein Land beim Deutschen Bund vertrat. Der Wirkliche Staatsrat v. Glinka residierte ebenfalls weiter in Frankfurt.⁴²⁵ Dessen Nachfolger, der Wirkliche Staatsrat und Kammerherr Camill Labensky, aber verlegte seinen Amts- bzw. Wohnsitz kurz nach seiner Ernennung 1856 von Frankfurt nach Darmstadt, was das Verhältnis zu Hessen-Kassel nicht erleichterte: Wegen der traditionellen Eifersüchteleien zwischen den beiden fürstlich-hessischen Linien wurde er zum Antrittsbesuch in Kassel erst nach zweijähriger Verzögerung zugelassen.⁴²⁶

Am Rande des in erster Linie von politischen Ambitionen getragenen diplomatischen Verkehrs zwischen beiden Ländern im engeren Sinne ergab sich natürlich immer wieder die Notwendigkeit zu Kontakten in Fragen, die eher in den konsularischen Bereich fielen. Die Grenzen zwischen diplomatischen und konsularischen Beziehungen konnten dabei durchaus verschwimmen, wenn etwa im 19. Jahrhundert Durchreisen von Mitgliedern des Hauses Romanov durch Kassel angekündigt wurden⁴²⁷. Bemerkenswert ist in diesem Zusammenhang, daß die frühesten unmittelbaren Kontakte zwischen Hessen-Kassel und Rußland Paßangelegenheiten bzw. das Stellen von Vorspann betrafen.⁴²⁸

Der Ausbau des Kasseler Konsularwesens in Rußland begann unter keinem glücklichen Stern.⁴²⁹ Den ersten Kandidat empfahl 1819 der Kasseler Gesandte v. Ochs⁴³⁰. Nach seinen Vorstellungen sollte der getaufte Jude Carl Ivanovič Vaudello zu St. Petersburg die konsularische Vertretung ausüben. Dieser stellte sich als ein seit 1811 im Polizeiministerium angestellter Übersetzer vor. Ihn empfahl weiter, daß sein Schwager der reichste jüdische Bankier in Berlin

62

gewesen sein soll. Eine Besoldung erwartete er nicht. Russischerseits wurden aber Vorbehalte gegen ihn laut: Als reiner Handelsvertreter hätte er wohl fungieren können, aber der erstrebte Titel „Legationsrat" erschien seinem Stand unangemessen. Wie verlautete, habe er zeitweise unter dem Stand als Brückenanstreicher gearbeitet.[431] Überdies wurde Vaudello am Zarenhof als Wucherer und Betrüger gehandelt, ferner zeichnete ihn angeblich eine so geringe Bildung aus, daß der Zar ihm die Anerkennung als Konsul verweigerte.[432]

Es dauerte noch einige Zeit, bis es zu einer förmlichen Besetzung des Konsulspostens kam. 1842 gelangte die Bitte nach Kassel, doch zumindest ein Konsulat in St. Petersburg einzurichten, da Kurhessen dort diplomatisch überhaupt nicht vertreten sei.[433] Es stellte sich jedoch heraus, daß wegen der geringfügigen Handelskontakte zwischen Hessen-Kassel und Rußland ein eigenes hessisches Konsulat russischerseits nicht für erforderlich gehalten wurde. Die russische Zurückhaltung hatte fiskalische Gründe: Konsuln waren aus dem Mittragen der städtischen Lasten ausgenommen. Infolgedessen waren die russische Regierung wie die Stadt St. Petersburg bestrebt, die Zahl der potenten Steuerzahler nicht durch eine Unmasse von Konsuln auszudünnen. Man schlug daher vor, dem Konsul eines anderen Staates die Mitvertretung der kurhessischen Belange zu übertragen.[434] Dies geschah aber offenbar nicht, und man ließ die Betreuung der Kurhessen wie bisher in Privathand.

1846 schließlich wurde der Kaufmann Theodor Zimmermann zum kurhessischen Konsul in St. Petersburg ernannt.[435] Der Konsul trug Uniform, die ihm von Kassel aus vorgeschrieben wurde.[436] Ein eigenes Konsulat schien inzwischen unumgänglich, da Ausländer ohne Heimatschein keinen Aufenthaltsschein erhielten und damit auch keine Genehmigung, ein Gewerbe auszuüben.[437] Für den hessischen Bedarf reichte zunächst offenbar ein einziges Konsulat aus.[438] Nachfolger von Zimmermann, dessen Geschäfte sich im Rahmen gehalten haben dürften, wurde der Großhändler Friedrich Samuel Tunder.[439] 1853 gab es einen Antrag auf Ernennung eines Vizekonsuls in der russischen Hauptstadt. Hintergrund war, daß die Geschäfte wegen des Eisenbahnverkehrs inzwischen einen erheblichen Umfang angenommen hatten[440] – nach dem Bau der Strecke St. Petersburg-Moskau stand die Linie Warschau-St. Petersburg inzwischen kurz vor Vollendung[441]. Tunder wollte Ende 1854 sein Amt niederlegen, offenbar zugunsten seines Handelspartners, Neffen und bisherigen inoffiziellen Stellvertreters Carl Chr. Clementz.[442] Kassel aber ließ das Konsulat vorübergehend eingehen.[443] Erst 1861 erfolgt die Wiederbesetzung des Konsulats durch den Kaufmann und Bankier H. Giermann zu St. Petersburg – wie Tunder ebenfalls ein Jude.[444]

Ein zweites Konsulat wurde 1858 in Odessa eingerichtet, um den Handel in Südrußland und auf der Krim zu fördern. Der neue Konsul David Raffalovich war Bruder des dortigen Konsuls für Belgien und Mecklenburg-Schwerin und Schwiegersohn des Kurhessischen Konsuls zu Triest, Ritter v. Morburgo, von Beruf Bankier.[445]

Eine systematische Berichterstattung über die innerrussischen Verhältnisse, etwa vergleichbar mit der auf Einwanderungsfragen und Berichten über die jeweilige Lage am Arbeitsmarkt beschränkten Nachrichtensammlung der Konsuln in den USA, fand jedoch durch die Konsuln in Rußland nicht statt.[446] Rußland lag weiterhin fern, und die Lebensbedingungen, selbst der deutschen Minderheit, blieben relativ unbekannt.

Läßt man die Verbindungen zwischen beiden Ländern im 18. und 19. Jahrhundert Revue passieren, so darf man das sich in diesen beiden Jahrhunderten verändernde Rußlandbild nicht übergehen. Unmittelbare Reflexe der mit Peter dem Großen anbrechenden neuen Zeit finden sich auch in Hessen: Durch sein persönliches Erscheinen im Westen sorgte der erste Russische Zar für Aufsehen und für den Abbau von Vorurteilen über Rußland als uneuropäisches, barbarisches Land. Natürlich schlugen bisweilen altbekannte Denkmuster wieder durch. Dabei konnten durchaus positive Seiten angesprochen werden, wie etwa nach einem Treffen Peters mit dem englischen König, von dem nach Hessen berichtet wurde, *„daß der Zar bei allen wunderlichen und üblen moribus viel Verstand und herrliche Sentimente habe,"* er z.B. den Ausspruch getan habe, zwischen Franzosen und Türken bestände der einzige Unterschied in der Taufe.[447] Jedenfalls beobachtete man sein Verhalten aufmerksam, immer in der Hoffnung, irgend etwas zu entdecken, was der eigenen zivilisatorischen Überheblichkeit einen Anlaß bieten konnte.

So verwundern die Meldungen nach Kassel anläßlich des Pyrmonter Besuches Peters im Sommer 1716 nicht wirklich, in denen über den Zar und sein Gefolge etwa notiert wurde: *„Sie fuhren darauf bei dem Grafen von Waldeck zum Mittgsmahl, woselbsten ziemlich stark getrunken ist worden. Des abends blieben sie wieder zur Tafel und Ball. Tanzeten auch verschiedene Mal polnische Tänze und bezeigten sich gar lustig ..."*.[448] Der Leser darf spekulieren: Hieß das, Tänze westlicher Manier hatte der Zar nicht gelernt, oder wollte er seinerseits provozieren? Es fehlten natürlich nicht Ausführungen zu seinem Lebensstil in Bad Pyrmont: *„Der Czar hat vor zweien Tagen erst angefangen, den Brunnen zu trinken, hat niemand als seinen Großcantzler Golofkin, einige wenige Kammerherrn, den Leibmedicum und einen Geistlichen, aber keine Equipage, bei sich. Er lebt sehr schlecht und speist in seinem Zimmer, aber sehr schmutzig, und verlangt, niemandten Audienz zu geben ..."*.[449] Die persönliche Bescheidenheit Peters fiel besonders auf im Vergleich zum Aufwand des Grafen von Detmold bei gleicher Gelegenheit. Unsauberkeit nach westlichen Maßstäben verband sich mit allen russischen Gesandtschaften.

Der Zar wußte um die Vorurteile der Westeuropäer, realisierte, dass sie die Russen als Barbaren ansahen, und er versuchte dem gegenzusteuern. Er kämpfte um seine eigene gesellschaftliche Anerkennung wie um die Einhaltung der geltenden gesellschaftlichen Normen den Russen gegenüber. Das konnte das Einfordern relativ harmloser Höflichkeitsbeweise betreffen, etwa den Austausch von Komplimenten. So heißt es in einem Bericht aus Pyrmont: *„Wann Ewer Hochfürstliche Durchlaucht Seiner Czarischen Majestät ein Compliment schrift- oder mündlich würden machen lassen, ihm solches nicht allein sehr lieb und angenehm sein würde, sondern der Czar würde nicht ermangeln in den besten Freundschaftsterminis es zu beantworten, indem man ... versichern könnte, daß der Großfürst Ewer Hochfürstliche Durchlaucht nicht als dessen Feind ansähe, sondern eine sonderbare estime für dero hohe Person in particulier hätten und dero sonderbare rare Qualitäten, die ihm nicht unbekannt wären, sehr admirierte"*.[450]

Die Pyrmonter Berichte vom Besuch des Zaren bringen auch weiteres zum Ausdruck: Nicht nur territoriale Ansprüche standen zwischen Schweden und Rußland, sondern auch Normprobleme. Mit Recht monierte der Zar, daß die europäischen Gepflogenheiten in der Behandlung der Kriegsgefangenen schwedischerseits nicht eingehalten wurden. Offiziere wurden üblicherweise auf ihr Ehrenwort freigelassen, d.h. sie verpflichteten sich, im Krieg nicht wieder gegen die gefangennehmende Macht zur Waffe zu greifen; oder sie wurden unter der Bedingung entlassen, daß je nach Rang eine bestimmte Zahl eigener Offiziere aus der gegnerischen Gefangenschaft entlassen würden. Für den Austausch sollten sie dann in der Heimat gegebenenfalls selbst sorgen. Im Falle des Mißlingens einer Auswechselung hatte der kriegsgefangene Offizier sich wieder als Gefangener zu stellen. Es sei unter christlichen Potentaten unerhört, so der Zar, Kriegsgefangene vier Tage nach geschlagener Schlacht einfach zu massakrieren oder anderen die Hände zu verstümmeln; und schließlich blieben die Rückzahlungen der an gefangene Schweden in Treu und Glauben in Moskau vorgeschossenen Gelder einfach aus.[451] Aus der Sicht Peters des Großen hielten die Schweden es gegenüber den russischen „Barbaren" offenbar für nicht erforderlich, die Spielregeln des internationalen Kriegsrechtes einzuhalten.[452] Hier wiederum erhoffte sich der Zar, daß der Kasseler Landgraf auf den Schwedenkönig, seinen ältesten Sohn, einwirken könne: *„Sollten nun des Königs von Schweden Majestät alles Obgemelte aggreiren und des Zaren Majestät hinfüro nicht mehr so indignement und verächtlich tractiren, wie bishero geschehen, sondern ihn als andere Könige und Herren in Europa für einen mit ihm in gleichem Charactere stehenden Herren consideriren, den Krieg auch in das Künftige auf Art und Manier der polien Nationen führen, so wurden Ihr Zarische Majestät es als ein Zeichen einer wahren Begierde zum Frieden annehmen auch jederzeit selbigen auf billige Conditionen einzugehen bereit sein ..."*.[453] Und in einem weiteren Bericht des hessischen Gesandten in Pyrmont heißt es: *„Dann ob man zwaren russischer Seiten des Kriegs von Herzen müde ist, so ist doch die Animosität und Widerwillen des Czaren so groß über das bisherige schimpfliche Tractamant und Verfahren des Königes von Schweden gegen dessen Person und Gefangenen, daß er auch ganz außer sich selber sein soll, wann er daran gedenket. Dann des Czaren größte Ambition bestehet darinnen, für einen christlichen und polien Herren zu passieren, welcher sich von nichts mehrers als Generosité piquiret, auch davon vermeinet sattsame Proben gegeben zu haben und die Barbariem selber guten Teils aus der russischen Nation gebannet ..."*.[454]

Über Peter als Initiator von Kanal- und anderen Großbauprojekten sowie über sein Reformwerk in Rußland insgesamt wußte man in Hessen auch über einen weiteren Sondergesandten[455] vergleichsweise gut Bescheid: *„Sie können sich die Anstrengungen überhaupt nicht vorstellen, denen dieser große Herrscher sich tagtäglich für seine eigene (künftige) Größe und die seines Volkes unterwirft. Man muß auch sagen, daß er überaus nützliche Gesetze eingeführt, überaus nützliche Handelsbeziehungen etabliert hat, hat Städte bauen, Wege, Gärten, Alleen anlegen lassen und alle möglichen nützlichen Dinge eingeführt, ganz abgesehen vom vorzüglichen Militairreglement, daß diese Nation und einige ihrer Provinzen, gemessen an dem, was früher war, überhaupt nicht mehr wiederzuerkennen sind, so daß man diesem Fürsten mit Recht den Beiname 'der Große' beilegen kann. Übrigens treibt er al-*

65

21 Reiterstandbild Peters des Großen

les durch die Gnade Gottes noch weiter voran, denn er ist äußerst auf die Religion und die Gerechtigkeit aus."⁴⁵⁶

Den Fortschritt, der in Rußland Einzug gehalten hat seit der Zeit Peter des Großen, bestätigte etwa hundert Jahre später der hessische Gesandte Generalmajor v. Ochs. Er berichtete von St. Petersburg, von dem guten Zustand der Straßen und der Post von Kurland bis zur Hauptstadt, dem hohen Standard der Truppen, und war augenscheinlich von dem Luxus⁴⁵⁷ beeindruckt: *„Bisher hielt ich Philadelphia für die schönste Stadt, die ich gesehen habe. St. Petersburg aber ist größer, schöner und nach einem erhabenen Styl gebaut."*⁴⁵⁸ In den völlig europäisierten Oberschichten verkehrend wurde es für ihn schwierig, Normunterschiede im Verhalten festzustellen, irgendwo noch den russischen Bären ausfindig zu machen. Und er ging davon aus, daß die vollkommene Europäisierung Rußlands unter Einfluß des Hofes bzw. der Eliten nur noch eine Frage der Zeit sei: *„Im ganzen russischen Reiche tut man in der Woche vor den russischen Ostern nichts als Fasten und Beten und in der Woche nach Ostern nichts als Tanzen, Schmausen und Singen ... Es ist Sitte und Religion des Landes, und für beides muß man Achtung und Respekt bezeigen. So stille und heilig die erste Woche zu sein scheint, so lärmend ist die zweite – man muß ein Russe sein, um an den Vergnügungen des Volks, d.h. an dem unmäßigen Trinken und Essen, an dem mit Gefahr des Lebens verknüpften Schaukeln*⁴⁵⁹ *und an dem Herabrennen von künstlich erbauten Türmen ein Vergnügen zu finden. Die höheren und gebildeten Stände und Ihro Majestät der Kaiser selbst fühlen unstreitig, das Rohe, was noch in diesen Volksvergnügungen liegt, sie dulden es aber als eine Nationalsitte, und indem sie es nicht besonders protegieren, wie* *dies ehemals geschehen ist, so schlagen sie dadurch den richtigsten Weg ein, um das Volk nach und nach davon zu entwöhnen ...".*⁴⁶⁰ Bewunderung erregte die höfische Kultur: *„Der Hof war rücksichtlich der Hofuniformen und dem Anzug der Damens sehr reich und glänzend, und wenn ich es sagen darf, so ziemlich à la française gemodelt und angezogen ...".* Bot sich ihm jedoch die Gelegenheit zum Ausdruck zu bringen, daß westliches Niveau noch nicht erreicht ist, so ließ er sie nicht vorübergehen: *„Man speiste von russischem Porcellain; und wenn ich eine Kritik zu machen hätte, so würde ich das Tischzeug tadeln, das sehr mittelmäßig und vermutlich aus einer russischen Fabrik war, die es den unsrigen noch nicht gleich zu tun imstande ist."*⁴⁶¹

Echte Anerkennung nötigte ihm wiederum der gute Stand der Ausbildung der Truppen und des Nachwuchses ab. Bei der Beschreibung des Arsenals wurde sogar latente Kritik an Kassel laut: *„Das Arsenal befindet sich in einem sehr imposanten Zustand, denn es enthält alles, was zur Ausrüstung einer großen Armee erfordert wird. Man hat hier die besondere und sehr zweckmäßige Einrichtung, daß alle Kriegsgeräte (das Material) in diesem Arsenal fabrikenartig verfertigt werden, von der geringsten Schraube bis zur größten Kanone. Sogar werden die Gewehre hier repariert. Zu fast allen Zweigen gebraucht man Maschinen, und alle diese Maschinen werden durch eine einzige Dampfmaschine in Bewegung gesetzt, so daß nur wenige Hände erfordert werden. Es sind allein sechs solcher Bohrmaschinen im Gange, in dem Augenblick, wo ich dort war, wurden Zwölfpfünder ausgebohrt."*⁴⁶² In einer zweiten Fassung des Berichtes ergänzte v. Ochs: *„Mir fiel dabei ein, wie lange es in Deutschland wohl noch dauern könne, ehe und bevor wir zu ein- und demselben Caliber gelangen werden. In Rußland sind sogar alle Schrauben jeder Gattung gleich."*⁴⁶³ Das Militärwesen im weitesten Sinne auf dem neusten Stand des Westens zu halten, war, wie oben gezeigt wurde, alte russische Tradition. Es hatte nur 100 Jahre nach Peter dem Großen bedurft, um Rußland auf diesem Gebiet zum Vorbild für den Westen werden zu lassen. Aber ebenso bewunderte der Hesse v. Ochs die kaiserliche Spiegelfabrik und die Glas- und Kristallschneiderei, die in der erwähnten ebenso alten Tradition der Anfertigung von Luxusgütern im westlichen Stil für den Bedarf des Hofes standen. Darüber hinaus interessierte sich der Gesandte für den Modernisierungsprozeß in Rußland, die zwiespältige Bauernbefreiung im Baltikum,⁴⁶⁴ die Einführung der Arakčeevschen Militärkolonien⁴⁶⁵ und das Verbot der auch durch v. Ochs als völlig nutzlos betrachteten Freimaurerlogen.⁴⁶⁶ Rußland war in der Wahrnehmung der Hessen nicht mehr ein wildes Land, sondern setzte kulturelle und zivilisatorische Maßstäbe.

II. Wanderungen

Je mangelhafter die Kenntnis von den Lebensumständen des Ziellandes ist, um so größer ist das Risiko, daß eine Auswanderung scheitert. Dank der alten Clichés vom Barbaren hatte Rußland in Deutschland kein besonders positives Image. Seit der Propaganda Peters des Großen im Westen bot sein erneuertes Rußland offensichtlich Aufstiegschancen. Das galt insbesondere für „Spezialisten", für Oberschichtenmitglieder eher als für den Gemeinen Mann, etwa Handwerker, denn an Spezialisten, zumal Militärs war Rußland stets interessiert. So forderte Peter der Große gegen Ende des Nordischen Krieges Ausländer, speziell die schwedischen Kriegsgefangenen, auf, in Rußland zu bleiben und russische Untertanen zu werden.[467] Es ist deutlich, daß es ihm hier um den Import von Know-How auf allen Ebenen, dem des Handwerks, des Bergwesens,[468] der Verwaltung, der Erziehung oder des Militär ging.[469]

Alle Hessen aus den *Nemcy*, den „Deutschen", verstanden als alle Westeuropäer herauszufiltern, ist nur aus der russischen Überlieferung möglich, hier also kaum zu leisten. In Einzelfällen dürfte es eine solche Auswanderung ins Russische Reich gegeben haben.[470] Von besonders Erfolgreichen weiß man natürlich auch in Hessen. Ein Teil von ihnen blieb für eine bestimmte Zeit als eine Art von „Gastarbeiter", wurde also gegen Peters und seiner Nachfolger Absicht nicht zum russischen Untertanen: So war beispielsweise der prominente fuldische Medizinprofessor Melchior Adam Weikard 1783–1789 am Petersburger Hof tätig.[471] Mitglieder der Kasseler Linie des Hauses Hessen oder seiner Nebenlinien sind in den höheren Rängen des russischen Militärs nachzuweisen, aber eher eine Ausnahme geblieben.[472] Doch traten natürlich darüber hinaus auch hessische Adlige als Offiziere ins russische Militär bzw. die Verwaltung ein (beide Karrieren waren nicht absolut voneinander geschieden), ein Thema, das hier nur angedeutet werden soll.[473] Das Offizierskorps war in allen Staaten des 18. Jahrhunderts national gemischt, und als junger Adliger nahm man Dienst, wo sich eine Gelegenheit bot. Je mehr Rußland in seinen Oberschichten „verwestlichte", um so geringer wurde das Risiko für Angehörige der besseren Stände, sich in dortige Dienste zu begeben. Und dieses Privileg, sich auswärts einstellen zu lassen, ließ sich der hessische Adel wie die mit diesem relativ eng verflochtene hessischen Honoratiorenschicht selbst nach einem Verbot noch im 19. Jahrhundert nicht nehmen.[474] Die Chancen für Deutsche in russischen Diensten sanken erst zum Ende des 19. Jahrhunderts wegen der sich dort entwickelnden Ausländerfeindlichkeit.[475]

Nicht immer aber gingen Auswanderungswünsche in Erfüllung. Der Hesse Ernst Johann v. Buttlar, russischer Resident in Kurland, zuständig für die seit 1740 sequestrierten Güter Birons in Kurland,[476] kann 1741 ein Gesuch eines Unbekannten aus Hessen wegen eines Amtes in Kurland, das ihm der russische Premierminister v. Münnich befürwortend zugesandt hatte, nur abschlägig bescheiden. Alle Posten waren bereits vergeben.[477]

Jedoch spielte im 19. Jahrhundert ein anderer hessischer, in englisch-hannoverischen Diensten stehender Offizier für Rußland eine nicht unerhebliche Rolle: Der Anführer des hessischen Aufstandes gegen die napoleonische Fremdherrschaft von 1809 Wilhelm Freiherr v. Dörnberg[478] flüchtete sich zunächst zu Herzog Wilhelm v. Braunschweig als Führer des Freikorps der „Schwarzen Schar", wurde 1811/12 zum britischen Militärbevollmächtigten in Preußen und Rußland, beriet dann die russischen Truppen im Krieg gegen die Franzosen, vermittelte persönliche Kontakte um die preußisch-russische Konvention von Tauroggen und beteiligte sich dann an prominenter Stelle persönlich am Krieg gegen den Kaiser von Frankreich. 1818–1819 vertrat er Hannover in St. Petersburg, um finanzielle Forderungen aus dem Krieg zu realisieren und beschloß seine Karriere schließlich als Hannoverischer Gesandter in St. Petersburg im Range eines Generalleutnants (1825–1835).[479]

Es gab auch Reisende in beide Richtungen, zunächst eher von Deutschen nach Rußland.[480] Sie gingen in der Regel in die Hauptstädte, nicht aufs Land, das die Russen selbst als wenig sehenswert einstuften, was sie aber auch selbst nicht kannten. Zu Lomonosovs Zeiten veranstaltete die Akademie der Wissenschaften Expeditionen ins eigene Land, um die allernotwendigsten, auch ethnographischen Daten zu sammeln. Als der erhoffte Krieg mit den Türken nicht stattfand, plante der hessische Gesandte Generalmajor v. Wutginau eine Besichtigungsreise nach Astrachan´ und Derbent. Ihm wurde russischerseits davon abgeraten, weil es dort nichts Interessantes zu sehen gäbe.[481]

22 August Dahlsteen, Russische Trachten und Ausrufer in St. Peterburg

Eine anderer Reisender ist August Dahlstein (Dahlsteen), Zeichner, Radierer und Maler aus Kassel. Mitte des 18. Jahrhunderts stand der deutsche Einfluß auf die russische Malerei auf seinem Höhepunkt. Dahlstein arbeitete zeitweilig in Schweden und in Rußland und kehrte später nach Deutschland zurück. Er hat u.a. eine 50 Blatt umfassende Serie von Radierungen mit dem Titel *„Habillements Moscovites et Crieurs de St. Pétersbourg"* vorgelegt, die auch in Rußland Absatz gefunden hat. Einzelne Blätter finden sich heute im Historischen Museum in Moskau.[482]

Aus dem Russischen Reich in den Westen reisen zunächst nur Diplomaten oder Fürstlichkeiten. Später, seit dem 19. Jahrhundert, erhöhte sich die Zahl der Touristen, die in der Gestalt von Bildungsreisenden oder Kurgästen aus den russischen höheren Ständen den Weg nach Deutschland, an den Rhein und auch nach Hessen, bekanntermaßen vor allem in die nassauischen Bäder und hier besonders nach Wiesbaden fanden.[483]

Wirkte der hessische Maler Dahlstein nach Rußland, so trat später auch ein Russe auf dem Gebiet der deutschen Malerei als Gebender in Hessen in Erscheinung: Der Baltendeutsche Gerhardt Wilhelm v. Reutern (1764–1865) hat bleibende Spuren in der hessischen Kulturlandschaft hinterlassen. Um ihn sammelte sich die erste und eine der bedeutendsten Freiluftmalerkolonien in Willingshausen/Schwalm.[484] Der Teilnehmer am Krieg gegen Napoleon hatte 1820 dorthin geheiratet und kam über die Familie v. Schwertzell auch mit Ludwig Emil Grimm in Kontakt, der 1824 dort gearbeitet hatte und 1825 die Bekanntschaft des Balten machte. Beide malten zusammen, und in den Jahren bis 1823 war auch Joseph v. Radowitz (1797–1853), ein Höfling und Mitglied des 1821 gegründeten Musenhofes „Augustenruhe" der Kurfürstin Auguste v. Hessen-Kassel künstlerisch in Willingshausen tätig.[485] Reutern kam u.a. in den Umkreis Goethes, der Grimms und über seine Besuche von deutschen Kunstakademien bzw. Studien bei einzelnen bekannten Malern in das geistige Umfeld der deutschen Romantik[486]. Er verlor aber seine Kontakte nach Rußland nie, denn er wurde 1837 mit einer Pensionszulage zum Maler der Zarenfamilie ernannt. Reutern sandte seine Arbeiten regelmäßig nach Rußland und wurde schließlich zum Schwiegervater des mit ihm seit 1826 befreundeten russischen Dichters, Übersetzers und auch Zeichners Vasilij Žukovskj (1783–1852), des Erziehers der Zarenkinder. Jener ist als Lehrer Puškins aus der russischen Literaturgeschichte nicht wegzudenken. Reutern, der ehemalige russische Offizier mit ohnehin guten Kontakten zum Zarenhof, der über den Verlust des rechten Armes im Kampf gegen Napoleon zur Malerei fand, ist viel gereist. Er hielt sich keineswegs ständig in der Schwalm auf[487], aber die Schwälmer Tracht als malerisches Motiv gewann über ihn und Grimm ihren außerordentlichen Bekanntheitsgrad.[488]

Gesellenwanderungen aus dem Russischen Reich kamen bis ins 19. Jahrhundert hinein offensichtlich so gut wie nie vor.[489] Selbst die Kaufmannschaft blieb in der Regel im Lande und überließ die Reisetätigkeit den *Nemcy* unterschiedlicher Nation. Know-How wurde weiter durch die ins Land gezogenen Ausländer vermittelt. Westreisen zu Ausbildungzwecken waren unüblich und wurden zunächst vom Staat angeordnet, von Boris Godunov, später von Peter dem Großen und schließlich durch die Kaiserin Anna. So wurden die russischen Studenten Christian Wolffs in Marburg zur Ausnahme von der Regel, daß Rangniedere im 18. Jahrhundert nicht von Rußland nach dem Westen reisten. Und einer von ihnen, Michail Vasil´evič Lomonosov, hat in der Tat das geleistet, was man von ihm erhoffte, er wurde dank der in Deutschland gesammelten Erfahrungen zu einem der ganz großen Anreger in Rußland, zum Universalgenie.

I.

MARBURGER SPUREN IM WERK MICHAIL VASIL´EVIČ LOMONOSOVS

Eine jüngere deutsche Untersuchung, die dem ehemaligen Marburger Studenten und dank der modernen Medien im öffentlichen Bewußtsein der *Universitätsstadt* selbst durchaus lebendigen Michail Vasil´evič Lomonosov gewidmet ist, faßt seine Wirkungsgeschichte im deutschen Bildungsbürgertum insgesamt in der knappen Bemerkung zusammen: *„Je mehr Lomonosovs Bekanntheitsgrad in Rußland stieg, um so mehr geriet er außerhalb seines geliebten Vaterlandes in Vergessenheit."*[490] Scheint dies nicht Anlaß genug, um sich hier etwas eingehender mit dem Werdegang des Gelehrten zu befassen? Lomonosov hat nicht nur die im Westen erworbenen Kenntnisse in seine Heimat weiter vermittelt, sondern er wurde auch schöpferisch tätig, indem er darüber hinaus russische Bildungsanstöße aus sehr unterschiedlichen Traditionen mit westlichen Elementen kombinierte. Wir werden uns daher mit Lomonosovs Wissenshorizont befassen müssen, um seine Leistungen zu verstehen, auch, um die Entwicklung, die Rußland seit den Anstößen Peters des Großen genommen hatte, nachzuvollziehen.

Und auch das soll nicht in Vergessenheit geraten: Er brachte aus Marburg seine Familie mit. Nachdem sein erster Sohn gestorben[491] und der seit 1740 verheiratete Vater[492] zurück nach Rußland gegangen war, reiste ihm seine Frau[493] mit einer noch unehelich geborenen Tochter Catharina Elisabeth[494] und ihrem Bruder auf eigene Faust nach Rußland nach – vielleicht war dies zunächst eine ziemlich unangenehme Überraschung.[495] Der Haushalt war und blieb vermutlich deutsch mit russischen Elementen.[496]

Lomonosov kam 1711 im russischen Norden in einem Fischerdorf am Delta der nördlichen Dvina zur Welt und war von seinem Vater nicht zum Gelehrten, sondern zum Fi-

23 Michail Vasil´evič Lomonosov

scher, See- oder Handelsmann bestimmt.⁴⁹⁷ Er hat also seine Karriere selbst in die Hand genommen und unter Überwindung sozialer Barrieren gestaltet. Der Weg verlief nicht ohne Verletzungen von Lomonosovs Selbstbewußtsein, und dies wird Auswirkungen auf des künftigen russischen Akademiemitglieds bildungspolitische Haltung haben. Der Selfmademan blieb Gegner ständischer Barrieren im Bildungswesen. Der Schüler der kirchlichen Hochschule in Moskau plante russische Universitäten in Moskau und St. Petersburg ohne Theologische Fakultät, wenn auch sonst nach westlichem Muster. Er dichtete geistliche Lyrik und verspottete als aufgeklärter Naturwissenschaftler kirchlichen Obskurantismus.⁴⁹⁸ Das erfolgreiche russische Genie forderte Aufstiegschancen für talentierte Landsleute im Hochschulwesen des Zarenreiches und eine Befreiung von der Bevormundung durch deutsche Wissenschaftler, die an der St. Petersburger Akademie der Wissenschaften tätig waren, kurz: kreative Möglichkeiten für Russen. Dieses Nationalbewußtsein schloß nicht aus, daß er moderne Ansätze der Fortentwicklung der deutschen Literatursprache auf russische Verhältnisse übertrug⁴⁹⁹, aber er forderte die Einführung der Nationalsprache in den Vorlesungsbetrieb der Hochschulen. Er übersetzte Christian Wolff ins Russische und setzte sich für die Berufung des alten Studienkollegen und späteren Marburger Physikers Spangenberg auf einen Lehrstuhl für Experimentalphysik an der Akademischen Universität in St. Petersburg ein (1754).⁵⁰⁰

Lomonosov hatte nicht nur eine deutsche Frau und deutsche Freunde, war auch kein prinzipieller Gegner der Beschäftigung von deutschen Wissenschaftlern in Rußland, aber er reagierte heftig auf die über die Jahrhunderte entwickelte Neigung der russischen Oberschichten, bei der Lösung komplizierter technischer Probleme stets nach „westlichen Spezialisten" zu rufen. Ebenso störte ihn die Überheblichkeit der Fremden, die sich als „Kulturträger" gegenüber den Russen sahen. Die politische Großwetterlage begünstigte nationalbewußte Stellungnahmen Lomonosovs. Seine Tätigkeit fällt im Wesentlichen zusammen mit der Regierungszeit der Kaiserin Elisabeth, der Tochter Peters des Großen, die sich bewußt von der deutschen Mißwirtschaft, der sog. „*Bironovščina*" unter ihrer Vorgängerin Anna Ivanovna (1730–1740)⁵⁰¹ mit einem kurzen Zwischenspiel der Regentschaft der Anna Leopol´dovna absetzen wollte und mußte, um ihre eigene Herrschaft zu legitimieren. Der Appell an die Traditionen Peters des Großen wird daher in der politischen Dichtung Lomonosovs eine große Rolle spielen.⁵⁰² Nationalstolz wird es auch sein, der Lomonosov gegen die „Normannentheorie", die These von der Gründung des russischen Staates durch Normannen, vorgehen läßt. Der Umgang mit dem temperamentvollen Hünen Lomonosov war für seine Kollegen an der St. Petersburger Universität und Akademie nicht immer leicht, speziell dann nicht, wenn an solche alten Wunden gerührt wurde.

In seinem Bildungsgang hat der junge Lomonosov die Entwicklung der russischen Kultur des 17. und 18. Jahrhunderts mit ihrem Wechsel des Interesses vom Altrussisch-Kirchenslavischen zum Polnisch-Ukrainischen und Deutschen wiederholt, und er steht an der Schwelle zur vor allem französisch geprägten Epoche russischer Literatur- und Kulturgeschichte.

Lomonosov stammte rechtlich aus der Gruppe der „Hofbauern", d.h. er war Leibeigener der Zarenfamilie, hatte aber wie die Mehrheit der Bevölkerung der Eismeerkü-

73

ste mit Ausnahme der Klosterleute keinen direkten Leibherren. Man zahlte Kopfsteuer, und das bedeutete damals für den Jungen den völlig selbstverständlichen Ausschluß von allen öffentlichen Bildungseinrichtungen. Für den „Flüchtling" entrichtete der Vater diese Kopfsteuer weiter. Es ist nicht ganz klar, wie der Vater zu Wegzug und Studium seines Sohnes gestanden hat. Offenbar legte er ihm jedoch keine Steine in den Weg und ließ seine Flucht nicht weiter auffallen. Die Sage will, er habe davon nichts gewußt. Vermutlich plante die Familie ursprünglich nicht, dem Sohne eine höhere Bildung zukommen zu lassen. Seit 1722 begleitete er nämlich den überdurchschnittlich erfolgreichen Vater auf dessen Schiff zum Fischfang und auf Handelsreisen.

Wann Michail lesen gelernt hat, ist strittig.[503] Jedenfalls war es nicht die Mutter, die Tochter eines längst verstorbenen Diakons, die den Sohn das Lesen gelehrt hat, sondern der nur sieben Jahre ältere Bauer Ivan Šubnoj – so dessen später an der St. Petersburger Akademie der Künste tätiger Sohn Fedor Ivanovič Šubnoj. Sein zweiter Lehrer war einer der besten Pädagogen an der Schule für Subdiakone und Sänger am Erzpriesterhaus in Cholmogory Semen Ivanovič Sabel'nikov. Er konnte dem jungen Mann bald nichts mehr beibringen. Der früheste Beleg für die Schreibfertigkeit Lomonosovs ist eine Unterschrift als Zeuge vom 4. Februar 1726.[504] Um diese Zeit herum dürfte Lomonosov angefangen haben, alles zu lesen, was ihm in die Hände kam. Und dies bedeutete den Eintritt in die erste Fremdsprache, die Kirchensprache der griechisch-orthodoxen Slaven auch auf dem Balkan und der Rumänen in der Moldau, das Kirchenslavische.

Lesen lernte man üblicherweise am Psalter (daraus übersetzt Lomonosov später neu) und am Stundenbuch, also kirchenslavischen Texten. Der Lesehungrige hatte Glück. Seine Heimat, das Dvina-Gebiet, ist noch heute das Eldorado privater Handschriftensammler und der „archäographischen Expeditionen" der russischen Akademie der Wissenschaften wie der Universität Leningrad und anderer Institutionen.[505] Altgläubige pflegten in dieser Gegend die vor allem handschriftlich überlieferte altrussische Literatur aus der Zeit vor der Glaubensspaltung unter dem Patriarchen Nikon (endgültig seit der Synode von 1656) weiter. Dies war Altrußland vor Peter dem Großen pur. Es ist durchaus möglich, daß Lomonosov auch Kontakte zum Zentrum dieser Altgläubigen, dem Vyg, den Anhängern des Andrej Denisov (1664-1730) aufgenommen hat.[506] Jedenfalls hat Lomonosov die Bibliothek des berühmten Klosters zu Solovki benutzt. Für einige Jahre (1724–1727) hat er sich selbst der altgläubigen Richtung der „Popenlosen" (russ. *Bezpopovcy*) angeschlossen.[507] Letztlich befriedigt hat ihn die Hinwendung zu dieser religiösen Richtung nicht, denn seine Lieblingsbücher gingen bereits über die hier konsequent gepflegte altrussische Tradition hinaus.

Die ersten nicht-theologischen Schriften, die überhaupt in Lomonosovs Gesichtskreis traten, waren die „*Kirchenslavische Grammatik*" des Meletij Smotrickij (1578–1633), 2. Aufl., Moskau 1648, die „*Arithmetik*" des Leontij Magnickij von 1703, kein reines Rechenbuch, sondern ein Handbuch für die Lösung technischer und nautischer Fragen durch praktische Anwendung der Mathematik, und der gereimte „*Psalter*" des Simeon Polockij (1629-1680).[508] Dieser Psalter brachte Lomonosov die Dichtkunst nahe und enthält zumindest in der ungekürzten, der Ursprungsfassung, auch eine antike Verslehre.[509] Mit diesen bei den

Nachbarn erbettelten Lieblingsbüchern trat der junge Lomonosov in die nächste Phase der russischen Kultur ein, die des ukrainischen Einflusses auf Moskau.

In der Auseinandersetzung mit der Gegenreformation, vor allem den Jesuiten, hatten im Großfürstentum Litauen und im Südosten Polens die Griechisch-Orthodoxen ihr Bildungswesen an das des Westens angenähert, das klassische Lehrprogramm des Trivium und Quadrivium übernommen und dieses angereichert: durch das Studium des Kirchenslavischen mit seiner griechischen Tradition im Hintergrund und ggf. selbst der griechischen Sprache.[510] Meletij Smotrickij, Erzbischof von Polock, war selbst ein Zögling der Jesuiten gewesen und hatte eine Bildungsreise in den Westen absolviert, bevor er Lehrer an der Schule der orthodoxen Bruderschaft in Polock wurde. Er war bekannt als Schriftsteller und Publizist, und es war seine kirchenslavische Grammatik,[511] die mit einigen anderen Büchern in den 1640er Jahren in Moskau nachgedruckt wurde, als der alte, zeitweilig aus der Furcht vor dem Eindringen westlicher Häresien unterbrochene Brauch, dem Zaren und den Großen in Moskovien westliche Bücher zum Geschenk zu machen, neu belebt wurde.[512] Sie hat in Rußland, gerade wegen des unterentwickelten öffentlichen Schulwesens eine kaum zu überschätzende Rolle gespielt – übrigens auch bei den orthodoxen Christen des Balkanraumes. Es verwundert daher nicht, daß der junge Lomonosov sich von diesem Buch nicht trennen wollte.

Simeon Polockij hat in Lomonosovs Leben eine doppelte Rolle gespielt: als literarisches Vorbild und als der Anreger der Gründung der ersten Hochschule in Moskau, der Michail Vasil´evič später seine Karriere verdankt. Polockij war als wortgewaltiger Streiter gegen die Altgläubigen, als Prediger, Gelegenheitsdichter und Literaturtheoretiker in Moskauer Hofkreisen schnell zu Ruhm gekommen und wurde der Lehrer der Zarenkinder erster Ehe, Fedor Alekseevič und Sofija, Peters des Großen Halbgeschwistern, für Latein, Polnisch und westliche Gelehrsamkeit und seit 1688 zum ersten offiziellen russischen Hofpoeten unter dem Zaren Aleksej.[513] Er selbst hatte das orthodoxe Kollegium in Kiev besucht, Theologiestudien an einer katholischen Akademie bei den Jesuiten absolviert und war anschließend im orthodoxen Kloster in Polock Mönch geworden. Als Lehrer an der dortigen Schule der orthodoxen Bruderschaft erwarb er sich bereits einen gewissen Ruf als Dichter und Redner – und 1663 ging er nach Moskau. Dort propagierte er die Einführung des öffentlichen Schulwesens nach ukrainischem Muster, und seinem beharrlichen Drängen verdankt die Stadt Moskau schließlich die Gründung der ersten Hochschule in Moskovien, der Slavisch-Griechisch-Lateinischen Akademie im Jahre 1685/86.[514] Zur Zeit ihrer Entstehung wurde zwar als Abwehrreaktion gegen die geistige Vormachtstellung der Ukrainer im damaligen gebildeten Moskau das Griechische etwas stärker betont als beim Vorbild, der Akademie in Kiev. Dann aber hatte Peter der Gr. nach einer Zeit des Niederganges darauf gedrungen, daß eine Reform stattfand, und dies wurde erleichtert, weil sich mit der Jesuitenschule 1669 in Moskau für die orthodoxe Kirche eine unangenehm erfolgreiche Konkurrenz aufgetan hatte. Peter wollte eine Anhebung des Niveaus der Schule auf das von Kiev, denn Moskaus Hochschule sollte künftig den Ausgangspunkt für die großen Karrieren darstellen, und zwar nicht nur theologischer Eliten. Diese Schule vermittelte eine gründliche humanistische Bildung, gutes Latein und über Studien von Aristoteles und Thomas v. Aquin auch die Methodik des Philosophierens. Nach Peter Scheiberts/Minčenkos Urteil trug sie auch *„die neue Generation gebildeter Russen mit vertiefter Bildung hinaus über die Voltaire-Mode einer russischen Adelsgesellschaft mit deren oberflächlicher und snobistischer Verachtung der Kirche sowie einem provokativen philosophischen Rationalismus."*[515]

Der Verfasser von Lomonosovs drittem Lieblingsbuch, Leontij Filippovič Magnicckij, war möglicherweise Ukrainer von Herkunft, hatte aber seine Studien bereits an der Slavisch-Griechisch-Lateinischen Akademie in Moskau abgeschlossen. Er war später Lehrer an einer der wenigen weltlichen Schulen, und zwar an der mathematischen Schule von Moskau (1703–1739).

Lomonosov hat bis 1730 keine formale Schulausbildung genossen, denn die Schule am Erzpriesterhaus in Cholmogory war nur für Kinder des Klerus zugänglich und sollte künftige Geistliche ausbilden. Seit 1730 begann man dort auch mit dem Unterricht des Lateinischen und Griechischen und stellte dafür zwei neue Lehrer ein. Einer von ihnen, Ivan Kargopol´skij, Absolvent der Slavisch-Griechisch-Lateinischen Akademie, war von Peter dem Großen 1717–1723 zum Studium an die Sorbonne abgeordnet worden, und es ist möglich, daß Lomonosov von diesem gehört hatte oder von ihm in seinen Plänen bestärkt worden ist, selbst richtig zu studieren. Jedenfalls besorgte sich Michail Vasil´evič (am 9. Dez. 1730) heimlich einen Paß und begab sich mit einem Kaufmannszug von Fischhändlern ohne Wissen des Vaters und der zweiten, der „bösen" Frau und seiner Stiefmutter, nach Moskau.[516]

In Moskau besuchte Lomonosov nur ganz kurz die Ziffernschule in der Suchareva Bašnja, den Rest der für die höheren Klassen nach St. Petersburg verlegten Schule für Mathematik und Navigation. Magnicckij hat dort bis 1739 unterrichtet.[517] Doch meldete er sich bald bei der Slavisch-Griechisch-Lateinischen Akademie als künftiger Student an (am 15. Jan. 1731).[518] Er gab dort an, er sei der Sohn eines Adligen aus Cholmogory, denn seit 1728 war der Eintritt von Bauernsöhnen in die Hochschule verboten. Im entfernten Moskau war Schwindel über den Stand möglich, nicht so im heimischen Cholmogory. Hier aber dürfte die Wurzel für die spätere Forderung des Bildungspolitikers Lomonosov zu suchen sein, die Hochschulbildung für begabte Bauernkinder offen zu halten.[519] Lomonosov kam trotz seines Alters in die erste Klasse, denn er konnte kein Latein. Hier aber traf er auf einen Studienkollegen des Ivan Kargopol´skij an der Sorbonne, den Tarasij Posnikov, den einzigen Weltlichen, der sich trotz der damit verbundenen Lehrerlaubnis für die Oberklassen hartnäckig weigerte, das Mönchsgelübde abzulegen. Vielleicht hat er sich des jungen Mannes angenommen.[520]

Lomonosov nutzte den Aufenthalt in der Schule beim Spasskij-Kloster unweit des Roten Platzes zu eifriger Lektüre in der Klosterbibliothek, die 1731 eine große Bibliothek aus dem Nachlaß des Bischofs von Rjazan´ Gavriil Bužinskij übernommen hatte und daher nicht nur eine reiche Sammlung von Lexika und lateinischen klassischen Schriftstellern, sondern auch Moderneres enthielt: Erasmus, Pufendorff, Grotius, Galilei, Descartes und die Arbeit eines Christian-Wolff-Schülers Johannes Weydler von 1718 zur Mathematik. Das ging weit über das in der Schule vermittelte aristotelische und ptolomäische Weltbild hinaus. Lomonosov konnte außerdem noch den großen Buchmarkt in der unmittelbaren Nachbarschaft seiner Schule ausbeuten und die der Öffentlichkeit zugänglich gemachte Bibliothek des Buchhändlers Kiprijanov an den nahe gelegenen Spasskie vorota nutzen.[521] Schließlich dürfte er während seines fünfjährigen Aufenthaltes auch das Hospital in Moskau besucht haben. An der zugehörigen Schule (1707 gegründet) unterrichtete der Anatom Nikolaus Bidlo russische Chirurgen, die er aus den Schülern der Slavisch-Griechisch-Lateinischen Akademie rekrutierte, denn dort lernte man Latein, die Unterrichtssprache für seine künftigen Chirurgen. Hier hätte sich eine Karriere eröffnen können, denn das Hospital bildete in den Jahren 1701–1728 fast ebenso viele Ärzte aus, wie Absolventen der Slavisch-Griechisch-Lateinischen Akademie in den geistlichen Stand traten. Fast die dreifache Zahl aber ging unmittelbar in den Staatsdienst, d.h. studierte orientalische Sprachen in St. Petersburg, nahm an Expeditionen teil oder verschwand einfach in der Verwaltung.[522] Nur um an einer solchen Expedition an die Ufer des Kaspischen Meeres unter der Leitung des Kartografen Ivan Kirilovič Kirilov teilnehmen zu können, war Lomonosov 1734 sogar bereit, in den geistlichen Stand einzutreten.[523] Die Sache zerschlug sich – doch bei dieser Gelegenheit kam sein wahrer Stand als Bauernsohn heraus.[524]

Lomonosov hat die Spasskij-Schule, die acht Klassen anbot, relativ schnell absolviert. Die ersten drei Klassen durchlief er in einem Jahr, die Theologieklasse hat er, der „Philosoph", nicht mehr besucht. Im Lehrprogramm standen Latein, Kirchenslavisch, Geographie, Arithmetik, Geschichte, Katechese und Gesang. Was ihm fehlte, waren die Naturwissenschaften, und es ist daher möglich – aus den Quellen aber nicht zu beweisen –, daß er sich zwischen 1733/34 und 1735 kurz an die Akademie in Kiev begeben hat, die außerdem die Fächer Mathematik, Physik und Rhetorik anbot.[525] Seine Chance kam erst 1735, als der Senat zwanzig Absolventen der Spasskij-Schule zum Studium an der St. Petersburger Akademie der Wissenschaften anforderte und es Lomonosov gelang, mit elf Mitschülern dorthin abgeordnet zu werden.[526]

Die St. Petersburger Akademie, 1724 von Peter dem Großen gegründet, sollte nicht nur Forschung betreiben, sondern vor allem auch Russen ausbilden. Daneben war es ihre Aufgabe, die russische Wirtschaft durch praktische Erfindungen zu unterstützen. Aus diesem Grund betätigt sich Lomonosov später auch als Erfinder.[527] Er arbeitete beispielsweise an Geräten zur Verbesserung der Zeitmessung, an einem Blitzableiter, leitete eine Werkstatt für die Herstellung optischer Geräte, unternahm im chemischen Laboratorium systematische Versuche zur Veränderung der Qualität von Glas und gründete darauf aufbauend später seine private Mosaikmanufaktur, er entwickelte eine neues Teleskop (1762), das erste Unterwasserteleskop und ein Meridianmeßgerät (1761).

Die Akademie sollte auch das Interesse der Öffentlichkeit an der Wissenschaft fördern. Die öffentlichen Vorlesungen ihrer Anfangsjahre hatten wegen der Sprachbarriere nur begrenzten Erfolg in St. Petersburg. Erst 1764 wird Lomonosov mit der Tradition öffentlicher Vorträge in russischer Sprache, eine Neuerung des jungen Präsidenten Kiril Razumovskij, den Anfang machen.[528] Ein anderes Element der Öffentlichkeitsarbeit der Akademie mag Lomonosov bereits in Moskau in der Buchhandlung Kiprijanovs entdeckt haben. Die damals einzige Zeitung, ein offiziöses Unternehmen, die „St. Petersburger Nachrichten" (russ. *St. Peterburgskie vedomosti*), gab nämlich seit 1727 die Akademie der Wissenschaften heraus. Sie verbreitete in Rußland Nachrichten aus der westeuropäischen Presse und ergänzte diese vor allem durch Neuigkeiten vom Zarenhof. Das Blatt kam in deutscher und in russischer Sprache heraus. Die Anmerkungen zu diesen „*Vedomosti*" entwickelten sich aus kurzen Sachkommentaren etwa zu Fremdwörtern zu einer Beilage mit längeren wissenschaftlichen Abhandlungen zu allen möglichen Themen und zu einer literarischen Zeitschrift mit Gedichten und anderen schriftstellerischen Versuchen.[529] Auch Lomonosov wird später hier publizieren, denn es gab keine privaten Zeitungen in Rußland. Diese „*Primečanija*" waren als Lesestoff sehr beliebt, wurden im ganzen 18. Jahrhundert gesammelt, ja sogar nach dem Einstellen des Erscheinens der Zeitung (1742) noch nachgedruckt. Aus dieser Quelle oder aus Deutschland (Gottsched) dürfte Lomonosovs Idee stammen, eine selbständige Zeitschrift mehr unterhaltenden Charakters bei der Akademie der Wissenschaften zu gründen, die Monatsschrift „*Ežemesjačnye sočinenija*" (1755–1764).[530] Schließlich hat sich Lomonosov 1754 auch theoretisch zu den Aufgaben und Grenzen des Journalismus geäußert, wenn auch nicht ohne aktuellen Anlaß.

Zur Akademie gehörten ein Gymnasium und eine Universität. Und die Akademiemitglieder waren gleichzeitig Professoren. Bei der Gründung der Institution war es eigentlich die Absicht gewesen, die Studenten aus den Gymnasiasten zu rekrutieren und einige Auswärtige anzulocken. Diese Aufgabe hat das Gymnasium – zum Glück für Lomonosov – nicht erfüllt: Weil es keine studierfähigen Gymnasiasten gab, wurde er 1735 nach St. Petersburg abgeordnet. Die nur kurzfristige Verlegung der Residenz unter Peter II. nach Moskau und vor allem die Gründung des anspruchsvollen Kadettenkorps (*Suchoputnyj šljachetnyj korpus*), das für Rußland die Traditionen der deutschen Ritterakademien aufgriff, hatten die Folge, daß das Gymnasium bei der Akademie, von jeher auch der Konkurrenz von Militärschulen ausgesetzt, für den Adel seine Anziehungskraft verlor.

Von Anfang an waren die Mehrzahl der Schüler Rußlanddeutsche. Die Universität lockte auch deutsche Studenten aus dem Reich an. Russen beschäftigte die Akademie vor allem auf der mittleren und unteren Ebene als Kartografen, Übersetzer, Werkstattleiter etc. Die Akademiemitglieder waren in ihrer überwiegenden Mehrheit deutschsprachige Gelehrte.[531] Die Unterrichtssprache war Latein, aber Latein wurde damals über das Deutsche gelernt. Erst 1747 führte das neue Statut Russisch als Unterrichtssprache ein. Dennoch konnten die Schüler zwar weiter aus dem Lateinischen ins Deutsche übersetzen, aber nicht auf Russisch ausdrücken, was der lateinische Text enthielt. Auf Drängen Lomonosovs wurden den Professoren daher seit 1753 russische Hilfskräfte beigegeben, die die Übersetzungen ins Russische kontrollieren sollten.[532] Der erste negative Eindruck vom Gymnasium und der später von Christian Wolff in Marburg vertretene Grundsatz, Vorlesungen seien in der Muttersprache zu halten und Lehrbücher in diese zu übersetzen, waren es wohl, die Lomonosovs Reformbemühungen auf sprachlichem Gebiet später beflügelt haben und hinter seinen Übersetzungen auch von Handbüchern standen.[533]

Die Akademiemitglieder waren in ihrer Mehrzahl Naturwissenschaftler, und der Schwerpunkt der Lehre an der Universität lag auf diesem Gebiet, doch die Studenten bevorzugten die dünner besetzten Geisteswissenschaften, da eine Karriere in der Verwaltung nur Allgemeinbildung – und Beziehungen – voraussetzte. Lomonosov aber durfte hier das studieren, was ihn vermutlich zum Weggang aus der Heimat getrieben hatte, deutet man seinen ersten Weg in Moskau zu Magnickij und seiner Schule und den möglichen Aufbruch nach Kiev richtig, nämlich Naturwissenschaften. Und dies muß aufgefallen sein. Der große Mathematiker Euler erkannte die überdurchschnittliche Begabung des jungen Mannes, nachdem er seine Probearbeiten gesehen hatte – und auch sehr viel später wird er sich an der Akademie für ihn einsetzen.[534] Jaques Delisle, der Astronom, einer von zwei Brüdern an der Akademie, und Leonhard Euler forcierten damals gerade die Arbeiten des Geographiedepartements[535] und planten eine große Expedition nach Sibirien. Was ihnen dafür fehlte, war ein Chemiker mit Kenntnissen im Bergfach. Der um Hilfe gebetene Johann Friedrich Henckel (1679–1744) in Freiberg in Sachsen wußte keinen besseren Rat, als zu diesem Zweck einige Russen auszubilden. Also wählte die St. Petersburger Akademie zu einem propädeutischen allgemeinbildenden Studium bei Christian Wolff in Marburg[536] drei Studenten aus, die dort Mathematik, Philosophie und Naturwissenschaften studieren, ihre Fremdsprachenkenntnisse in Deutsch, Latein und Französisch vervollkommnen sollten und später an der Bergakademie in Freiberg in Sachsen studieren würden. Sie erhielten 300 Rubel Reisegeld und eine ausführliche Instruktion seitens der Akademie, die ihnen auftrug, daß sie *„überall während ihres Aufenthaltes sich tadelloser Sitten und Benehmens befleißigen sollten, ebenso um die Vervollkommnung ihres Wissens ständig bemüht sein, das Hauptgewicht auf die Theorie legen, aber die Praxis nicht vernachlässigen, sich mit fremden Sprachen befassen, so daß sie diese frei sprechen und schreiben könnten und schließlich jedes halbe Jahr Zeugnisse ihrer Fortschritte einsenden"* sollten.[537]

Sein Auslandsstudium hat Lomonosov in den Jahren 1736–1740/41 absolviert. Mit Gustav Ulrich Raiser und Dimitrij Vinogradov immatrikulierten sich am 17. November 1736 an der Marburger Universität drei Russen aus St. Petersburg.[538] Mit einem Empfehlungsschreiben des Präsidenten der St. Petersburger Akademie der Wissenschaften, Albrecht Baron v. Korff, suchten die drei Studenten zunächst kurz nach ihrer Ankunft Christian Wolff auf. Dieser, Ehrenmitglied der St. Petersburger Akademie

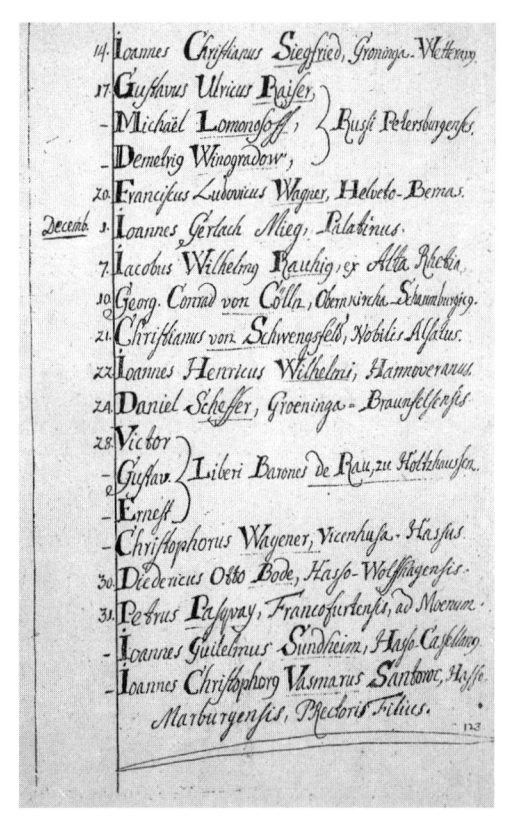

24 Matrikel der Universität Marburg mit Eintrag der drei russischen Studenten, 1736

seit 1725[539], nahm sich durch Privatunterricht ihrer wissenschaftlichen wie auch ihrer persönlichen Belange an[540] und berichtete über die Fortschritte in deren Studien nach St. Petersburg an Korff. Diese Briefe und die Berichte des Studenten selbst geben eingehend Auskunft über den Aufenthalt Lomonosovs in Marburg.

Vermutlich hat Lomonosov zumindest zweitweilig in der Wendelgasse bei der Witwe Zülch gewohnt.[541] Sein späterer St. Petersburger Kollege und Freund Professor Jakob v. Stählin weiß davon, daß er sich bei seinem künftigen Schwiegervater eingemietet hat.[542]

Wolff selbst las im Wintersemester 1736/37 in öffentlicher Vorlesung die Optik, in einer Privatvorlesung Politik, und er setzte einen zuvor begonnenen mathematischen Kurs fort. Er lehrte aber auch Algebra und Metaphysik. Es war damals in Marburg üblich, daß die Professoren fast ausschließlich *privatissime* unterrichteten, öffentliche Kollegs waren die Ausnahme.[543] Seine Privatstunden setzte der als Lehrer sehr eifrige und erfolgreiche Wolff auch in den Ferien fort.[544] Die Russen hat er offenbar zunächst gesondert unterrichtet, auch wenn die ausländischen Studierenden seit Januar 1737 die Mathematik-Vorlesung gehört haben.

Gleichzeitig saßen die Russen im Fachgebiet Theoretische Physik bei Duising.[545] Duising war auch Mediziner und Chemiker.[546] Wolff berichtete ein Dreivierteljahr später an Korff: Die *„Studiosi ... haben sich zwar in den ersten Gründen der Arithmetik und Geometrie geübt. Auch auf Erlernung der deutschen Sprache Fleiß angewendet, fangen auch an, deutsch zu sprechen ... sie wollten sich auch gerne in der Historia naturali umsehen ...".*[547] Weiter setzte er den Unterricht bis zum Herbst mit den übrigen mathematischen Grundfächern, eingeschlossen die Trigonometrie, sowie in Hydrostatik, Aerometrie und Hydraulik fort. Im Herbst las er Physik,[548] die für geplante praktische Experimentierübungen im Sommer 1738 die Grundlage bilden sollte. Als die Petersburger Akademie auch noch den Unterricht in Naturrecht und Völkerrecht von Wolff wünschte, erklärte er sich dafür für außerstande und verwies auf die Möglichkeit der Lektüre, des Selbststudiums, anhand der wichtigsten gedruckten Quelle (Hugo Grotius). Vermutlich fühlte er sich durch solchen Privatunterricht auf einem Gebiet, dem die Russen offenbar im normalen Lehrbetrieb noch nicht ganz folgen konnten, überlastet – er hatte darüber gerade gelesen und wird 1739 und 1739/40 erneut darüber vortragen[549] – oder er wollte den eigenen Denkprozeß nicht stören, denn

25 Christian Wolff

1749 kam in Halle sein *„Jus gentium methodo scientifica pertractatum"* heraus.⁵⁵⁰ In Marburg könne, so Wolff, auf diesem Felde niemand helfen.

Aber ein Mitstudent und sehr viel jüngerer Freund Lomonosovs, Johann Stephan Pütter (1725–1807), der bei Wolff Metaphysik und Mathematik studierte, daneben aber bei Johann Adam Hartmann Logik, Universalhistorie und Reichsgeschichte sowie bei Johann Wilhelm Waldschmidt Römisches Recht hörte, wurde später zu einem großen Reichsstaatsrechtler. Es wird Gelegenheiten zu erkenntnisreichen Diskussionen gegeben haben, zumal Lomonosov offenbar gleich nach seiner Ankunft Pütters Interesse auf sich gezogen hatte:⁵⁵¹ Er *„zog insonderheit meine Aufmerksamkeit dadurch auf sich, daß ich ihn öfters vormittags sein Frühstück genießen sah, wie es in etlichen Heringen und einer guten Portion Bier bestand. Ich lernte ihn hernacher näher kennen, und sowohl seinen Fleiß als seine Beurtheilungskraft und Denkungsart schätzen. Das war der nachher in seinem Vaterlande berühmt genug gewordene Lomonosow".*⁵⁵² Der damals allerdings noch 13-jährige Pütter wohnte gegenüber im Haus der Witwe Huth, Wendelgasse 1.⁵⁵³ Und er hatte offenbar die etwas länger dauernde Affäre des russischen Hünen mit der Tochter der Wirtin beobachtet, denn er wußte von einem Eheversprechen Lomonosovs an diese, jedoch nichts mehr von der unehelichen Tochter, da er selbst bereits nach drei Semestern die Universität wechselte.⁵⁵⁴

Völlig verunglückt war hingegen der Unterricht bei Dr. med. Conradi in theoretischer und praktischer Chemie, für den die drei Russen immerhin 120 Taler zahlten: *„Ich traue keinem Laboranten mehr, insonderheit denen, die zu viel prahlen, welches ich zu meinem eigenen Schaden gelernt. Der Herr Dr. Conradi hat mal mir und meinen Landleuten versprochen, das Collegium Chymicum über den Stahl zu lesen, da er doch keinen Paragraphen recht auszulegen nicht im Stande war ... und verstund die lateinische Sprache nicht recht. Deswegen haben wir ihm aufgesagt."*⁵⁵⁵ Lomonosov arbeitete und experimentierte offenbar in der Folge selbstständig und geriet später auch mit dem Bergrat Henckel in Freiberg/Sachsen aneinander, weil er bereits mehr wußte, als dieser erwartete: *„Der Bergrath Henckel, dessen Prahlen und hämische Naseweisheit der gelehrten Welt bekannt ist, hat nicht viel besser ausgerichtet und nur*

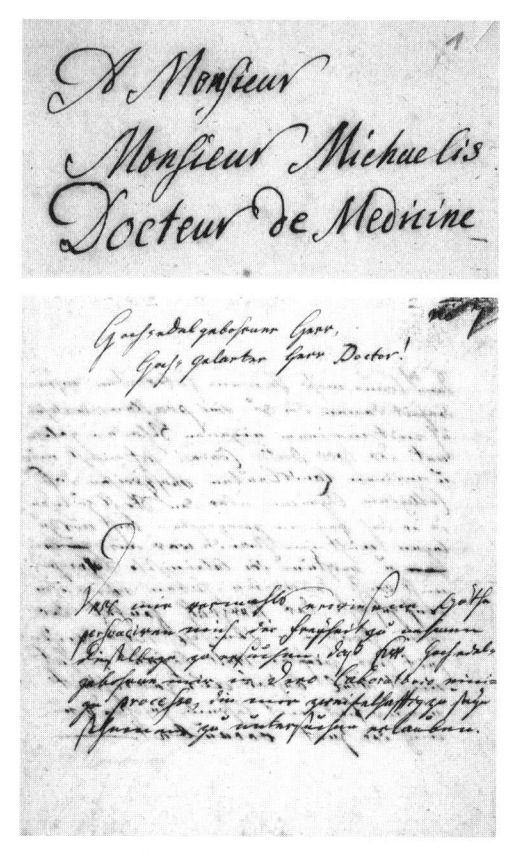

26 Autograph Lomonosovs mit der Bitte um Benutzung eines chemischen Labors, 1740

fast mit leerem Geschwätze mich der Zeit beraubet...".⁵⁵⁶

Christan Wolff war also im Wesentlichen Mentor für die Naturwissenschaften. Der Deutschunterricht, der ihm durch den jungen Spangenberg erteilt wurde, der auch schon Naturwissenschaften unterrichtete, ohne offiziell an der Universität angestellt zu sein,⁵⁵⁷ muß sich jedoch nicht auf reinen Sprachunterricht beschränkt haben. Interessant wäre die Frage, in welchem Marburger Milieu die aktuelle deutsche Literatur diskutiert wurde. Möglich wären Tischgespräche bei Wolff – Lomonosov aß später dort zu Mittag und zu Abend⁵⁵⁸ –, literarische Interessen im Hause Zülch oder bei anderen Marburger Bürgern, studentische Gesprächskreise, gedacht werden muß aber ferner an den Exjesuit und Professor für Geschichte und Beredsamkeit sowie Poesie Johann Adolf Hartmann, bei dem auch Pütter hörte.⁵⁵⁹ Darüber hinaus wird Lomonosov die Neuzugänge beim Universitätsbuchhändler durchgeblättert haben, da sich gerade bei ihm ein erheblicher Teil seiner Schulden aus Bücherkäufen aufhäufte.⁵⁶⁰ War auch die Universitätsbibliothek selbst wohl eher dürftig ausgestattet⁵⁶¹, so mag der Bibliothekar Johann Joachim Schröder, Professor für Kirchengeschichte und orientalische Sprachen, der Russisch beherrschte, für die literarische Allgemeinbildung Lomonosovs eine der zentralen Figuren gewesen sein – nicht zuletzt durch dessen viele hochintelligente Kinder dürfte sein Haus für Lomonosov ein Anziehungspunkt gewesen sein.⁵⁶²

Die beiden in Frage kommenden Marburger französischen Sprachmeister, der amtliche, aus Orléans stammende Pierre Ramet dit de Lorette⁵⁶³ wie der nichtamtliche, später an der Universität Gießen ange-

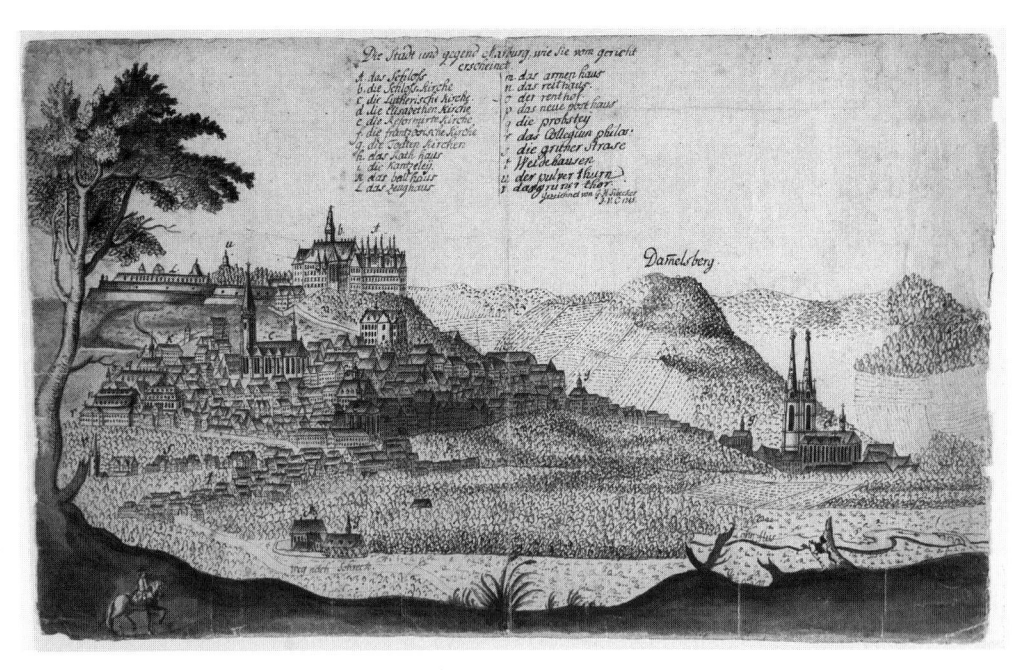

27 Ansicht von Marburg, Mitte 18. Jahrhundert

stellte, aber relativ unfähige César Lagier, der in Marburg für seinen Lebensunterhalt einen Weinhandel betrieb, vermittelten offenbar weniger Allgemeinbildung als der Deutschlehrer.564 Der Französischlehrer bekam die Geringschätzung der Russen in der Weise zu spüren, daß sie ihn nicht bezahlen wollten.565 Im Vergleich zum Deutschen etwa fehlte es offenbar an der Theorie.566 Fing Lomonosov auch während seiner Marburger Zeit, seit Mai 1737 an, Gedichte zunächst aus dem Französischen zu übersetzen,567 so übten die Schriften Gottscheds auf ihn größere Faszination aus. In Marburg dachte man 1740 daran, Gottsched zum Nachfolger Christian Wolffs zu machen568. Der Dichter und Literaturtheoretiker Johann Christoph Gottsched war entschiedener Wolffianer an der Universität Leipzig und hatte mit seinem Versuch einer „Critischen Dichtkunst vor die Deutschen" von 1730 für die nationaldeutsche Theorie der Dichtkunst auf der Basis antiker und anderer Quellen die maßgebliche theoretische Grundlage geschaffen. Sein Schülerkreis und die „deutschübende poetische Gesellschaft", seit 1727 die „Deutsche Gesellschaft in Leipzig", popularisierten in den 1730er und 1740er Jahren Maßstäbe einer modernen, relativ schlichten, betont deutschen Dichtkunst. Lomonosov übertrug hier manches einfach ins Russische.

Die theoretische Grundlage dafür wiederum bot Trediakovskijs „Neue und kurze Methode für die russische Versdichtung" (russ. *Novyj i kraktij sposob k složeniju rossijskich stichov*).569 Dieser wies zum ersten Mal auf die Eignung des tonischen Verssystems für die russische Sprache hin, vermochte es aber nicht, sich von der Tradition des syllabischen Verssystems konsequent zu lösen. Der damals schon berühmte Trediakovskij war prominentes Mitglied der „Russischen Gesellschaft" (*Rossijskoe sobranie*), die sich wie die Académie Française oder der Gottsched-Zirkel der Pflege der Muttersprache annehmen wollte. Er war es, der die bislang syllabisierende Dichtkunst in Rußland zum tonischen Vers hin weiterentwickelte570, d.h. eine auf dem freien Wortakzent beruhende Metrik befürwortete. Aber er blieb auf halben Wege stehen, da er wegen des festen Wortakzentes auf der vorletzten Silbe des Polnischen, auf dem die alte Dichtung beruhte, behauptete, die Versausgänge müßten unbedingt weiblich sein. Lomonosov wird dies wie dessen These, der Jambus sei für das Russische ungeeignet, der zwei- oder dreisilbige Versfuß seien nicht anzuwenden, später widerlegen.571 Trediakovskij, der als Priestersohn aus der Nähe von Atrachan´ aus ähnlichem Milieu stammte, wurde später an der St. Petersburger Akademie zum ständigen Konkurrenten Lomonosovs. Beide wurden ausgerechnet am gleichen Tage mit zu den ersten russischen Professoren an der St. Petersburger Akademie der Wissenschaften ernannt (25. Juli 1745) – Trediakovskij für Beredsamkeit, Lomonosov für Chemie.572

1738 übersetzte Lomonosov Oden von François Fénelon.573 Bereits hier rückt er von den heimischen Vorschriften ab: Seine „echt russischen" Verse hatten weniger als die von Trediakovskij vorgeschriebenen 11 bzw. 13 Silben, lehnten sich hingegen an russische Volksliedstrophen und an die Silbenzahl der Vorlage an.574 Schon während des Wechsels von Marburg nach Freiberg äußerte sich Lomonosov auch theoretisch zum tonischen Verssystem im Russischen in seinem „*Schreiben über die Regeln der russischen Dichtkunst*", die er in seiner eigenen Ode über die Einnahme von Chotin auch anwandte.575

Sein Lieblingsdichter war ein deutscher, Christian Günther (1625–1723), auf dessen

Lektüre Lomonosov selbst nach seiner überstürzten Abreise aus Freiberg nicht verzichten wollte. Ein Bändchen Gedichte war das dritte und letzte Buch, das ihm sein Freund Vinogradov nach Rußland nachsenden sollte.[576] Er konnte Gedichte des Sängers der Seligkeit und Vergeblichkeit der Liebe auswendig, und Scheibert hält dessen Einfluß auf Lomonosovs spätere eigenen Dichtungen für so wichtig, daß er meint, Günther „*sei neben Wolff wohl die nachhaltigste Erinnerung an Marburg geblieben.*"[577] Es war übrigens künftig die Lutherbibel, die Lomonosov bei Bibelzitaten in seinen späteren Schriften übersetzte – mit Ausnahme des Psalters, den man als Orthodoxer fast auswendig kannte.[578] Er griff hingegen nicht auf einen Normaltext, die beiden gedruckten Bibelausgaben in Kirchenslavisch zurück, weder auf die für Altgläubige unmögliche Nikon-Bibel von 1663 noch auf die ältere Bibel aus dem Großfürstentum Litauen von Ostroh (1581).[579]

Dichten war wohl Freizeitvergnügen, Zeichnen hingegen offizieller Teil des Unterrichts.[580] Zu den standesgemäßen Fächern der Marburger Studenten gehörten auch Tanz- und Fechtstunden.[581] Marburg pflegte zu Christian Wolffs und damit zu Lomonosovs Zeiten betont den Ruf einer attraktiven Universität für den Adel[582] und pflegte daher auch ein entsprechendes Freizeitangebot: Reitstunden in einer neu erbauten Reitschule,[583] sogar eine Studentenjagd,[584] die für die Studenten das sonst ausschließlich Besitzern der wenigen Privatjagden in Hessen zugestandene Recht zur Haltung von Hühnerhunden einschloß. Die Stadt mußte in gewissen Grenzen letztlich den Studentenulk, Duelle,[585] Schlägereien, Betrunkene,[586] Glücksspiele, Billard, das später in Hessen sonst unterbundene Trinken von Kaffee[587] und Schokolade bzw. Kakao[588], das Tabakrauchen[589], ständiges Geplänkel mit den Soldaten der Marburger Garnison und der Polizei,[590] und auch das Schuldenmachen hinnehmen,[591] um die Einkünfte von Vermietern und Geschäftsleuten nicht zu gefährden. Anfang des 19. Jahrhunderts ausdrücklich verboten, also offenbar in Übung, waren Zusammenkünfte auf besonders dazu gemieteten Zimmern, öffentliche Musiken mit oder ohne Fackeln, Schlittenfahren in der Stadt mit Fackeln, Teilnahme an theatralischen Vorstellungen als Schauspieler, der Gebrauch von Masken und Verkleidung, besonders auf Bällen und Schlittenfahrten, schnelles Fahren und Reiten in der Stadt, Fechten ohne Aufsicht des Fechtmeister, das Tabakrauchen auf der Straße, „Tumultieren", Fenster-Einschlagen, Verrufserklärungen gegen Mitstudenten oder Bürger der Stadt und Flugblätter (Pasquillen).[592] Verbote des Pennalismus seit 1653 gültig, zeitigten nicht immer Wirkung.[593] Dabei ging es um Forderungen der älteren Studenten an die Neuankömmlinge: Bewirtungen, Dienstleistungen aller Art, Botengänge, Schreiberdienste, das Hinnehmen von Mißhandlungen etc.[594]

Lomonosov und die beiden mit ihm entsandten Russen haben sich offenbar auch in diese Welt rasch, Vinogradov offenbar zu gründlich, eingefunden: Sie hatten Frauengeschichten, waren in Schlägereien verwickelt und galten offenbar als so gefürchtet, daß Christian Wolff erst nach deren Abreise über den ganzen Umfang – zumindest der aufgelaufenen Schulden – informiert wurde.[595] Lomonosov hatte nach einer angedrohten Karzerstrafe Besserung gelobt, sich wohl auch tatsächlich zurückgehalten und sich so weit seinen Studien gewidmet, daß Wolff von den wissenschaftlichen Leistungen und der Begabung seines Schülers sehr angetan war. Vinogradov hingegen machte

28 Erneuertes Verbot des Schuldenmachens der Studenten, 1746

in seinen Studien bis zum Schluß keinen großen Fortschritt.[596]

Reiser und Lomonosov schrieben ihre Dissertationen bei Wolff und brachten die Arbeiten auch zu einem Abschluß. Sie wurden Krafft nach St. Petersburg zugesandt.[597] Die beiden Dissertationen Lomonosovs zur theoretischen Physik wurden dort von Euler begutachtet.[598] Es ging um das Wesen der Materie, um Bewegung und um Verflüssigung.[599] Wolffs Anschauungen schlugen sich auch in der durch Lomonosov schon früh gepflegten Verbindung von Experiment und geistig-philosophischer Analyse nieder. 1741 hat er sie in seiner Arbeit „*Die Elemente der mathematischen Chemie*" in dem Satz zusammengefaßt: „*Der Chemiker muß alles, wovon in der Chemie die Rede ist, erkennen ..., d.h. es erklären können, was philosophische Erkenntnisse voraussetzt.*"[600] Ganz in diesem Sinne erbat sich Lomonosov bei seiner kurzfristigen Rückkehr von der Bergakademie in Freiberg nach Marburg, die er wohl wegen seiner nicht ganz freiwilligen Heirat im Sommer 1740 unternommen hatte, beim Marburger Apotheker Michaelis die Erlaubnis, in dessen Laboratorium arbeiten zu dürfen.[601] Methodisch blieb es bei der Verbindung von Experiment und Theorie und bei dem Wolffschen Ansatz eines durch den Schöpfer garantierten Gesamtzusammenhang alles Seienden[602], was Lomonosovs Breite der Interessen auf naturwissenschaftlich-technischem, philosophischem, literarischem oder historischem Sektor unzweifelhaft erklärt.

Marburger geistige Anstöße sind aus seinem späteren Wirken kaum wegzudenken, während der nur einjährige Aufenthalt an der Bergakademie in Freiberg von August 1739 bis Sommer 1740 beim künftigen russischen Universalgenie eher negative Erinnerungen hinterlassen hat.[603] Sein dortiger Lehrer Henckel hatte einen gewissen Ruf als Experimentator, da er die damals ungewöhnliche Analyse von Mineralien in flüssigen Lösungen und bei Erhitzung durchführte.[604] Das persönliche Verhältnis zu Lomonosov, der sich nicht nur durch den dürftigen Lebensunterhalt für die Russen trotz des für diese ausgesetzten Stipendiums verärgert zeigte, sondern sich vor allem durch den Unterricht Henckels unterfordert fühlte,[605] gestaltete sich schwierig. Die praktische Einführung in das Bergfach nahm er als nützlich wahr. Nach zwei massiven persönlichen Zusammenstößen verließ Lomonosov Freiberg ohne Vorankündigung[606] und kam über Leipzig und Kassel nach Marburg zurück, wo er dann heiratete, Wolff aber nicht weiter zur Last fallen wollte. Ein wiederum heimlicher Versuch vom Sommer/Herbst 1740, zu Fuß an die Küste zu marschieren, um dort mit einem Schiff aus Amsterdam seine Rückreise anzutreten, scheiterte. Fast wäre er unter die „Langen Kerls" des Preußenkönigs geraten. Jedenfalls kehrte er im November 1740 über den Harz erneut zu seiner Familie in Marburg zurück.[607]

Nachdem Wolff aus Halle einen Wechsel aus Rußland für Lomonosovs Rückreise nach Marburg gesandt hatte und eine neue Bürgschaft für die Bezahlung der in Marburg inzwischen vermutlich neu aufgelaufenen Schulden übernommen hatte, kehrte Lomonosov von Lübeck aus am 8. Juni 1741 schließlich nach St. Petersburg zurück. Stählin berichtet später, er habe seiner Frau verboten, von sich aus dorthin zu schreiben.[608] Diese gab aber nicht klein bei, sondern erschien in eigener Person.

Nach fünf Jahren in die russische Heimat zurückgekommen ist Lomonosov als der künftige erste große Naturwissenschaftler[609] (Chemiker, Physiker,[610] Astronom, Geograph[611] und Policeywissenschaftler bzw. Statistiker[612]) an der Akademie.[613] Er wußte, wieviel er Wolff zu verdanken hatte und verzichtete zu dessen Lebzeiten ihm gegenüber auf eine wissenschaftliche Polemik.[614] Lomonosov fand internationale Anerkennung, wurde 1760 in die Schwedische Akademie der Wissenschaften gewählt, 1764 Mitglied der Akademie in Bologna. Und er stieg sozial auf: Bis zur zweiten Jahreshälfte 1747 hatten die Bauern seiner Heimat, der Kurostrovskaja volost´, für den Flüchtling noch die Kopfsteuer aufgebracht. 1751 wurde er zum Kollegienrat ernannt. Er erwarb den erblichen Adel und war 1753 selbst Besitzer eines Gutes mit 211 Seelen. Über seine Tochter gelangten seine Nachkommen schließlich in den russischen Hochadel.[615] Er selbst aber fiel nach dem Tode der Kaiserin Elisabeth und Peters III. nach dem Regierungsantritt der Kaiserin Katharina II. mit seinem Gönner Graf Ivan Šuvalov in relative Ungnade, jedenfalls geriet er hochschulpolitisch ins Abseits. Er hatte, von aufbrausendem Temperament, unter Alkoholeinfluß grob und gewalttätig, in seinem ganzen Leben immer wieder disziplinarische Maßregelungen auf sich gezogen, sich jedenfalls Feinde gemacht. Im Alter vertrug er kaum noch Kritik – und dies machte es seinen Gegnern leicht.

Die inhaltlich bedeutendsten Fehden führte Lomonosov mit Bayer, Müller und Schlözer auf historischem Feld, mit seinen Dichterkollegen Sumarokov und Trediakovskij auf dem Gebiet der Literaturtheorie und -praxis.[616] In seinen Anfängen beteiligte sich Lomonosov zunächst noch aktiv am rein hochschulpolitischen Kampf gegen den gemeinsamen Feind aller Professoren, die akademische Kanzlei, damals fest in der Hand des Elsässer Magisters J. D. Schumacher und von dessen Schwiegersohn J. K. Taubert, die die Geschäfte führten und die Finanzen verwalteten.[617] Mit diesen kooperierte der Vertreter des meist abwesenden Präsidenten der Akademie, Graf Razumovskij[618], der ehemalige Lehrer des Grafen G. N. Teplov.[619] Am 1. April 1757 aber wurde Lomonosov zum Rat bei der Kanzlei ernannt. Und er widmete in den folgenden Jahren bis 1764 einen erheblichen Teil seiner Zeit nicht der Forschung, sondern der Verwaltung. Er hat sich hier um die Verbesserung der Baulichkeiten unbestreitbar Verdienste erworben[620], trat im Unterschied zur Planung der Gründung einer Universität Moskau auch nach außen sichtbar hochschulpolitisch in Erscheinung[621]. Aber er nutzte die Machtposition auch dazu aus, alte Rechnungen zu begleichen. Er unterband den Abdruck von Parodien auf seine eigenen Oden durch den Konkurrenten Sumarokov in dessen eigenem Journal, der 1759 gegründeten „*Trudoljubivaja pčela*" (dtsch.: Fleißige Biene),[622] durch die Druckerei der Akademie.[623] 1762 entzog er zu seinen eigenen Gunsten Taubert und Müller den kaiserlichen Auftrag, eine Karte aller landwirtschaftlichen Produkte in Rußland anzufertigen,[624] und ohne den Tod der Kaiserin Elisabeth wäre es ihm wohl Anfang 1762 gelungen, die Entlassung seiner beiden Kontrahenten durchzusetzen.

Zu Elisabeths Zeiten erwarb Lomonosov sich durchaus Anerkennung als Gelegenheitsdichter, als Verfasser von Trägodien und Veranstalter von Feuerwerken für den Hof[625] und als Übersetzer von Sachbüchern aus dem Deutschen, selbst über Landwirtschaft.[626] Er kann mit gewissem Recht sogar als der Schöpfer der modernen russischen Literatursprache bezeichnet werden.[627] Mit Übersetzungsproblemen, der Russifizierung fremdsprachlicher Terminologie, hat sich Lomonosov später auch theoretisch im Zusammenhang mit seiner Übersetzung von Wolffs „*Experimentalphysik*" ins Russische befaßt.[628] Eine Reihe von Begriffen in der russischen physikalischen Terminologie gehen direkt auf Lomonosov zurück. Er selbst legte 1764 ein Sammlung für ein russisches Wörterbuch und ein mehrsprachiges Lexikon sowie eine Sprichwörtersammlung an, offenbar nur zum privaten Gebrauch, denn die Karteien sind nicht erhalten.[629] Lomonosov übertrug hier Ziele des von ihm verehrten Gottsched auf russische Verhältnisse: die Ausmerzung unnötiger Fremdwörter[630] und die Aufwertung der Muttersprache. Es verwundert daher nicht, daß Lomonosov darauf bestand, am akademischen Gymnasium sei Deutsch u.a. aus den Werken Günthers und Gottscheds zu lernen.[631]

Unbestreitbare Verdienste erworben hat Lomonosov sich bei der Reform des akademischen Gymnasiums und der akademischen Universität.[632] Es ging ihm um eine Hebung der Qualität der Lehre,[633] eine Verbesserung der Lebensbedingungen der Studenten und Schüler, um Russifizierung und um die Erleichterung der Integration von begabten Aufsteigern in die russischen Oberschichten. Das beste Vehikel dazu schien eine Angleichung an die Verfassung deutscher Universitäten: akademische Gerichtsbarkeit, studentische Freiheiten, die Einführung von Fakultäten, Rektorwahl durch die Professorenschaft und vor allem das Recht zur Verleihung akademischer Grade. Diese sollten sofort einen Platz in der Rangtabelle zuweisen, d.h. ein Magister oder Licentiat sollte im Rang einem Oberleutnant, ein Doktor einem Hauptmann gleichgestellt sein. Er zog hier Folgerungen aus seiner eigenen, in den Anfängen gedrückten gesellschaftlichen Stellung, und er arbeitete auf die Annäherung des Gelehrtenstandes an den Adel hin, die er in Deutschland speziell unter den adligen oder bürgerlichen fürstlichen Räten wie in der hessischen Gesellschaft erlebt hatte.[634] Und dies mußte in Rußland um so leichter erscheinen, da die Rangtabelle seit Peter dem Großen bei entsprechenden Verdiensten für jedermann den Weg in den erblichen Adel eröffnete.

Die Russifizierung der Akademie strebte Lomonosov auf dem Wege einer Verfassungsänderung der Institution an.[635] 1761 forderte er – inzwischen gab es neben ihm und Trediakovskij noch andere Russen – gleiches Stimmrecht in der Konferenz, also zwei Kurien, je eine für Russen und für Ausländer. Russifizierung schien ihm auch im Lehrbetrieb notwendig. Ganz in der Tradition Christian Wolffs war die Pflege der Muttersprache im Unterricht sein besonderes Anliegen. Das Problem bestand darin, daß Russisch als Literatursprache erst noch definiert bzw. das Kirchenslavische in dieser Rolle abgelöst werden mußte. Hier hat Lo-

monosov Entscheidenes geleistet, und zwar schon seit seiner Freiberger Zeit.

Die theoretischen Schriften verarbeiten westliche theoretische Anstöße direkt oder indirekt. Die Grammatik folgte dem Vorbild Smotrickijs,[636] diese aber hatte seinerzeit die Terminologie an den in Wilna weit verbreiteten Schriften des Philipp Melanchthon ausgerichtet. Lomonosov selbst hatte in Marburg und in Freiberg Rhetoriken französischer Jesuiten studiert und Anregungen aus dieser Quelle aufgenommen (Caussin, Pomey). Zum Kanon der Studien an der Slavisch-Griechisch-Lateinischen Akademie in Moskau gehörte eine Beschäftigung mit dem katalanischen Franziskaner Raimundus Lullus, dessen Arbeiten seit dem 15. Jahrhundert in Rußland bekannt waren und der daher selbst bei den Altgläubigen in hohem Ansehen stand.[637] Seine Arbeiten waren von Bedeutung vor allem für die Theorie des Fremdsprachenlernens.

Inhaltlich orientierten sich seine Gedichte z.T. an deutschen Vorbildern, etwa an dem Frühaufklärer Berthold Heinrich Brocke (1680–1747) und Albrecht v. Haller (1708–1777).[638]

Lomonosovs erster durchschlagender Erfolg war seine „Rhetorik" des Jahres 1748,[639] der 1755 die „Russische Grammatik" folgte, die erste Grammatik der russischen Sprache überhaupt.[640] In der dritten sehr kurzen programmatischen Schrift „Über den Nutzen der Kirchenbücher für die russische Sprache" (ca. 1756/57) führte Lomonosov seine Theorie von den drei Stilen im Russischen ein, die je nach Gattung die Zulässigkeit kirchenslavischer Elemente in der russischen Schriftsprache regelte. Inkorrekt war es nach Lomonosov, kirchenslavische Wörter zu verwenden, die einem Durchschnittsrussen unverständlich waren. Im hohen Stil und in den feierlichen Gattungen waren kirchenslavische Wörter und Formen zulässig, im mittleren nur solche Elemente der kirchenslavischen Sprache, die inzwischen im Russischen fest verwurzelt waren, der niedere Stil müsse rein russisch sein. Dieser niedere Stil sei in Farcen, Epigrammen, Liedern und im alltäglichen Gebrauch am Platze.[641] Die Dreiteilung stammte aus der Tradition der Akademie von Kiev und ging letztlich auf antike Quellen zurück.

Lomonosov betätigte sich auch als Historiker.[642] 1748 wurde bei der Akademie der Wissenschaften eine Historische Versammlung institutionalisiert, deren Mitglieder u.a. Lomonosov und Jakob Stählin waren, deren Sekretär aber der andere Dichter Trediakovskij. Noch als junger Mann war Lomonosov von dem prominenten Beamten Tatiščev gebeten worden, ein Vorwort zu dessen „*Russischer Geschichte*" zu schreiben, der ersten großen wissenschaftlichen Arbeit eines Russen zu diesem Thema überhaupt. Lomonosov hatte dem bereitwillig zugestimmt, dazu ausgewählt, weil Tatiščev offensichtlich eine schmeichelhafte Meinung von seiner „*Rhetorik*" hatte. Umso lieber beteiligte er sich an dieser Arbeit, als ein Geldgeschenk von 10 Rubeln folgte.[643] Im März 1753 erhielt Lomonosov selbst über seinen Förderer Šuvalov einen offiziellen Auftrag der Kaiserin Elisabeth, eine russische Geschichte zu schreiben. Er tat dies in den Jahren 1754–1758. Die „Alte russische Geschichte" (russ. *Drevnjaja Rossijskaja istorija ot načala rossijskago naroda do končiny knjazja Jaroslava ili do 1054 g.*) wurde erst posthum, 1766, veröffentlicht – aus heutiger Sicht ein Werk ohne größeren Wert.[644] Es folgten andere historische Arbeiten.[645] Von politischer Bedeutung war die „*Kurze russische Chronik*" des Jahres 1760, die als Lehrbuch für den künftigen russischen Zaren Paul (damals erst sechs Jahre alt) gedacht war.[646] Eigentlich hatte Lomonosov geplant, eine russische Geschichte von den Anfängen bis in seine eigene Zeit zu schreiben.[647]

Als den einzigen russischen Fachhistoriker betrachtete sich damals der Deutsche Gerhard Friedrich Müller. Mit ihm begab sich Lomonosov 1749 in einen wissenschaftlichen Disput, den sogenannten „Normannistenstreit", wegen einer geplanten Rede zum Thema „*Origines gentis et nominis Russorum*".[648] Lomonosov sah in der ursprünglich von dem Professor für griechische und römische Altertümer Gottfried Siegfried Bayer (1694–1738), einem renommierten Linguisten, in dessen Schrift „*De Varagis*" (1727) aufgestellten These, der russische Staat sei eine Gründung der Normannen,[649] eine „*ärgerniserregende Darstellung*", die nun von Müller in seiner Festrede wieder aufgenommen wurde.[650] Die älteste russische Chronik berichtet unter dem Jahr 862 von der Einladung dreier germanischer Brüder durch die Slaven, sie zu regieren, denn „*das Land sei groß, aber unfähig Ordnung zu halten.*"[651] In Lomonosovs Augen bedeutete das Wiederaufnehmen der alten Erzählung den Versuch zu beweisen, daß Rußland prinzipiell rückständig und auf Fremde angewiesen sei.

Der Nachfolger Bayers, nicht ganz so gelehrt wie der Vorgänger, Gerhard Friedrich Müller (1705–1783), hat sich nach einer Expedition nach Sibirien unbestreitbar dauernde Verdienste um die Darstellung der Geschichte, Ethnographie und Linguistik dieser Provinz erworben: eine bis heute nützlich umfangreiche Sammmlung russischer Originalquellen der älteren Zeit angelegt, die russische Geschichte Tatiščevs druckfertig gemacht, eine Edition des russischen Gesetzeskodex von 1550 (russ. *Su-*

debnik) angefertigt, in seinem deutschsprachigen Journal „*Sammlung russischer Geschichte*" durch Quellenpublikationen die Aufmerksamkeit des gebildeten europäischen Publikums auf russische Verhältnisse gelenkt und die bereits erwähnte Monatsschrift „*Ežemejačnye sočinenija*", die ebenfalls viel historisches Material enthielt, herausgebracht. Später wird er Leiter der russischen Archive.[652] Mit diesem renommierten Mann legte sich Lomonosov an.

Am Normannistenstreit des 18. Jahrhunderts beteiligte sich auch August Ludwig v. Schlözer (1735–1805), den Müller nach Rußland eingeladen hatte, der dann aber 1762 zum Adjunkt und 1765 kurz vor Lomonosovs Tod auch zum Professor der Geschichte an der St. Petersburger Akademie der Wissenschaften ernannt wurde. 1769 kehrte er nach Göttingen zurück.[653] Lomonosov verdächtigte Schlözer ebenso wie Müller der Absicht böswilliger Ehrabschneidung des russischen Volkes, weil er sich aufgrund seiner Quellenstudien der Ansicht anschloß, das alte Rußland, die *Rus´*, sei als Staat von Varägern gegründet worden. Ausländer schienen in Lomonosovs Augen überhaupt unfähig, russische Geschichte der Bedeutung des Stoffes und des Russischen Reiches angemessen darzustellen. Dies bestätigte nicht zuletzt Voltaire, der trotz großzügiger finanzieller Förderung und des Bereitstellens für ihn eigens übersetzten umfangreichen Quellenmaterials nur eine dürftige Geschichte Peters des Großen zustandebrachte.[654]

Lomonosov ging davon aus, daß die Roxolanen, von denen er den Namen der Russen herleitete, Nachfahren der Skythen seien, während Müller in der angefeindeten Festrede des Jahres 1749 den Terminus *Rus´* für eine Neuerung hielt, das Fürstengeschlecht der Rjurikiden wegen der ersten Personennamen und der Unterscheidung in der byzantinischen Schrift des Konstantin Porphyrogenetos zwischen zwei Serien der Bezeichnung der Dneprstromschnellen, einer russischen (= hier: germanischen) und einer slavischen, wie schon vor ihm Bayer mit schwedischen Normannen identifizierte. Lomonosov warf Müller fehlende Quellenkenntnis und mangelndes philologisches Fingerspitzengefühl vor. Man darf heute feststellen: zu Unrecht.[655] Der Streit zwischen Lomonosov und Müller wuchs sich zu einer größeren Debatte aus und veranlaßte Lomonosov später auch zu einer vernichtenden Kritik an der „*Sibirischen Geschichte*" Müllers, obwohl diese – anders als Lomonosovs eigene große Arbeit – bis heute ihren Wert nicht verloren hat.

Der sog. „Normannistenstreit" ist bis heute noch nicht völlig beendet. Die Stalinzeit forderte sowjetische Arbeiten ganz im nationalbewußten Sinne Lomonosovs. *Rus´* durfte damals nichts anderes sein als eine alte Benennung der Ostslaven, jedenfalls nichts aus dem Ausland Importiertes. Die moderne westliche Forschung leitet *Rus´* in der Regel von finn. Ruotsi/Rōtsi „Schweden" her, geht jedenfalls von der Gründung des russischen Reiches durch Fremde aus.[656] Aber wie diese Frage auch zu bewerten ist, das Beispiel der Auseinandersetzung im Normannistenstreit hebt zwei wesentliche Komponenten des Wirkens des großen Russen Lomonosovs deutlich hervor: Er war unerbittlicher Verfechter einer konsequenten Russifizierung der heimischen Kultur, sein ungestümer Charakter leistete ihm dabei jedoch nicht immer gute Dienste.

2.
Verbindungen zwischen Hessen und Russland im 18. Jahrhundert

Nur in Einzelfällen sind bereits im 18. Jahrhundert Auswanderungen ins Russische Reich belegt. Auch Reisen oder Gesellenwanderungen nach Rußland oder aus dem Russischen in das Deutsche Reich kamen, abgesehen von Diplomaten oder Fürstlichkeiten, bis ins 19. Jahrhundert hinein offensichtlich selten vor[657]. Auf die prominenteren Ausnahmen von der Regel wie der Medizinprofessor Melchior Adam Weikard, Ernst Johann v. Buttlar, Wilhelm Freiherr v. Dörnberg, Generalmajor v. Wutginau, den Maler August Dahlstein, Gerhardt Wilhelm v. Reutern wurde bereits eingangs hingewiesen. Hinzu zählen die erwähnten russischen Studenten Christian Wolffs in Marburg.

Der gemeine Mann hingegen sah sich in Hessen-Kassel im 18. Jahrhundert mit rigide durchgesetzten Auswanderungsverboten konfrontiert, die im Zusammenhang mit dem Ausbau der hessischen Armee, den Subsidienverträgen stehen.[658] Selbst das Wandern der Handwerksgesellen wurde eingeschränkt, möglichst auf das Wandern im Land. Verschwand man trotzdem, dann illegal, und so lassen sich heute in russischen Quellen höchstens vereinzelt Hessen unter den deutschen Handwerkern St. Petersburgs oder Moskaus ermitteln. Deutsche Berufe waren vor allem Uhrmacher, Buchbinder, Tischler, Wurstmacher und Bäcker. Um 1720 waren in St. Petersburg 13 Prozent aller zünftigen Handwerker Ausländer, die im Unterschied zu den Russen meist für den gehobenen Bedarf arbeiteten.[659]

Eine Massenauswanderung nach Rußland, eine etwa zwei Jahre anhaltende Auswanderungswelle, wurde von Katharinas II. initiiert.[660] Daran beteiligt haben sich aus dem hessischen Raum Darmstädter, Fuldenser, Hanauer, wenige Waldecker und Nassauer und manche Hessen-Kasseler.[661] Hinzu kommen Anhalt-Zerbster, Pfälzer, Zweibrückener, Leininger, Saarländer,

29 Ludwig Grimm, Gerhard Wilhelm v. Reutern beim Zeichnen einer Schwälmerin

Von GOttes Gnaden
Wir Catharina die Zweyte,

Kayserin und Selbstherrscherin aller Reußen, zu Moscau, Kiow, Wladimir, Nowgorod, Zaarin zu Casan, Zaarin zu Astrachan, Zaarin zu Sibirien, Frau zu Plescau und Großfürstin zu Smolensko, Fürstin zu Esthland und Liefland, Carelen, Twer, Jugorien, Permien, Wiatka, Bolgarien und mehr andern; Frau und Großfürstin zu Nowgorod des Niedrigen Landes, zu Tschernigow, Resan, Rostow, Jaroslaw, Belooserien, Udorien, Obdorien, Condinien, und der ganzen Nord-Seite Gebieterin und Frau des Iverischen Landes, der Cartalinischen und Grusinischen Zaaren und des Cabardinischen Landes, der Tscherkaßischen und Gorischen Fürsten und mehr andern Erb-Frau und Beherrscherin.

Da Uns der weite Umfang der Länder Unsers Reiches zur Gnüge bekannt; so nehmen Wir unter andern wahr, daß keine geringe Zahl solcher Gegenden noch unbebauet liege, die mit vortheilhafter Bequemlichkeit zur Bevölkerung und Bewohnung des menschlichen Geschlechtes nutzbarlichst könnte angewendet werden, von welchen die meisten Ländereyen in ihrem Schooße einen unerschöpflichen Reichthum an allerley kostbaren Erzen und Metallen verborgen halten; und weil selbige mit Holzungen, Flüssen, Seen und zur Handlung gelegenen Meeren gnugsam versehen, so sind sie auch ungemein bequem zur Beförderung und Vermehrung vielerley Manufacturen, Fabricken und zu verschiedenen andern Anlagen. Dieses gab Uns Anlaß zur Ertheilung des Manifestes, so zum Nutzen aller Unserer getreuen Unterthanen den 4ten December des abgewichenen 1762sten Jahres publiciret wurde. Jedoch, da Wir in selbigem denen Ausländern, die Verlangen tragen würden sich in Unserm Reiche häuslich niederzulassen, Unser Belieben nur summarisch angekündiget; so befehlen Wir zur besseren Erörterung desselben folgende Verordnung, welche Wir hiemit aufs feierlichste zum Grunde legen, und in Erfüllung zu setzen gebieten, jedermänniglich kund zu machen.

I.

Verstatten Wir allen Ausländern in Unser Reich zu kommen, um sich in allen Gouvernements, wo es einem jeden gefällig, häuslich niederzulassen.

2.

Dergleichen Fremde können sich nach ihrer Ankunft nicht nur in Unserer Residenz bey der zu solchem Ende für die Ausländer besonders errichteten Tutel-Canzelley, sondern auch in den anderweitigen Gränz-Städten Unsers Reichs nach eines jeden Bequemlichkeit bey denen Gouverneurs, oder, wo dergleichen nicht vorhanden, bey den vornehmsten Stadts-Befehlhabern melden.

3.

Da unter denen sich in Rußland niederzulassen Verlangen tragenden Ausländern sich auch solche finden würden, die nicht Vermögen genug zu Bestreitung der erforderlichen Reise-Kosten besitzen: so können sich dergleichen bey Unsern Ministern und Residenten an auswärtigen Höfen melden, welche sie nicht nur auf Unsere Kosten ohne Anstand nach Rußland schicken, sondern auch mit Reisegeld versehen sollen.

4.

So bald dergleichen Ausländer in Unserer Residenz angelanget und sich bey der Tutel-Canzelley oder auch in einer Gränz-Stadt gemeldet haben werden; so sollen dieselben gehalten seyn, ihren wahren Entschluß zu eröffnen, worinn nemlich ihr eigentliches Verlangen bestehe, und ob sie sich unter die Kaufmanschaft oder unter Zünfte einschreiben lassen und Bürger werden wollen, und zwar nahmentlich, in welcher Stadt; oder ob sie Verlangen tragen, auf freyem und nutzbarem Grunde und Boden in ganzen Colonien und Landflecken zum Ackerbau oder zu allerley nützlichen Gewerben sich niederzulassen; da sodann alle dergleichen

X gleichen

30 Manifest Katharinas mit Einladung der Wolgadeutschen, 1763

Würzburger, Württemberger, Norddeutsche, vor allem aus Territorien im Einzugsbereich der Einschiffungshäfen[662], Sachsen und Thüringer, Preußen, Ansbacher, Bayern und Österreicher, sogar Tiroler und Steierer, und vor allem Elsässer, Lothringer und Luxemburger, einige Franzosen, einzelne Pommern, Polen, Böhmen, Dänen, Ungarn, Italiener, Schweden, Finnen usw. Schwerpunkt der Werbung im hessischen Raum war die Verkehrsachse des Rhein-Main-Gebietes im weitesten Sinne.

Es war Katharinas zweites Werbemanifest vom 22. Juli 1763, das hier so große Resonanz fand, während ihr erstes vom 14. Dezember 1762 ziemlich wirkungslos geblieben war. Der Zarin ging es um die „Peuplierung" ihres Reiches und um den Nachweis, daß Freie wirtschaftlicher arbeiten als Leibeigene, letztlich um einen Anstoß zur Aufhebung der Leibeigenschaft in Rußland.[663] Sie setzte damit die volkswirtschaftliche Diskussion in Rußland in Gang. Konsequenterweise wurde die überwiegende Zahl der Einwanderer zu Bauern gemacht, ganz gleich, welchen Beruf sie eigentlich gelernt hatten und ob sie überhaupt fähig waren, erfolgreich zu wirtschaften. Dies erklärt einen Teil der Anfangsschwierigkeiten der Wolgakolonien.

Die Absicht Zarin wurden jedoch durch die Werbemethoden im Deutschen Reich teilweise unterlaufen. Es gab nämlich zwei Arten von Werbungen, die staatliche und die private. Vorbild für die Ausformulierung der Privilegien der staatlich geworbenen Siedler war ein dänischer Aufruf zur Siedlung für die sog. „Kartoffeldeutschen" von 1749.[664] Die Zarin garantierte: freie Religionsausübung, Steuerbefreiung für Bauern auf 10–30 Jahre, für Städter auf 10 Jahre, zinslose Darlehen, Befreiung vom Militärdienst auf ewige Zeit, eigene Gemeinde- und Schulverwaltung und die unentgeltliche Zuweisung von 30–80 Desjatinen Land an jede Familie (nicht an Junggesellen, was zur sog. „Büdinger Massenhochzeit" führte). Ihr Angebot war attraktiv vor allem für Mennoniten, die aus Glaubensgründen den Wehrdienst verweigerten, und für verarmte Bauern oder jüngere Bauernsöhne ohne Hoffnungen auf einen eigenen Hof.[665] Der Nachteil gegenüber den Angeboten der privaten Werbeunternehmungen bestand in der Beschränkung des Umfanges an Land pro Kopf bzw. pro Familie.

An privaten Kolonisatoren arbeiteten im Rhein-Main-Gebiet/Nassau das Team de Roys[666] und im darmstädtischen Oberhessen und in Waldeck das hier mehr interessierende Team des Caneau de Beauregard. Ihre Verträge waren für ein halbes Jahr, der von Beauregard jedoch auf drei Jahre abgeschlossen worden. Die Nachteile für die Siedler bestanden in einem Vorkaufsrecht des Unternehmers auf alle Produkte für 10 Jahre und in der persönlichen Abhängigkeit der Siedler vom Werbeunternehmer, der Pflicht zur Zahlung eines Zehnten. Dieser versprach dafür, ein ausdrückliches Recht auf Rückkehr in die Heimat; dies war angesichts der seit alters von russischen Behörden geübten Praxis, Europäer in Rußland festzuhalten, eine wichtige Garantie.[667] Daneben wurden ärztliche Versorgung und ein geordnetes Schulwesen zugesagt, vor allem aber die Möglichkeit, mehr als die staatlicherseits gebotenen 30 Desjatinen Land pro Familie zu erwerben.[668] Beauregard hatte darüber hinaus mit der russischen Regierung (Tutelkanzlei) einzelne Separatartikel vereinbart: Die von ihm geworbenen Kolonisten sollten ihre mitgebrachten Ränge und Titel behalten können – nur ausländische Uniformen zu tragen, war verboten –, und Beauregard sollte seine Siedler nach Schweizer Muster zur Aufrechterhaltung der Ordnung in Regimenter und Rotten einteilen sowie einzelnen Siedlern militärische Ränge verleihen dürfen, allerdings nur in den Grenzen seiner Kolonie.[669]

In Rußland angekommen, fühlten sich die „Privaten" gegenüber den Beteiligten der staatlichen Siedlung an der Wolga benachteiligt, offenbar waren bei ihnen darüber hinaus mangels Rechnungsbelegen nicht mehr nachvollziehbare Betrügereien bei Kreditgeschäften und Einzahlungen von Kapital der künftigen Siedler vorgekommen.[670] Jedenfalls kam es seitens der Kolonisten zu Widersetzlichkeiten und 1778 zur Absetzung der Direktoren der privaten Kolonien.[671] Ferner hatten sich die Direktoren gegenüber der russischen Regierung Zollvergehen zu Schulden kommen lassen, indem sie von ihnen selbst zu Handelszwekken importierte Ware für Besitz der Siedler ausgaben – und natürlich wurden gewisse Summen der russischerseits gezahlten Transportgelder an die Siedler mit betrügerischen Tricks einbehalten.[672]

Die Kolonisten waren sich offenbar darüber im Unklaren, daß es diese zwei unterschiedlichen Formen der Kolonistenwerbung, eine staatlich und eine private, gab. Dies ging ihnen z.T. erst nach der Ankunft in Rußland auf. Hier erklärten sie nämlich, sie wollten einfach russische Kolonisten sein und nicht Untertanen eines Lokatoren.[673] Aber sie saßen zunächst in der Falle.

Erklären läßt sich die fehlende Orientierung über ihre Möglichkeiten durch Kommunikationsschwierigkeiten des 18. Jahrhunderts im hessischen Raum. Die Werbungen strahlten nicht flächendeckend aus, sondern waren abhängig von einzelnen Kommunikationsträgern. Die Auswanderungswilligen trafen immer nur mit einer Person zusammen, kannten also nur ein Angebot und konnten nicht vergleichen. Das gilt generell für alle Auswanderer des 18. Jahrhunderts und erklärt die kleinen, räumlich sehr beschränkten und in der Regel nur kurzfristigen Auswanderungsschübe. Es sprach nur ein einzelnes Angebot an, verleitete ein durchziehender Kolonistentreck zum Mitgehen, speziell dann, wenn man sich ohnehin in einer finanziellen, konfessionellen oder persönlichen Notlage befand oder das Abenteuer reizte. Es war jedermann klar, daß man sein Glück in der Regel nur in der Fremde machen konnte: Der Hans im Glück des hessischen Märchens wird um so ärmer, je näher er der Heimat kommt – und die Gesellen wanderten nicht nur um zu lernen, sondern auch, um einen Platz zum Meisterwerden zu finden. Sie diskriminierten Stubenhocker heftig.[674]

Die bedeutendsten Sammelplätze für die Werbungen waren Regensburg, Ulm, Fürth b. Nürnberg, Freiburg/Br., Grünsburg b. Ulm, Lüneburg, Rosslau, Hamburg und Danzig.[675] Am Beispiel der russischen Werbung aufgrund von Katharinas II. zweitem Werbemanifest läßt sich in Hessen demonstrieren, wie solche Auswanderungswellen zustande kamen: Im darmstädtischen Oberhessen saßen ein staatlicher und ein privater Werber. Sie erreichten, wie erwähnt, Hessen-Hanau, Fulda, Waldeck und in einigen Fällen auch Hessen-Kassel. Hessen-Hanau, erst 1736 durch die Kasseler Landgrafen erworben, blieb bei seinen liberalen Traditionen in der Auswanderungspolitik. Hier entließ man Unvermögende oder Randgruppen, nur ganz gelegentlich auch Landwirte oder Handwerker aus dem Untertanenverband nach Rußland, weil man sich eine Erleichterung der Soziallasten der Gemeinden erhoffte und dem Glück der Auswanderungswilligen nicht im Wege stehen wollte.[676] Eine gewisse Rolle haben auch radikale Pietisten gespielt, wie dies sich das in einem Waldecker Einzelfall nachweisen läßt.[677] Fulda hatte zwar die Rußlandauswanderung verboten, ließ aber einen Wegzug nach Ungarn zu – die Folge war, daß sich Fuldenser als Ungarnauswanderer ausgaben und doch an die Wolga zogen.[678] Übrigens gründete der Prinz v. Isenburg, der zunächst in russischen Dienste trat, später eine eigene Kolonie im Gouvernement Vyborg (1772).[679]

Es gab unterschiedliche Verordnungen auf der Ebene der größeren hessischen Territorien, die die Rußlandwerbungen unterbinden oder zumindest regeln sollten. Erwünscht war die Auswanderung auf Regierungsebene nirgends. Geschäfte machen konnten kleine Herrschaften, die ihre Finanzen durch das Abzugsgeld (*Manumissio*) ihrer Leibeigenen kurzfristig aufbessern konnten,[680] Pfarrer, bei denen Gebührengelder (Sporteln) für Trauungen anfielen,[681] Wirte, die die Durchziehenden beherbergten oder beköstigten.[682] Die Mehrheit der in den Reichskreisen vertretenen Obrigkeiten war bereits im Frühjahr 1766 der Ansicht, daß *„dergleichen arme Colonisten für das menschliche Geschlecht so gut wie verloren seien und früher oder später Opfer herumstreifender Tataren würden"*, ein Argument, daß auf ein Ausschreiben des Bayrischen an den Fränkischen und Schwäbischen Reichskreis vom 4. April 1766 zurückgeht und in der *„Reichspostzeitung"* von Mitte dieses Monats allgemein verbreitet wurde.[683]

„Gute Policey" der Obrigkeiten schloß nach dem kameralistischen Verständnis von den Regierungspflichten auch Fürsorge für die Untertanen, Wirtschaftsförderungsmaßnahmen eingeschlossen, ein. Es war also angebracht, dem Gemeinen Mann zumindest drohende Gefahren vor Augen zu führen, wenn nicht einen solchen unüberlegten Schritt des völligen Bruchs mit der Heimat durch landesherrliches Verbot auszuschließen.[684] Im Laufe des Jahres 1766 verständigten sich einzelne von ihnen über zu ergreifende Gegenmaßnahmen, wie etwa die Reichsstädte oder Waldeck, Hessen-Kassel und Kurköln, die 1767 Verträge über die Verhinderung des Durchzuges von Emigranten durch ihre jeweiligen Territorien schlossen,[685] und schließlich erging 1768 ein Reichsverbot der Auswanderung, allerdings nur für Gebiete, die nicht in unmittelbarer Verbindung zum Reich standen: Die von den Habsburgern geförderte Ungarnauswanderung blieb also weiter legal möglich.[686]

Es ist kein Zufall, daß die im hessischen Raum werbenden Unteragenten außerhalb der großen Territorien in Reichsstädten oder bei kleinen Herren tätig wurden, sich jedenfalls dem direkten Zugriff der auswanderungsfeindlichen Fürsten entzogen. Der russische Gesandte am Regensburger Reichstag hatte zunächst versucht, seine Werbekommissare mit regelrechten Kreditiven auszustatten, ihnen einen diplomatischen Status zuzulegen und die Werbungen von Reichsstädten wie Ulm, Lübeck, Frankfurt/Main aus zu organisieren.[687] Als sich die größeren Reichsstände in ihrer Mehrheit gegen diese Peuplierungspolitik der Zarin zu ihren eigenen Lasten wandten, mußten die Werber dorthin ausweichen, wo sie wegen der nicht ganz geklärten Souveränität kleinerer Herren vor den Sanktionen der Landesfürsten geschützt waren.[688] Johann Facius aus dem Hanauischen, schon mehrere Jahrzehnte als diplomatischer Agent für England in München und Regensburg tätig,[689] hatte sein Werbegeschäft zunächst in Frankfurt aufnehmen wollen, wurde aber trotz aller Bemühungen Simo-

95

lins im Dezember 1765 aus der Reichsstadt ausgewiesen, auch in deren Umland (Bonames) wurde er nicht geduldet. Daraufhin suchte er Ende Februar/Anfang März 1766 Unterschlupf bei einem kleineren Herren, dem Grafen von Isenburg-Büdingen.[690] Für Waldeck hat seine Werbung keine Rolle gespielt.

Viel wichtiger waren persönliche Bindungen. Für eine private Kolonie Katharinenlehen arbeiteten im Auftrage des Lokatoren Caneau de Beauregard 1765 der Kapitänleutnant Monjou in Frankfurt/Main und 1766/67 der Friedberger Ritter Obrist v. Nolting. Für Monjou warb in Waldeck der ehemalige Landrentmeister Wilstach, ein Mann von schlechtem Ruf.[691] Durch seine Frau war v. Nolting, zuvor preußischer Offizier, jetzt russischer Oberst, im Waldeckischen begütert. Er besaß in Korbach ein Haus.[692] Um nicht mit der dortigen Obrigkeit in Konflikt zu geraten, vermied es v. Nolting peinlich, sich allzu offen im Waldeckischen in Werbegeschäften zu engagieren. Dennoch wurde von der Stadt Korbach im Juni 1766 angeregt, durch Arrest auf sein Waldecker Vermögen den v. Nolting zum Wohlverhalten zu zwingen.[693] Wohl wies dieser darauf hin, er würbe keine Waldecker an, beriet aber doch Auswanderungsinteressenten und arbeitete vor allem durch Unteragenten. Fauerbach im Solmsischen war sein Aufenthaltsort und wurde ohne Erlaubnis der Grafen zum Sammelplatz für die Rußlandtransporte. Nolting berief sich auf das Hospitalitätsrecht und erwartete, seine Kolonisten würden wie andere Fremde behandelt werden, zumal sie Wirte und Quartiergeber bezahlten und damit Geld ins Land floß.[694] Der Ritter v. Nolting und sein Auftraggeber Beauregard betrieben ihr Werbegeschäft übrigens auch weiter, als Katharina II. wegen Überlastung der russischen Infrastruktur die Werbung ab Ende 1766 längst gestoppt sehen wollte.[695]

Die Waldecker Verhältnisse sind kleinräumig genug und vor allem relativ gut dokumentiert. Hier läßt sich erkennen, was vonstatten ging und wer unter wessen Einfluß nach Rußland gehen wollte bzw. was der „Gemeine Mann" von der möglichen Chance in Rußland hielt.

Die ersten illegalen Rußlandauswanderer aus Volkhardinghausen wurden Ende Mai 1766 aufgegriffen und über die Gründe ihres Verhaltens verhört.[696] In diesen wie in vielen anderen Fällen hatte die blanke Not den Entschluß veranlaßt. Es ging um in der Landwirtschaft übliche Fehlschläge oder um Steuerprobleme, Steuerschulden, drohende Pfändungen, die Unmöglichkeit, im vorgeschriebenen guten Geld zu zahlen (eine Folge des vorangegangenen Krieges):[697] So erklärte der Schäfer Fischer seinen Verwandten: „*er habe nicht zu leben, denn er in 3 Wochen und länger kein Brod gehabt ...; darzu wäre ihm seine Kuh crepiert mitsamt dem Kalbe und jetzo zuletzt hätte ihm der Johann Cannart von Sachsenhausen seine Sau vom Felde, welchem er Brantewein schuldig gewesen, weggenommen. Wovon er also hätte leben sollen?*"[698] Die Volkardinghäuser waren an einen namentlich nicht genannten Werber in Reitzenhagen geraten.[699] Die Verbindung zu v. Nolting wird jedoch wenig später deutlich. Einem Teil der Gruppe der Aufgegriffenen gelang nämlich die Flucht 14 Tage später.[700] Andere wurden aufgrund einer Anzeige von Verwandten festgenommen, als sie zu einem Kolonistentransport stoßen wollten, der Korbach passierte. Für diese Verhaftung hatten die Verwandten der Frau eines potentiellen Auswanderers, wohl mit dieser im Einverständnis, gesorgt.[701] Die Frauen, eingebunden in enge Verhältnisse, angepaßter an die sozialen Normen, aber auch von neuen Belastungen in den ersten Jahren und Jahrzehnten nach der Ansiedlung bedroht, waren offenbar weniger entschlußfreudig als ihre Männer und daher gegen deren Emigrationspläne.[702] Es konnte auch anders sein: Auswanderungswünsche bei den Inspirierten, strengen Pietisten, gingen von der Frau aus – oder wurden auf diese geschoben.[703] Obwohl die Verhafteten der zweiten Gruppe erklärten, v. Nolting habe sie zurückgewiesen, hielt der Magistrat von Korbach diesen dennoch für den Schuldigen.[704]

Seitens der Obrigkeit waren ad hoc-Maßnahmen gegen die Auswanderungssucht ausreichend, zumal Rußland seine Werbungen bereits eingestellt zu haben schien.[705] Die beim ersten Aufgreifen der Flüchtlinge angedrohten Strafen – Haft und Entzug des (oft ohnehin nicht vorhandenen) Vermögens[706] – hatten keine Wirkung gezeigt. Beim zweiten Versuch des Entwischens hielt man es für ausreichend, die Auswanderungswilligen so lange in Haft zu halten, bis der Kolonistentransport nicht mehr einzuholen war.[707]

1767 sprach ein Schäfer aus Alraft persönlich mit v. Nolting und erhielt von diesem die Zusicherung, er, der Waldecker, würde behandelt wie alle anderen Kolonisten auch, wenn es ihm nur gelänge zum Kolonistentransport zu stoßen.[708] Als im Herbst 1767 mehrere Bürger von Landau begannen, ihr Hab und Gut zu veräußern und damit als potentielle Rußlandauswanderer auffielen, stellte sich heraus, daß die beiden aktivsten Personen, Friedrich Horchler und der Wirt Adam Meuseke, sowohl durch einen Unteragenten des Adligen, den Steiger Wolgerstrohm aus Thalitter, als auch durch v. Nolting selbst beraten worden waren.[709] Der ehemalige Bergmann gab das Einwanderungsmanifest weiter. Frau v. Nolting in Fauerbach hatte Meuseke ebenfalls ein Manifest ausgehändigt und ihn wegen der Regelung der Einzelheiten an den weiteren Unteragenten ihres Mannes Johann Christian Seipel zu Friedberg im Gasthof „Güldenes Herz" verwiesen. Horchler hatte das Manifest von Meuseke erhalten und war im Auftrage der Landauer, z.T. von ihnen bezahlt, auf eine weitere Informationsreise in die Wetterau gegangen.[710] Wolgerstrohm alias Palmstrohm/Pallgerstrohm ließ offenbar auf dem Markt in Korbach durch seine Tochter Leute ansprechen, bei denen ein gewisses Interesse an der Rußlandauswanderung vermutet werden konnte, und diesen dann das Flugblatt zukommen. Die Weiterverbreitung der Informationen erfolgte schließlich im Freundes- und Bekanntenkreis, so daß tatsächlich nur ein Bruchteil der Waldecker Rußlandauswanderer direkten Kontakt zu den offiziellen Werbern gehabt hat. Auf Wolgerstrohms Wirken ging auch das Auswanderungsprojekt des Visitators Gebhard aus Landau zurück, der sich beim Erscheinen einer Visitation selbst anzeigte und von seinem Vorgehen in Reue Abstand nahm.[711] Seine Magd, die Tochter des 1766 entwichenen Wilhelm Graebing aus Volkhardinghausen, hatte inzwischen Nachricht von ihrem Vater aus Rußland erhalten und erfahren, daß dieser dort tatsächlich einen Hof übernommen hatte.[712] Der Visitator hatte dafür Sorge getragen, seiner Magd die Flucht zu dem bevorstehenden Auswanderertransport zu erleichtern. Statt deren Emigrationspläne anzuzeigen – dies hätte zu einem Verhör mit der Erneuerung des Treuegelöbnisses gegenüber der Landesherrschaft, zu Haft bis zum Abzug der Wagenkolonne und ggf. zur Beschlagnahmung des Vermögens geführt –, hatte er sie einfach aus dem Dienst entlassen, *„um des willen, wei-*

len selbe doch muthmaßlich aus dessen Dienst neulich fortgehen wollen."[713] Vermutet wurde das Wirken Wolgerstrohms auch hinter den Fluchtplänen von sieben Personen aus Elleringhausen. Am Ort war die Witwe Kienold offenbar die eifrigste Befürworterin der Auswanderung gewesen. Nach deren Geständnis wurde sie zu vier Wochen Gefängnis bei Wasser und Brot verurteilt, obwohl sie bei der Vernehmung sehr aussagefreudig gewesen war. Kontakt zu den Werbern hatte aus dieser Gruppe nur eine Person gehabt, der Johannes Kersting aus Meineringhausen.[714]

Die Bevölkerung bis hinein in die Beamtenschaft sabotierte alle Versuche der offiziellen Obrigkeit, gegen die Werbungen und die Werber vorzugehen – ein Indiz für deren Sympathien. Es fällt nicht nur auf, daß Angeklagte vor dem Verhör verschwunden sind, sondern daß selbst den Werbern relativ leicht die Flucht gelingt. Horchler konnte in Landau entwischen, so daß seine Wachmannschaft zur Strafe selbst zwei Tage in Haft kam.[715] Palmerstohm fand Unterschlupf im Haus der Frau v. Nolting in Korbach und konnte von dort entweichen.[716] Sein Sohn Philipp wurde am 4. Mai 1767 vormittags verhaftet und befand sich bereits am Nachmittag wieder auf freiem Fuß, denn der Gefangenenwärter Cronemeyer ließ ihn entlaufen.[717] Zwei der festgenommenen Landauer, Anton Schwarz und Johannes Lindenborn, entkamen beim zweiten Versuch trotz aller Wachsamkeit der Zuständigen und geschlossener Stadttore, sogar noch unter Mitnahme von Vermögen. Was trösten konnte, war allein der Umstand, daß es sich um notorische Bösewichter gehandelt haben soll.[718] Doch ausgerechnet sie kommen Ende Juli zurück.[719] Die Negativpropaganda der Enttäuschten konnte der Regierung grundsätzlich nur recht sein.[720] Aber welche Folgen hatte der Fall für die Gemeinde? Gab es nun zwei Ortsarme mehr?

Wohl mit Billigung ihrer Eltern sind die jungen Inspirierten Crais aus Bühle weggezogen. Mit deren Rückkehr wird Anfang Juli 1767 nicht länger gerechnet.[721] Mit Pferd und Wagen hatten am 19. Juni 1767 Georg Meyer mit Frau und vier Kindern und der vermögenslose Franz Behle weniger komfortabel Mühlhausen verlassen. Trotz aller Bemühungen will es den Nachbarn nicht gelungen sein, die Flüchtigen wieder einzufangen.[722] Die genannten Personen dürften so ungefähr das ausmachen, was als Waldecks Beteiligung an der Rußlandauswanderung anzusehen ist.

Für die Bedeutung der Rußlandauswanderung spielte Waldeck aber durchaus eine größere Rolle, als es zunächst den Anschein hat. Aus diesen Einzelfällen ergibt sich nämlich eindeutig, daß die Mehrheit der Bevölkerung im Waldeckischen die Rußlandauswanderung als Chance begrüßte und nicht gewillt war, den Unternehmungslustigen die von der Obrigkeit angeforderten Steine in den Weg zu legen. Die Haltung der Waldecker Bevölkerung und eines Teils der Beamtenschaft gegenüber dem Angebot Katharinas II. unterschied sich offenbar grundsätzlich von der Regierung. Die Untertanen billigten Auswanderungsbestrebungen, auch wenn sie sich selbst an der Emigration nicht beteiligten. Es war wohl weniger der Vorteil der Zurückbleibenden – die Möglichkeit, das Gut der Abziehenden unter Preis zu erwerben, Gewinn aus den Auswanderertransporten, aus dem Verkauf von Lebensmitteln oder dem Gewähren von Quartier an die Durchziehenden. Es herrschte hingegen ein generelles Gefühl dafür, in der schwierigen wirtschaftlichen Situation nach dem Ende des Siebenjährigen

Krieges müsse man auch extreme Schritte in Erwägung ziehen, nicht das Vorgegebene hinnehmen. Jedenfalls fällt an der Waldekker Berichterstattung über die Rußlandauswanderer auf, daß von ihnen – anders als in Fulda oder Hessen-Hanau – nicht von Gesindel der übelsten Sorte gesprochen wird.

Eine andere Erklärung, Waldeck habe sich nur in seinen offiziösen Verlautbarungen hinter die Politik der Nachbarstaaten einer strikten Verhinderung der Rußlandauswanderung gestellt, eigentlich aber die Emigration gefördert, scheint nicht zutreffend. Das unter Glockenschlag verkündete Verbot des Durchzuges von Emigranten, der Übernahme von Fuhren, des Ankaufs von Besitz der Waldecker Auswanderungswilligen und der Auswanderung selbst, sind durchaus kontrolliert worden, und die Vollzugsmeldungen der Beamten finden sich noch heute in den Akten.[723] Es war die Hilflosigkeit der Verwaltung gegenüber der Renitenz der Untertanen bzw. Passivität gegenüber Anordnungen der Waldeckischen Obrigkeit, die die Ausfallstore nach Norden für die Trecks von Emigranten an die Küste geöffnet hat, die nach den Grundsätzen deutscher Reichspolitik eigentlich im Binnenland hätten festgehalten werden sollen.

Erst Wochen nachdem mehrere Trupps von Auswanderern durch Waldeck gezogen waren, wurde dies 1765 der Regentin hinterbracht. Um den 13. September herum hatten etwa 40 Personen Neerdar in Richtung Adorf und das Kölnische passiert, am 17. September 1765 hatten drei Auswanderer im Goddelsheimer Wirtshaus übernachtet, ein Mann war um den 20. dieses Monats über Nieder-Ense weitergezogen, am 21. bewegte sich ein Treck von 40 bis 50 Personen über Sudeck und Adorf, ein anderer von mehr als 30 Köpfen durch Hillershausen.

Die zuletzt genannte Gruppe stand unter der Führung des Sohnes eines der Kleinwerber Wilstach. Sie wurde in Hillershausen mit Speck und Eiern verpflegt und zog über Lengefeld und Lelbach weiter nach Berndorf, wo sie im Wirtshaus und bei Privatleuten übernachtete. Die Richter, zur Stellungnahme zu den Vorgängen aufgefordert, entschuldigten ihr Verhalten damit, sie seien zum betreffenden Zeitpunkt abwesend gewesen, oder sie hätten über den Durchzug der Auswanderer deshalb nicht berichtet, weil „Excesse" nicht verübt worden seien und es sich um ordentliche Leute gehandelt habe. Die Pässe seien im übrigen kontrolliert worden.[724]

Im Konflikt mit der Regierung um die Übernahme von Fuhren von Fauerbach nach Lübeck setzen sich 1766 die Untertanen durch.[725] Von Strafmaßnahmen sah die Regierung ab, zumal es inzwischen hieß, die Zarin habe die Werbung von Einwanderern eingestellt.[726] Aber 1767 bot wiederum Waldeck die Lücke im Kartell der Nachbarstaaten gegen die Auswanderung der künftigen Wolgadeutschen, die sich in der Wetterau gesammelt hatten. Nolting wagte es allerdings nicht mehr, große Trecks zusammenzustellen, sondern organisierte den Durchzug von Einzelpersonen hin zu bestimmten Sammelplätzen.[727] Die Waldecker „übersahen" die Grüppchen, die sich am 11./12. April in Medebach versammelten und über Warburg weiter nach Norden zogen[728] oder am 30. April/1. Mai 1767 in Volkmarsen oder Medebach erwartet wurden.[729] Das Versagen der absolutistischen Verwaltung und der passive Widerstand der Untertanen aus Waldeck hatten die unerwartet große deutsche Einwanderung nach Rußland aus dem hessischen Raum in beträchtlichem Umfang befördert.

3.
AUSWANDERUNG AUS HESSEN-KASSEL NACH RUSSLAND IM 19. JAHRHUNDERT

Waren für den sog. gemeinen Mann die USA als Auswanderungsziel attraktiver als Rußland,[730] so bot das Zarenreich für gebildete Bürgerliche einmalige Chancen eines sozialen Aufstieges, den Erwerb des persönlichen oder des erblichen Adels. Hier war die ständisch gegliederte russische Gesellschaft durchlässiger als die amerikanische, die ein mitgebrachtes Hochschulstudium bei der Integration in die Eliten nicht honorierte, sondern auf Geld sah, und vor allem auf die Zugehörigkeit zu den alten führenden Familien.

Betrachtet man die hessischen Rußlandauswanderer etwas näher, so fällt zunächst die geringe Zahl von Intellektuellen auf. Dies deutet darauf hin, daß der *numerus clausus* des späten 18. Jahrhunderts bis zur Verfassung von 1831 seine Funktion erfüllte. Es gab in Hessen-Kassel offenbar kein akademisches Proletariat nennenswerten Umfanges, und damit kein Potential von Auswanderungswilligen.[731] Natürlich wanderten trotzdem einzelne Lehrer ab, speziell junge, stellenlose Theologen. Sie zog vor allem das in den Oberschichten deutschsprachige Baltikum an.[732] Ärzte konnten zwischen einer zivilen[733] und einer militärischen Karriere wählen; letztere bot die besseren Aufstiegschancen,[734] auch wenn man in die militärische Laufbahn vor allem im 18. Jahrhundert noch hineingezwungen werden konnte. Bis 1849 konnten in Rußland Ärzte den Adelsstand erreichen, danach nur unter erschwerten Bedingungen. In der zweiten Hälfte des 19. Jahrhunderts standen sie in der Regel im Rang von Ehrenbürgern. Promovierte hatten jedoch bessere Chancen und wurden generell höher eingestuft als Nichtpromovierte.[735] Als Angestellte in Hospitälern hatten die Deutschen keine Konkurrenz zu fürchten, da diese Tätigkeit in der russischen Oberschicht als nicht standesgemäß galt und Ärztemangel herrschte.[736]

In St. Petersburg wies die Bevölkerungsstruktur unter den Deutschsprachigen eine Besonderheit auf: Statt des allgemeinen Männerüberschusses herrschte unter den Deutschen ein signifikanter Frauenüberschuß.[737] In Moskau war die Lage umgekehrt: Hier überwogen Ledige beiderlei Geschlechts, aber zwei Drittel der Gesamtzahl an Verheirateten waren Männer. In beiden Städten stehen Besonderheiten hinter den nackten Zahlen. Jungen Mädchen boten sich attraktive Anstellungen als Gouvernante oder Lehrerin, eine Tätigkeit, die aufgeben werden mußte, wenn man heiratete. Der Bedarf an Mädchenbildung, auch fremdsprachlicher, war in der neuen Hauptstadt sichtlich größer als in Moskau.[738] Hessinnen lassen sich schwer ausmachen. Immerhin läßt sich die Lehrerin Louise v. Cochenhausen aufspüren, Tochter eines Generalleutnants, geb. in Kassel, seit 1839 Lehrerin in St. Petersburg. Sie konnte kein Vermögen erwerben, das sie hätte vererben können. Die von ihr verleugnete Tochter Amalie Franziska war mit einem Küfermeister in Kassel verheiratet. Das entfernte Rußland sollte offenbar nur die „Schande" vergessen machen.[739]

Von allen bürgerlichen Auswanderern aus Hessen-Kassel die größte Karriere in Rußland machte Georg Cancrin (1774–1844), 1813–1820 Generalintendant der Armee, 1823–1844 russischer Finanzminister, 1829 erhielt er den Grafentitel.[740] Sein Vater war bereits nach Rußland ausgewandert und dort erfolgreich im Bergfach tätig. Dennoch waren die Anfänge des zunächst in Hanau zurückgelassenen Sohnes und Absolventen der Universitäten Giessen und Marburg in Rußland mühselig, da ihn der Vater nicht unterstützte. Wie sein Vater war er nicht nur Praktiker, sondern auch Theoretiker. Der ehemalige Student der Rechts- und Staatswissenschaften erfand die „cunctatorische Verteidigung" Rußlands aus der Tiefe des Raumes unter Ausnutzung des Klimas. Diese Taktik, die später gegen Napoleon angewandt wurde, beschrieb er in seiner anonymen Schrift „Fragmente über die Kriegskunst, nach Gesichtspunkten der militärischen Philosophie" (1809), 1810 befaßte er sich theoretisch mit der Verpflegung großer Armeen, 1820–1823 gab er das dreibändige Werk „Über die Militärökonomie im Frieden und im Kriege und ihr Wechselverhältnis zu den Operationen" heraus. Abseits von seinen militärischen Arbeiten erschien 1818 eine Veröffentlichung zur Aufhebung der Leibeigenschaft „Recherches sur l'origine et l'abolition du vasselage ou de féodalité des cultivateurs, surtout en Russie" in französischer Sprache. „Weltreichtum, Nationalreichtum und Staatswirtschaft", eine Auseinandersetzung mit den Merkantilisten, Adam Smith und den Physiokraten aus der Sicht der russischen Volkswirtschaft, kam 1821 heraus. Speziell im Hinblick auf seine negative Haltung zu Banken, Kredit und Papiergeld etwas gemäßigter ist seine letzte Arbeit des Herbsts und Winters 1844/45: „Ökonomie der menschlichen Gesellschaft und das Finanzwesen". Cancrin war ein sparsamer, zurückgezogen lebender, vor allem in Gelehrtenkreisen verkehrender Vertreter der sogenannten deutsch-russischen Schule der Nationalökonomie um Jakob, Schlözer und Storch. Darüber hinaus war er auch als Schriftsteller und Poet tätig. Ohne hier näher auf seine praktische Reformtätigkeit im russischen Staatsdienst einzugehen, soll jedoch der Hinweis nicht fehlen, daß er sich in seinen Anfängen im Staatsdienst ab 1809 für anderthalb Jahre auch mit Einwanderungsproblemen befaßt hat, und zwar als Inspektor der ausländischen Kolonien im Gouvernement St. Petersburg.

Der möglicherweise in Hessen einflußreichste Auswanderer – seine Beurteilung der Kandidaten gab später den Ausschlag für die Ernennung der kurhessischen Konsuln – war der Sohn des Hofmechanicus Cornelius v. Reising, 1806 Professor in Kassel und seit 1810 in Rußland. Der Kasseler Gesandte v. Ochs lernte ihn im April 1819 bei einer Besichtigung des Generalstabs in St. Petersburg kennen. Dort unterrichtete Reising/Reissig offenbar auch die ca. 400 Soldatenkinder, die als Eleven in Mathematik, Zeichnen, Kupferstechen und anderen Kunstfertigkeiten zu künftigen Ingenieuren, Sappeuren, Mineuren, Geografen und Landvermessern ausgebildet wurden, jedenfalls hatte er im Range eines Kollegienrates das Instrumenten- und das topographische Fach unter sich. Über ein Geschenk mehrerer Karten und Pläne von St. Petersburg und Moskau und einiger Probezeichnungen der Eleven machte er dem Kurfürsten seine Anhänglichkeit an die alte Heimat glaubhaft.⁷⁴¹ Er wurde unentbehrlich in Personalfragen, solange es eine ständige diplomatische Vertretung Hessen-Kassels in St. Petersburg nicht gab. Ganz uneigennützig war seine Tätigkeit für Kurhessen nicht. 1819 erbat er sich – vergeblich – wegen seiner früheren Verdienste für den Kurstaat einen Orden, den Löwenorden 2. Klasse,⁷⁴² oder alternativ dazu zusätzlich zu seiner Erhebung in den russischen erblichen Adel mit seinen drei Söhnen den deutschen Adelstitel Baron Reising v. Steinbach. Er besaß bereits das Kommandeur-Kreuz des St. Annenordens in Brillanten und war mit mehreren anderen Orden ausgezeichnet.⁷⁴³ Der hessische Gesandte hielt die Investition für sinnvoll und riet, dem Gesuche nachzugeben, denn *„immer wird es nicht schädlich sein, jemand hier zu haben, der Euer Königlichen Hoheit Dankbarkeiten schuldig ist, auch selbst dann, wenn gar kein Gesandter hier befindlich wäre."*⁷⁴⁴

Es gab auch sozialen Aufstieg in der zweiten Auswanderergeneration: Aktenkundig wurde der Fall des Sohnes des Drechslermeisters Karl Wilhelm Gotthardt, geb. 1807 in Kassel, 1826 mit den Eltern nach Tiflis zugezogen. Dieser strebte nach dem Besuch der Topographenschule der 3. Rotte zu Tiflis eine Karriere im russischen Staatsdienst als Topograph an.⁷⁴⁵ Auch zogen bisweilen Familienangehörige später nach Rußland, um bereits erfolgreiche Geschäfte fortzuführen.⁷⁴⁶

Aber die Auswanderung gestaltete sich bei weitem nicht immer als Erfolgsstory. Wohl die meisten der kurhessischen Auswanderer starben arm. Infolgedessen waren die meisten noch nicht einmal verheiratet. Die bestehenden hessischen, an ein Mindestvermögen gebundenen Heiratsbeschränkungen galten nämlich in Rußland so lange weiter, wie man einer Rückversicherung, des hessischen Heimatrechtes, nicht verlustig gehen wollte. Die Heimatgemeinden in Hessen erwarteten weiter die Vorlage einer Erwerbsfähigkeitsbescheinigung, d.h.

31 Carl Rhode, Willingshäuser Schule, Hessische Auswanderer, 1824

geordnete Vermögensverhältnisse, um sich nicht der Gefahr auszusetzen, künftig für Ortsarme aufkommen zu müssen, sofern die Auswanderer unbemittelt zurückkämen.[747]

Die sogenannte „Deutsche Bürgschaft"[748], das Patronagenetz der Deutschen in Rußland untereinander, war möglicherweise für die Kurhessen ungünstig strukturiert. Die hessischen Auswanderer traten in der Regel nicht in den Staatsdienst,[749] waren im Beruf inhomogen, siedelten sehr verstreut, von Tiflis[750] oder Baku[751] bis Warschau[752], auch waren sie keine Mennoniten. Da die Hessen unter den Rußlanddeutschen keine eigene größere Gruppe stellten, konnten sich auch kaum landsmannschaftliche Bindungen entwickeln. Die Kurhessen waren Intellektuelle,[753] Ärzte, Musiker[754] oder andere Künstler,[755] Offiziere oder Soldaten,[756] Kaufleute,[757] Techniker, Handwerker,[758] vor allem Bäcker, selbst Kellner oder Bediente, jedenfalls Einzelauswanderer.

Die Zahl der offiziell aus dem hessischen Untertanenverband Entlassenen Auswanderer blieb jedenfalls gering. Es überwog das „Gastarbeiterphänomen": die Mehrheit der Kurhessen legte offensichtlich Wert darauf, die alte Staatsangehörigkeit beizubehalten, ganz unabhängig davon, ob eine Rückkehr in die Heimat tatsächlich beabsichtigt war oder nicht, und dies selbst in der zweiten Generation.[759] Ein materieller Zwang zur staatsbürgerlichen Entscheidung für Rußland bestand für Handwerker bis zum 1. Weltkrieg nicht. Peter der Große hatte in Rußland nach westlichem Vorbild eine Zunftordnung eingeführt, die 1819 für Moskau und St. Petersburg in der Weise ergänzt wurde, daß für die Ausländer eigene Zünfte eingerichtet wurden. In diese konnten dann die Ausländer eintreten, die ihre alte Staatsangehörigkeit nicht ablegen wollten. Baltendeutsche hingegen galten als Russen und mußten in die russischen Zünfte gehen. Daher gab es für die Rußlanddeutschen keine gemeinsame Zunftorganisation. Die Russen galten als Angehörige des wenig angesehenen Kleinbürgerstandes (*meščanstvo*), waren der Verpflichtung unterworfen, staatliche Aufträge zu nicht immer kostendeckenden Preisen zu übernehmen und mußten andere städtische Lasten tragen, von denen die Ausländer ausgenommen waren.

Es gab traditionell Berufe, in denen Deutsche stark vertreten waren und zu sprichwörtlichem Reichtum gelangten. *Nemeckij kolbasnik* (deutscher Wurstmacher) war ein Spitzname für alle Deutschen, und die reichen deutschen Bäcker wurden zum Thema russischer Theaterstücke oder Opern. Zumal seit der Mitte des 19. Jahrhunderts nahmen jedoch die Möglichkeiten, als Bäcker zu Reichtum zu kommen, drastisch ab. Eine große Moskauer Bäckereikette produzierte schlicht rationeller und billiger, während die altmodisch arbeitenden deutschen Kleinbetriebe ihre Verkäuferinnen und Gesellen weiter mit einem Arbeitstag von mehr als 17 Stunden schamlos ausbeuteten. Das Handwerk war ziemlich übersetzt, es war schwierig, eine offizielle Erlaubnis zur Eröffnung eines neuen Geschäftes zu erhalten, und es kam nicht selten vor, daß Bäcker der Wohlfahrt in Gestalt des „Deutschen Wohltätigkeitsvereins" anheim fielen, obwohl die Zünfte Gesellenheime unterhielten, in denen kurzfristig Arbeitslose Unterschlupf fanden. So verwundert es nicht, auch bei den Hessen auf Beispiele für die Notlage von handwerklichen Unterschichten unter den Auswanderern zu treffen.[760] Die deutschen Meister bevorzugten generell deutsche Gesellen und Lehrlinge, in der Regel nur gegen Kost und Logis. Hier bestand also ein gewisser Arbeitsmarkt für Abenteuerlustige mit Hoffnungen auf einen gesellschaftlichen Aufstieg weiter fort.[761]

Welche Bedingungen führten überhaupt zur Auswanderung von Handwerkern? Das Bäcker- wie das Fleischerhandwerk waren in Hessen gleichermaßen übersetzt, es gab also einen Auswanderungsdruck. In den Zielländern ist vor allem hinsichtlich der Nachfrage zu differenzieren. Deutsche Metzger waren mit ihrer Wurstproduktion z.B. nur dort gefragt, wo Deutsche zahlreich siedelten und traditionell abends nicht warm gegessen wurde. Deutsche Metzger schlachteten aber auch. Es ist also wenig verwunderlich, daß sie sich fast ausschließlich Amerika zuwandten, z.B. den Schlachthöfen von Chicago. Bei Bäckern verhält es sich anders: Hier ergaben sich leichter Marktlücken, zumal die Deutschen die Technik des Brotbackkens verbessert hatten. Daher ließen sich im 19. Jahrhundert deutsche Bäcker in England, in Schweden, in der Schweiz, in den USA – und in Rußland nieder. Hat die Rußlandauswanderung insgesamt auch nur einen geringen Umfang, so handelte es sich nicht zufällig so häufig um Bäcker. Ungeklärt ist jedoch: Warum aber aus dem Kreis Wolfhagen? Wer hat dort geworben? Die Bäckerzunft?[762] Andere Handwerkszweige aus Hessen sind nur in Einzelfällen vertreten.

Mehr Aussichten durch die Auswanderung nach Rußland als spezialisierte Handwerker hatten seit der zweiten Hälfte des 19. Jahrhunderts, mit dem Einsetzen der Industrialisierung, Unternehmer, Freiberufler oder Rentiers.[763] Hessen-Kassel hatte davon jedoch nur wenige zu bieten. Bei den Hessen trifft man also nur auf einige wenige, zum Teil kurzfristig relativ erfolgreiche Einzelauswanderer[764], hingegen auf eine Masse an Armen und arm Gebliebenen.[765] Und das Zarenreich reagierte auf diese ungewollte Einwanderung: Rußland stellte für Handlungsreisende, Commis, Arbeiter, Handwerker u.ä. seit der Mitte des Jahrhunderts selbst bei Verwandtenbesuch keine Pässe mehr aus. Dabei handelte es sich aber um kein singuläres Problem, denn etwa gleichzeitig schlossen nach dem Skandal der Anlandung der Ortsarmen von Großzimmern in New York auch die USA ihre Pforten für völlig Unbemittelte.[766]

Unter den Rußlandauswanderern, die sich als Kolonisatoren doch wohl endgültig in der Fremde auf dem Land als Bauern ansiedeln wollten, trifft man jedoch auf ein merkwürdiges Phänomen: Nachdem am 10. Februar 1865 eine Frist ablief, in der man zwischen dem Status eines russischen Untertanen oder eines Ausländers zu wählen hatte, zogen es die in Rußland angesiedelten Bauern vor, Kurhessen zu bleiben.[767] Die kurhessische Staatsangehörigkeit war und blieb so erstrebenswert, daß die hessischen Siedler in Wolhynien sogar bereit waren, ihre staatsbürgerlichen Pflichten (Militärdienst) in der alten Heimat zu erfüllen.[768]

Welche Gründe hatte die Mehrzahl der hessischen Rußlandauswanderer, lieber „Gastarbeiter" zu bleiben, als sich der offiziellen russischen Politik einer Integration der Ausländer zu beugen?[769] Genaue Zahlen über das Verhältnis von Reichsdeutschen zu Deutschen russischer Staatsangehörigkeit war offenbar nicht einmal den Pastoren der deutschen Gemeinden in den beiden Hauptstädten bekannt[770], aber die Tatsache als solche mußte auffallen, speziell im Zunftsystem. Selbstverständlich hat ein solches bewußtes Sich-Ausgrenzen der Deutschen aus der Gesellschaft des Gastlandes Ressentiments von Russen gegen Deutsche in der Zeit des beginnenden Nationalismus wie auch aus wirtschaftlichen Konkurrenzgründen befördern müssen.[771]

Der Status Ausländer schloß im Russischen Reich bis zum Ausbruch des 1. Weltkrieges offenbar Vorteile ein, die man nicht preiszugeben wünschte, ja gegebenfalls als gebürtiger russischer Untertan zu erwerben suchte. So bat die Witwe des Kasseler Bierbrauers Reymöller[772] in Schaulen im Gouvernement Kovno (heute Litauen) für sich und für ihre Kinder um einen Kasseler Heimatschein, um als Ausländerin den Betrieb ihres Mannes weiterführen zu können. Sie selbst war gebürtige russische Untertanin,[773] und sie fürchtete als solche, wegen ihrer dürftigen Vermögensverhältnisse mit den Kindern nach Sibirien ausgewiesen zu werden.[774] Für die nach Wolhynien ausgewanderten Bauern erfüllten hessische Schutzbriefe oder Heimatscheine offenbar die Funktion eines Passes und erhöhten die Bewegungsfreiheit.[775]

Vermögen und nicht aufgegebene Staatsbürgerschaft erleichterten die Rückkehr nach Hessen-Kassel. So tauschte etwa der Marburger Professor Rommel[776] seine Professur in Char′kov wieder mit derjenigen an der Philipps-Universität. Anders als viele andere Auswanderer der ersten Generation hatte er offensichtlich Russisch gelernt, sich also an die neue Heimat anpassen wollen. Er bot möglicherweise als Erster in Marburg russische Geschichte und Landeskunde an und war später als Archivar amtlicher Übersetzer russischer Urkunden. Anders als die meisten Rußlanddeutschen wurde er damit zu einem frühen Mittler zwischen Rußland und Deutschland.[777]

Auch der Konzertmeister und Musikdirektor am kaiserlichen Theater in St. Petersburg Hagen kam nach Hessen zurück. Daß er seine Pension lieber in Kassel als in der russischen Hauptstadt verzehre, mochte rein finanzielle Gründe haben, denn St. Petersburg war eine sehr teure Stadt. Daß aber die Töchter trotz eines in St. Petersburg lebenden Onkels, nur um eine Rückkehr nach Rußland zu vermeiden, lieber auf die ihnen zustehende Pension zugunsten eines einmaligen Geldgeschenkes verzichteten, deutet Vorbehalte gegenüber Rußland an.[778]

Seit 1804 wurde seitens des Zarenreiches darauf geachtet, daß die bäuerliche Siedlung in gelenkten Bahnen verlief. So mußten die Kolonisten ein Mindestvermögen nachweisen und einen guten Leumund. Angestrebt wurden landwirtschaftliche Musterkolonien durch erfolgreiche Landwirte.[779] In Neurußland ansässig machten sich einzelne Kurhessen.[780] Das restriktivere Verfahren bei der Werbung deutscher bäuerlicher Einwanderer aus Deutschland hatte auch einen anderen Grund. Seit 1810 traten verstärkt russische Fremdenfeindlichkeit und von Sozialneid getragene politische Überlegungen auf: Kolonisation durch Ausländer sei zu kostspielig, so die Gegner[781]. Weiter wurde argumentiert: Die vom Militärdienst befreiten Einwanderer würden dem russischen Staat weniger Nutzen bringen als ein russischer Bauer.[782] Aber: Waren sie nicht vielleicht die erfolgreicheren Landwirte?[783] Ein Problembereich war aber sicher die Privilegierung der Zuwanderer. Die „Beute" an Kriegsgefangenen aus Napoleons Grande Armée wird kostenlos unprivilegierte Siedler aus dem Westen für Neuland verschaffen.

Für Rußland im engeren Sinne (Südrußland/Ukraine) hat man die Anwerbung von Siedlern seit 1819 drosseln wollen.[784] Aus Oschatz erreichte aber Hessen 1833 die Werbeschrift eines professionellen Werbers, des Ökonomiekommissärs Schmidt, für Kurland. Er hatte vom preußischen Hofjägermeister v. Kleist den Auftrag erhalten, für die Güter seiner Frau, einer geb. Gräfin v. Medem, und seine eigenen einige Siedler zu beschaffen, um dort das sächsische landwirtschaftliche Verfahren einzuführen. Die Werbung erregte Unruhe im Oberhessischen, hatte aber wohl keinen größeren Effekt.[785]

Ein Schock des Jahres 1837/38 hat dann die Lust der bäuerlichen Bevölkerung, nach Rußland auszuwandern, fast auf Null reduziert. 1837 wollten Hessen aus einigen Landkreisen – die Werbung hatte ihren Schwerpunkt im Darmstädtischen – in Russisch-Polen, d.h. in drei Dörfern in Masowien, ein Dorf bei Kalisz und möglicherweise noch anderswo Land erwerben. Sie planten „ein ganzes Dorf" zu kaufen und dort gemeinsam zu siedeln[786], ein für die Auswanderung aus Kurhessen sonst nicht typischer Fall. Für Güter in der Nähe von Łódz wurden schon seit 1822 deutsche Bauern gesucht, nunmehr ab 1835 Siedler für bestimmte Dörfer. Lokale Werber waren ein gewisser Rode und der Pfarrer von Edingen, Kreis Wetzlar, der sich hier ausdrücklich gegen die Amerika-Auswanderung engagierte.[787] Die Werbung erfolgte gezielt und sprach Bevölkerungsgruppen an, für welche die Auswanderung nach Amerika wegen der hohen Überfahrtskosten und der klimatischen Probleme nicht in Frage kam: relativ alte Eltern mit vielen Kindern und wenig Vermögen. Das insgesamt nicht unbeträchtliche eingebrachte Kapital von 3 733 Talern verwaltete das Bankhaus Rothschild.[788] Die Siedler für den einen Ort (Babice) kamen aus der Gegend von Hersfeld, aus der Schwalm[789] und aus der Umgebung von Alsfeld, die für einen anderen (Łobudzice) aus der Wetterau zwischen Gießen und Büdingen, die für ein drittes Dorf (Bechcice) aus der Nähe von Alsfeld. Hinzu stießen noch einige Badenser. Ein Teil der Siedler ging dann in die Stadt, vor allem in das aufblühende Łódz, das größte Zentrum der Textilindustrie des ganzen Russischen Reiches bis zum Ersten Weltkrieg. Es kam tatsächlich zu einer größeren Auswanderungswelle. Man rechnet mit insgesamt ca. 500 Familien aus dem gesamten Raum des heutigen Hessen, die sich in den Jahren 1834 bis 1838 in und bei Łódz niedergelassen haben.[790] Die russische Gesandtschaft in Berlin wußte davon nichts.[791] Die Pässe stellte die Gesandtschaft in Frankfurt am Main aus.[792] Russischerseits geregelt war damals nur die Werbung von Handwerkern.[793] Eine Kontrolle dieser privaten Siedlungsunternehmungen durch die Regierung in Warschau setzte erst nach Beschwerden der Siedler ein, die sich durch die adligen Herren betrogen fühlten.[794] Nachdem die nach Russisch-Polen Ausgewanderten festgestellt hatten, daß ihnen zuviel versprochen worden war, tauchte 1838 ein Teil von ihnen wieder in der alten Heimat auf.[795] Natürlich weigerten sich die Gemeinden in Anbetracht der drohenden finanziellen Belastung durch diese neuen Ortsarmen, die Rückwanderer wieder aufzunehmen. Gegen den wütenden Protest ihrer Mitbürger entschied die Regierung jedoch, eine kurhessische Entlassung aus dem Untertanenverband sei nur dann rechtskräftig, sofern „anderswo die Aufnahme wirklich erfolgt sei"[796] Der Mißerfolg dieser letzten größeren bäuerlichen Rußlandauswanderungswelle des Jahres 1837 hatte immerhin für künftige legale Auswanderer einen Vorteil, es erhöhte sich die Rechtssicherheit. Zumal in den nun die neuen Ortsarmen unterhaltenden Gemeinden blieben die Vorgänge der Jahre 1837/38 in Gedächtnis. Rußlands Ruf als potentielles Einwanderungsland für Bauern war gründlich ruiniert.

4.
Napoleons Hessen

Eine tatsächlich große „Einwanderungswelle" des 19. Jahrhunderts aus dem kurhessischen Raum ist ziemlich unbekannt. Es handelt sich um die Kriegsgefangenen aus Napoleons „Grande Armée", die nicht wieder in ihre Heimat zurückkehren konnten. In der Geschichte Hessen-Kassels ist es der zweite Fall, daß die hessische Armee im Rahmen von militärischen Auseinandersetzungen Massen von Kriegsgefangenen an ein Einwanderungsland verlor. War dies seinerzeit im Amerikanischen Unabhängigkeitskrieg geschehen,[797] so nun beim Rußlandfeldzug Napoleons. In beiden Fällen drohte den Kriegsgefangenen der Verlust ihrer persönlichen Freiheit, weil es sich um Gesellschaften mit Sklaverei bzw. sehr strikter, an Sklaverei grenzender, Leibeigenschaft handelte.

In Hessen hatte man eine recht gute Übersicht darüber, unter welchen Umständen sich Soldaten von der Truppe entfernt hatten.[798] Nach Napoleons großen Rußlandfeldzug 1812 waren von den ca. 7 000 Mann nur einige Hundert zurückgekehrt,[799] 1818 noch immer 5 540 Mann vermißt.[800] 1819 glaubte man, 1 464 Kurhessen seien in Rußland noch am Leben.[801]

Diese hessische „Einwanderung" nach Rußland übertraf damit beispielsweise diejenige nach Australien in den Jahren 1840–1866 um mehr als das Dreifache[802] und machte ca. 10–15 % der gesamten an die Wolga gewanderten Deutschen aus,[803] war also sicher umfangreicher als Gruppe der Hessen unter den Wolgadeutschen.

Die hessischen Regierungskreise wußten durchaus davon, daß die Russen aktive Siedlungspolitik im Süden und in Sibirien betrieben und daß die jeweiligen Gouverneure stillschweigend selbst die offiziellen Anweisungen aus St. Petersburg als nicht existent behandelten und sie einfach unterschlugen:[804] *„Doch erhalten wir von dem Freiherrn von Ompteda die Nachricht, daß bis zum 16. Februar [1815] nach dem von gedachtem Fähnrich eingegangenen Berichte*

32 Hessische Verlustliste der Grande Armée, 1818

weder kurhessische noch hannöverische Untertanen in Bialystok angekommen seien, obgleich in verschiedenen russischen Gouvernements nach der asiatischen Grenze zu sich viele von beiden aufhalten sollen, welche der Befehl Seiner Majestät des Kaisers von Rußland, vermöge dessen die zurückgebliebenen Ausländer unter jeden Umständen frei und ungehindert zurückkehren können, nicht bekannt gemacht worden und denen man wie allen Ausländern in den dortigen volksarmen Gegenden die Rückkehr auf alle Art erschwere, um die Bevölkerung zu vermehren."[805] Zeugen konnten berichten: „*Einige aus Rußland zurückgekommenen Soldaten haben die Nachricht verbreitet, daß noch eine Menge ihrer Kameraden, welche mit ihnen unter dem westphälischen Militär gestanden, allda am Leben sich befänden und es nur des Beweises ihrer Untertanenverhältnisse bedürfe, um die Erlaubnis zur Rückkehr in ihr Vaterland zu erhalten ...*".[806]

Bereits 1814 hatte der Zar durch Manifest bekanntgegeben, den Kriegsgefangenen stände über bestimmte Sammelplätze die Rückkehr in die Heimat frei.[807] Seit 1816 sollen in russischen Zeitungen Proklamationen publiziert worden sein,[808] selbst diejenigen, die sich in Rußland zu Dienst verpflichtet hätten (= Leibeigene), könnten in ihre Heimat zurückkehren. Aber wie wirkten solche Maßnahmen? Wer von den Gefangenen bekam solche Zeitungen in die Hand, und wer von ihnen konnte sie – auf Russisch, Französisch, selbst Deutsch – lesen? Mitte des 19. Jahrhunderts wurden Anträge auf Entlassung aus dem Untertanenverband in Kurhessen noch häufig von Schreiberhand aufgesetzt und oft genug nicht einmal eigenhändig unterschrieben. Darüber hinaus erhob aber sich das Problem der Durchsetzbarkeit des Rechtsanspruches auf Rückkehr in die Heimat gegenüber unkooperativen Herren sowie die Schwierigkeiten des Rückmarsches und der Finanzierung der dabei anfallenden Verpflegungs- und Übernachtungskosten.

An den Maßnahmen zur Russifizierung der ausländischen Kriegsgefangenen haben sich im übrigen nicht nur Russen, sondern durchaus auch Rußlanddeutsche beteiligt. Die Instruktion des Balten Johann Georg v. Glasenapp, des Generalleutnants und Kommandeurs der Sibirischen Division,[809] für die Spitzen der sibirischen Lokalverwaltung sah vor, die Kriegsgefangenen in russische Einheiten einzugliedern, ihnen keinerlei Briefwechsel in die Heimat zu gestatten und ohne direkten Zwang durch angemessene Maßnahmen (Heirat mit einer Russin?) darauf hinzuwirken, daß diese den russischen Untertaneneid leisteten.[810] Der dem Namen nach zu urteilen ebenfalls deutschstämmige Kommandant des Garnisonsregiments von Tobol´sk, Kempen, sah im Einvernehmen mit dem Gouverneur von Tomsk darauf, daß die Kriegsgefangenen jeweils einzeln auf eine Stube mit russischen Soldaten verlegt und diese zur Aufsicht über die Fremden verpflichtet wurden. Den Ausländern sei darüber hinaus ein Verlassen der Quartiere ohne weiteres nicht zu gestatten.[811]

Polen und einige Deutsche organisierten in ihrer Verzweiflung im Mai 1814 einen Putsch im Tomsk, um die Rückkehr zu erzwingen,[812] und schon auf dem Marsch nach Sibirien soll eine größere Gruppe ihre Flucht in die Heimat geplant haben.[813] Vereinzelt gelangen solche Versuche. Aus Szigeth in Ungarn meldete sich ein Hesse mit dem Namen Wehnert, der mit einigen Kameraden über Ekaterinburg, Irkutsk und eine Phase der Sklaverei in Georgien 1821 nach dem Westen gelangt war.[814] Die polnischen Kriegsgefangenen in Tomsk rechneten mit 60 000 Angehörigen der Grande Armée in Sibirien.[815]

In Hessen ahnte man den Verbleib eines großen Teils der „Vermißten" als Kriegsgefangene in Sibirien. Gerade für diesem Teil des Zarenreiches hat die russische Migrationsforschung in den letzten Jahren einen erheblichen Aufschwung genommen,[816] doch beschränkt man sich auf zwei Gruppen von Siedlern, freie Bauern bzw. Verbannte und Sträflinge. Der Frage des „Verschwindens" der Kriegsgefangenen von der Armee Napoleons hat man bisher kein weitere Aufmerksamkeit gewidmet. Offenbar gab es, abgesehen von den Autochthonen, nicht nur Freie und Sträflinge in Sibirien, sondern auch juristisch nicht existierende Formen von Unfreiheit. So ist beispielsweise bekannt, daß der Gouverneur von Sibirien hessische Soldaten weiter an die Engländer nach Westindien verkaufte. Drei von ihnen baten später, 1817, von Maastricht aus um eine Geldunterstützung für die Rückkehr nach Hessen.[817] Man nimmt an, daß Sibiriens Bevölkerung zwischen 1811 und 1815 um 30% zugenommen hat.[818] Es handelt sich also um eine Frage von grundsätzlicher Bedeutung.

Ähnliches gilt auch für andere Landstriche, wo es im Unterschied zu dem „freien" Sibirien Leibeigenschaft gab, z.B. kannte Südrußland, das in jenen Jahren ebenso intensiv aufgesiedelt wurde, zwei Gruppen von faktisch vorhandenen, doch rechtlich nicht existenten Personen: 1. die bei den periodisch veranstalteten Seelenrevisionen aus steuerlichen Gründen unterschlagenen Hintersassen und 2. die sog. „stummen Leute" (russ. *bezglasnye ljudi*), in der Regel russische Leibeigene, die ihrem Herren entlaufen waren und sich anderweits auf adligem Grundbesitz angesiedelt hatten, aber wegen ihrer rechtlich prekären Situation selbst sorgfältig jegliche Registrierung vermieden.[819] Sie machten im Gouvernement Cherson' 1829/30 beispielsweise mehr als 50% der Bevölkerung aus.[820] Es war leicht, auch Kriegsgefangene in diesen Gruppen „verschwinden" zu lassen.

Die russische sozialgeschichtliche Forschung informiert zwar über Zahlen, nicht aber über die soziale Lage dieser als Rechtsperson nicht existenten Bevölkerungsgruppen. Es würde interessieren, welche gewohnheitsrechtlichen bzw. gesellschaftlichen Sanktionen gegen die Herren flüchtige Leibeigene, sog. Läuflinge, vor Übergriffen ihrer neuen Herren schützten, was die „Läuflinge" dort üblicherweise im Vergleich zu offiziellen Leibeigenen hinzunehmen hatten, ja, was überhaupt als „Übergriff" empfunden wurde. In welcher Form wurden solche „Unpersonen", hier speziell die hessischen Kriegsgefangenen, in die rechtlich besser gestellte Gruppe der Staatsbauern Südrußlands eingegliedert? Wurden Sie dies überhaupt? Wurden sie Knechte oder selbst Bauern, wenn der Gouverneur seine „Kriegsbeute" schon nicht herausgeben wollte?[821] An dieser Stelle weist die hessische Landesgeschichte auf Lücken in der russischen Forschung hin, denn der größte Teil der Vermißten des napoleonischen Rußlandfeldzuges dürfte in einer oder anderen dieser Gruppen aufgegangen sein.

Hessischerseits reklamiert wurde z.B. 1815 der bei öffentlichen Arbeiten in Moskau beschäftigte und daher unglücklicherweise aufgefallene Johannes Scherpf, der also offenbar in den Besitz des Fiskus, der „Kasse", geraten war. Der Fall beweist, daß russische staatliche Stellen an der Unterschlagung der Kriegsgefangenen auch in den Hauptstädten beteiligt waren.[822] Andere gelangten in Privatbesitz. Zu einer Fabrik in Olonec am Ladogasee als Leibeigener zu-

33 Christian Wilhelm Faber du Faur, In der Gegend von Bobr eine Gruppe Soldaten. In der Mitte ein Jäger der französischen Kaisergarde beim Versuch einen schwer verwundeten General und dessen Frau vor angreifenen Kosaken zu schützen

geschrieben war 1818 offenbar der Hesse Eckhard Momberg. Über einen Reisenden gelang es ihm, Kontakt nach Hessen aufzunehmen und seiner Frau nach Rhünda einen Brief zu schreiben. Auf die anschließende diplomatische Intervention des Kurfürsten hin stritt der dortige Gouverneur die Existenz des damals 32-jährigen ehemaligen Soldaten beim 5. Westfälischen Linienregiment zwar schlicht ab,[823] doch gibt dieser Brief einen relativ guten Einblick in Vorgänge, die zur „Versklavung" von kurhessischen Soldaten geführt haben, leider ohne daß deren Lebensbedingungen als Leibeigene genau erkennbar würden:

„Liebe Frau und Kind!
Gerne hätte ich Dir schon lange Nachricht von mir gegeben, wenn wir schreiben dürften, ich ergreife deswegen mit Freuden diese Gelegenheit, Dir Nachricht von mir zu geben... Auf dem unglücklichen Rückzuge aus Rußland, wo Menschen und Pferde durch Kälte und Hunger sterben mußten und von den Bauren tot geschlagen wurden, ging ich mit einem Kameraden aus Braunschweig weit von der Straße ab, um bei Bauern Lebensmittel zu betteln, daß wir nicht Hungers sterben mögten. Die Bauren schenkten uns aber nur unter der Bedingung das Leben, wann wir uns verbindlich machen wollten, 11 Jahre ihnen zu dienen. Das Leben war uns lieb, deswegen mußten wir den Accord eingehen. Die Bauren verkauften uns nach Sibirien. Als wir nach einer langen mühseligen Reise dorthin kamen, mußten wir wie das Vieh arbeiten und hat uns unser dortiger Herr hierher an einen seiner Ver-

wandten überlassen, wo wir in einer großen Fabrik arbeiten müssen und es nun etwas besser als in Sibirien haben ...".[824]

Natürlich haben die russischen Bauern hier Geschäftssinn entwickelt, doch erscheint ihr Verhalten aus westlicher und moderner Sicht schlimmer, als dies eigentlich der Fall war. Nur der Status eines Leibeigenen konnte *rasch* den Lebensunterhalt sichern, denn es war traditionell und rechtlich festgeschrieben die Pflicht des Herren für den Lebensunterhalt seiner Hintersassen zu sorgen. Diese Schutzfunktion der Institution der „Leibeigenschaft" in Rußland wurde bei anderer Gelegenheit in bewegten Worten dem kurhessischen Außenministerium durch einen bereits erwähnten Gesandtenbericht klar gemacht.[825]

Diese Einzelfälle lassen jedenfalls erkennen, daß sich die Frage der Rückführung der Kriegsgefangenen nicht auf bürokratischem Weg, durch Papierkrieg, lösen ließ. Hier hat Kurhessen jedoch gespart. Kassels erster potentieller, nicht akkreditierter Konsul in Rußland hatte speziell auf diesem Felde seine guten Dienste angeboten. Sicher nicht ohne Grund.[826] Für im Detail aus der Überlieferung nicht erkennbare Hilfsmaßnahmen gegenüber den Gefangenen wurde später Johann v. Horn ausgezeichnet.[827] Aber im Zentrum des Interesses stand die Gefangenenfrage beim Kurfürsten nicht. Kurhessen beauftragte keinen eigenen Agenten, Rußland zu bereisen, sondern dieses Geschäft des Aufspürens von ehemaligen hessischen Soldaten wurde immer von Vertretern anderer Mächte mitbesorgt[828], mit dem entsprechend geringeren Erfolg.[829] Der kurhessische Gesandte in St. Petersburg hat übrigens rasch feststellen müssen, „*es könne in diesem Lande ohne Bestechung nichts geschehen, sei es nun mit Orden oder Brillanten oder barem Gelde*"[830] – und an all dem ließ Hessen-Kassel es fehlen. Es ist also im Ergebnis damit zu rechnen, daß diese große deutsche Einwanderungswelle nach Rußland durch Kurhessen verhältnismäßig stärker getragen worden ist als durch andere deutsche Territorien.

Nur vereinzelt ließen übrigens Angehörige aus Kurhessen auf diplomatischem Wege nach ihren vermißten Angehörigen forschen.[831] Der Druck, der in dieser Beziehung von unten, von der Bevölkerung, auf die Regierungskreise ausgeübt worden ist, scheint eher gering gewesen zu sein. Das erbärmliche Ergebnis einer Kollekte von 1812 zugunsten der Kriegsopfer oder deren Angehörigen – in der Regel beteiligten sich höchstens die Lehrer und Pfarrer an den Spenden[832] – hatte augenfällig gemacht, daß man sich mit dem Verlust der Landsleute rasch abgefunden hatte. Wichtiger schien eine allgemeine Regelung der Nachlaßfragen, die Toterklärung der Vermißten,[833] als deren Rückführung. Wurde nicht auch der Arbeitsmarkt in Hessen für eine Generation von einem Überangebot an Arbeitskräften entlastet? Die sog. „Soziale Frage" entwickelte sich eine Generation später, nicht zufällig.

Für den Kurfürsten lag also kein innenpolitischer Zwang vor, sich energisch für die Vermißten des napoleonischen Rußlandfeldzuges einzusetzen, und dies kam der Generallinie der kurhessischen Außenpolitik entgegen. Wir hatten gehört, daß es, nachdem 1803 die Kurwürde erworben worden war, nun um den Königstitel und vielleicht sogar um eine Heiratsverbindung ging. Nicht nur der Verbleib der Kasseler Gemälde, sondern auch die heiklere Frage nach dem Schicksal der Kriegsgefangenen wurden entsprechend vorsichtig ins Spiel gebracht, ohne darauf große Energie, ganz zu schweigen von Finanzen, zu verschwenden.[834]

5.
RUSSISCHE KRIEGSGEFANGENE DES ERSTEN WELTKRIEGS IN HESSEN

Erst 1929 regelte die Genfer Konvention die Behandlung von Kriegsgefangenen völkerrechtlich. Der 1. Weltkrieg arbeitete noch nach der Haager Landkriegsordnung.[835] Da im Ersten Weltkrieg bislang ungeahnte Massen von Kriegsgefangenen anfielen, ergänzten die meisten der kriegführenden Mächte die Landkriegsordnung durch weitere Verträge: Mit Deutschland schlossen 1917 bzw. 1918 im Haag Großbritannien, Rumänien, Italien und die USA zusätzliche Einzelabkommen, Frankreich ebenfalls eines in Bern, das es jedoch 1918 für ungültig erklärte.[836] Rußland sah von einer solchen Maßnahme ab.

Nach der Haager Landkriegsordnung vom 29.7.1899, Kap. II, Art. 4, galten Kriegsgefangene als Sicherheitsgefangene in der Hand des betreffenden Staates, und sie sollten nach Kriegsende möglichst rasch wieder in die Heimat entlassen werden. Auf deutscher Seite verfuhr man mit den Gefangenen eher pragmatisch, doch noch eingebettet in die Normen alter ritterlicher Traditionen, speziell gegenüber Offizieren, die als Arbeiter nicht verwendet werden sollten[837] – anders die Unteroffiziere.[838] Die deutsche Verordnung von 1915 sah vor, die Unteroffiziere als Aufsichtspersonal über die Arbeitstrupps von Gemeinen zu bestellen.[839] Für die Kriegsgefangenen war nur die Verwendung zu Arbeiten verboten, die mit dem Kampfgebiet in unmittelbarer Beziehung standen oder in der Produktion von Waffen und Munition, die gegen die eigene Armee hätten eingesetzt werden können.[840]

34 Das Gefangenenlager Wetzlar

Vor allem aber sollten alle Gefangenen menschlich behandelt werden. Die Details dafür unterlagen einzelstaatlicher Regelung. Zumindest lokal kam es durchaus vor, daß Kriegsgefangene und Schutzhäftlinge zusammen interniert wurden.[841] Grundsätzlich stand man hier vor der Entscheidung, wie man Massen von Kriegsgefangenen zu ernähren, zu bewachen und/oder ggf. zu beschäftigen hatte.

Einen gewissen Einblick in das Leben der Kriegsgefangenen, wohl der Offiziere, in den Lagern geben Lagerzeitungen. Aus dem Kriegsgefangenenlager Wetzlar-Büblingshausen sind solche überliefert.[842] Die ukrainischsprachige Zeitung *Hromadʹka Dumka* kam sechs Mal im Monat heraus und wurde gegen Gebühr an die Arbeitskommandos versandt. Ebenso dürfte es russischsprachige Zeitungen gegeben haben. Inhaltlich ging es hier um die Propaganda für die Errichtung einer unabhängigen Ukraine, eines deutschen Kriegsziels. Dahinter stand natürlich auch die ukrainische Nationalbewegung, die sich hier artikulieren konnte. Bereits die Wahl der Sprache war Programm, denn anders als im Russischen Reich wurde hier, wie zuvor im Habsburgerreich, Ukrainisch als eine eigene Sprache anerkannt und nicht als Dialekt des Großrussischen behandelt. Während die deutsche Öffentlichkeit – etwa bei Fahndungen nach entlaufenen Kriegsgefangenen, die nach den Namensformen zu urteilen wahrscheinlich ukrainischer Nationalität gewesen sein dürften – nicht zur Kenntnis nahm, daß es sich beim Zarenreich um einen Vielvölkerstaat handelte, sondern deren Sprache als „russisch" bezeichnete,[843] gab es also Nebenströmungen in der deutschen Kriegsgefangenenpolitik, die das Zerschlagen dieses Großreiches befördern sollten.

Es gab unter den Gefangenen Nationalisten wie Sozialisten. Beides wurde gedul-

35 Ukrainische Lagerzeitung aus Wetzlar

det.[844] Darauf weist zumindest der Umstand, daß man in der ukrainischen Lagerzeitung auf die Einführung einer allgemeinen Arbeitspflicht für die Deutschen im Alter zwischen dem 16. und dem 65. Lebensjahr hinwies und dies deutete als einen ersten Schritt zur Realisierung einer Idee, die bislang nur die sozialistischen Parteien vertreten hätten, nämlich Verantwortung eines *jeden* Volksgenossen dem Ganzen gegenüber einzufordern.

Man erfährt aber aus der Zeitung auch, daß im Lager – sicher von den Offizieren organisiert – Maßnahmen zur Fort- und Weiterbildung von Gefangenen beraten und organisiert, daß Schulen unterhalten wurden, Theaterabende stattfanden, auf denen u.a. ein Stück des ukrainischen Dichters Ševčenko gegeben wurde, und es gab auch unpolitische Veranstaltungen zur reinen Unterhaltung, bei denen ein ukrainischer Chor und ein Orchester auftraten. Die Kritik rügte übrigens, daß ein Teil der Schauspieler noch mit der ukrainischen Sprache zu kämpfen hätte. Bei einem der Hauptdarsteller fiel sein Moskauer Akzent negativ auf.[845] Es existierte auch eine offizielle gewählte Vertretung der Gefangenen gegenüber der Lagerleitung, die über ihre Tätigkeit Rechenschaft ablegte.[846]

1915 wurde in der Kriegswirtschaft akuter Arbeitskräftemangel diagnostiziert,[847] und das Kriegsministerium regelte mit Erlaß vom 15.4.1915, Nr. 700/4. 15 U.K., zum ersten Mal das Verfahren für die Einstellung von Kriegsgefangenen zu Arbeiten, für die nach Ausweis der Arbeitsämter einheimische Arbeitskräfte nicht zur Verfügung standen.[848] Vorausgegangen waren Grundsätze vom 25. September 1914 bzw. 6. März 1915 über die Beschäftigung von Kriegsgefangenen aus dem Mannschaftsstand ausschließlich in der Landwirtschaft[849], was nun auf andere Branchen ausgedehnt werden sollte. Es gab darüber hinaus „Fremdarbeiter": So wurden zunächst weiter Saisonarbeiter aus der Ukraine und Polen angeworben, im Krieg nicht mehr nur für die Landwirtschaft.[850] Und auch mit den Kriegsgefangenen zusammen internierte russische Zivilisten waren wie jene der Arbeitspflicht unterworfen worden.[851]

1914/15 waren im Regierungsbezirk Kassel nur insgesamt ca. 300 Kriegsgefangene in der Landwirtschaft tätig.[852] Anfang Mai des zweiten Kriegsjahres machte der Regierungspräsident seine Landräte und die Magistrate der Städte Kassel und Hanau auf die Möglichkeit der Verwendung von Kriegsgefangenen nicht mehr nur auf dem Lande, sondern auch im Handwerk, Bergbau und in der Industrie aufmerksam und bat seine Untergebenen, einen solchen Arbeitseinsatz nach Möglichkeit zu fördern.[853] Es galt einerseits, die Kriegsgefangenen „*der Eintönigkeit des Lagerlebens zu entziehen*",[854] andererseits „*die Arbeitskraft eines männlichen infolge Einberufung zur Fahne im Wirtschaftsbetrieb fehlenden Familienmitgliedes*" zu ersetzen.[855] Daneben konnten die Gefangenen zu gemeinnützigen Arbeiten wie Flußregulierungen, Urbarmachung von Mooren und Heiden oder den Straßenbau, dort selbst für die Heeresverwaltung, eingesetzt werden. Mit Kriegsgefangenen wurde das Moor in Nassenerfurth seit Sommer 1915 trockengelegt.[856]

Grundsätzlich war die Arbeit freiwillig und galt es, über den Lohn einen materiellen Anreiz zur Leistung zu sichern.[857] Bei gemeinnützigen Arbeiten sollte die öffentliche Hand die Lohnkosten aufbringen. Hier galt der Lohn als Entgelt für die Wertschöpfung durch die Gefangenen bzw. als Gegenleistung für das Ersparen von öffentlichen Ausgaben.[858] Zu zahlen waren grundsätzlich Tariflöhne, wobei die Abfindung an die Kriegsgefangenen persönlich im Handwerk oder in der Industrie 25% vom Tariflohn ausmachen sollte.[859] Allerdings erhielt, zumindest ein Teil der Gefangenen, nur einlösbare Schecks.[860] Prämien waren möglich.[861] Die Arbeitszeit sollte mindestens fünf und in der Regel acht Stunden betragen, wobei – zumindest bei Arbeiten für die Heeresverwaltung – die Arbeitszeit über die fünf Stunden hinaus als Überstunden gerechnet wurden und der Lohn dann höher war.[862] Betriebsbedingt war Sonntagsarbeit zulässig.[863] Arbeit zum russischen Weihnachtsfest und zum russischen Neujahr war freiwillig.[864] Seit der Ernte des Sommers 1916 häuften sich offenbar Fälle der Arbeitsverweigerung, inzwischen war also die Arbeitspflicht Realität geworden.[865]

Die Heeresverwaltung sollte die Kosten für Bekleidung und die Gesundheitsfürsorge übernehmen, denn der staatlichen Unfallversicherung unterlagen die Kriegsgefangenen nicht.[866] Der Arbeitgeber hatte hingegen für Verpflegung, ggf. spezielle Arbeitskleidung[867] und die Transportkosten aufzukommen. Der erwirtschaftete Arbeitslohn war an die Heeresverwaltung abzuführen.[868] Hiervon ausgenommen waren Betriebe, in denen der Gefangene einen zum Heer Eingezogenen ersetzte.[869] Ferner war es möglich, für die Arbeiter freiwillig eine Haftpflichtversicherung abzuschließen.[870]

Die für den Arbeitseinsatz vorgesehenen Kriegsgefangenen, die Unteroffiziere und Soldaten, sollten sofort nach der Gefangennahme nach der beruflichen Qualifikation befragt werden, um sie gezielt in der deutschen Kriegswirtschaft einsetzen zu können. Abgegeben wurden sie zunächst nur in Gruppen von mindestens 30 Mann an einen verantwortlichen Arbeitgeber, der im Falle bäuerlicher Betriebe der jeweilige Gemeindevorstand war. Die Unterbringung sollte in Lagern erfolgen, während bei Tageslicht auch eine Beschäftigung der Gefangenen einzeln oder in kleineren Trupps im Umkreis von 7 km vom Lager möglich war.[871] Ausgeschlossen waren Arbeitsplätze, an denen Sabotage möglich gewesen wäre: In der Nähe von Getreideschobern oder militärischen Magazinen oder anderen militärischen Anlagen.[872]

Die Gefangenen wurden folgenden persönlichen Beschränkungen unterworfen: Jeglicher von dem Arbeitseinsatz unabhängige Verkehr mit der Zivilbevölkerung, speziell an Sonn- und Feiertagen, hatte zu unterbleiben, Briefwechsel in die Heimat war allein durch das zuständige Hauptlager gestattet,[873] nur unter Bewachung konnte sich der Gefangene von der Arbeits- oder Unterkunftsstelle entfernen, verboten war der Genuß von Alkohol und das Zur-Handnehmen von Waffen.[874] Hingegen hatten die Gefangenen Anspruch auf reichliche und sättigende Verpflegung in mindestens drei Mahlzeiten gemäß einer den Kommandoführern mitgegebenen Instruktion; und hier treffen wir offenbar auf eine Diskriminierung von Russen: Für diese wurde morgens dicke Suppe empfohlen, das Gegenstück zur heimischen *Kaša* – auf eine entsprechende Idee kam man etwa bei Engländern mit deren *Porridge* spontan nicht. Der Gesamtwert der Verköstigung wurde 1915 mit 0,75 M pro Tag veranschlagt, wobei eine inflationsbedingte Erhöhung der Summe einkalkuliert war.[875] Ebenso rechnete man mit negativen Auswirkungen der Verknappung von Lebensmitteln auf die Zuteilungen an die Kriegsgefangenen.[876] Die Verwendungsmöglichkeiten für den erarbeiteten Lohn waren eingeschränkt – hier wurden alle Kriegsgefangenen ohne Unterschied der Nation in ihren Einkaufsmöglichkeiten gegenüber der deutschen Bevölkerung diskriminiert: *„Es ist dafür Sorge zu tragen, daß die Kriegsgefangenen Zucker (nicht Zuckerwerk), Schweineschmalz, Wurst, Speck, alkoholfreie Getränke und Tabak zu angemessenen Preisen kaufen können. Der Verkauf von Semmeln, Brot und Kuchen ist verboten."*[877] Kriegsgefangene konnten deutsche Zeitungen und Zeitschriften bestellen oder erwerben, andere – polnische oder jiddische – unterlagen einer Zensur.[878] Schwarze Gefangenenkleidung oder anders kenntlich machende Kluft wurde nicht durchgängig ausgegeben.[879]

Wenden wir uns nun nach den Sollvorschriften dem Ist-Stand zu, und zwar zunächst der Frage, wer beschäftigte eigentlich Kriegsgefangene, speziell Russen? Im Bereich des XI. Armeekorps stellten die Stammlager von Erfurt, Göttingen und

Ohrdruf Arbeiter.[880] Diese waren seuchenfrei, insoweit unbedenklich.[881] Darunter standen die sogenannten Revisionslager mit kleineren Gefangenenzahlen, von denen aus die Verpflegung der größeren Arbeitstrupps seit 1916 zu organisieren war.[882] In der Hierarchie der Lager ganz unten befanden sich die lokalen Quartiere für die einzelnen Gefangenentrupps, später auch die Stuben bei den Bauern.

Interesse an Gefangenen zeigten sofort Steinbrüche oder größere landwirtschaftliche Güter.[883] Sonst herrschten in der Bevölkerung, trotz aller Werbung durch die Behörden, zunächst massive Vorbehalte gegenüber Kriegsgefangenen als Arbeitskräfte vor. Insoweit verwundert nicht, daß vor allem öffentliche Stellen am Anfang des Arbeitseinsatzes von Kriegsgefangenen in größerem Umfang stehen. Sie kamen z.B. in der Kolonialschule Witzenhausen, im Gaswerk Hünfeld, im Gas-, Wasser-, Elektrizitätwerke Kassel, zum Einsatz, wie aber auch beim Eisenbahnbau Eichenberg-Velmeden oder sonstigen öffentlichen Sanierungsarbeiten unterschiedlicher Art. Die normale klein- bis mittelbäuerliche Bevölkerung zeigte noch im zweiten Kriegsjahr wenig Neigung, Kriegsgefangene bei sich zu beschäftigen,[884] so daß die Behörden mit Blick auf die nutzlos herumsitzenden Gefangenen intensiv werben bzw. auf Stoßzeiten während der Ernte spekulieren mußten.[885] Rührend mutet die Verordnung des Regierungspräsidenten vom 7.8.1915 an, man solle doch bitte bei Bürgermeistern und Gemeinden die Zurückhaltung gegenüber der Beschäftigung von Kriegsgefangenen aufgeben, wenn schon von der Front beurlaubte Deutsche sich darüber beklagt hätten, daß der Mangel an Arbeitskräften bei der Ernte durch den Einsatz solcher Gefangener durchaus hätte behoben werden können.[886]

Die ersten 15 „Russen" wurden offenbar von Gutsbesitzer Beyes in Wehrda, Krs. Hünfeld, beschäftigt,[887] alle anderen Bauern hatten Franzosen, auch einige wenige Iren oder Kanadier oder Belgier bei sich, die aus unterschiedlichen Lagern in Orb, Wetzlar, Limburg, Giessen und Darmstadt stammten.[888] In der Landwirtschaft wurden die Hilfskräfte in der Regel nur im Sommer benötigt und beschäftigt, im Herbst also wieder an die Lager abgeschoben. Es gab jedoch Ausnahmen.[889] Die Kriegswirtschaft litt an einem Mangel an Arbeitskräften durch die Mobilisierung der Männer und die partiellen Grenzsperren für Fremde, für die sonst üblichen Saisonarbeiter. Es kam daher nicht nur zu Zwangsverpflichtungen in den besetzten Gebieten und zur oben erwähnten Arbeitspflicht für Deutsche, sondern auch von Zeit zu Zeit zu Umschichtungen in den Sparten, für die Kriegsgefangene gestellt wurden. Der „Luxus" der Meliorisationsarbeiten sollte etwa im Sommer 1916 zugunsten der landwirtschaftlichen Produktion aufgegeben werden.[890] Die für die gesamte Zivilbevölkerung kritische Versorgungslage des Jahres 1917 führte dann dazu, Kriegsgefangene verstärkt in die Landwirtschaft umzulenken und deren Arbeitskraft in der Industrie durch belgische „Abschüblinge" ins Reich zu ersetzen.[891]

Als sich gezeigt hatte, daß ein Teil der einzeln eingesetzten Arbeitskräfte, speziell die Wolgadeutschen, ohne direkte Bewachung nicht zur Flucht neigte,[892] wurde die Verteilung auf einzelne Arbeitsplätze auch auf normale „Russen" ausgedehnt, allerdings zunächst nur auf einige und besonders zuverlässige, nicht aber z.B. auf Franzosen, Belgier oder Engländer. Die Gefangenen mußten in diesem Fall nur am Ort bleiben, waren also in ihrer Bewegungsfreiheit minimal eingeschränkt.[893] Nachdem sich die

Landwirte an ihre ausländischen Arbeitskräfte gewöhnt hatten, die im Falle von Russen übrigens mitunter weit bis in die Friedenszeit bei ihnen blieben, gaben sie diese nur noch sehr ungern ab. Im Sommer 1916 wurden Kriegsgefangene als einzelne Arbeitskräfte knapp, aber es gab noch Landarbeiter auf dem freien Markt.[894] Am 1. Juli 1916 waren die Lager völlig leer und sämtliche Gefangenen irgendwo im Arbeitseinsatz.[895] Im Winter 1916, als die Wehrmacht eine Anzahl von Wehrpflichtigen beurlaubt hatte, schien es möglich, die Ausländer zugunsten der Industrie aus der Landwirtschaft wieder herauszuziehen. Der Plan erwies sich als kaum praktikabel.[896] Kritisch wurde die Lage auf dem Arbeitsmarkt Anfang 1917: Es gab nun keine Tagelöhner mehr auf dem freien Arbeitsmarkt, und die Landwirte wurden angewiesen, auf deutsche Ersatzkräfte wie Frauen oder Schüler zurückzugreifen.[897] Für die Erntezeit wurde den Landwirten geraten, sich auch mit nicht voll arbeitsfähigen Gefangenen zufrieden zu geben, zumal Kriegsgefangene auch bei verminderter Arbeitsleistung noch immer weit billiger seien als zivile Arbeitskräfte.[898] Für den Sommer 1918 war für alle neu eingebrachten Kriegsgefangenen nur noch der Einsatz in Kohlebergwerken vorgesehen.[899]

Durch die Abgabe von 300 Russen aus Österreich für den Regierungsbezirk im Juli 1918 entspannte sich die Lage in der Landwirtschaft Hessens zumindest ein wenig.[900] Die Lager waren aber völlig leergefegt, und Industrie-, Land- und Forstwirtschaft warteten gegen Kriegsende so dringend auf Arbeitskräfte, daß den Landwirten anempfohlen wurde, die Lebensbedingungen für ihre Hilfskräfte zu verbessern. Zwar sollte die Verpflegung nicht besser sein als die der deutschen Zivilbevölkerung,[901] doch wurde darauf gedrungen, daß die Unterkunft und die sanitären Einrichtungen zufriedenstellend waren, zum Waschen warmes Wasser zur Verfügung stand, die Wäsche durch den Arbeitgeber besorgt wurde und nach einer Krankheit der Gefangene nicht ohne positives ärztliches Gutachten wieder an die Arbeit gezwungen würde. Der gesamtwirtschaftliche Mangel an Allem sollte durch erhöhte Arbeitsleistung ausgeglichen werden, in Bezug auf die Gefangenen bewirkte er aber zunächst eine Verbesserung der Lebensumstände[902] – die Alternative späterer Zeiten, die durch Terror erzwungene Leistungssteigerung unfreier Arbeitskräfte stand außerhalb der Diskussion. Aber es galt immerhin, über eine verschärfte Aufsicht die landwirtschaftlichen Arbeiten möglichst effizient zu gestalten.[903] In dieser angespannten Situation nahmen Arbeitgeber die Anordnungen der Militärbehörden betreffend erhöhter Wachsamkeit gegenüber Agenten, selbst Warnungen vor Widerstandsaktionen der Gefangenen kaum zur Kenntnis. Ja, örtlich wurden den Gefangenen eine derartige Wertschätzung zuteil, daß Ortsvorstände ihre Arbeiter in eine Wirtschaft einladen konnten, ohne daß irgend jemand daran Anstoß genommen hätte.[904] Die Reaktion auf die Bitte, Kriegsgefangene im Winter 1918 zu kriegsnotwendigen Holzeinschlagsarbeiten abzustellen, war seitens der privaten Arbeitgeber infolgedessen mehr als zurückhaltend.[905]

Das Gesamtbild des Verhältnisses von Deutschen zu Russen ist jedoch ambivalent: Schon damals lassen sich in der deutschen Gesellschaft wirksame Vorstellungen von der Minderwertigkeit von Fremden, speziell Vertretern der Feindmächte, nachweisen, die sich Jahrzehnte später wieder aktivieren ließen. Die preußische Verwaltung blieb jedoch in ihrer Spitze rechtsstaatlichen

Prinzipien treu und wahrte gegenüber einschlägigen diskriminierenden Anregungen von unten die Rechte der Kriegsgefangenen, natürlich darin bestärkt auch durch reine Nützlichkeitserwägungen: Den Antrag des Hanauer Handwerker- und Gewerbeausschusses, den die dortige Handwerkskammer befürwortend weiterreichte, die Löhne der Kriegsgefangenen herabzusetzen – wegen der generellen Notlage des Gewerbes im Kreise und wegen der durch mangelhafte Sprachkenntnisse und die Notwendigkeit einer Einarbeitung gegenüber Deutschen verminderten Arbeitsleistung –, beschied der Minister für Handel und Gewerbe am 1. Oktober 1915 negativ.[906] Auf den Antrag des überschuldeten Schuhmachers und Landwirts Johann Georg Faulstich aus Herfa, dessen beide Söhne dienten, auf kostenlose Überlassung eines gelernten Schuhmachers erntete dieser nur die behördeninterne Glosse: *„damit er selbst Zeit bekommt, nach Hersfeld u.s.w. spazieren zu gehen".*[907] Im Gegenzug wurde Anfang 1916 einem russischen Schuhmacher untersagt, sein Gewerbe für Deutsche in Lützelwig auszuüben, weil durch seine Tätigkeit das Einkommen der deutschen Kollegen gemindert würde. Der Fall war Anlaß zur Grundsatzerklärung, ein Handwerk dürfe durch die Kriegsgefangenen nicht ausgeübt werden, es sei denn zum eigenen Bedarf der Lager.[908]

Als sich die Lebensmittelversorgung der deutschen Bevölkerung verschlechterte, machte sich Sozialneid breit.[909] Vorwürfe, die Ernährung der Kriegsgefangenen in den Lagern sei besser als die der Zivilbevölkerung, wünschte das stellvertretende Generalkommando des XVIII. Armeekorps in Frankfurt am Main vertraulich, unter ausdrücklicher Ausschaltung der Presse und nur innerhalb der Verwaltung behandelt zu sehen. *„Dies ist unzutreffend, denn die Ge-samternährung der Kriegsgefangenen reicht an die Ernährung der Zivilbevölkerung nicht heran, trotzdem es vorkommen kann, daß die Gefangenen einzelne Nahrungsmittel (z.B. Kartoffeln) in größerer Menge als die Zivilbevölkerung erhalten. Eine ganze Menge von Nahrungsmitteln wie Butter, Eier, Milch, Hülsenfrüchte, Teigwaren sind den Gefangenen völlig verschlossen, während im Allgemeinen wenig begehrte Nahrungsmittel wie z.B. Pferdefleisch, Robbenfleisch und dergl. in der Gefangenenkost eine große Rolle spielen."* In diesem Sinne hätten die Gemeindevertreter aufklärend zu wirken.[910] Es war vorgesehen, daß die Gefangenen Zuspeisen wie Wurst, etwa für ein zweites Frühstück, aus ihrem *„recht erheblichen Verdienstanteil"* selbst kaufen sollten.[911] Alkohol war seit 1916 bei Nachweis hervorragender Arbeitsleistung für die Gefangenen im Verkauf – pro Tag bis zu einem halben Liter Bier oder Wein.[912] Aber die Kommunalverbände sabotierten lokal dann doch die vorgesehenen Kartoffellieferungen von drei Pfund pro Mann und Tag unter Bezug auf ihr Unvermögen, den Vorschriften nachzukommen.[913] Der Rüffel, es gelte die Kriegsgefangenen arbeitswillig und -fähig zu erhalten, die ohnehin nur die oben angesprochene einseitige Grundverpflegung erhielten,[914] zeitigte offenbar nicht immer Wirkung. Der Oberförster von Witzenhausen zeigte damals an, seine Gefangenen auf Waldarbeit drohten zu verhungern, wie dies schon bei einem Pferd geschehen sei, weil der Kommunalverband keine Lebensmittel liefere und der Landrat amtlich nicht tätig würde.[915] Dieser faßte seine Position folgendermaßen zusammen: *„Die Eingabe beweist eine Verständnislosigkeit gegenüber der allgemeinen wirtschaftlichen Lage, die bei einem Staatsbeamten befremden muß. Es wäre sehr zu wünschen, daß* der Beschwerdeführer darüber aufgeklärt würde, daß jedermann heutzutage die Pflicht hat, sich in die bestehenden Verhältnisse zu fügen und Schwierigkeiten nicht zu machen, sondern bei ihrer Behebung mitzuwirken."⁹¹⁶ Dem Regierungspräsidenten schien diese „Sprache des Unmenschen" unter seinen Beamten der Sache nicht angemessen.⁹¹⁷

Es kam auch vor, daß Kommunalverbände einfach die ihnen obliegende Ausgabe von Bezugsscheinen oder Lebensmittelkarten an Arbeitstrupps unter 100 Mann verweigerten.⁹¹⁸ Im Sommer 1917 wurden die Lebensmittelrationen herabgesetzt, offiziell an die Beköstigung der deutschen Bevölkerung angeglichen, aber mit der ausdrücklichen Maßgabe, die dort geltenden Sätze nicht zu unterschreiten.⁹¹⁹ Das Militär sah sich im Sommer 1917, als sich die Ernährungssituation erheblich verschlechtert hatte, zu deutlichen Worten veranlaßt, aus denen sich wieder ergibt, daß Kriegsgefangene nicht entsprechend der Haager Landkriegsordnung in humaner Weise behandelt, sondern gegenüber den Deutschen fraglos diskriminiert wurden: „In letzterer Zeit mehren sich die Fälle, in denen die mit der Verteilung von Lebensmitteln beauftragten Stellen sich weigern, die den Kriegsgefangenen zustehenden Lebensmittel und die vom Kriegsministerium vorgeschriebenen Zulagen für Schwer- und Schwerstarbeiter zu liefern, obwohl die Kommunalverbände verpflichtet sind, Arbeitskommandos unter 100 Köpfen mit Lebensmitteln zu versorgen. Die Weigerung wird damit begründet, daß die Verpflegung der Kriegsgefangenen lediglich Sache der Militärverwaltung sei. Zum Teil besteht auch die irrige Auffassung, die Lebensmittelversorgung der Kriegsgefangenen käme erst in allerletzter Linie in Betracht. Es scheint einzelnen Stellen noch nicht bewußt zu sein, daß es im vaterländischen Interesse liegt, die fast durchweg im Heeresinteresse arbeitenden und unsere im Felde stehenden deutschen Arbeiter ersetzenden Kriegsgefangenen regelmäßig und ausreichend zu verköstigen. Durch ungenügende Ernährung werden die Zwecke, die das Kriegsministerium mit der Absicht verbindet, deutsche Arbeiter durch Kriegsgefangene zu ersetzen, von vornherein verfehlt."⁹²⁰ Gleichzeitig wurde für Deutsche wie für die Kriegsgefangenen die Versorgung mit Fleisch neu geregelt, als die verbilligte Wochenfleischzulage von 250 g auf den Kopf der deutschen Bevölkerung aufgehoben und durch eine Erhöhung der Mehlrationen ersetzt wurde. Es blieb aber dabei, daß Schwer- und Schwerstarbeitende sowie unter Tage Eingesetzte die gleichen Zulagen erhalten sollten wie die Deutschen.⁹²¹

Die Lage verschärfte sich weiter – auch auf dem Sektor des Transportes und der Verpackung von Lebensmitteln für die Gefangenen.⁹²² Und es blieb bei Stimmen unter der Zivilbevölkerung, den Gefangenen ginge es besser als den Deutschen.⁹²³ Seit Sommer 1918 war dies nicht ganz unbegründet, denn am 26.4.1918 war die deutsche mit der französischen Regierung übereingekommen, den Franzosen eine Mindestbrotmenge von 250 g pro Tag selbst dann zu sichern, wenn die Versorgung der deutschen Bevölkerung unter dieses Niveau absinken sollte. Belgier sollten entsprechend behandelt werden.⁹²⁴ Das revolutionäre Rußland hat natürlich keine Maßnahmen zur Sicherstellung der Mindestversorgung seiner Staatsangehörigen treffen können. Es verwundert jedenfalls nicht, daß sich nach der Novemberrevolution die Soldatenräte für die zur Gefangenenversorgung eingelagerten Vorräte in der Absicht interessierten, diese anders zu verwenden.⁹²⁵

Mit Ausländerfeindlichkeit am Arbeitsplatz wurde gerechnet: „*Besonderer Vereinbarung* [mit dem Arbeitgeber] *bedarf u.U. noch die Frage des Zusammenarbeitens Kriegsgefangener mit einheimischen Arbeitern ... Wenn sich freie Arbeiter dagegen sträuben sollten, so dürfte genügen, sie auf ihr die vaterländische Wirtschaft schädigendes Verhalten aufmerksam zu machen und ihnen zu sagen, daß es keine Unehre ist, Kriegsgefangener zu sein.*"[926] Es ging hier jedoch nur um sehr eingeschränkte Kooperation am Arbeitsplatz. Selbst Kontakte zwischen Landsleuten waren unerwünscht und sollten tunlichst unterbunden werden, da die Arbeitsmoral der „Russen" darunter leiden würde. Man darf dies wohl als Indiz dafür werten, daß die Arbeitsbedingungen der Kriegsgefangenen noch schlechter waren als die der Saison- und Wanderarbeiter aus dem Osten.[927]

Im Sommer 1916 begann man mit einer gesonderten Behandlung der Rußlanddeutschen. Es wurde eine gezielte Volkstumsarbeit gefördert, aber zunächst nicht unmittelbar in der Absicht, die Deutschen ins Reich zurück zu führen. Das änderte sich im Frühjahr 1917.[928] Die Arbeitgeber wurden gehalten, diese Kategorie von Gefangenen wie Deutsche zu behandeln. Die Vereine, Pfarrer und Lehrer waren zu entsprechender Aufklärung der Bevölkerung aufgefordert. Allerdings sollte nur den kooperationswilligen Rußlanddeutschen die Gelegenheit zur Fortbildung und zu einer soliden Berufsausbildung gegeben werden.[929] Aus der Volksgruppe hielten sich damals in Hebel ein Joseph Schön, in Mosheim ein Adam Schröder und ein Franz Deterle und in der Stadt Homberg Kaspar und David Groh sowie Anton Seifert auf.[930]

Fraternisierung mit den übrigen „Russen" war unerwünscht. Das Werkspersonal hatte streng darauf zu achten, daß keinerlei schriftlicher oder mündlicher Verkehr der Kriegsgefangenen mit der Außenwelt stattfand.[931] Und doch ließen sich selbst intensivere Kontakte der Kriegsgefangenen mit der einheimischen Bevölkerung letztlich nicht verhindern.[932] Infolgedessen erging eine spezielle Verordnung über das Verhalten der Bevölkerung gegenüber den außerhalb der Lager auf Arbeit befindlichen Kriegsgefangenen mit dem Tenor: „*Die Kriegsgefangenen sollen eine wohlwollende Behandlung finden. Nie aber darf die für jeden Deutschen den Kriegsgefangenen gegenüber gebotene Zurückhaltung vermißt werden.*"[933] Von Anfang an waren Kontakte zu deutschen Frauen, Geschenke an die Gefangenen,[934] Liebesbriefe[935] oder ein gewisser gesellschaftlicher Verkehr zwischen den Deutschen und den Ausländern mißbilligt worden. Der von den Behörden angestrebte Mittelweg zwischen allzu großer Freundlichkeit seitens der deutschen Zivilbevölkerung und einer Mißhandlung der Gefangenen ließ sich nicht finden, sofern die Fremden einzeln, als Ersatz für fehlendes Gesinde, nicht in großen Gruppen eingesetzt wurden: „*Es geht nicht an, daß die Gefangenen gleichwie zur Familie gehörig oder wie einheimische Dienstknechte und Arbeiter betrachtet werden. Es darf nicht vergessen werden, daß sie gefangene Feinde sind, von denen man nicht weiß, was sie in ihrem Innersten denken*", so der Landrat von Homberg an seine Ortsvorstände und Gutsbesitzer.[936]

Aber auch wenn es verboten war, feierte man zusammen im Wirtshaus.[937] Wegen unerlaubten Ausschanks von Alkohol sollte der Gastwirt Löwer in Lützelwig zur Rechenschaft gezogen werden. Weiterungen konnten verhindert werden: Der geforderte Bericht an die zuständigen Behörden blieb einfach aus.⁹³⁸ Hingegen kam es gegen die Gastwirtsehefrau Katharina Keim in Grebenhagen bei der Staatsanwaltschaft Marburg zur Einleitung eines Verfahrens wegen verbotenen Ausschankes von Alkohol, es wurde allerdings niedergeschlagen.⁹³⁹ Manchmal erfolgten Anzeigen wegen eines Verstoßes gegen die Regeln, die dann doch folgenlos blieben: Zwei Witwen Bachmann aus Niederbeisheim hatten an einem Samstag ihre beiden Gefangenen Geburtstag feiern lassen. Sie hatten dann Schnaps getrunken und Kollegen in der Rotemühle am gleichen Ort besuchen wollen, wurden von deren Wachmannschaft jedoch daran gehindert. Die Existenz der Schnapsflasche und deren Besuchsversuch bei den Landsleuten wurden anschließend einfach geleugnet. Offenbar wollte man am Ort den beiden Witwen ihre Arbeitskräfte erhalten. Die Anzeige wurde zur Fehlmeldung.⁹⁴⁰ Meldung erfolgte übrigens auch nur deshalb, weil ein Wirt mit Gefangenen Karten gespielt hatte.⁹⁴¹

Selbst ein Betrugsversuch an den Gefangenen, das Abschwindeln von Geld, für die vorgebliche Beschaffung von Liebesgaben, Bekleidungsstücken, Schreibmaterial oder anderen Mangelwaren wurde Anfang 1917 aktenkundig.⁹⁴²

Auch auf offizieller Seite zeigten sich im Laufe des Krieges Aufweichungserscheinungen, ein Abweichen vom generellen Verbot von Geschenken an Gefangene. Die Kommandantur des Kriegsgefangenenlagers Kassel ließ am 22. März 1916 mit der Ausnahme von Alkohol Geschenke aller Art aus dem Bereich der Nahrungs- und Genußmittel zu, das Abgeben von Kleidungsstücken (mit Ausnahme von Röcken, Hosen, Mänteln und Kopfbedeckungen), von Putz- und Waschmitteln, Uhren, Behältnissen für die Aufbewahrung von Sa-

chen sowie für die Freizeit von Spielen, Unterhaltungsgegenständen, Büchern, Zeitungen und Illustrierten.⁹⁴³ Offenbar war das Lager selbst nicht mehr in der Lage, seine Gefangenen mit dem Notwendigen zu versorgen. Aber die Politik schwankte: Nur wenige Wochen später wurde die offiziell weiche Linie zurückgenommen.⁹⁴⁴ Die Arbeitgeber werden sich dann so verhalten haben, wie es ihnen selbst als angemessen erschien. Übrigens wurden später diejenigen, die den Kriegsgefangenen aus Mitleid Nahrungsmittel und sonstige Kleinigkeiten zusteckten, dafür verantwortlich gemacht, daß im Frühjahr 1917 die Fluchtversuche zunahmen.⁹⁴⁵ Das Almosengeben muß also immerhin so häufig gewesen sein, daß eine amtliche Verordnung lohnte.

Selbst nach dem Friedensschluß mit Rußland verlegte das Militär Belohnungen in deutschem statt in Lagergeld in den Bereich des Kriminellen.⁹⁴⁶ Das Maß des Zulässigen bestimmte sich letztlich nach den Wertvorstellungen des jeweils Zuständigen. Die Kontakte von Kriegsgefangenen untereinander, die an einem Ort geduldet waren, der dafür die Kinder von den Gefangenen fernhielt,⁹⁴⁷ wurden am anderen unterbunden.⁹⁴⁸ Man kann das Verschärfen der Strafbestimmungen gegen das „Herumtreiben",⁹⁴⁹ sexuelle Beziehungen zu deutschen Frauen⁹⁵⁰ und gegen Aufsässigkeiten (Sabotage) im Lauf des Sommers 1917 unter Umständen auch als ein Indiz für das Heranreifen einer instabilen Lage in der deutschen Bevölkerung selbst interpretieren, als Vorzeichen der kommenden Revolution. Ab April 1917 verbreitete sich in den deutschen Ministerien die Furcht vor revolutionärer Propaganda durch die „Russen".⁹⁵¹ Die Nervosität nahm zu, die innenpolitische Lage wurde offenbar so labil, daß dem nur noch durch sofortige und strenge Bestra-

Abschrift!

Stellvertretendes
Generalkommando II.Armeekorps.   Cassel, den 16.8.1914.
  Ib.Nr.1868.

      Das stellvertretendes Generalkommando erfährt, daß einzelne Personen, namentlich weiblichen Geschlechts, sich in taktloser und würdeloser Weise an Kriegsgefangene herangedrängt haben.

      Ein solches Betragen schlägt der Ehre des deutschen Namens in's Gesicht und ist ein Hohn auf die opferfreudige Vaterlandsbegeisterung, die unterschiedslos alle Kreise unseres Volkes durchglüht. Wohl wollen wir höflich sein gegen den Fremden und mitleidig gegen den verwundeten Feind. Unsere Fürsorge gebührt aber in erster Linie den eigenen Volksgenossen, unseren Kriegern, ihren in der Heimat zurückgelassenen Frauen und Kindern und all den vielen Deutschen, denen der Krieg Sorge und Not brachte.

      Es müßte eigentlich überflüssig sein, auch nur ein einziges Wort darüber zu verlieren, daß es in dieser ernsten und großen Zeit jedermannes selbstverständliche Pflicht ist, Eitelkeit, Neugierde und Sinnlichkeit vollständig bei sich auszutilgen. Wer das vermag, wird von selbst den richtigen Weg finden, unserem Vaterlande zu dienen.

      Sollten jedoch wider Erwarten die oben erwähnten peinlichen Vorfälle sich wiederholen, so wird das stellvertretende Generalkommando die Beteiligten feststellen lassen, um ihre Namen an den Straßenecken bekannt zu machen und der öffentlichen Verachtung preiszugeben.

                                    Der Kommandierende General.
                                      gez. v. Haugwitz.

==========

Stellvertretendes
Generalkommando II.Armeekorps.   Cassel, den 1.12.191 .
  Ib.Nr.20275.

Brief- und sonstiger Verkehr mit Kriegsgefangenen
und Unvorsichtigkeit der Bevölkerung gegen Spionage.

      Der Chef des stellvertretenden Generalstabes teilt mit, daß in letzter Zeit mehrfach Briefe angehalten worden sind, die von Deutschen - in der Regel Mädchen oder Frauen - an englische und französische Gefangene gerichtet waren, und in denen auch von Zusammenkünften die Rede war. Durchweg wurde das Los der armen Gefangenen sehr bedauert. Ganz abgesehen von dem mangelhaften Nationalbewußtsein der Briefschreiberinnen birgt dieser Verkehr die große Gefahr in sich, daß die Betreffenden geschickt ausgefragt und die so gewonnenen Kenntnisse in der schon bekannten Weise nach der Heimat berichtet werden.

      Umgekehrt unterhalten in Deutschland lebende Französinnen und Russinnen, welche die deutsche Sprache teilweise gut beherrschen, Liebesverkehr mit deutschen Verwundeten, um diese auszuhorchen und alle wünschenswerten Einzelheiten von ihnen zu erfahren.

      Ein Brief ist bekannt geworden, aus dem geschlossen werden kann, daß in Zossen, Munster, Döberitz, Tempelhof eine geschickt angelegte Spionage betrieben werde.

36 Verordnungen über das Verhalten gegenüber den Kriegsgefangenen, 1914

Das Generalkommando ordnet an:

1.) Briefe der oben bezeichneten Art dürfen den Kriegsgefangenen nicht ausgehändigt, müssen vielmehr hierher eingesandt werden.

Das Generalkommando wird die Namen der Absenderinnen veröffentlichen lassen (vergleiche Verfügung des Generalkommandos vom 18.8.1914 Nr. Ib 1868).

2.) <u>Jeder</u> Besuch der Gefangenenlager <u>und</u> der in den Lazaretten untergebrachten Gefangenen durch Privatpersonen wird streng untersagt und ist zu verhindern. des Korpsbereiches

3.) Erneut und dringlich wird die gesamte Bevölkerung auf die Pflicht der Zurückhaltung und Verschwiegenheit hingewiesen. Insbesondere liegt diese Pflicht vor für <u>alle Militärpersonen, einschließlich der inaktiven Offiziere, und</u> für deren Angehörige.

Sehr oft schon wurde aufmerksam gemacht auf die Notwendigkeit eines angemessenen und vorsichtigen Verhaltens an öffentlichen Orten! Trotzdem mehren sich die Klagen, daß hiergegen in der leichtfertigsten Weise verstoßen wird.

<u>Beispiele:</u>
Soldaten sprechen in der Straßenbahn ganz ungezwungen über ihre Erlebnisse, wobei sie Namen der Führer und Truppenteile, wichtige Einzelheiten der Ausrüstung und Ersatzgestellung, Aufenthaltsorte und Truppenverschiebungen unbekümmert preisgeben. Andere wieder lassen sich in der Eisenbahn von geschickten Fragern oder Fragerinnen aushorchen und geben selbstgefällig, was sie wissen, zum Besten, ohne zu ahnen, wie gern die Spione männlichen und weiblichen Geschlechts ihre Absichten unter der Maske harmloser Neugierde verbergen. In den Wirtschaften wird mit lauter Stimme über militärische Einrichtungen, über unsere Heerführer und ihre Maßnahmen geredet, wobei man sich nicht scheut, das eigene Urteil in der unbefangensten Weise aller Welt kund zu tun. Frauen erfahren durch Privatbriefe aus dem Felde allerhand neues und ruhen nicht, bis sie es weiter erzählt haben; ihre Gesprächsbetriebsamkeit bringt dann nur allzuleicht Nachrichten in Umlauf, deren Zurückhaltung durchaus geboten gewesen wäre. Solche Vorkommnisse können nur auf's Schärfste verurteilt werden.

Die Zivilverwaltungen werden ergebenst ersucht, durch die Presse in geeigneter Weise auf die Bevölkerung belehrend einzuwirken. Man darf vertrauen, daß es bei der bisher betätigten vaterländischen und einmütigen Haltung der Bevölkerung gelingen werde, die erwähnten gefährlichen Unzuträglichkeiten auszuschalten. Es muß bedacht werden, daß Wichtigtuerei und Schwätzerei vielen unserer deutschen Krieger das Leben kosten und unserem Heere den größten Schaden bringen können.

Von seiten des stellv. Generalkommandos.
Der Chef des Stabes.
gez. Frhr. von Fettau.
Oberstleutnant.

fung aller Formen von Widersetzlichkeit, zunächst einmal unter den Gefangenen, Herr zu werden war.[952] Illegaler Postverkehr der Gefangenen untereinander unter Beihilfe der deutschen Arbeitgeber, die Umgehung der Zensur, bislang möglich, sollte künftig nicht mehr stattfinden.[953]

Nachdem sich in Leuderode ein Dienstmädchen mit einem französischen Kriegsgefangenen eingelassen haben sollte, wurden nicht nur Disziplinarmaßnahme gegen diese fällig, sondern für den Franzosen als Strafe eine Verlegung aus seinem Einzelquartier beim Bauern in die allgemeine Unterkunft für die Russen vorgesehen.[954] Dies darf eindeutig als Indiz für die Diskriminierung der Russen gegenüber den Gefangenen der Westmächte gedeutet werden, was unter anderem die bei weitem höhere Zahl der russischen Fluchtversuche erklärt.[955] Im Sommer 1917 wurden Verstöße gegen das Verbot des Verkehrs mit Gefangenen unter Namensnennung bekannt gemacht. Die „Übeltäter" wurden an den Pranger gestellt.[956] Als französisch sprechende Elsässerinnen sich im Wald bei Mardorf mit Franzosen trafen, wurde gegen die Frauen ein Strafverfahren wegen vertraulicher Annäherung an Kriegsgefangene eingeleitet. Der Bürgermeister hatte schon zuvor angeregt, die Franzosen gegen Russen auszutauschen. In seltenen Fällen kam es auch zu unehelichen Kindern mit Deutschen.[957] Heiratspläne von Russen mit Deutschen nach Kriegsende suchten die Ortsobrigkeiten nach Kräften zu hintertreiben.[958] Die auf dem Lande traditionell *allen* Fremden, Zugezogenen und darunter auch den Russen gegenüber herrschende Überheblichkeit der Alteingesessenen war der Boden, auf dem Anzeigen gegen deutsche Frauen wegen allzu freundlicher Behandlung ihrer Gefangenen bzw. die Unterstellung von Liebesaffären gedeihen konnten.[959]

In der Verwaltungsspitze, beim Regierungspräsidenten, war dies bekannt und man sah in der Regel von den unten erhofften strikten Maßnahmen gegen die Russen und deutschen Frauen ab.

Grundsätzlich wurden die im Arbeitseinsatz befindlichen Kriegsgefangenen von deutschen Landsturmleuten, Betriebsangehörigen, mit der Eigenschaft eines Polizeiorgans, bewacht, die vom Arbeitgeber zu bezahlen und zu unterhalten waren. Auf dem Land waren die Wachmannschaften anfangs grundsätzlich militärische Wachleute, die später soweit irgend möglich durch Zivildienstpflichtige ersetzt werden sollten.[960] Diese waren jedoch offensichtlich z.T. nicht bewaffnet, so daß Anfang Dezember 1916 angemahnt wurde, die Zivilisten mit brauchbaren Schußwaffen zu versehen.[961] Der Zentralsoldatenrat im Bereich des XI. Armee-Korps und das Generalkommando mußte im Dezember 1918, nach der Revolution, darauf hinweisen, daß die Entwaffnung der Begleitung eines Gefangenentransports unter dem Gardekorps durch einen Arbeiter- und Soldatenrat nicht nur illegal erfolgt, sondern auch wenig zweckmäßig sei: Diebstähle, Beraubungen usw. würden die unausbleibliche Folge sein.[962]

Die Mehrheit der Russen verblieb in den größeren Arbeitstrupps.[963] Aber „zuverlässige" Deutsche konnten später ein oder zwei Kriegsgefangene ohne Bewachung erhalten.[964] In diesem Fall mußten sich die Gefangenen zweimal pro Woche bei der Polizei melden.[965] Gerügt wurde das Weiterverleihen von Kriegsgefangenen, so daß die Zentrale der Gefangenenverwaltung teilweise den Überblick verlor, wo die Gefangenen sich aufhielten. Es entstand eine so große Bewegungsfreiheit der Einzelarbeiter, daß es zu disziplinarischen Schwierigkeiten bei den Arbeitstrupps kam.[966] Bei

Nachlässigkeiten, etwa dem „Übersehen" von Besuchen bei auswärtigen Kriegskameraden drohte den Arbeitgebern aber nicht mehr als der Entzug ihrer Lizenz.[967] Solche Einzelarbeiter ohne Wachmann waren abends ab 9 oder 10 Uhr einzuschließen; eine Vergitterung der Fenster war ggf. nur im Erdgeschoß notwendig.[968] Nachdem diese Einzelanforderung von Arbeitskräften möglich geworden war, erlosch das Interesse der kleinen oder mittleren Landwirte bzw. der Gemeinden an der Übernahme größerer Trupps schlagartig.[969] „Russen" im weitesten Sinne, als Staatsangehörige des Zarenreichs unterschiedlicher Nationalität, wurden in der Landwirtschaft als besonders tüchtig geschätzt.[970]

Fluchtversuche[971] wurden zentral gemeldet und gingen in der Tat in der Regel von russischen Untertanen, sehr selten von Franzosen[972] oder Belgiern[973] oder Engländern aus.[974] Das übliche Verfahren war kurzfristig eine, ggf. telegraphische Benachrichtigung der benachbarten Landratsämter, dann Fluchtmeldungen durch die Lagerkommandaturen offenbar an alle Landräte im Militärbezirk, eine Veröffentlichung im deutschen Fahndungsblatt und im Eberhardschen Polizeianzeiger in Coburg.[975] Übrigens nahm das Militär mißbilligend zur Kenntnis, daß sich die Bevölkerung „*entweder unbekümmert oder ängstlich*" gegenüber den „*schweren Gefahren*" für die öffentliche Sicherheit durch umherstreifende Strolche wie gegenüber den Gefahren von Spionage und Sabotage zeigte, jedenfalls die Flüchtlinge sich lange im Lande herumtreiben konnten, ohne aufgegriffen zu werden.[976]

Aus den hier in den Blick genommenen überregionalen Meldungen zeichnen sich im mitteldeutschen Raum ein Jahr später bestimmte Zentren für solche Fluchtversuche ab.[977] Entweder war die Bewachung dort nachlässig oder die Arbeitsbedingungen besonders hart. Die Zahl der Fluchtversuche weist darauf hin, daß die Arbeitsbedingungen in den Kaliwerken, im Bergbau generell wie dem Bahnbau oder bei Waldarbeiten schlecht waren. Und doch ist in Nordhessen letztlich kein sicheres Muster zu erkennen. In der Regel entfernte man sich einzeln oder zu zweit vom Arbeitsplatz oder Lager.[978] Größere Gruppen bestanden häufig aus Unteroffizieren mit oder ohne Gemeinen,[979] die offenbar dem Normensystem der Offiziere folgten, eine geglückte Flucht sei ehrenhaft und ein Zeichen von Mut. Die Fluchten von Russen mißglückten 1915 in der Regel.[980] Bis Ende Mai 1915 wußte das Kriegsministerium in Berlin reichsweit von insgesamt über 200 solcher Fluchtversuche, und zwar hauptsächlich durch Russen.[981] Die Chancen stiegen aber, denn die Meldungen über Fahndungserfolge nehmen im Laufe des Jahres 1916 erkennbar ab. Einigen Russen gelang offenbar bereits im Winter 1916 die Flucht.[982]

In seltenen Fällen folgte dem ersten Fluchtversuch ein zweiter. Bestraft wurde also höchstens durch Arrest. Aus den hessischen Akten bekannt ist nur ein einziger Fall, in dem ein Flüchtiger erschossen wurde. Geographisch begünstigt waren Polen/Ukrainer oder Russen, die zu ihren Angehörigen auf der deutschen Seite der Front zurückkehren konnten bzw. wollten. Mit zunehmender Dauer des Krieges scheinen die Fluchtversuche an Zahl zuzunehmen, wieder speziell unter den „Russen", was erneut auf eine relativ bessere Behandlung der Kriegsgefangenen der Westmächte hindeutet.

Offenbar negativ auf den Willen, nach Hause zurückzukehren, hat sich die Februarrevolution von 1917 ausgewirkt. Die Zahl der gemeldeten Fluchtversuche von „Russen" nimmt in Hessen ab[983], dafür steigen die Zahlen der Fluchtversuche vor allem von Franzosen oder auch von Belgiern.[984] Mitte Juni 1917 rechnete das Kriegsministerium mit der Gefahr eines allgemeinen Fluchtversuchs aller Gefangenen, aber dies war wohl nicht mehr als ein Anfall von behördlicher Panik. Die aus Hessen weiter einzeln Flüchtenden wußten davon offensichtlich nichts.[985] Die Belohnung für die Ergreifung eines Flüchtlings betrug im übrigen nur 20 Mark.[986]

Eher ungewöhnlich sind Fluchtversuche, die unter Angehörigen mehrerer Nationalitäten, unterschiedlicher Sprachengemeinschaften, unternommen wurden,[987] oder aber ein Aufgreifen von Russen auf dem Marsch nach Westen, an der holländischen Grenze.[988] Hatten die drei prominenten Offiziere des Offizierslagers Magdeburg, die am 6. April 1915 einen Ausbruchsversuch unternahmen, ebenfalls den Weg nach Westen geplant?[989] Nur ganz ausnahmsweise verschwanden Gefangene verständlicherweise aus Lazaretten.[990]

Anders als bei den Saisonarbeitern bzw. bei Gesinde war ein Wechsel des Arbeitsplatzes grundsätzlich möglich, doch nur nach festen Grundsätzen.[991] Diese Freiheit der Gefangenen erregte im Einzelfall Anstoß, da Landwirte die üblichen Bestimmungen der Gesindeordnung mit der festen Bindung der Knechte und Mägde an ihre Herrschaft einfach auf die Kriegsgefangenen angewendet sehen wollten.[992] Bei Unverträglichkeit mit dem deutschen Arbeitgeber oder, um dem Wunsch nach Gesellschaft mit einem Landsmann seitens der Kriegsgefangenen nachzukommen, kam es durchaus zu einem Stellenwechsel. Bei offensichtlicher Mißhandlung der Gefangenen schritt der Landrat ein.[993] Immerhin, eine berechtigte Beschwerde eines Kommandoführers wegen mangelhafter Verpflegung seines Trupps durch den Mühlen- und Gutsbesitzer Peterke in Homberg führte zur Absetzung des *deutschen* Fürsprechers der Gefangenen, nicht etwa zum Abzug der Arbeitskräfte.[994]

Es konnte selbst zu disziplinarischen Maßnahmen gegen die Deutschen zugunsten der Gefangenen kommen.[995] Offizielle Schlichtungsstelle war die Kommandantur des Kriegsgefangenenlagers Kassel, also des Stammlagers.[996] Häufiger war ein Umtausch seitens der Bauern, die einen besseren Arbeiter als den ihnen gerade zugewiesenen wünschten, oder aus anderen, in der Regel „*gänzlich belanglosen Gründen*". Im Frühjahr 1917 wurde seitens der Verwaltung der Gefangenenlager vor weiteren solchen Versuchen gewarnt, da Ersatz nicht vorhanden sei und Industrie- und Forstwirtschaft händeringend nach Arbeitskräften suchten.[997] Ausnahmsweise flüchteten die russischen Arbeitskräfte auch ins Gefangenenlager zurück. Dies passierte einem Gutsbesitzer in Rotemühle bei Niederbeisheim am 10. April 1917 mit seinen fünf Russen. Offenbar herrschten schlechte Arbeitsbedingungen.[998] Widerstand gegenüber unmöglichen Arbeitsverhältnissen konnte sich in stillschweigender Sabotage äußern. Vermutet wurde dahinter aber, 1917 vor allem, Feindpropaganda.[999] Als 1917 die Versorgungslage, speziell bei den Kartoffeln, kritisch wurde, sollten die landwirtschaftlichen Betriebe unauffällig darauf achten, daß ihre Gefangenen die Setzlinge nicht absichtlich verkehrt herum pflanzten oder zerstörten.[1000]

Daß gerade russische Kriegsgefangene keinen besonderen Wert auf eine Heimkehr in ihr durch Revolution und Bürgerkrieg gebeuteltes Vaterland legten, verwundert nicht. Sie wurden zunächst zwar grundsätzlich weiter im Kriegsgefangenenlager gehalten, arbeiteten aber häufig, offenbar zu ähnlichen Konditionen, weiter bei ihren alten Arbeitgebern der Kriegszeit, und diese hatten in den letzten Kriegsjahren häufig, zumal als Landarbeiter *„am liebsten Russen"* angefordert.[1001] Im Frieden von Brest-Litovsk wird vereinbart, daß Nationalrussen künftig in der deutschen Land- oder Forstwirtschaft zu den gleichen Bedingungen beschäftigt werden sollten wie die Ukrainer. Das bedeutete eine Lohnerhöhung. Den Landwirten wurde allerdings freigestellt, unter diesen Bedingungen ihre Arbeitskräfte an das Kriegsgefangenenstammlager abzugeben.[1002] Es folgte eine weitere Lohnerhöhung für Russen bei Überstunden.[1003] Die ersten Erleichterungen für Russen wurden im Juni 1918 verordnet: Sie durften sich nun freier bewegen, Rasiermesser benutzen und es wurde ihnen eine Einbürgerung in Deutschland in Aussicht gestellt.[1004] Es gab auch bald die Möglichkeit einer Entlassung aus dem Lager als sogenannte „freie Arbeiter", was dann aber eine Rückkehr dorthin ausschloß.[1005]

Eine Integration der fremden Kriegsopfer war aber nicht angestrebt, denn noch 1920 sollte ein Unterschied in der Beschäftigung von Kriegsgefangenen und geworbenen Fremdarbeitern erhalten bleiben.[1006]

Ein Runderlaß vom 14.11.1921 regelte dann das Verfahren der Entlassung der restlichen Kriegsgefangenen ins Zivilleben grundsätzlich.[1007] Was nun anstand, war das Problem, daß nicht alle Kriegsgefangenen in die Heimat zurückkehren wollten oder konnten, also staatenlos waren.[1008] Ausgewiesen aus dem Deutschen Reich wurden von den ehemaligen russischen Untertanen Polen und Juden,[1009] nur sehr selten Russen.[1010] Die Kriegsgefangenen sollten nicht interniert werden.[1011] Die sich aus den Folgen des Ersten Weltkrieges ergebende Immigration von russischen Unterschichtenmitgliedern ist im Unterschied zu den prominenten, vor allem in Berlin konzentrierten russischen Emigranten, Intellektuellen und alten Oberschichten, bislang nicht ins Blickfeld geraten, ja fast völlig vergessen, übrigens auch in Rußland.[1012]

37 Jean Marc Nattier, Peter der Große, 1717

ANHANG

ANMERKUNGEN

1 E. Herrmann, Geschichte des russischen Staates = Geschichte der europäischen Staaten, A. H. L. Heeren/F. A. Ukert, Hrsg., Bd. 6, Gotha 1860, S. VI; zu Herrmann, vgl. I. Auerbach, 125 Jahre Osteuropäische Geschichte an der Philipps-Universität. Teil 1, in: Alma mater philippina, SS 1982, S. 17 ff.

2 Literatur zu den Anfängen bei: L. Kopelew/M. Keller, u.a., Hrsg., Russen und Rußland aus deutscher Sicht. 9.–17. Jahrhundert = Westöstliche Spiegelungen, Bd. 1, München 1985. Vgl. auch die Fortsetzungsbände der von Kopelew herausgegebenen Reihe.

3 Vgl. zu den frühen Ansätzen beispielsweise: G. v. Rauch, Streiflichter zum russischen Deutschlandbild des 19. Jahrhunderts, in: Zarenreich und Sowjetstaat im Spiegel der Geschichte. Aufsätze und Vorträge. Festschrift für G. v. Rauch zum 75. Geburtstag, Göttingen, Frankfurt, Zürich 1968, S. 336; ders., Wandlungen des deutschen Rußlandbildes, ebenda. S. 322; ders., Zur Frage des Standortes der Osteuropäischen Geschichte, ebenda, S. 4; G. Stökl, Osteuropa und die Deutschen. Geschichte und Gegenwart einer spannungsreichen Nachbarschaft, Oldenburg, Hamburg 1967, S. 164 f.; jünger und für die gebildete Öffentlichkeit durch die Stiftung Ostdeutscher Kulturrat, Bonn, repräsentativ aufgemacht: Tausend Jahre Nachbarschaft. Rußland und die Deutschen, A. Eisfeld, M. Hellmann, Hrsg., München 1988. Grundlegend zum Aspekt des „Untermenschenproblems" bei der Behandlung von russischen Kriegsgefangenen: Chr. Streit, Keine Kameraden. Die Wehrmacht und die sowjetischen Kriegsgefangenen 1941–1945, 2. Aufl., Bonn, Dietz 1997, auch: Die Tragödie der Gefangenschaft in Deutschland und der Sowjetunion 1941–1945, K.-D. Müller, K. Nikischkin, G. Wagenlehner, Hrsg. = Schriften des Hannah-Ahrendt-Instituts für Totalitarismusforschung, Bd. 5, Köln, Weimar 1998 (dort auch Literatur zu den deutschen Kriegsverbrechen in Rußland im weitesten Sinne).

4 G. Stökl, Die historischen Grundlagen des russischen Deutschlandbildes, in: Deutsche im Europäischen Osten = Studien zum Deutschtum im Osten, Bd. 13, Köln, Wien 1976, S. 18; F. B. Kaiser/B. Stasiewski, Vorwort zu: Reiseberichte von Deutschen über Rußland und von Russen über Deutschland = Studien zum Deutschtum im Osten, Bd. 15, Köln, Wien, 1980, S. IX; E. Matthes, Das veränderte Rußland. Studien zum deutschen Rußlandverständnis im 18. Jahrhundert zwischen 1725 und 1762 = Europäische Hochschulschriften, Reihe III, Bd. 135, Frankfurt/Main, Bern, Cirencester/U.K. 1981, S. 14 ff.; A. Kappeler, Ivan Groznyj im Spiegel der ausländischen Druckschriften seiner Zeit. Ein Beitrag zur Geschichte des westlichen Rußlandbildes = Geist und Werk der Zeiten, Nr. 33, Bern 1972, S. 10 ff. [im Folgenden Ivan Groznyj], deutlicher: ders., Die deutschen Rußlandschriften der Zeit Ivans des Schrecklichen, in: Reiseberichte von Deutschen über Rußland und von Russen über Deutschland, S. 19 f.; L. Kopelew, Fremdbilder in Geschichte und Gegenwart, in: Russen und Rußland aus deutscher Sicht, S. 16 ff.

5 Für die Anfänge verweise ich speziell auf die genannten Arbeiten von Kappeler. Auch: Siegmund v. Herberstein. Kaiserlicher Gesandter und Begründer der Rußlandkunde und die europäische Diplomatie, G. Pferschy, Hrsg., Graz 1989, und M. Welke, Rußland in der deutschen Publizistik des 17. Jahrhunderts (1612–1689), in: Forschungen zur Osteuropäischen Geschichte, Bd. 23, Berlin 1976; ders., Deutsche Zeitungsberichte über den Moskauer Staat im 17. Jahrhundert, in: Russen und Rußland aus deutscher Sicht, S. 264 ff. (vgl. auch die anderen Beiträge des Bandes); F. Kämpfer, Deutsche Augenzeugenberichte über die „Zeit der Wirren", in: Kaiser/Stasiewski, S. 24 ff.

6 Es handelt sich hier um Einzelnachrichten, die in der Regel von Agenten auf Postwegen oder

an bestimmten Höfen zusammengestellt und dann in den fürstlichen Korrespondenzen handschriftlich weiter verbreitet wurden.
7 Nach Matthes, S. 22 f., bzw. Lexikon zur Soziologie; G. Scheidegger, Perverses Abendland – barbarisches Rußland. Begegnungen des 16. und 17. Jahrhunderts im Schatten kultureller Mißverständnisse, Zürich 1993.
8 K. S. Sondhi, R. Bergius, K. Holzkamp, Urteile über Völker. Versuch einer Problemanalyse, in: Vorurteil. Ergebnisse psychologischer und soziologischer Forschung, A. Karsten, Hrsg., Darmstadt 1978, S. 177; vgl. auch: Kopelew, S. 16 f. Zur Forschungsgeschichte (knapp), vgl. auch: E. Ju. Artemova, Kul´tura Rossii glazami posetivšich ee francuzov (poslednjaja tret´ XVIII v.) [Die russische Kultur in den Augen französischer Reisender (letztes Drittel des 18. Jhs.)], Moskau 2000, S. 8 ff.
9 Bericht der Räte, 1576, Juli 16, in: Staatsarchiv Marburg, Best. 4e, Nr. 1378, f. 4 (alle Quellenangaben beziehen sich im Folgenden auf Bestände des Staatsarchivs Marburg, sofern nicht anders angegeben).
10 Paul Juusten's Mission to Muscovy, H. F. Graham, Hrsg., in: Russian History – Histoire Russe, Bd. 13 (1986), Nr. 1, S. 65 f.; S. v. Herberstein, Das alte Rußland, W. v. d. Steinen, Übers., W. Leitsch, Hrsg., Zürich 1984, S. 165.
11 Dazu generell: K. H. Ruffmann, Das Rußlandbild im England Shakespeares = Göttinger Bausteine zur Geschichtswissenschaft, Bd. 6, Göttingen 1952.
12 G. Fletcher, The Russian Commonwealth = The Principal Navigations, Voyages and Discoveries of the English Nation, The Hakluyt Society, Hrsg., Nr. 29, London 1856, S. 455; Ruffmann, S. 141.
13 G. Buchda, Gerüfte, in: HRG, Bd. 1, Berlin 1971, Sp. 1584–1587; H. Conrad, Deutsche Rechtsgeschichte, 2. Aufl., Karlsruhe 1962, Bd. 1, S. 30, 149, 443.
14 Zakonodatel´stvo perioda obrazovanija i ukreplenija Russkogo centralizovannogo gosudarstva [Die Gesetzgebung der Periode der Bildung und Festigung des russischen zentralisierten Staates] = Rossijskoe zakonodatel´stvo X-XX vv., O. I. Čistjakov u. a., Hrsg., Bd. 2, Moskau 1985, S. 194 (Art. 14), S. 230 (Art. 15).
15 1559, April 20, in: PA (Politisches Archiv Philipps d. Großmütigen), Nr. 1272.
16 Herberstein, S. 324.
17 Fletcher, S. 142; Ruffmann, S. 138. Zum obligatorischen Toast zu Ehren des Herrschers (russ. *Čaša gosudareva zazdravnaja*), vgl. A. L. Choroškevič, Russkie obyčai v izobraženii Gerberštejna [Russische Sitten bei Herberstein], in: F. Kämpfer/F. Frötschner, Hrsg., 450 Jahre Sigismund von Herbersteins Rerum Moscoviticarum Commentarii 1549–1999. Jubiläumsvorträge = Schriften zur Geistesgeschichte des östlichen Europa, Bd. 24, Wiesbaden 2002, S. 61 ff., mit weiterer Literatur [im Folgenden: 450 Jahre Sigismund v. Herberstein].
18 Ruffmann, S. 137 f.
19 Stoglav (Hunderkapitelsynode), Frage 52, in: Zakonodatel´stvo perioda obrazovanija i ukreplenija Russkogo centralizovannogo gosudarstva, S. 255, 327 ff. mit den kirchlichen Argumenten gegen die Trunksucht.
20 Bericht der Räte, 1576, Juli 10, in: Best. 4e, Nr. 1378, f. 4 v., auch: Wilhelm IV. an Erich v. Braunschweig in Anlehnung an die Formulierung des Berichtes seiner Räte, aber mit einer Verwechslung zwischen Moscoviter- und Polengesandtschaft, 1576, Juli 20, in: Best. 4f Frankreich, Nr. 478, f. 1 v.-2.
21 1576, Juli 12, in: Best. 4f Frankreich, Nr. 478.
22 Vgl. die Arbeiten Kappelers, Anm. 4.
23 Pollnische Zeitung. Summarischer und warhaffte Beschreibung von jüngster Bekriegung und Eröberung etlicher fürnemer Städt und Vestungen, so Königl. Mayestät zu Polen etc. dem Muscovitischen tyrannischen Feind mit sieghafter Hand glücklich aberhalten, Johann Balhorn 1580; Absagbrief Königlicher Mayestät in Polen etc. dem Moscovitischen abscheulichen tyrannischen Feind durch einen Fürnehmen vom Adel Lopazinski genandt ... mit blossem Säbel jüngst überschickt, 1580, beides Staatsarchiv Marburg, Drucksachensammlung, Polen.
24 Best. 115, 2, Pak. 414. Für den Hinweis danke ich Dr. Fritz Wolff. Vgl. Abbildung S. 16.
25 So Kappeler, Ivan Groznyj, S. 98.
26 Ebenda, S. 16. „*Was nun die Zeitungen belangt ..., damit sich hin und wieder die Kaufleut tragen ... und unter etzliche Prediger, so sich gerne mit neuen Zeitungen tragen, dieselben weiter auszubreiten...*", 1556, April 18, in: PA, Nr. 2795, f. 9.
27 Kappeler, Ivan Groznyj, S. 22 ff.; Matthes, S. 28, Anm. 2 zu den Herberstein-Ausgaben. Vor allem aber: W. Leitsch zu den 20 Auflagen zwischen 1549 und 1600 in lateinischer, deutscher, italienischer und englischer Sprache, in: ders.,

Das erste Rußlandbuch im Westen – Sigismund Freiherr v. Herberstein, in: Russen und Rußland aus deutscher Sicht, S. 120; ders., Westeuropäische Reiseberichte über den Moskauer Staat, in: Reiseberichte als Quellen europäischer Kulturgeschichte, A. Mączak/H. J. Teuteberg, Hrsg. = Wolfenbütteler Forschungen, Bd. 21, Wolfenbüttel 1982, S. 153 ff., 159 ff.; F. Kämpfer, Das Rußlandbuch Sigismunds v. Herbersteins „*Rerum Moscoviticarum Commentarii*". 1549–1999. Beiträge zu Ehren der Internationalen Tagung im Oktober 1999 an der Universität Münster, Hamburg 1999; ders., F. Frötschner, Hrsg., 450 Jahre Sigismund von Herbersteins *Rerum Moscoviticarum Commentarii* (grundlegend mit Bibliographie der Arbeiten über Herberstein). Arbeitsversionen einer geplanten Neuausgabe der deutschen und der lateinischen Ausgabe des Reiseberichtes im Internet unter http://uni-muenster.de/GeschichtePhilosophie/Geschichte/Histsem/OE-G, künftig: www.uni-muenster.de/Osteuropastudien.
Die „*Moscovia*" blieb übrigens bis ins 17. Jh. hinein Diplomatenlehrbuch. Dazu: Auerbach, Sigismund von Herbersteins „Moscovia" als Lehrbuch, in: Kämpfer/Frötschner, S. 385 f.

28 Zur Bedeutung der Postlinien für die Beförderung der Zeitungen: „*Die 2 ersten Puschen hab ich alhie vorgefunden. Den 3ten hat die gestrige ordinari [Post] gebracht, auf welche ich dann diesem Euer fürstlichen Gnaden Diener dieselben [betr. Die Zeitungen], nachdem sie ausgezogen, mitzunehmen, bis dato warten lassen.*" Vgl. auch: Welke, S. 142 f.

29 H. D. Laswell, The Structure and Function of Communication in Society, in: Mass Communication, W. Schramm, Hrsg., Bd. 2, Urbana, S. 177 ff. (nach Welke, S. 110, Anm. 15).

30 „*Mein lieber Vetter Wilhelm von Haitzfelt ist allhier gewesen und angezeigt, daß Hermann von Haitzfelts Bruder Kaspar, welcher vom Muscowitter gefangen gewesen und ledig worden ...*", 1564, Best. 116a/1, Nr. 107.

31 Georg Hans, Pfalzgraf bei Rhein, an den Landkomtur, 1579, in: Best. 106a/1, Nr. 107, f. 1.

32 Dazu generell: R. S. Hartigan, The Forgotten Victim: A History of the Civilian, Chicago, Ill. 1982 (mit weiterer Literatur). Zum Laterankonzil: H. Meier-Welcker, Kriegsgefangenschaft, in: HRG, Bd. 2, Berlin 1978, Sp. 1202.

33 Zeitung aus Karkus, 1578, Aug. 2, in: Best. 4 g, Nr. 14; Moskovitische Zeitung über die Wegführung von Gefangenen (Adligen, Bürgern der Stadt Dorpat und des Ordensmeisters) über Narva nach Moskovien. Anlage zu: 1567, Dez. 29, in: Best. 4f Württemberg, Nr. 34; zur Gefangensetzung des Ordensmeisters Wilhelms v. Fürstenberg und von Ordensherren in Moskau, vgl. PA, Nr. 1415, f. 364 v.-365; zur Abführung Fürstenbergs nach Moskau mit der Bitte Fürstenbergs, lieber von seinen eigenen Leuten erstochen oder erschossen zu werden, als in der Russen Hand zu fallen, vgl. 1560, Okt. 20, PA, Nr. 2819, f. 25-25 v.; zur Rückführung Fürstenbergs nach Dorpat, 1565, März 6, vgl. PA, Nr. 2833, f. 56 v.; zum Einsatz deutscher Kriegsgefangener an Moskaus Südgrenze im Kampf gegen die Tataren, Best. 4 g, Nr. 14, f. 114. Vor allem: Kniga posol´skaja Metriki Velikago knjažestva Litovskago, soderžaščaja v sebe diplomatičeskija snošenija Litvy v gosudarstvovanie korolja Sigismunda Avgusta [Gesandtschaftsbücher der Litauischen Metrik aus der Regierungszeit Sigismunds II. Augusts], M. Obolenskij/I. Danilovič, Hrsg., Moskau 1843, S. 186, 260; Kniga posol´skaja Metriki Velikago knjažestva Litovskago, soderžaščaja v sebe diplomatičeskija snošenija Litvy v gosudarstvovanie korolja Stefana Batorija [dass. der Regierungszeit Stefan Báthorys], M. Pogodin/D. Dubenskij, Hrsg., Moskau 1843, S. 26 [im Folgenden: Litovskaja metrika, Bd. 1 und 2].

34 Zum Schicksal einzelner prominenter, Kriegsgefangener, vgl. I. Auerbach, Ivan Groznyj, Spione und Verräter im Moskauer Rußland und das Großfürstentum Litauen, in: Russian History – Histoire Russe, Bd. 14 (1987), Heft 1-4, S. 15 [im Folgenden: Auerbach]; auch Litovskaja metrika, Bd. 1, S. 230, 260. Zu den Verhandlungen über den Austausch von Gefangenen vgl. neben den beiden Bänden der Litovskaja metrika vor allem: Pamjatniki diplomatičeskich snošenij Moskovskago gosudarstva, S. 163 ff.

35 Zeitung aus Riga, Anlage, 1571, Mai 21, in: Best. 4 f Münster, Nr. 15, f. 3, auch: 1572, Okt. 20 und 1571, Okt. 23, ebenda.

36 R. Hellie, Slavery in Russia. 1450–1725, Chicago, London 1982.

37 Der russische Adel stand üblicherweise unter dem Zwang, sowohl bei der Suche nach dem Lehensgut selbst als auch bei dessen Aufsiedelung und Erschließung Eigeninitiative zu entwickeln, die Plünderungen im Krieg natürlich befördert haben. Ein Beispiel für zahlreiche:

„Fedor Ivanovič, Car´ und Großfürst von ganz Rußland, an unseren Voevoden Levontij Ivanovič Oksakov und unseren D´jak Ivaško Šarapov in Nižnij Novgorod. Fürst Ivan Požarskij, Sohn des Petr, ist bei uns supplizierend eingekommen: Nach Vorschrift (oklad) seien ihm Pomest´ja (Dienstgüter) im Umfang von 300 četi zu verleihen, er habe aber überhaupt keine Dienstgüter. Wir sollten ihm die Gnade erweisen mit dem Pomest´e des Jakov Boltin in Nižnij Novgorod. Durch unsere Begnadigung hatte der Jakov in Nižnij Novgorod Dienstgüter von 1919 četi. Jakov Boltin ist aber in diesem Jahr verstorben (1595/96) und hat nur eine kinderlose Witwe hinterlassen. Das Gut sei zugewachsen, an niemandem weiterverliehen und zu den steuerpflichtigen oder postdienstpflichtigen Sloboden nicht zugeschrieben ...". Falls das zuträfe, solle, so der Zar, dem Požarskij das Gut verliehen werden, vgl. dazu: G. N. Anpilogov, Nižegorodskie dokumenty XVI veka [Quellen aus Nižnij Novgorod im XVI. Jh.], Moskau 1977, S. 133. Dieses informelle Verfahren erhielt sich, obwohl staatliche Kataster geführt wurden, vgl. dazu: Z. V. Dmitrieva, Kataster (piscovye knigi) des russischen Reiches vom Ende des 15. bis ins 17. Jahrhundert, in: Archiv für Diplomatik, Schriftgeschichte, Siegel- und Wappenkunde, Bd. 40 (1994), S. 171 ff.

38 Auerbach, S. 15, Anm. 45.
39 Litovskaja metrika, Bd. 1, S. 171.
40 Ch. Verlinden, L'esclavage dans l'europe médiévale, Bd. 1-2 = Werken uitgeven door de Faculteit van de Letteren en Wijsbegeerte, Nr. 1991, 162, Brüssel 1955, Gent 1977.
41 Stoglav, Kap. 72, in: Rossijskoe zakonodatel´stvo X-XX vv., S. 350-351, S. 481 ff.
42 Vgl. die Belege für aruss. „christijan´stvo" (dtsch. Christenheit) in meiner Dissertation: Auerbach, Nomina abstracta im Russischen des 16. Jahrhundert = Slavistische Beiträge, Bd. 68, München 1973, S. 250 und „Christijanin" im altrussischen Wörterbuch von I. I. Sreznevskij, Materialy dlja slovarja drevnerusskogo jazyka po pis´mennym pamjatnikam [Materialien für ein altrussisches Wörterbuch nach schriftlichen Denkmälern], Bd. 3, 2. Aufl. (Reprint), Graz 1956 sowie künftig: Slovar´ russkogo jazyka XI-XVII vv. [Wörterbuch des Russischen im XI.-XVII. Jh.], Moskau 1975 ff. (noch nicht erschienen).
43 Hartigan, S. 66 ff.; Ph. Contamine, War in the Middle Ages, M. Jones, Übers., Oxford 1984, S. 270 ff., 274.
44 Contamine, S. 290. Zur Wertung des Verstoßes gegen solche Normen, vgl. die Druckschrift Absagbrief, 1580 (vgl. hier S. 15).
45 G. Best, Humanity in Warfare. The Modern History of the International Law of Armed Conflicts, 2. Aufl., London 1982, S. 50 ff. Dem diente selbst das Verfahren der Brandschatzung, das bei den Moscovitern nicht geübt wurde. Ein deutsches zeitgenössisches Beispiel: 1552, Mai 10, in: PA, Nr. 2157.
46 Vgl. z.B.: R. Pipes, Russia under the Old Regime. The History of Civilization, New York 1974, S. 74 ff.; Ch. J. Halperin, Russia and the Golden Horde. The Mongol Impact on Medieval Russian History, Bloomington, Ind. 1985, S. 30, 35, 75 ff., 79; zur Mongolenherrschaft grundlegend: B. Spuler, Die Goldene Horde. Die Mongolen in Rußland, 2. Aufl., Wiesbaden 1965. Im skrupellosen Umgang der moscovitischen Großfürsten mit den Hintersassen/Untertanen kann man auch eine noch ältere Wurzel vermuten. Das russische Reich wurde als Handelsimperium gegründet, d.h. auf reiner Geschäftsbasis, profitorientiert. Daher fehlt (sieht man ab vom Verhältnis des Fürsten zu seinen unmittelbaren Gefolgsleuten mit deren Abzugsrecht in alter Zeit) im Verhältnis von Herrscher zu Untertan die aus dem germanischen Volkskönigtum herrührende Idee der Gegenseitigkeit von Schutz und Schirm von oben gegen Treue von unten, die bei Versagen der Obrigkeit aufgekündigt werden kann. Die kirchliche Tradition des Schutzgedankens, mit Wurzeln bis in die Spätantike hat offenbar, sieht man auf die Staatstheorie der Zeit Ivans IV., kaum Wurzeln geschlagen. „Milost´", die Milde, des Herrschers besaß einen ebenso schwerwiegenden Diskussionswert wie „Groza", Strenge, das Einflößen von Furcht und Schrecken. H. Appelt, D. Willoweit, „Schutz, Schutzprivilegien" und „Schutz und Schirm", in: Handwörterbuch der Deutschen Rechtsgeschichte (HRG), Bd. 4, Berlin 1990, Sp. 1525–1529; H. Conrad, Deutsche Rechtsgeschichte, Bd. 1, Karlsruhe 1954, S. 129 ff.; O. Brunner, Land und Herrschaft, 4. Aufl., Wien, Wiesbaden 1959, S. 258 ff.; G. Schramm, Altrußlands Anfang. Historische Schlüsse aus Namen, Wörtern und Texten zum 9. und 10. Jahrhundert = Rombach Wissenschaften. Reihe historiae, Bd. 12, Freiburg/Br. 2002, S. 34 ff., 42 ff.,

55 ff., 13 ff., vor allem: S. 132 ff., 415 ff., 443 ff., 473 ff.

47 Ivan IV. hielt eine Elite von ca. 1 000 Mann (Tysjačniki, Opričniki, letztere allerdings plus Amtsträger in der zemščina) offenbar für ausreichend, um sein Reich zu managen. Zur Bürokratie des Moskauer Staates im Vergleich zum Großfürstentum Litauen neuerdings: J. Gralja, D´jaki i pisari: apparat upravlenija v Moskovskom gosudarstve i v Velikom knjažestve Litovskom (XVI – načalo XVII veka) [D´jaken und Sekretäre im Verwaltungsapparat des Moskauer Staates und des Großfürstentums Litauen (16. bis Anfang 17. Jh.)], in: Ot Drevnej Rusi k Rossii novogo vremeni. Sbornik statej k 70-letiju Anny Leonidovny Choroškevič [Von Altrußland zum Rußland der Neuzeit. Festschrift A. L. Choroškevič zum 70. Geburtstag], A. V. Jurasov, V. L. Janin, S. M. Kaštanov, A. S. Mel´nikova, E. A. Rybina, Hrsg., Moskau 2003, S. 154 f. Noch zur Zeit Katharinas II. bestand der gesamte Verwaltungsapparat vom Statthalter bis zum Amtsdiener oder Polizisten nur aus 25 oder 47 Personen auf Provinz- bzw. Gouvernementsebene. Dazu: R. E. Jones, Provincial Development in Russia. Catherine II. and Jacob Sievers, New Brunswick, N.J. 1984, S. 13 ff.

48 Auerbach, S. 18 f.

49 Ebenda, S. 12 ff. Die älteren traditionellen Deutungen z.B. bei: A. A. Zimin, Opričnina Ivana Grozonogo [Die Opričnina Ivans d. Schrecklichen], Moskau 1964, S. 193 ff.; R. G. Skrynnikov, Ivan Groznyj [Ivan d. Schreckliche], Moskau 1975, S. 169 ff. (ins Englische übersetzt von H. Graham); R. Hellie, What Happened? How did he get away with it? Ivan Groznyi's Paranoia and the Problem of Institutional Restraints, und R. O. Crummey, New Wine in Old Bottles? Ivan and Novgorod, beide in: Russian History – Histoire Russe, Bd. 14 (1987), Heft 1-4, S. 199 ff., 61 ff. (mit weiterer Literatur).

50 Hessen erreichte die folgende Nachricht: „*Ewer fürstlichen Gnaden mach ich nit pergen, waßmassen wahrhafftige Zeitungen aus Livland und Lubeck angekommen, daß Eilhard Kruse und Johann Duffe bei sich an die fünfoder sechshundert Pferde von den livländischen Adel und sunsten, die vormahls dem König von Schweden gedient. Dieselbe haben bei Dorpete gelegen und etlich Dusent Russen. Dar ist Herzog Magnus der Sachen uneinig mit geworden, also daß sie sich dapper undereinander geschlagen und die Russe uberhandt genommen und haben umgebracht, was sie befunden und uberkommen. Binnen Dorpte haben die Russen großen Mordt und Jammer bei den Burgern getrieben, Weib und Kinder erbermlich erworgt und umbgebracht, etliche furnehme Burger, so noch uber gebliebben gefengklich weggefurth. Herzog Magnus soll davon kommen sein.*" Anlage zu: 1571, Dez. 17, in: Best. 4f Münster, Nr. 15, f. 4 oder Best. 4g, Nr. 7, f. 228; vgl. auch: E. Kruse, Warhafftiger Gegenbericht auff die Anno 1578 ausgangene Lieflendische Chronica Balthasar Russows, Riga 1861, S. 19 ff.; Auerbach, Rußland in deutschen Zeitungen, S. 184 f.- Zur negativen Einschätzung der Person Taubes durch den hessischen Landgrafen, vgl. unten Anm. 109.

51 Russ. *Opričnina*, eigentlich „abgesondertes Land", steht hier für den Beginn des Terrorregimes des Zaren und dessen Spaltung des Landes in sein Eigengut, die Opričnina, und in die Zemščina, den Rest des russischen Reiches, jeweils unter einer eigenen Verwaltung.

52 Patriaršaja ili Nikonovskaja letopis´ [Die Chronik des Patriarchen oder Nikons], in: Polnoe sobranie russkich letopisej, Bd. 13,2, 2. Aufl., Moskau 1965, S. 394.

53 Zum russischen Rechtsverständnis aus deutscher Sicht: „*Der Schwede hat die Teutsche und Russische Narva auch mit Gewalt eingenommen und alles darinne ermoden (sic!) lassen, dann der Russe oder Muschowiter hat hiebevor alle teutsche Kaufleute jämmerlichen lassen umbringen, aus der Ursachen, daß ihme vor Verrätern lede gewesen, und hat es nun ohne das noch verloren.*" Zeitung aus Lübeck, 1581, Okt. 27, in: Best. 4g, Nr. 17.

54 „*Es hat auch der Großfürst Hertzogen Magnus gantz Livland zu einem Schein ufgetragen und die Christen, so er hatte von Dorpte und der Narve wegfuhren lassen, widder los gegeben und ihre vorige Guter ihnen ingetan*". Anlage zu 1571, Febr. 20, in: Best. 4f Münster, Nr. 15, f. 4 v.-5. Die Gefangenen wurden 1564 z.T. in Moskau zunächst in eigenen Ausländersloboden, der Rugodivskaja und der Jur´evskaja sloboda angesiedelt, schließlich wurde eine eigene Deutsche Sloboda an der Jauza für einen erheblichen Teil dieser Gefangenen und andere Neuankömmlinge (für alle Ausländer, unabhängig von deren Nationalität) gegründet, die gegen Ende des 16. Jhs. noch immer von ca.

55 1561, April 10, in: PA, Nr. 1931, f. 73-73 v.; 1561, April 14, ebenda, f. 75; 1561, April 3, in: PA, Nr. 2679, f. 99-99 v.; 1561, April 10, ebenda, f. 101; auch: 1560, Dez. 9 (Datum des Einganges), in: PA, Nr. 1415, f. 580-580 v.

56 J. L. I. Fennel, Ivan the Great of Moscow, London 1961, S. 29 ff.

57 Zur Entwicklung des ritterlichen Ehrencodex, der Pflicht, den gefangenen Gegner zu schonen, vgl. Contamine, S. 255 ff.; Hartigan, S. 71 ff. Zum persönlichen „Bann" auf das Töten von Gefangenen durch Nikolaus I., Contamine, S. 266. Zu Ivans Foltern von Gefangenen bis zum Tode, vgl. in der hessischen Überlieferung: 1578, Aug. 2, in: Best. 4e, Nr. 14, S. 104; Zeitung aus Reval, 1577, April 22, in: Best. 4g, Nr. 13, f. 3-3 v. Zur Wertung dieses Verhaltens als „unchristlich", vgl. Ketteler an den deutschen Kaiser, 1560, Okt. 1, in: PA, Nr. 1415, f. 522, 522 v.; Absagbrief (S. 15); Polnische Zeitung (wie Anm. 23). Natürlich werden auch Greuel der anderen Seite, der Polen-Litauer, in Hessen bekannt, vgl. 4g, Nr. 14, f. 138 oder 1581, Jan. 13, in: Best. 4g, Nr. 17, f. 6 v.-7.

58 Zum christlichen Gebot der Barmherzigkeit und der Entwicklung des *ius in bello*, vgl. J. T. Johnson, Ideology, Reason and the Limitations of War. Religious and Secular Concepts 1200–1740, Princeton, N. J. 1975, S. 13, 31, 41, 79. Dazu auch: Sigmisund II. August an Ivan IV., 1569, Mai 25, in: Litovskaja metrika, Bd. 1, S. 183.

59 Dazu oben, Anm. 44.

60 Vgl. z. B. Litovskaja metrika, Bd. 1, S. 180, 185, Bd. 2, S. 26.

61 Vgl. z. B. Litovskaja metrika, Bd. 1, S. 180, 185. Zu den systematischen Verwüstungen G. Ketteler an den Kaiser, 1560, Okt. 1, in: PA, Nr. 1415, f. 523 v., 524 v.; Absagbrief kgl. Majestät in Polen, S. 3 ff.; Johannes Burneck an den Statthalter zu Riga Thomas v. Embden über Verstöße gegen göttliche und menschliche Gesetze bei den russischen Methoden der Kriegsführung, 1578, Aug. 8, in: Best. 4g, Nr. 145, f. 110 v.-111. Zur Verteidigung unter Einsatz der Tiefe des Raumes, 1581, Jan. 22, in: Best. 4g, Nr. 17, f. 1 v.-2; Zur Technik der verbrannten Erde, 1581, Aug. 8, in: Best. 4 g, Nr. 16, f. 135; Zur Hungersnot (Kannibalismus) an der russisch-litauischen Grenze (infolge der Kriegshandlungen oder von Ivans IV. Zug nach Novgorod?), von Landgraf Wilhelm IV. als Zeichen für das bevorstehende Jüngste Gericht gedeutet, 1571, Dez. 24, in: Best. 4f Pfalz, Nr. 98, f. 1-1 v.

62 Hartigan, S. 37 ff.; Contamine, S. 154 ff.

63 Dazu bereits Auerbach, Rußland in deutschen Zeitungen, S. 184, Anm. 3. – *„… und nicht allein den ganzen Erzstift Riga bis an die Stadt Riga verheeret und verbrannt, sondern auch das arme Volk erwürget, darin auch der kleinen Kindlein, Jungfrauen und Frauen nicht verschonet, und viel Tausend Christenmenschen in seine viehische Dienstbarkeit hinweg soll getrieben haben, und daß der Feind jetzo bei Reval und in Kurland gleich wie vor und mehr dann türkische Tyranney dero Orter noch uben soll."* Die Formulierung wurde aus einem Schreiben Albrechts v. Mecklenburg von 1559, April 7 übernommen. Hier: 1559, April 20, in: PA, Nr. 1272, f. 152-152 v.; vgl. dann auch: PA, Nr. 2159, f. 1-1 v. *„Darumb erfordert die hochste Notturft, daß Ihr, die Kurfürsten des Reichs, itzo bei diesen beschwerlichen und sorglichen Läuften wacker, vorsichtig und einträchtig und fleißig seiet, auch diesen jungen Kaiser ehe und zuvor Ihre Majestät von den friedhässigen Leuten ad consilia minus salutaria verführt, dahin unterrichtet und anweiset, daß sie der barbarischen Bundnissen mit dem Muscowiter und was der Dinge mehr seindt, dardurch dem Reich ein unerträgliche Last beidts vom Türk und Muscoviter zugezogen werden mocht, mußig stehen. In Ansehung, daß der Muscowiter ja so ein tyrannischer nicht ein tyrannisches und barbarischer Regiment führet als der Turk selbst und die Historiam bezeugen quantum olim illa evocatio scyticarum gentium toti Christiano orbi nocuerit"*, in: Best. 4e, Nr. 910, f. 1 v.-2.

64 Stefan Báthory an Ivan IV., 1579, Juni 26, in: Litovskaja metrika, Bd. 2, S. 42.

65 1561, April 10, in: PA, Nr. 1931, f. 73-73 v.; 1561, April 14, ebenda, f. 75; 1561, April 3, in: PA, Nr. 2679, f. 99-99 v.; 1561, April 10, ebenda, f. 101; auch: 1560, Dez. 9 (Datum des Einganges), in: PA, Nr. 1415, f. 580-580 v.

66 Dazu Ivans IV. Kriegserklärung, 1560, Dez., ebenda, f. 510 v.-511; zum Handels- und Ka-

perkrieg auf der Ostsee, vgl.: 1560, Okt. 1, ebenda, f. 522, 523; 1563, Mai 12, in: PA, Nr. 2828, f. 226; Zeitung aus Lübeck wegen eines russischen Schiffes, in: Best. 4g, Nr. 1; 1571, Sept. 1, Anlage, in: Best. 4f Münster, Nr. 15, f. 6; Zeitung aus Lübeck, 1576, Juli 10, in: Best. 4f Braunschweig-Calenberg, Nr. 158; Zeitung aus Lübeck, 1576, Juli 10, in: Best. 4f Frankreich, Nr. 478; 1577, Juli 6, in: Best. 4f Kursachsen, Nr. 66, f. 1. Zu den Verhandlungen über die Aufhebung des Embargos auf dem Reichstag zu Augsburg 1582, vgl. Best. 4e, Nr. 1392, dort auch das Schreiben Rudolfs II. an den Zaren, 1581, Jan. 11.

67 Dazu: Best. 4e, Nr. 910, 1378–1379.
68 Absage Philipps, 1557, Febr. 13, in: PA, Nr. 1400, f. 45-47. Der gesamte Vorgang findet sich im gleichen Band davor im Anschluß an das Schreiben des Kaisers von 1557, Jan. 12.
69 Die Gründe der Kriegserklärung Ivans IV. kommen als Anlagen zu einem Schreiben von 1564 in niederdeutscher Sprache nach Hessen (Absagbrief des Zaren an die Livländer), in: PA, Nr. 2473, f. 35-37 v. Vgl. für die litauische Perspektive des Kriegsausbruchs: E. Tiberg, Zur Vorgeschichte des Livländischen Krieges. Die Beziehungen zwischen Moskau und Litauen 1549–1562 = Studia historica Upsaliensia, Nr. 134, Uppsala 1984.
70 Literatur bei Anm. 72.
71 Zeitung aus Livland, 1562, Juni 20, Anlage, in: PA, Nr. 3096, f. 140; vgl. auch: Best. 106a/1, Nr. 107.
72 So F. Carr, Ivan the Terrible, London, Totowa, New Jersey 1981, Schutzumschlag, auch S. 203 (populärwissenschaftlich). Zur Einführung empfehlenswerter: Skrynnikov (wie Anm. 49); vgl. auch: A. Yanov, The Origins of Autocracy. Ivan the Terrible in Russian History, Berkeley, Los Angeles, London 1981, S. 193 ff.; auch: St. Courtois, N. Werth, J.-L. Panné, A. Paczkowski, K. Bartosek, J.-L. Margolin, Das Schwarzbuch des Kommunismus. Unterdrückung, Verbrechen und Terror, I. Arnsperger u.a. Übers., 2. Aufl., München, Zürich 1998.
73 Wohl gelangen einige falsche Todesnachrichten in den Westen, etwa: Zeitung aus Prag, 1571, Juni 2, in: Best. 4f Münster, Nr. 15, f. 4; 1571, Juni 29, in: Best. 4f Holstein, Nr. 41, f. 2.
74 Vgl. dazu etwa den Vergleich des französischen Königs mit Nero, Zeitung von 1569, April 3, in: Best. 4g, Nr. 4.
75 Vgl. Anm. 49.

76 A. M. Kurbskij, Istorija o velikom knjaze Moskovskom, G. Z. Kuncevič, Hrsg., = Russkaja istoričeskaja biblioteka, Bd. 31, Teil 1, Petersburg 1914, Sp. 288 oder in Englisch: Prince A. M. Kurbsky´s History of Ivan IV., J. L. I. Fennel, Hrsg., Cambridge 1965, S. 196 f: zu Michail Ivanovič Vorotynskij und Nikita Romanovič Odoevskij, mit ihrer Familie 1573 hingerichtet *„Diese Fürsten saßen nämlich noch auf ihren Teilfürstentümern und besaßen großes Eigengut; sie hatten etwa 1 000 Diener als Mannschaft um sich, und weil er das bemerkte, vernichtete er sie"*. Zu den zunächst nur etwa 1 000 Opričniki, der Elitetruppe des Zaren, vgl. Polnoe sobranie russkisch letopisej, Bd. 13, S. 295: „*Aber der Herrscher soll bei sich in der Opričnina 1 000 Mann, Fürsten, Hofleute und Bojarenkinder, vom Hof wie aus den Städten, halten.*" Kobrin rechnet allerdings schließlich mit 4 500–5 000 Mann bei Ivans IV. Elitetruppe. V. B. Kobrin, Istočniki dlja izučenija čislennosti i istorii formirovanija opričnogo dvora [Quellen für das Studium der Personenzahlen und der Ausgestaltung des Opričnina-Hofes], in: Archeografičeskij ežegodnik za 1962 g., 1963, S. 124 f.

77 1561, März 4, in: PA, Nr. 2432, f. 141; 1561, Mai 13, Anlage, in: PA, Nr. 2822, f. 40 v.; Beilage III zur kaiserlichen Proposition, in: Best. 4e, Nr. 1392, f. 2. Zur Gefährlichkeit des Zaren als Verhandlungspartner: Wilhelm IV. an seine Räte, 1576, Sept. 13, in: Best. 4e, Nr. 1379, f. 2.

78 Zur Täuschung des Magnus durch Ivan IV.: „*So scheinet es auch, daß dem neuen Könige entkegen gefaßter Hoffnung vom Muscoviter der Zügel allgemach gekürzet werde und dorfften gewunschte Anschläge wohl einen traurigen Ausgang bekommen, daß die Muscowiter mit den Livländern spielen mochten als die Katze mit der Maus ...*". Zeitung aus Livland, auch mit der Nachricht von der Ermordung der Familie Starickij und der Belagerung von Reval, 1571, März 30, Anlage, in: Best. 4f Münster, Nr. 15. Weitere Nachrichten über Magnus: Streitigkeiten zwischen Magnus und dem Orden in Livland, 1561, Jan. 7, in: PA, Nr. 1416, f. 12; Bündnis mit Moskau, daher Reichsfeind, ebenda, f. 12; Hochzeit des Magnus mit moscovitischer Prinzessin, 1571, Febr. 13, Anlage, in: Best. 4f Münster, Nr. 15; Bündnis zwischen dem Zaren und Magnus, 1571, Febr. 20, Anlagen, ebenda; P.S. Wilhelms IV. mit der Bitte an den Bischof von Münster um weitere Informa-

tionen über Magnus, 1571, April 15, ebenda; Todesnachricht der Frau des Magnus und Predigt gegen Magnus, die russischen Missionsversuche in Livland und die Eidbrüche des Zaren, 1571, Mai 21, Anlagen, in: Best. 4f Münster, Nr. 15; Nachrichten über die Vergiftung der Braut des Magnus und die Gefangensetzung Kruses in Moskovien, 1571, Juni 8, ebenda; Belagerung von Reval und Tod der Frau des Magnus, 1571, in: Best. 4f Holstein, Nr. 41, Nr. 33; P. S. Wilhelms IV. mit der Bitte um genauere Nachrichten über Magnus und den Brand von Moskau, 1571, Nov. 3, in: Best. 4f Pfalz, Nr. 833, f. 1 v.-2; Antwort des Adolf v. Holstein auf diese Bitte, 1571, Nov. 21, Anlage, ebenda, f. 2; Wilhelm IV. an Adolf v. Holstein über den Abfall des Magnus vom Zaren, 1571, Dez. 29, ebenda, f. 1 v.; Bürgermeister und Rat von Reval an den Markgrafen Georg Friedrich von Brandenburg über die Treubrüche des Zaren gegenüber Magnus, 1578, Juli 4, in: Best. 4g, Nr. 14; Der Hauptmann von Ermes Johann Anrep an den Hauptmann zu Riga Samson Schulze zu einem Befehl des Magnus über die künftige Kriegsführung und über die gegenwärtige militärische Lage, 1578, Aug. 5, ebenda, f. 95 v.; Nachricht aus Riga nach Memel über die schwedische Beurteilung der seltsamen Händel des Magnus, 1578, Aug. 10, ebenda, f. 113; Übertritt zum Herzog von Kurland nach der Belagerung von Wenden, ebenda, f. 146-146 v.; Zeitung aus Polen und Preußen über den Übertritt des Magnus in den polnischen Schutz, 1583, in: Best. 4g, Nr. 19, f. 31 v.; August v. Sachsen über das Schicksal des Bistums Ösel nach dem Tode des Magnus, 1583, Sept. 6, in: Best. 4f Kursachsen, Nr. 83; U. Renner, Herzog Magnus von Holstein als Vasall des Zaren Ivan Groznyj, in: Deutschland – Livland – Rußland. Ihre Beziehungen vom 15. bis zum 17. Jahrhundert, N. Angermann, Hrsg., Lüneburg 1988, S. 137 ff.

79 1560, Okt. 30, in: PA, Nr. 1425, f. 381.

80 „*proinde non alio eos dignatur nomine, quoties Livonum meminit, quam proditorum, et illegitimi Thori filiorum ex libidinibus procreatorum, tum et sobacas, id est canis appellatione compellat. Est autem apud Moscos canis animal immundum, quod nuda manu non attingitur...*". Poln. Bericht über eine Moskaugesandtschaft, in: PA, Nr. 2820, f. 52 v.

81 Extract aus des Ewer fürstlichen Gnaden bewußten Mannes zu H[alle] itzo ausgangenen Schreibens, ca. 1573, in: Best. 4i, Nr. 253, f. 4-4 v.

82 R. W. F. Pope, Fools and Folly in Old Russia, in: Slavic Review, Bd. 39, Heft 3 (Sept. 1980), S. 478 ff. mit weiterer Literatur; D. S. Lichačev/A. M. Pančenko, „Smechovoj mir" drevnej Rusi [Die Welt des Komischen im Alten Rußland], Leningrad 1976; N. Challis/H. W. Dewey, The Blessed Fools of Old Russia, in: JbfGO, Bd. 22 (1974), Nr. 1, S. 2 ff.; Dies., Basil the Blessed, Holy Fool of Moscow, in: Russian History – Histoire russe, Bd. 14 (1987), Nr. 1-4, S.47 ff. Zum Weiterleben der Tradition der Jurodivye bis in die Zeit der Kaiserin Elisabeth vgl. unten Anm. 507.

83 Zur Rettung Pskovs vor dem drohenden Pogrom des Zaren durch den Jurodivyj Nikola vgl. Pskovskie letopisi [Pskover Chroniken], A. Nasonov, Hrsg., Bd. 1, Leningrad 1941, S. 115 f.

84 Quellenkundlich von Interesse ist der Schlußpassus: „*Itzo aber berichtet mich der päpstische Gesandte, daß es gewiß also sei.*" 1582, Aug. 29, Anlage, in: Best. 4f Kursachsen, Nr. 71. Zum Problem der Schilderung des Totschlags generell, Kappeler, S. 145 ff. In Hessen gab es weitere Nachrichten über die Tätigkeit des „*geistlich berümbten Vaters*" in Schweden, in: Best. 4g, Nr. 13 oder Zeitung aus Rom über die Moscovitergesandtschaft, 1582, Sept. 29, in: Best. 4g, Nr. 18.

85 Vgl. die Neuausgabe in englischer Übersetzung: A. Possevino, The Moscovia, H. F. Graham, Hrsg. = University Center for International Studies. Series in Russian & East European Studies, Nr. 1, Pittsburg 1977, S. 12 f.

86 Auf die Mitteilung einer Zeitung über die Ereignisse in Livland erhält der Amtmann Jost Rau nur einen Rüffel, weshalb er sich noch immer in Lübeck aufhalte. 1558, Aug. 14, in: PA, Nr. 1263, f. 84-84 v.; 1558, Aug. 28, ebenda, f. 86. Übrigens erscheint die Kriegsführung der Moscoviter in dieser ersten Zeitung noch als relativ human. Wer nicht den Untertaneneid auf den Zaren ablegen wollte, durfte ungeschädigt davonziehen (f. 84). Aus Wien (Zasius) war im Mai zunächst nur eine Nachricht über einen Tatareneinfall in Livland eingegangen, bei dem 40 000 Personen in die Sklaverei abgeführt worden seien. Ob diese Tataren als Diener des Zaren erkannt worden sind, bleibt zweifelhaft, denn die Nachricht stammt aus Polen, das zur gleichen Zeit einem echten Tata-

reneinfall durch die in einem eigenen Staatswesen lebenden Krimtataren ausgesetzt war. 1558, Mai 27 und 28, in: PA, Nr. 1413, f. 102-103. Zu Philipps d. Großmütigen Haltung auch: „*Es ist alhie nichts sonderlich Neues vorhanden, dann allein ist uns zugeschrieben, daß der Muscabiter den Eifflender das halbe Land und etliche Städte eingenommen haben soll, wie dann hie inliegend zu sehen.*" 1558, Aug. 30, in: PA, Nr. 1413, f. 235.

87 1558, Dez. 3, in: PA, Nr. 1264, f. 33.
88 1558, Dez. 23, in: PA, Nr. 1264, f. 39-39 v.
89 „*Was deshalben unser Gemüt und Meinung ist, darbei lassen wirs nachmals wenden, und das ist, daß man den Eiflendern eine Hilf tue, doch nicht zu groß*" (Nachtrag Bings im Auftrag Philipps (?) unterstrichen): 1559, Mai 3, in: PA, Nr. 1272, f. 155. – „*Allein wollet darauf sehen, daß es mit sollicher Hilf nicht ubermacht und daß die Hilf uf die Underthanen geschlagen und darin niemand verschont werde.*" 1559, Juni 3, in: PA, Nr. 1273, f. 7 v.
90 „*Nachdem man nit eigentlich wissen mag, wie die Sachen der Zeit des Moscobiters halben in Liefflland geschaffen, daß zu Erfahrung einer Gewißheit der Bischof zu Münster, Herzog Heinrich zu Braunschweig und die Herzogen zu Pommern anzulangen sein sollten, unbeschwerdt zu sein, solche Erkundigungen auf sich zu nehmen.*" 1559, Aug. 12 (Datum des Einganges), in: PA, Nr. 1273, f. 347 v. Zur Mitteilung der Kriegsgründe auf der Basis eines Schreibens des Zaren an den Kaiser erst auf dem Deputationstag, vgl. 1560, Dez., in: PA, Nr. 1415, f. 510-510 v.; zum Handelsembargo, f. 511 (vgl. dazu auch Anm. 36).
91 1559, April 25, in: PA, Nr. 1272, f. 149; 1559, Juni 13, in: PA, Nr. 1273, f. 39 v.
92 1559, Juni 18, in: PA, Nr. 1273, f. 58, vgl. auch: 1559, Mai 30, in: PA, Nr. 1273, f. 2; 1559, Juni 10, in: PA, Nr. 1273, f. 50.
93 Zu erlegen in Frankfurt/Main, Köln oder Lübeck. Die Städte Lübeck, Hamburg und Lüneburg sollen die Summe zunächst als Kredit vorschießen: 1559, Aug. 14, in: PA, Nr. 1273, f. 325; 1559, Aug. 19, Reichstagsnebenabschied, in: PA, Nr. 1273, f. 363 v., 364, 364 v. Dazu auch: 1559, Aug. 18, in: PA, Nr. 1273, f. 340 v.; 1560, Dez., in: PA, Nr. 1415, f. 507 v., 512 v.-513 v.; 1560, Dez. 9 (Datum des Einganges), in: PA, Nr. 1415, f. 580 v.; 1561, April 1, in: PA, Nr. 2820, f. 79.
94 Einwendungen gegen die Gesandtschaft erfolgten nicht nur aus finanziellen Gründen, sondern auch, weil man wegen eines Tatareneinfalles im Süden mit der Abwesenheit des Zaren rechnete. Die Aufforderung zur Hilfe gegen den Moscoviter erging an Spanien, England, Dänemark, Schweden und Polen. Philipp fand die Idee einer Gesandtschaft „*sehr gut*", doch wußte er darum, daß „*die Muscabiter zu Zeiten mit den Botschaften seltsam umbzugehen pflegen.*" 1559, Juni 3, in: PA, Nr. 1273, f. 7 v.; 1559, Juni 6, in: PA, Nr. 1273, f. 20 v.; 1559, Aug. 14, in: PA, Nr. 1273, f. 324; 1559, Aug. 12, in: PA, Nr. 1273, f. 347; 1559, Aug. 19, Reichstagsnebenabschied, in: PA, Nr. 1273, f. 362 v. „*So läßt doch der Kurfürstenrat diese Sach, daran gleichwohl nit wenig gelegen, also hängen, daß schier zu besorgen, man werde durch diesen Verzug um Livland kommen.*" 1559, Juni 10, in: PA, Nr. 1273, f. 50; vgl. auch: 1559, Okt. 29 (Anlage zu 1559, Nov. 10), in: PA, Nr. 2815, f. 48-49 v.; 1560, Dez., in: PA, Nr. 1415, f. 509 v.
95 Vgl. Anm. 63.
96 Philipp zur Unterwerfung des Ordens unter Polen-Litauen: „*Wir halten aber darfür, weil die Livländer gesehen, daß des Reichs Hilf weit und es darmit langsam zugehet, sie auch der Hilf nicht gewiß vertröstet, daß sie dardurch verursacht sein mugen, sich des zu Königs zu Polen als ihres nächsten Nachbarn, (welchs Hilf sie auch im Notfall am ersten haben können) Schutz zu begeben. Dann, obgleich das Reich Teutscher Nation den Livländern einmal Hunderttausent Gulden zu einer Hilf bewilligt, so ist doch solchs jegen einen so mächtigen Feind als der Muscawiter, ganz ein Geringes. So ist auch hierbei zu Gemüt zu führen, so der alte Türke stürbe, wie dann gesagt wirdet, daß er eine hohen Alters sein sollte, und seine Söhne Krieg jegen Ungern fürnehmen würden, und sollt das Reich Teutscher Nation, da in Ungern der Römischen Kaiserlichen Majestät und den Livländern wider den Muscawitter Hülf, tun, daß solchs den Städten und Glieder des Reichs Teutscher Nation ... in die Länge auszurichten, unmüglichen ...*", 1559, Dez. 11, in: PA, Nr. 2815, f. 71 v.-72; 1560, Okt. 23, in: PA, Nr. 2819, f. 45; 1560, Nov. 13, in: PA, Nr. 1415, f. 449-449 v.; 1561, Ende April, in: PA, Nr. 1407, f. 156 v.
97 Vgl. die gedruckte Mahnung an Hessen zur Zahlung: 1561, Jan. 23, in: PA, Nr. 1402, f. 90-91; zur Livlandhilfe: 1560, Nov. 25, in: PA, Nr. 1415, f. 491 v.; zur Zusammensetzung des De-

putationstages: 1560, Okt. 30, in: PA, Nr. 1415, f. 381 v.

98 1561, Ende April, in: PA, Nr. 1407, f. 156 v.; 1562, Juni (?), in: PA, Nr. 3096, f. 154; 1562, Ende April, in: PA, Nr. 1407, f. 162 v. Das zweite Argument gegen Zahlungen nach Livland waren die undurchsichtigen inneren Verhältnisse im Ordensland selbst, d.h. die Gefahr von Fehlinvestitionen wegen der stets möglichen Unterstellung unter die eine oder die andere auswärtige Macht. Übrigens machte Philipp den Livländern den Vorwurf, sie hätten wegen ihrer Uneinigkeit die Notlage selbst herbeigeführt. 1560, Dez. 3, in: PA, Nr. 1415, f. 496.

99 Skazanie o knjazjach vladimirskich [Die Erzählung über die Fürsten von Vladimir], R. P. Dmitrieva, Hrsg., Moskau, Leningrad 1952.

100 Herzog von Mecklenburg an den Kaiser über die *„große Not, so der moscovitischen Gefahr nit allein Livland, sondern aller der Ort genachparten Reichsstände, und also auch seiner selbst, Land und Leuten halben vorhanden"*, 1650, Okt. 30, in: PA, Nr. 1415, f. 383; vgl. auch: 1560, Dez., in: PA, Nr. 1415, f. 507 v. Zur Aufnahme Livlands in den Zarentitel: Newe Zeitung aus Danzig, 1560, Dez., in: PA, Nr. 1415, f. 572 v.; Informationen über die Expansionspläne aus Polen nach Preußen, 1561, März 22, in: PA, Nr. 2822; Bericht Augusts v. Sachsen über den Kreistag von Jüterbog und einen Tag des Westfälischen Kreises wegen der Moscovitergefahr für das Reich, 1561, Mai 13, in: PA, Nr. 2822, f. 32-32 v.

101 Der kaiserliche Rat Zasius an Philipp d. Großmütigen, prs. 1560, Dez. 17, in: PA, Nr. 1415, f. 547 v. Philipps Reaktion auf die Nachricht, noch vor diesem Schreiben bei: 1560, Dez. 5, in: PA, Nr. 1415, f. 510; die des Kurfürsten von Sachsen: 1560, Dez. 32 (Datum des Einganges), in: PA, Nr. 2819, f. 171 v. Die Nachricht über das dann realisierte schwedisch-polnische Heiratsprojekt gelangt am 17. Mai 1561 nach Hessen, vgl. Zeitung aus Antwerpen, in: PA, Nr. 1416, f. 326. Zum Weiterverfolgen der Heiratspläne: 1567, Aug. 3, in: Best. 4 f Pfalz, Nr. 13, f. 1-1 v. Sigismund II. August schickte schließlich statt der Schwester eine weiße Mähre zum Zaren. Dazu: I. Auerbach, Lebende Tiere als fürstliche Geschenke, in: Jahrbuch für Volkskunde, NF Bd. 25 (2002), S. 163, Kurzfassung in: Festschrift Choroškevič, S. 478 ff. Die offiziellen Akten über die Heiratsverhandlungen des Zaren mit Polen bei: Pamjatniki diplomatičeskich snošenij Moskovskago gosudarstva, S. 1, 9, 11, 13, 15 ff., 31 ff., 36, 38 ff., 43, 220, 262 f.; Litovskaja metrika, Bd. 1, S. 185 ff. Auszüge aus den offiziellen litauischen Akten liegen in Hessen einer *„Zeitung aus Vilna in der Littaw"* und einem Zeitungsbericht des Zasius bei: 1560, Okt. 1 und 1560, Dez. 10, in: PA, Nr. 1415, f. 554-559.

102 1561, Mai 21, in: PA, Nr. 2822, f. 52.

103 1561, Mai 21, in: PA, Nr. 2822, f. 52 v.

104 1561, Jan. 7, Anlage, in: PA, Nr. 2820, f. 12 v.; 1561, März 4, in: PA, Nr. 2432, f. 141; 1561, März 26, in: PA, Nr. 2920, f. 52.

105 Antwort auf ein Schreiben des August v. Sachsen, der die Unterwerfung unter Polen mißbilligt, mit einem dort beiliegenden Schreiben des Nikolaus Radziwiłł aus Riga (1560, Sept. 8), 1563, Jan. 3, in: PA, Nr. 2824, f. 24-33 v. bzw. 1562, Jan. 15, in: PA, Nr. 2824, f. 44-44 v.

106 Philipps Stellungnahme bei 1561, Mai 21, in: PA, Nr. 1416, f. 52 v.-53. – Dokumente über die Säkularisierung des Ordensstaates und die Unterwerfung unter Sigismund II. August: 1561, Jan. 7, Anlagen, in: PA, Nr. 1416, f. 10-14, 15-17; vgl. auch: 1561, März 12, in: PA, Nr. 1416, f. 130 v.; Zeitung aus Litauen und Livland, in: PA, Nr. 1416, f. 413-414.

107 Meldung Augusts v. Sachsen über die Einnahme Revals durch die Schweden, 1561, Juli 17, in: PA, Nr. 2822, f. 97 v.; Meldung über die Landung des Herzogs Magnus, Bischofs von Ösel, Wiek und Kurland, Administrator des Stifts Reval, im Auftrage des Königs von Dänemark, 1561, Juni 1, in: PA, Nr. 2822, f. 57-57 v.; auch: 1562, Juni 20, in: PA, Nr. 3096, f. 140 v. Zur Auflösung des Ordensstaates generell: G. V. Forsten, Baltijskij vopros v XVI i XVII stoletijach [Die baltische Frage im 16. und 17. Jh.] = Zapiski istoriko-filologičeskogo fakul'teta Imp. S.-Peterburgskago universiteta, Teil 33,1, Petersburg 1893; N. Angermann, Studien zur Livlandpolitik Ivan Groznyjs = Marburger Ostforschungen, Bd. 32, Marburg 1972 (mit weiterer Literatur).

108 Meldung über einen bevorstehenden moskovitischen Angriff auf Smolensk und Litauen, 1562, Febr. 7, in: PA, Nr. 2824, f. 67; Bericht des Nikolaus Radziwiłł über den Fall von Polock, 1563, März 21, in: PA, Nr. 2827, f. 71-71 v.; Zeitung aus Polen über die Einnahme von Ozerišče durch die Moscoviter, 1564, Dez. 5, in: PA, Nr. 2833, f. 8-8 v.; Zeitung aus Antwerpen über eine moscovitische Gesandtschaft nach Grod-

no wegen der Abtretung von Polock, 1567, Sept. 14, in: Best. 4g, Nr. 1; Zeitung aus Lübeck, 1567, ebenda; Meldung über die polnische Truppenkonzentration bei Radoškoviči, 1568, Febr. 4, in: Best. 4g, Nr. 2. Zeitung aus Konstantinopel über den geplanten Bau eines Wolga-Don-Kanals zur Verbesserung der Nachschubwege bei künftigen Kriegen von Tataren und Türken gegen Moskau, 1568, Sept. 28, in: Best. 4g, Nr. 2; Zeitung aus Konstantinopel über den Rückzug des türkischen Heeres von Astrachan´, 1569, Nov. 12, in: Best. 4g, Nr. 3; Zeitung aus Konstantinopel über die Aufgabe des Planes der Errichtung des Wolga-Don-Kanals, 1570, Febr. 8, in: Best. 4g, Nr. 4. Meldung über den großen Brand von Moskau, 1571, Aug. 25, Anlage, in: Best. 4f Münster, Nr. 15; Meldung über dass., 1571, November 3, in: Best. 4f Pfalz, Nr. 833, auch: 1571, Nov. 21, Anlage, in: Best. 4f Pfalz, Nr. 833; Meldung aus Prag über dass., 1572, April 23, in: Best. 4g, Nr. 7 (vgl. S. 26 ff.); Zur Bedeutung von Bränden in Moskau für Verfassungsreformen generell und diesen Brand speziell, vgl.: Auerbach, Brände von Moskau, in: Felder und Vorfelder russischer Geschichte. Studien zu Ehren von Peter Scheibert, I. Auerbach, A. Hillgruber, G. Schramm, Hrsg., Freiburg/Br. 1985, S. 41. Zeitung aus Candia über einen moscovitischen Sieg über die Tataren und die Gefangennahme eines Sohnes des Chanes der Krim, 1572, Nov. 29, in: Best. 4g, Nr. 8, f. 2; Zeitung aus Polen über eine moscovitische Truppenkonzentration in Polock, 1574, Juli 20, in: Best. 4g, Nr. 9; Wilhelm IV. an Herzog Erich v. Braunschweig über die Einnahme von Pernau durch den Moscoviter: *„Ist zu besorgen, daß er dero Enden, do ihme nicht gnugsamer Widerstand geschehen sollte, mit feindlicher Gewalt vorzubrechen nicht unterlassen werde, nicht ohne höchste Gefahr der Christenheit und sonderlich der benachbarten Lande."* 1575, Aug. 14, in: Best. 4f Braunschweig-Calenberg, Nr. 158 (dazu generell S. 25); Zeitung aus Polen über moscovitische Erfolge in Livland, 1575, Okt. 10, in: Best. 4g, Nr. 10; Zeitung aus Lübeck über die Eroberung des gesamten dänischen Territoriums in Livland durch den Zaren, 1576, Okt. 7, in: Best. 4f Braunschweig-Calenberg, Nr. 158; Meldung über die Eroberung von Reval durch den Zaren, 1576, Dez. 27, ebenda; Zeitung aus Lübeck über weitere militärische Erfolge des Moscoviters in Livland, 1576, Dez. 25, ebenda; P. S. zu einer Zeitung aus Polen über dass.; 1576, Dez. 20, in: Best. 4g, Nr. 12; Schilderung der Belagerung von Reval durch den Zaren, 1577, April 10, in: Best. 4g, Nr. 13; Meldung durch August v. Sachsen der Aufhebung der Belagerung von Reval, 1577, Mai 10, in: Best. 4f Kursachsen, Nr. 66; Zeitung aus Ungarn über polnische Siege in Livland mit einer Liste prominenter Gefangener aus Kees (Wenden), 1578, Okt. 15, in: Best. 4g, Nr. 14, f. 39 v.-40; Johann Anrep über Kriegsvorbereitungen des Zaren in Livland und die bevorstehende Belagerung von Wenden, 1578, Aug. 3, in: Best. 4g, Nr. 14; Meldung über die Belagerung von Wenden, 1578, in: Best. 4g, Nr. 14, f. 146; Zeitung aus Danzig über die Einnahme von Polock durch Stefan Báthory, 1579, Okt. 10, in: Best. 4g, Nr. 15; August v. Sachsen erbittet von Wilhelm IV. weitere Nachrichten über den Sieg von Polock, mit eigenhändigem Konzept der Antwort (wie folgendes Stück), 1579, Nov. 6, in: Best. 4f Kursachsen, Nr. 71; Wilhelm IV. an August v. Sachsen über den Fall von Polock: *„Und ist zwar dem König in Poln als einem christlichen Fürsten und benachbarten ein solch herrlicher Sieg... wohl zu gönnen, und zu hoffen, da Gott fortan sein Gnad verleihen, es zum wenigsten zu Trost und Rettung der lang Zeit hochbedrängten Livland gereichen werde."* 1579, Nov. 16, in: Best. 4g, Nr. 15, f. 39; Newe Zeitung aus Polen über die Einnahme von Velikie Luki durch Stefan Báthory und einer weiteren großen Stadt, [1580], in: Best. 4g, Nr. 16, f. 176-177; Zeitung aus dem Feldlager vor Velikie Luki über die Einnahme der Stadt, 1581, Jan. 13, in: Best. 4g, Nr. 17; Zeitung über den Fall von Velikie Luki, 1581, Jan. 22, in: Best. 4g, Nr. 18; Zeitungen von des Kunigs zu Schweden Victorii in Lifflandt, 1581, Sept. 25, in: Best. 4g, Nr. 18; Zeitung aus Stockholm über die Eroberung von Narva und Ivangorod durch die Schweden und die freiwillige Ablegung des Untertaneneides für Schweden durch die gesamte russische Besatzung, 1581, Okt. 10, in: Best. 4g, Nr. 18; Falsche Nachrichten über die Eroberung von Pskov durch die Polen-Litauer, 1581, Okt. 21 und Okt. 27, in: Best. 4g, Nr. 18; dazu auch die gedruckte Flugschrift: Polnische Zeitung (wie Anm. 23 bzw. S. 15)

109 Zu Johann Taube, vgl. Anm. 50; Zeitung aus Danzig über die Danziger Verhandlungen Taubes im Auftrage des polnischen Königs und die

Auffindung eines Pasquills, 1577, Sept. 16, in: Best. 4 g, Nr. 13, f. 2-2 v. Zur Wertung des Abfalles von Taube und Kruse vom Zaren in hessischer Sicht: *„Nachdem auch in den Zeitungen, so uns von unsern Vettern und Schwager Herzog Ludwigen zu Wirttenberg vorgestern zukommen und Ewer Liebden gelesen under anderm Ellert Krausen und Johann Tauben Abfalls vom Moscovitter, auch was sie weiter fur Practicen und Anschläge zu Terpte furgehabt, gedacht wirdet, daraus doch Seine Liebden den rechten Grund, wie die Sachen geschaffen, nicht haben vermerken konnen, und aber unser fürstlicher lieber Ohem und Schwager Markgraf George Friedrich uns diesen Morgen deshalben freundlich communicieren, daraus Ewer Liebden vernehmen werden, was fur ein große Unehr ermelte beide, der Krause und Taube, dem deutschen Namen angetan, derowegen sie wohl würdig wären, daß die einstmals ihren verdienten Lohn empfingen".* 1572, Jan. 30, in: Best. 4 f Frankreich, Nr. 219, f. 5-5 v.; Wilhelm IV. fast gleichlautend an Markgraf Georg Friedrich von Brandenburg-Ansbach, 1571, Jan. 31, in: Best. 4 f Braunschweig-Calenberg, Nr. 70.

110 Vgl. die Abschriften von Briefen Taubes an seine Verwandten, in: PA, Nr. 2473, f. 24-32 und den Rest dieser Korrespondenz beim Deutschen Orden (neben einigen anderen Nachrichten über Taube), in: Best. 106a/1, Nr. 107; Teilpublikation bei Auerbach, Rußland in deutschen Zeitungen. Zur Person Taubes: M. A. Taube, Iogann Taube sovetnik carja Ivana Groznogo [Johann Taube als Berater Ivans d. Schrecklichen], in: Novyj žurnal, Bd. 71 (1963), S. 170 ff. Die eigentlichen Verhandlungsziele Taubes 1563 wurden nicht nach Hessen gemeldet. Dazu: I. Auerbach, Andrej Michajlovič Kurbskij. Leben in osteuropäischen Adelsgesellschaften des 16. Jahrhunderts, München 1985, S. 97 ff.

111 Vgl. die Reichstagsakten, Best. 4e, Nr. 1378.

112 R. Bonney, The European Dynastic States. 1494-1660 = The Short Oxford History of the Modern World, 3. Aufl., Oxford, New York, Athens, Auckland, Bangkok, Bombay etc. 1991, S. 263 f.; J. Béranger, Die Geschichte des Habsburgerreiches 1273 bis 1918, 2. Aufl., Wien, Köln, Weimar 1996, S. 276.

113 Zur Doppelwahl und deren Folgen knapp: Auerbach, Kurbskij, S. 179 ff. (mit weiterer Literatur).

114 Vgl. dazu: Best. 4e, Nr. 910; Best. 4e, Nr. 1378; Best. 4 f Polen, Nr. 99, sowie ebenda, Nr. 89 und Nr. 1.

115 1576, Aug. 6, in: Best. 4e, Nr. 1379, f. 2 v.-3.

116 Wilhelm IV., Ludwig und Philipp an die Räte, 1576, Aug. 8, in: Best. 4e, Nr. 1378, f. 3; fast gleichlautend: 1576, Juli 29, ebenda, f. 5; inhaltlich ähnlich: 1576, Juni 23, ebenda, f. 1 v.-2; im Tenor ähnlich auch Ludwig v. Hessen: 1576, Febr. 5, in: Best. 4e, Nr. 1378, f. 1.

117 1576, Aug. 23, in: Best. 4e, Nr. 1379, f. 3-3 v.; 1576, Sept. 13, ebenda, f. 1-1 v.; 1576, Sept. 19, ebenda, f. 1-1 v.; Fragment einer Denkschrift, in: Best. 4e, Nr. 1378, f. 20-20 v.; 1576, März 2, in: Best. 4 f Frankreich, Nr. 455, f. 2-2 v.; 1576, April 3, ebenda; vor allem: 1576, Okt. 21 und 1576, Okt. 29, in: Best. 4e, Nr. 910. Gemeinsame Instruktion der hessischen Landgrafen an die Räte in Regensburg mit dem Projekt eines Vergleichs mit Stefan Báthory auf der Basis eines Teilungsplanes für Polen-Litauen: Der Kaiser solle Litauen und Preußen und den polnischen Teil von Livland, der Siebenbürger und Anna Jagiellońka das eigentliche Polen regieren. Gegenüber Moskau sei auf die Herausgabe von dessen Teil von Livland hinzuwirken, das künftig einem konfessionell gemischten Orden zu übertragen sei. Außerdem sollen sich die hessischen Gesandten dafür einsetzen, daß der Kaiser sich um die Rückgabe von Preußen kgl. Anteils, von Thorn und Danzig an das Reich bemühe. 1676, April 27, in: Best. 4e, Nr. 1378, f. 18-20.

118 Wilhelm an die Räte, 1576, Aug. 25, in: Best. 4e, Nr. 1379, f. 3 v.

119 Wilhelm, Ludwig und Philipp an die Räte, 1576, Aug. 8, in: Best. 4e, Nr. 1378, f. 4-4 v.

120 1576, Aug. 6, Anlage, in: Best. 4e, Nr. 1379, f. 1-2 v.; 1576, Aug. 15, ebenda, f. 1-1 v.; 1576, Aug. 20, ebenda, f. 1-4; Bericht der Räte an Wilhelm über den Verdacht überhöhter Türkensteueranforderungen, 1576, Aug. 12, ebenda, f. 3; Kurfürst Friedrich von der Pfalz an Wilhelm IV. mit einer beiliegenden Stellungnahme Landgraf Ludwigs zu den kaiserlichen Steueranforderungen, einer kaiserlichen Sondergesandtschaft an die Kurfürsten zwecks Beförderung der Steuerbewilligung und die Mängel der Polenpolitik des Kaisers (Schutzmauer der Christenheit). Der Moscoviter suche nur seinen eigenen Nutzen. 1576, Aug. 13, in: Best. 4e, Nr. 1379, f. 15; Antwort Wilhelms an den Pfälzer: *„Neben dem, so haben Euer Liebden zu*

erachten, do man gleich viel bewilligt und eingehen wurde, wie dann wahrlich nach jegenwärtiger armbseliger Gelegenheit der Untertanen nicht geschehen kann, so werde man daher auch umb viel mehr Ursach, Occasion und Anleitung geben, den Krieg gegen Poln, desto eher anzufangen und umb den Türken und andere barbarische Völker zu gänzlichem unser aller besorgenden Undergang und Verderben zuzuziehen und uffn Hals zu laden." 1576, Aug. 23, in: Best. 4e, Nr. 1379, f. 3; Wilhelm IV. an den Kurfürsten von Sachsen wegen der prinzipiellen Ablehnung der hohen Steuerforderungen u.a. auch als Präzedenzfall für die Zukunft, ebenda, f. 1-4.

121 1576, Sept. 13, in: Best. 4e, Nr. 1379, f. 2. Die Reichstagsverhandlungen über die Legation nach Moskovien finden sich im gleichen Band; aber ähnlich bereits: Herzog Barnim v. Pommern an Philipp d. Großmütigen, 1561, Mai 13, in: PA, Nr. 2822, f. 36 v.; Albrecht v. Preußen an Herzog Barnim v. Pommern, 1561, Mai 13, Anlage, in: PA, Nr. 2822, f. 46.

122 Der Moscovitischen Botschaft Credenzschreiben, Anlage zu: 1576, Juli 21, in: Best. 4e, Nr. 1378, f. 1.

123 Zum Heiratsprojekt: 1576, Juli 16, in: Best. 4e, Nr. 1378, f. 3 v., 4.

124 *"Darumb ists itzo, wo jemals zuvor, die hochste Notturft, daß Ihr Kurfürsten als die Säulen des Reichs fest und einträchtig zusammen haltet und die vorstehende Gefahr, so unserm geliebten Vaterland beidt des Türken, benachbarter Potentaten und innerlich besorgenden Mißtrauens halben imminiert,* vestra prudentia et autoritate avertieret, diesen jungen Kaiser a turbulentis consiliis & barbaricis confoederationibus dehortiret, *daraus anderst nichts als Ihrer Majestät selbst und des ganzen Reichs Untergang und unuberwindlicher Schade und Verderben sampt vielen Blutvergiessen zu erwarten, dann Ewer Liebden wissen sich aus den alten Historien zu entsinnen, wie unaussprechlichen Jammer* illa evocatio scyticarum toti Europae *gebracht hat."* Wilhelm an den Kurfürsten von Sachsen, 1576, Okt. 29, in: Best. 4e, Nr. 910, f. 1-1 v.; vgl. auch: 1576, Okt. 21, ebenda, f. 1-1 v. (oben Anm. 63)

125 Bericht der Räte, 1576, Juli 25, in: Best. 4e, Nr. 1378, f. 3 v., auch: 1576, Juli 16, in: Best. 4e, Nr. 1378, f. 4-5 v. Zu einem türkischen Spion, der die Reden der russischen Gesandten im Wirtshaus abhörte, vgl. die Zeitung von 1576, Juli 18, in: Best. 4f Frankreich, Nr. 477, f. 2 v.-3. Generell: E. Völkl, Die Beziehungen Ivans „des Schrecklichen" zum Reich, in: Die russische Gesandtschaft am Regensburger Reichstag 1576 = Schriftenreihe des Regensburger Osteuropainstituts, Bd. 3, Regensburg 1976, S. 20 ff.

126 1560, Dez. 9 (Datum des Einganges), in: PA, Nr. 1415, f. 578 v.-579 v.

127 Antwort der Städte auf dem Reichstag auf die kaiserliche Proposition, 1576, Okt. 6, in: Best. 4e, Nr. 1378, f. 2; Ernennung Herzog Ottos von Braunschweig-Lüneburg (Harburg) zum Haupt der Moscovitischen Gesandtschaft unter Einschluß einer angedrohten Ächtung Hessens wegen Nichtzahlung der Gesandtschaftskosten. Best. 4e, Nr. 397; 1576, Sept. 13, in: Best. 4e, Nr. 1379, f. 1 v.-2 (des Schreibens).

128 1561, März 4, in: PA, Nr. 2432, f. 141 v.-142.

129 Warnung des Gotthard Ketteler an den Herzog Barnim zu Pommern auch vor Leibes- und Lebensgefahr nebst unnützen Kosten bei einer Gesandtschaft nach Moskau, 1561, Mai 13, in: PA, Nr. 2822, f. 40 v.

130 Hessische Quellen bei Anm. 108.

131 Zeitung aus Prag, 1573, April 23, in: Best. 4g, Nr. 7, f. 76 v.-77. Zu den Gesandtschaften generell: H. Uebersberger, Österreich und Rußland seit dem Ende des 15. Jahrhunderts, Bd. 1, Wien, Leipzig 1906, S. 367 ff. (ohne Beleg über diese Gesandtschaft).

132 1563, Aug. 7, in: PA, Nr. 2478, f. 57 v.

133 Best. 4f Holstein, Nr. 64.

134 1575, Aug. 8, in: Best. 4f Brauschweig, Nr. 158; 1575, Aug. 14, in: Best. 4f Preußen, Nr. 45.

135 Das 1563 Hessen und seine Nachbarn beunruhigende, sich sammelnde Kriegsvolk unter Erich war zwar nach Polen abgezogen, kehrte aber bald darauf wieder zurück. 1563, Sept. 13, in: PA, Nr. 2828, f. 191-191 v.; 1563, Sept. 24, in: PA, Nr. 2828, f. 208; 1563, Dez. 26, in: PA, Nr. 2828, f. 208.

136 Hess. Nachrichten über diese Projekte: Zeitung aus Rom 1571, Mai 25, in: Best. 4f Münster, Nr. 15; Zeitung aus Prag und eine weitere Zeitung (Anlage zu: 1571, Juli 23), 1571, Mai 9, in: ebenda, f. 3, f. 8; Zeitung aus Venedig, 1575 prid. Cal. Januarii, in: Best. 4g, Nr. 10; Zeitung über ein Bündnis zwischen dem Kaiser, dem Zaren und dem König von Spanien auf Vermittlung des Hl. Stuhls, 1576, April 28, in: Best. 4g, Nr. 12; Zeitung aus Venedig über ein Schreiben des Zaren an den Papst, 1581, Jan.

27, in: Best. 4 g, Nr. 17; Zeitung aus Wien über Verhandlungen zwischen Moskau und dem Papst, 1581, Mai 18, in: Best. 4 g, Nr. 17; Zeitung aus Rom über eine antitürkische Koalition und eine Glaubensunion, 1583, Sept. 11, in: Best. 4 g, Nr. 18. Dazu generell: Übersberger, auch: Auerbach, Kurbskij, S. 135 f.; W. H. McNeill, Venice, the Hinge of Europe. 1081-1797, Chicago, London 1974 (Reprint 1986), S. 136 ff., 139, 140 f.

137 1581, Jan. 27, Zeitung aus Venedig (wie Anm. 136). Zu Stefan Báthorys militärischen Erfolgen, vgl. neben den Druckschriften vor allem: Best. 4 f Kursachsen, Nr. 71 und 83; Best. 4 f Polen, Nr. 116; Best. 4 f Preußen, Nr. 9 und 19; Zeitung aus Danzig über die Einnahme von Polock, die Belagerung von Sokol und Kokenhusen, 1579, Okt. 3, in: Best. 4 g, Nr. 17; Zeitung über den Fall von Velikie Luki, polnisch-russische Verhandlungen und die russische Taktik der Verteidigung aus der Tiefe des Raumes, 1581, Jan. 22, in: Best. 4 g, Nr. 17 (dort auch Nachrichten über den Verlauf der polnisch-russischen Verhandlungen); Zeitung aus Lübeck mit falscher Nachricht über die Einnahme von Pskov, 1581, Okt. 27, in: Best. 4 g, Nr. 18, f. 152 (im gleichen Band auch Nachrichten zu den Verhandlungen bei Jam Zapol´skij, ebenso wie in Best. 4 f Kursachsen, Nr. 71). – Das Engagement Báthorys an der Ostgrenze sah Hessen positiv, da man nach der Unterwerfung Danzigs durch den neuen polnischen König im Deutschen Reich vorübergehend Befürchtungen wegen einer möglichen polnischen Expansion nach Westen gehegt hatte. Best. 4 f Kursachsen, Nr. 66. Damit erklärt sich aber das relativ große Interesse, auch im Herzen Deutschlands, für die Peripetien des Krieges zwischen Polen-Litauen und Moskovien.

138 Zeitung aus Venedig, 1581, Febr. 24, in: Best. 4g, Nr. 17; Zeitung aus Rom, 1582, Sept. 22, in: Best. 4 g, Nr. 18.

139 Vgl. mehrere Schreiben Wilhelms IV. ab 1576, Sept. 12, in: Best. 4e, Nr. 1378; vor allem: 1576, Sept. 24, f. 1 v.-4; 1576, Sept. 26, f. 1-1 v.; sowie die pfälzische Warnung vor Aufständen der Steuerzahler, 1576, Sept. 14, Anlage, f. 3-6.

140 K. V. Charlampovič, Malorossijskoe vlijanie na velikorusskuju cerkovnuju žizn´ [Der kleinrussische Einfluß auf das großrussische kirchliche Leben], Bd. 1 = Slavistic Printings and Reprintings, C. H. Schoneveld, Hrsg., Bd. 119, The Hague, Paris 1968 (Nachdruck der Ausgabe Kazan´ 1914), S. 22 f.

141 V. Žmakin, Mitropolit Daniil i ego sočinenija [Der Metropolit Daniil und seine Werke], Moskau 1881, Beilage, S. 17 nach: 2. Kor. 6, 14-17. Zitat nach der Ausgabe Marburg 1676 der Luther-Bibel.

142 A. Olearius, Vermehrte Newe Beschreibung der Muscovitischen und Persischen Reyse, Schleswig 1656, D. Lohmeier, Hrsg. = Deutsche Neudrucke. Reihe Barock, Bd. 21, Tübingen 1971, S. 33; Herberstein, S. 314.

143 Pamjatniki diplomatičeskich snošenij Moskovskago gosudarstva, S. 89.

144 Zu dem Aufsehen, welches das Geschenk eines Löwen erregte, vgl. Auerbach, Lebende Tiere, S. 176.

145 Olearius, S. 36.

146 Herberstein, S. 166; Olearius, S. 149; A. Karger, Mss. der Habil.-schrift der Universität Giessen 1968 über die Stadtentwicklung von Kiev, Moskau und St. Petersburg, S. 218.; auch: Chr. Marx/A. Karger, Moskau. Rußlands Haupt und Mitte, Stuttgart 1997, S. 31; A. Keller, Nemcy v Moskve XVI-načala XX v v.: ich kul´turnaja i obščestvennaja žizn´ [Deutsche in Moskau, vom XVI. bis zum Beginn des XX. Jhs.: ihr kulturelles und gesellschaftliches Leben], in: Nemcy Moskvy, S. 54. Dies war eine Siedlung für die Leibwache, die aus Polen, Litauern und „Deutschen" bestand. „Deutsche" sind nach russ. Sprachverständnis alle Westeuropäer.

147 Istorija Moskvy [Geschichte Moskaus], Akad. d. Wiss. der UdSSR, Hrsg., Bd. 1, Moskau 1952, S. 193 ff.; Keller, S. 55 f., 58. Hier siedelte man vor allem Kriegsgefangene aus dem Livländischen Krieg an, die eine protestantische Kirche erbauten.

148 Vgl. zum Angriff des Diebs von Tušino, Istorija Moskvy, Bd. 1, S. 195; Keller, S. 57. Hier handelt es sich vor allem um eine Handwerkersiedlung mit protestantischer Kirche.

149 Vgl. Karger, Mss., S. 220, auch undeutlicher formuliert: Marx, Karger, S. 32.

150 Hinter den fremdenfeindlichen Aktionen stehen nicht nur Glaubensgründe, sondern vor allem wohl auch wirtschaftliche. Zum Verbot, Höfe in Kitajgorod zu erwerben von 1635 und der Verdrängung von Ausländern aus der Nachbarschaft orthodoxer Kirchen ab 1643, vgl. Karger, Mss., S. 220 f.

151 Marx/Karger, S. 32 ff.; S. F. Platonov, Moskva i Zapad [Rußland und der Westen], Berlin 1926,

S. 107; Keller, S. 59. Die Ausländer erhielten je nach Stand Grundstücke unterschiedlicher Größe zugewiesen. Es war verboten, orthodoxe Russen als Diener anzunehmen. Die Frage der Behandlung von Schuldknechten (russ.: *cholopy*) blieb jedoch offen. Infolgedessen stammte die Dienerschaft entweder aus den polnischen Gefangenen oder es waren Tataren. Die Ausländer selbst stammten aus Deutschland, England, Dänemark und Frankreich. Die Polen und Litauer hatten seit der 1. Hälfte des 17. Jhs. eigene Vorstädte. Trotz allem gelang es aber einigen westlichen Ausländern (ca. 20), Höfe innerhalb von Moskau zu behalten. Karger, Mss., S. 219 ff.; Istorija Moskvy, S. 488 f.; Keller, S. 58. Vgl. auch das Uloženie von 1649. Zur Geschichte der zweiten Deutschen Vorstadt hat vor allem V. A. Kovrigina gearbeitet. Vgl. Nemeckaja sloboda XVII-XVIII vv. [Die Deutsche Vorstadt Moskaus im XVII.-XVIII. Jh.], in: Nemcy Moskvy, S. 15 ff. [Im Folgenden: Kovrigina]; dies., Die Deutschen im Moskauer Handwerk in der zweiten Hälfte des 17. und im ersten Viertel des 18. Jhs., N. Angermann, Hrsg. = Hamburger Beiträge zur Geschichte der Deutschen im europäischen Osten, Bd. 4, Hamburg 1997; Dies. Nemeckaja sloboda Moskvy i ee žiteli v konce XVII – pervoj četverti XVIII v. [Die deutsche Vorstadt Moskaus und ihre Einwohner Ende des XVII./Anfang des 18. Jhs.], Moskau 1998. Weitere kleinere Arbeiten der gleichen Autorin im Literaturbericht bei: V. Dönninghaus, Die Deutschen in der Moskauer Gesellschaft. Symbiose und Konflikte (1494–1941) = Schriften des Bundesinstituts für Kultur und Geschichte der Deutschen im östlichen Europa, Bd. 18, München 2002, S. 15, Anm. 14.

152 Kovrigina, S. 21 ff.
153 Olearius, S. 183 f.
154 Ders., S. 154 f.
155 G. Scheidegger, Von altrussischen Hüten und internationalen Staatsaffairen, in: 450 Jahre Sigismund v. Herberstein, S. 274 ff.
156 Es lassen sich Sprechblasen/Banderolen mit Anklängen an die gotische Schrift nachweisen, und völlig neu als Bildprogramm waren die Allegorien der Laster und Tugenden, die denn auch vom kirchlich konservativ eingestellten und dafür auf einem Kirchenkonzil verurteilten „Kanzler" Ivans IV. Ivan Michajlov Viskovatyj kritisiert wurden. O. A. Belobrova, O nekotorych istočnikach podpisej k sjužetam rospisi Zolotoj palaty Moskovskogo Kremlja [Zu einigen Quellen der Unterschriften im Bildprogramm der Ausmalung der Zolotaja palata des Moskauer Kreml], in: TODRL, Bd. LIII (2003), S. 502 ff., 513. Die Auswahl der Motive erfolgte durch den Beichtvater des Zaren Sylvester und den Metropoliten Makarius, beides „Westler" in der Tradition Novgorods.
157 R. P. Dmitrieva, Skazanie o knjazjach vladimirskich, Moskau, Leningrad 1955, S. 175, 177, auch: 123, 142 ff., 140; H. Uebersberger, Österreich und Rußland seit dem Ende des 15. Jhs., Bd. 1 (1488-1605), Wien, Leipzig 1906, S. 10.
158 M. Hellmann, Moskau und Byzanz, in: JbfGO, Bd. 17 (1969), Heft 3, S. 340 f.
159 So Dmitrieva, S. 94, 81.
160 So M. E. Byčkova, Obščie tradicii rodoslovnych legend pravjaščich domov vostočnoj Evropy [Gemeinsame Traditionen in den genealogischen Legenden der regierenden Häuser Osteuropas], in: Kul´turnye svjazi narodov Vostočnoj Evropy v XVI v. [Kulturelle Beziehungen der Völker Osteuropas im 16. Jh.], B. A. Rybakov, Hrsg., Moskau 1976, S. 292 ff. (mit weiterer Literatur). Für die Datierung der Erzählung 1510–1520: A. L. Gol´dberg, K istorii rasskaza o potomkach Avgusta [Zur Geschichte der Erzählung über die Nachfahren des Augustus], in: TODRL, Bd. XXX (1976), S. 209. Nach Goldbergs Hypothese soll die Erzählung auf den preußischen Gesandten am moscovitischen Hof Schönberg zurückgehen. Entgegnung: R. P. Dmitrieva, O tekstologičeskoj zavisimosti meždu raznymi vidami rasskaza o potomkach Avgusta i o darach Monomacha [Zur tekstologischen Abhängigkeit zwischen den unterschiedlichen Varianten der Erzählung über die Nachfahren des Augustus und die Gaben des Monomach], l.c., S. 217 ff.
161 Pamjatniki diplomatičeskich snošenij moskovskago gosudarstva, S. 231.
162 A. I. Turgenev, Historica Russiae Monumenta, ex antiquis extrarum gentium archivis et bibliothecis deprompta, Bd. 1, Petersburg 1841, S. 347 ff. oder: Litovskaja metrika, Bd. 2, S. 203.
163 Die wegen Unfruchtbarkeit durch Vasilij verstoßene erste Frau hat später im Kloster ein Kind zur Welt gebracht. Auch die zweite Frau, die Mutter Ivans, Elena Glinskaja blieb lange kinderlos. Potentieller Vater ist wohl deren späterer Liebhaber Obolenskij.
164 N. N. Rozov, Povest´ o novgorodskom belom klobuke kak pamjatnik obščerusskoj publici-

stiki XVI veka [Die Erzählung von der Novgoroder Weißen Mitra als Denkmal der gesamtrussischen Publizistik des 16. Jhs.], in: TODRL, Bd. IX (1963), S. 178 ff.
165 Korrekt wohl David Zorer. Es handelt sich um einen Verwandten Wilhelm Fuggers.
166 G. Stökl, Testament und Siegel Ivans IV. = Abhandlungen der rheinisch-westfälischen Akad. d. Wiss., Bd. 48, Opladen 1972, S. 26 ff. Anfang des 17. Jhs. entsteht auch hierzu eine Legende der Übertragung vom Szepter des römischen Reiches, der Herrschaft (russ. *Deržava*), einem Diadem und Purpur durch den Kaiser Maximilian. Die sog. „*Povest´ o dvuch posol´stvach*" soll in den Kreisen des Posol´skij prikaz entstanden sein. Dazu: M. D. Kagan, „Povest´ o dvuch posol´stvach" – legendarno-političeskoe proizvedenie načala XVII v. [Die Erzählung über die zwei Gesandtschaften, eine politische Legende vom Anfang des 17. Jhs.], in: TODRL, Bd. XI (1955), S. 220, 228.
167 Hellmann, Moskau und Byzanz, S. 335 f., Anm. 49; F. Alef, The Adoption of the Muscovite Two-Headed Eagle: A Discordant View, in: Speculum, Bd. 41 (1966), S. 14 ff., 21; H. E. Korn, Adler und Doppeladler. Ein Zeichen im Wandel der Geschichte, Diss. Göttingen 1969, S. 76 f.
168 Hellman, Moskau und Byzanz, S. 335 f.; Alef, S. 21. So auch: N. A. Soboleva, Simvoly russkoj gosudarstvennosti [Die russischen Staatssymbole], in: Voprosy istorii 1979, Nr. 6, S. 51 ff.
169 Stökl, S. 41, Anm. 2, S. 42 ff.
170 Hellmann, Moskau und Byzanz, S. 326, Anm. 10; A. L. Choroškevič, Russkoe gosudarstvo v sisteme meždunarodnych otnošenij [Rußland im System der internationalen Beziehungen], Moskau 1980, S. 240; G. Spasskij, Russkaja monetnaja sistema. Istoriko-Numizmatičeskij očerk [Das russische Geldsystem], Moskau 1957, S, 47 f.; V. I. Popov, Istorija russkago serebrjannogo rublja v svjazi s istoriej risunka. Kratkij očerk [Die Geschichte des Silberrubels und seine Gestaltung], Kazan´ 1934, S. 3 ff.; N. D. Mec, Naš rubl´. Istoričeskij očerk [Unser Rubel. Historischer Abriß], Moskau 1960, S. 8 ff.; R. Kaim, Russische Numismatik. Ein Handbuch und Typenkatalog von Peter d. Gr. bis zur Gegenwart, Braunschweig 1968, S. 9 ff.
171 Choroškevič, S. 242.
172 G. H. Hamilton, The Art and Architecture of Russia, 2. Aufl., Middlesex/England 1976, S. 132 ff., 151 ff.; K. Berton, Moscow. An Architectural History, New York 1977, S. 26 f., 71 ff., 82 ff.
173 Zum Bau der Kirche von Troice-Lykovo, heute in Moskau, durch weißrussische Baumeister, d.h. durch Janko Buchvostov, Michail Timofeev und Mitrofan Semenov, vgl. L. S. Abecedarskij, Belorussija i Rossija XVI-XVII vv. [Weißrußland und Rußland im 16. und 17. Jh.], Minsk 1978, S. 145.
174 Vgl. dazu etwa kritisch Maksim Grek, in: Beilage zu Žmakin, S. 81 ff. und auch der Metropolit Daniil selbst, ebenda, S. 20, 28, 63. A. A. Zimin, Rossija na poroge novogo vremeni (Očerk političeskoj istorii Rossii pervoj treti XVI v.) [Rußland an der Schwelle zur Neuzeit. Abriß der politischen Geschichte Rußlands im ersten Drittel des 16. Jhs.], Moskau 1972, S. 297.
175 Olearius, S. 184.
176 Platonov, S. 146.
177 Zum Inhalt von dessen Bibliothek aus mehr als 1000 Bänden, überwiegend lateinisch-griechischer Literatur vgl. M. A. Jusim, Knigi iz biblioteki Simeona Polockogo – Sil´vestra Medvedeva [Bücher aus der Bibliothek des Simeon Polockij – Sylvester Medvedev], in: TODRL, Bd. XLVII (1993), S. 315 f.
178 Platonov, S. 139; Charlampovič, S. 394 ff.
179 Charlampovič, S. 72 ff.; Abecedarskij, S. 247; A. Brückner, Laurentius Rinhuber, in: Beiträge zur Kulturgeschichte Rußlands im XVII. Jh., Leipzig 1887, S. 238.
180 A. V. Pozdneev, Pol´skij èlement v russkich rukopisnych pesennikach XVII v. [Das polnische Element in russischen handschriftlichen Liederbüchern des 17. Jhs.], in: TODRL, Bd. XXIII (1968), S. 335 ff. Zum Einfluß der polnischen Lieder auf die russische Liederdichtung, vgl. auch ders., Nikonovskaja škola pesennoj poèzii [Die Nikon-Schule der Liederdichtung], in: TODRL, Bd. XVII (1961), S. 419 ff.
181 Belobrova, S. 512, nach: I. E. Zabelin, Domašnyj byt russkich carej v XVI i XVII stoletijach [Das private Leben der russischen Zaren im 16. und 17. Jh.], Moskau 1895, 3. Aufl., Moskau 1990, S. 205.
182 N. K. Teletova, Pervyj russkij liričeskij poèt P. A. Kvašnin-Samarin [Der erste russische lyrische Dichter P. A. Kvašnin-Samarin], in: TODRL, Bd. XLVII (1993), S. 393 ff., bes. 301, 302, 306. Teletova geht von Einflüssen der thematisch im westlichen Kulturkreis beheimateten ukrainischen Folklore auf die Dichtung des

Russen aus, schließt aber auch direkte Einflüsse (etwa Shakespeares) nicht völlig aus.

183 N. A. Soboleva, Rossijskaja gorodskaja geral´dika [Die russische städtische Heraldik], S. 53; Auerbach, Stände in Ostmitteleuropa, S. 75 f.; H. Grala, In der Fremde. Betrachtungen zu den Siegeln und Wappen bei Flüchtlingen aus Moskovien nach Polen-Litauen im XVI.-XVII. Jh., in: Archiv für Diplomatik, Schriftgeschichte, Siegel- und Wappenkunde, Bd. 45 (1999), S. 387 ff.

184 Domostroj, Kap. 54, Kap. 67.

185 L. A. J. Hughes, The Moscow Armoury and Innovations in Seventeenth-Century Muscovite Art, in: Canadian-American Slavic Studies – Revue Canadienne-Américaine d'etudes slaves, Bd. 13 (1979), Heft 1-2, S. 205 ff.; Abecedarskij, S. 230 ff.

186 Hughes, S. 209 ff.; M. Al´patov, Einführung in: Iz istorii realizma v russkoj živopisi [Zur Geschichte des Realismus in der russischen Malerei], K. V. Michajlova, G. V. Smirnov, Z. P. Čeljubeeva, Hrsg., Moskau 1982, S. 12 zur Entwicklung des russischen Portraits seit der Zeit Peters d. Gr.

187 Zaozerskaja, S. 440, 395, 423 f., 429.

188 Zaozerskaja, S. 420, 423.

189 Zaozerskaja, S. 424 f.

190 Zu polnischen Webern im Dienste des Zaren und Morozovs, Zaozerskaja, S. 395, 423 f., 429, 420.

191 Zaozerskaja, S. 439, zur Gründung einer Seidenmanufaktur, ebenda, S. 442.

192 Zaozerskaja, S. 441 f., auch zum mit 30 Lehrlingen begründeten Sammethof im Kreml´.

193 Zaozerskaja, S. 439 f., 444.

194 Zaozerskaja. S. 438.

195 Abecedarskij, S. 246 f.

196 Vgl. N. M. Moleva, Muzyka i zreliča v Rossii XVII v. [Musik und Theater im Rußland des 17. Jhs.], in: Voprosy istorii 1971, Nr. 11, S. 143 ff. Zur Versdichtung: Pozdneev, Nikonovskaja škola (oben, Anm. 180), auch: A. M. Pančenko, Pridvornye virši 80-ch godov XVII stoletija [Höfische Verse in den 80-er Jahren des 17. Jhs.], in: TODRL, Bd. XXI (1965), S. 65 ff.; S. Demin, Demokratičeskaja poèzija XVII v. v pis´movnikach i sbornikach viršëvych poslanij [Die nicht-höfische Poesie des 17. Jhs. in Briefstellern und Sammlungen gereimter Sendschreiben], in: TODRL, Bd. XXI (1965), S. 74 ff. Zur Prosadichtung existiert eine ausgebreitete Literatur. Ich verweise hier auf Allgemeineres und zu Einzeluntersuchungen auf die Zeitschrift Trudy Otdela drevnerusskoj literatury (TODRL): O. A. Deržavina, Perspektivy izučenija perevodnoj novelly XVII v. [Perspektiven für das Studium der Übersetzungsnovelle], in: TODRL, Bd. XVIII (1962), S. 176 ff.; V. D. Kuzmina, Problemy izučenija perevodnoj literatury drevnej Rusi [Probleme der Untersuchung der Übersetzungsliteratur des Alten Rußland], in: TODRL, Bd. XVII (1962), S. 13 ff.; E. E. Romodanovskaja, Zapadnye sborniki i original´naja russkaja povest´ (K voprosu o russifikacii zaimstvovannych sjužetov v literature XVII – načale XVIII v.) [Westliche Sammelbände und die russische Originalerzählung (Zur Frage der Russifizierung entlehnter Sujets in der Literatur des 17. bis Anfang des 18. Jhs.], in: TODRL, Bd. XXXIII (1979), S. 164 ff.; O. A. Deržavina, Zadači izučenija perevodnoj povesti i dramaturgii XVII v. [Aufgaben beim Studium der übersetzten Erzählung und des Dramas], in: TODRL, Bd. XX (1964), S. 232 ff.; I. P. Eremin, K istorii russko-ukrainskich literaturnych svjazej v XVII v. [Zur Geschichte der russisch-ukrainischen Literaturbeziehungen], in: TODRL, Bd. IX (1953), S. 291 ff.

197 Die Gesandtschaft zugunsten einer habsburgischen Thronkandidatur in Rußland fand 1612 statt. In Haft blieb Thurn bis 1635. Vgl. Auerbach, Herberstein, S. 387 f.

198 Zum Posol´skij Prikaz unter dem Liebhaber von Peters Schwester Sofija, Golicyn, vgl. V. I. Buganov, „Kancler" petrovskoj pory [Ein Kanzler der Zeit Peters d. Gr.], in: Voprosy istorii 1971, Nr. 10, S. 150.

199 G. G. Tel´berg, Očerki političeskago suda i političeskich prestuplenij v Moskovskom gosudarstve XVII veka [Skizzen zum politischen Prozeß und den politischen Vergehen im Moskauer Staat des 17. Jhs.], Moskau 1912, S. 110 f.

200 Vgl. A. A. Preobraženskij, Rez.: N. N. Molčanov, Diplomatija Petra Pervogo [Die Diplomatie Peters d. Gr.], Moskau 1984, in: Voprosy istorii 1985, Nr. 8, S. 121 f. nach: L. A. Jusefovič, Russkij posol´skij obyčaj XVI v. [Russische diplomatische Gepflogenheiten im 16. Jh.], in: Voprosy istorii 1977, Nr. 8.

201 V. I. Simonov, Kollekcija nemeckich gazet XVII v. v CGADA [Sammlungen „deutscher" Zeitungen des 17. Jhs. im Zentralen Russischen Staatsarchiv Alter Akten], in: Sovetskie archivy, 1984, Nr. 3.

202 Veröffentlicht sind sie z. T. erst ab 1660: Vesty-Kuranty. 1600–1639 gg., Moskau 1972, 1642–1644 gg., Moskau 1976, 1645–1646 gg., 1648, Moskau 1980.
203 A. L. Choroškevič, Russkoe gosudarstvo v sisteme meždunarodnych otnošenij [Rußland im System der internationalen Beziehungen], Moskau 1980.
204 Kirchner, S. 72 ff.
205 R. Hellie, Enserfment and Military Change in Moscovy, Chicago, London 1971, S. 157 f.
206 Platonov, S. 10 f.; W. Kirchner, Commercial Relations between Russia and Europe 1400 to 1800. Collected Essays = Indiana University Publications. Russian and East European Series, Bd. 33, Bloomington/Indiana 1966, S. 79, 122.
207 Istorija Moskvy, Bd. 1, S. 488.
208 Hellie, S. 152 ff.; E. E. Kolosov, Razvitie artillerijskogo vooruženija v Rossii v XVII v. [Die Entwicklung der Artilleriewaffen im Rußland des 17. Jhs.], in:Ističeskie zapiski, Bd. 71 (1962), S. 260 ff.; Choroškevič, S. 238 ff.; Zaozerskaja, S. 241 f.; zu russischen Erfindungen, vgl. Hellie, S. 183 ff.
209 Olearius, S. 206, vgl. auch S. 149 zum Kanonenhof.
210 Zaozerskaja, S. 240 ff., 249.
211 Zaozerskaja, S. 229, 249 f.; Choroškevič, S. 240; E. Amburger, Die Familie Marselis. Studien zur russischen Wirtschaftsgeschichte = Osteuropastudien des Landes Hessen, Reihe 1: Giessener Abhandlungen zur Agrar- und Wirtschaftsforschung des europäischen Ostens, Nr. 4, Giessen 1957, S. 94 f.; zu weißrussischen Waffenschmieden in Moskau, vgl. Abecedarskij, S. 230 f.
212 Choroškevič, S. 240; Hellie, S. 152.
213 Historie vom Zartum Kasan (Kasaner Chronist), F. Kämpfer, Übers./Hrsg. = Slavische Geschichtsschreiber, Bd. 7, Graz/Wien/Köln 1969, S. 220 ff.; Hellie, S. 159; H. Hecker, Deutsche Beamte und Gelehrte im Zarenreich, in: Deutsche in Rußland, H. Rothe, Hrsg., = Studien zum Deutschtum im Osten, Bd. 27, Köln, Weimar, Wien 1996, S. 31.
214 Hellie, S. 155 f.
215 Zaozerskaja, S. 251 f.; Amburger, Marselis, S. 97.
216 Zur russischen Papierproduktion, vgl. unten S. 38, 40.
217 Amburger, Marselis, S. 99 f., 106 f.; Zaozerskaja, S. 352.
218 Zaozerskaja, S. 301 ff., 204 ff., 334 f.
219 Herberstein, S. 105.
220 Hellie, S. 162 ff.; Bezotosnyj, S. 198.
1 **Hellie, S. 162 ff., 168 ff.**
222 Hellie, S. 167 f.; L. Fronsperger, Fünf Bücher von Kriegs-Regiment und Ordnung ..., Frankfurt/Main 1555, 2. Aufl. 1558, 3. Aufl. 1565 usw.
223 1. Aufl., Oppenheim 1615, 2. Aufl., Danzig 1620.
224 Hellie, S. 187 f.
225 Choroškevič, S. 33 ff. Im Russischen Hausbuch „Domostroj" kommen „Welsche" (russ. *Frjaskoe vino*) Weine und ein trockener französischer Wein (russ. *Romanei*) vor. Vgl. Altrussisches Hausbuch „Domstroj", K. Müller, Übers., Leipzig, Weimar, 1987, Kap. 54, S. 99 und in der russischen Ausgabe Kap. 67 zu den Hochzeitsbräuchen im fürstlichen Stand, Domostroj, V. V. Kolesov, V. V. Roždestvenskaja, Hrsg. = Literaturnye pamjatniki, St. Petersburg 1994, S. 79, 387.
226 Kirchner, S. 64 ff.
227 T. S. Willan, The Early History of the Russian Company, 1553–1603, Manchester 1956, S. 1 ff.; N. Kostomarov, Očerk torgovli moskovskago gosudarstva v XVI i XVII stoletijach [Skizze über den Handel des Moskauer Staates im 16. und 17. Jh.] = Russian Reprint Series, A. V. Soloviev, Hrsg., Bd. 3, The Hague 1966 (Nachdruck der Ausgabe St. Petersburg 1862), S. 13 ff.
228 R. G. Skrynnikov, Boris Godunov, Moskau 1978, S. 139; Kostomarov, S. 28 f.
229 Kostomarov, S. 30; Kirchner, S. 78 ff.; K. Zernack, Studien zu den schwedisch-russischen Beziehungen in der 2. Hälfte des 17. Jhs., Teil 1: Die diplomatischen Beziehungen zwischen Schweden und Moskau von 1675 bis 1689 = Giessener Abhandlungen zur Agrar- und Wirtschaftsforschung des europäischen Ostens, Bd. 7, Giessen 1958, S. 35.
230 Zernack, S. 37 f.; R. Wittram, Peter I. Czar und Kaiser. Zur Geschichte Peters des Großen in seiner Zeit, Göttingen 1964, Bd. 1, S. 191 ff.
231 V. N. Zacharov, Nemeckie kupcy i promyšlenniki v Moskve XVII-XVIII vv., [Deutsche Kaufleute und Gewerbetreibende in Moskau. XVII.-XVIII. Jh.], in: Nemcy Moskvy, S. 106 ff. Der vermutlich der erste Hesse unter den Kaufleuten war ein Kaufmann aus Kassel, Karl Melli, der 1770 ohne den üblichen Umweg St. Petersburg direkt nach Moskau kam, vgl. Za-

charov, S. 123 nach: RGADA, f. 291, Op. 1, d. 7421, d. 16119, d. 18642.

232 A. A. Sevast´janova, Amerikanskij istorik o pervoj russkoj bumažnoj mel´nice [Ein amerikanischer Historiker zur ersten russischen Papiermühle], in: Voprosy istorii 1972, Nr. 6, S. 175 f. (= Rez.: E. L. Kennan, in: Oxford Slavonic Papers, Bd. IV, 1971).

233 G. I. Koljada, Rabota Ivana Fedorova nad tekstami Apostola i Časovnika i vopros o ego uchode v Litvu [Die Arbeit des Ivan Fedorov am Apostolus und Stundenbuch und die Frage seines Wegganges nach Litauen], in: TODRL, Bd. XVII (1961), S. 250.

234 Die Übersetzung der Bibel ins Russische und die Herausgabe eines neuen Standardtextes ist heute wieder ein hochaktuelles Problem. Offizielle Ausgabe ist ein Text der sog. Synodal-Übersetzung in ein schon zum Zeitpunkt des Erscheinens veraltetes Kirchenslavisch der Zeit noch vor dem Dichter Puškin aus den 1860er und 70er Jahren. Nikolaus I. hatte die Übersetzung der Bibel ins moderne Russische verboten, vgl. St. K. Batalden, The Contemporary Politics of the Russian Bible. Religious Publication in a Period of Glasnost, in: Seeking God. The Recovery of Religious Identity in Orthodox Russia, Ukraine, and Georgia, ders., Hrsg., DeKalb 1993, S. 240, 241, 233.

235 Rižskij, S. 65 ff.; Ivanov, Maksim Grek i Savonarola [Maksim Grek und Savonarola], in: TODRL, Bd. XXIII (1968), S. 217 ff.; D. M. Bulanin, Istočniki antičnych reminiscencij v sočinenijach Maksima Greka [Die Quellen für die antiken Reminiszenzen in den Werken des Maksim Grek], in: TODRL, Bd. XXXIII (1979), S. 67 ff.; N. V. Sinicyna, Rukopisnaja tradicija XVI-XVIII vv. Sobranij sočinenij Maksima Greka [Die Handschriftentradition des 16.-18. Jhs. der Werksammlungen des Maksim Grek], in: TODRL, Bd. XXVI (1971), S. 259 ff.; Dies., Maksim Grek v Rossii [Maksim Grek in Rußland], Moskau 1977, S. 61 ff., 130 ff.; L. S. Kovtun, Leksikografija v moskovskoj Rusi XVI-načala XVII v. [Die Lexikographie des Moskauer Rußland im 16. bis zum Beginn des 17. Jhs.], Leningrad 1975, S. 8 ff., 48 ff.

236 Koljada, S. 250, 252; D. M. Bulanin, Leksikon Svidy v tvorčestve Maksima Greka [Das Lexikon des Suida im Werk des Maksim Grek], in: TODRL, Bd. XXXIV (1979), S. 257 ff.; ders., Kommentarij Maksima Greka k slovam Grigorija Bogoslova [Der Kommentar des Maksim Grek zu Gregor d. Gr.], in: TODRL, Bd. XXXII (1977), S. 275 ff.; B. V. Sapunov, K voprosu o prekraščenii dejatel´nosti pervych tipografij v Moskve [Zur Frage des Abbruchs der Arbeiten der ersten Druckereien in Moskau], in: TODRL, Bd. XII (1956), S. 431 ff. mit einer Widerlegung der Legende über den Brand der Druckerei Fedorovs. Auch: V. I. Luk´janenko, Azbuka Ivana Fedorova, ee istočniki i vidovye osobennosti [Das ABC-Buch des Ivan Fedorov], in: TODRL, Bd. XVI (1960), S. 208 ff., 221; A. S. Demin, Posleslovie k pervopečatnomu Apostolu Ivana Fedorova 1564 g. kak literaturnyj pamjatnik [Das Nachwort zur Erstausgabe des Apostolus von Ivan Fedorov aus dem Jahre 1564 als Literaturdenkmal], in: TODRL, Bd. XXVI (1971), S. 267 ff., 269.

237 E. L. Nemirovskij, Rasprostranenie krakovskich izdanij Švjapol´ta Fiola v Russkom gosudarstve XV-XVII vv. [Die Verbreitung der Krakauer Ausgaben des Sebald Fiol im Russischen Staat im 15.-17. Jh.], in: Kul´turnye svjazi narodov Vostočnoj Evropy v XVI v. [Kulturbeziehungen der Völker Osteuropas im 16. Jh.], B. A. Rybakov, Hrsg., Moskau 1976, S. 188 ff.

238 N. N. Pokrovskij, S. O. Šmidt, Sudnye spiski Maksima Greka i Isaka Sobaki [Die Prozeßakten gegen Maksim Grek und Isak Sobaka], Moskau 1971; A. I. Ivanov, Neskol´ko zamečanij po povodu izdanija novogo spiska „Sudnogo dela Maksima Greka" [Einige Bemerkungen zu einer Ausgabe einer neuen Handschrift des Prozesses gegen Maksim Grek], in: TODRL, Bd. XXX (1976), S. 284 ff.

239 A. V. Florovskij, Francisk Skorina i Moskva [Franziskus Skoryna und Moskau], in: TODRL, Bd. XXIV (1969), S. 156 f.

240 B. V. Sapunov, Pervopečatnik Ivan Fedorov kak pisatel´ [Der erste Drucker Ivan Fedorov als Schriftsteller], in: TODRL, Bd. XIV (1958), S. 268 ff.; Luk´janenko, S. 208 ff, vgl. auch oben Anm. 236.

241 Charlampovič, S. 113.

242 Chr. Hemer, Herrschaft und Legitimation im Rußland des 17. Jhs. Staat und Kirche zur Zeit des Patriarchen Nikon, Diss. Marburg 1978, S. 97 ff.; R. O. Crummey, The Old Believers and the World of Antichrist, Madison, Milwaukee, and London 1970, S. 4 ff.; Rižskij, S. 107 ff.

243 M. I. Rižskij, Istorija perevodov Biblii v Rossii

[Die Geschichte der Bibelübersetzungen in Rußland], Novosibirsk 1978, S. 8 ff.
244 Rižskij, S. 55 ff.
245 E. Hösch, Orthodoxie und Häresie im alten Rußland = Schriften zur Geistesgeschichte des östlichen Europa, Bd. 7, Wiesbaden 1975, S. 30 ff., 68 ff., 95, 96.
246 Dieser mögliche Bereich westlichen Einflusses auf Rußland wird daher hier übergangen. Hösch, S. 78 ff.; A. I. Klibanov, Reformacionnye dviženija vo Rossii XIV-pervoj polovine XVI. v. [Reformatorische Bewegungen in Rußland im 14. bis zur ersten Hälfte des 16. Jhs.], Moskau 1960.
247 Beispiele bei: Choroškevič, S. 245; vgl. auch: Olearius, S. 198 f., 250. Generell zu den Ärzten und Apothekern in Moskau: Kovrigna, S. 27 ff.
248 V. Malinin, Starec Eleazarova monastyrja Filofej i ego poslanija. Istoriko-literaturnoe izsledovanie [Der Starec des Eleazar-Klosters Filofej und seine Sendschreiben], 2. Aufl., H. Schaeder, Hrsg., 1971, S. 255 ff.; I. Ivanov, Literaturnoe nasledie Maksima Greka [Das literarische Erbe des Maksim Grek], Leningrad 1969, S. 81, 85, 105, 108 ff., 118, 121, 123, 136 f. Zu Bülows Tätigkeit als Übersetzer im erwähnten Kreise des Novgoroder Erzbischofs Gennadij und dessen Neuberechnung der Ostertafeln, vgl. N. Angermann, Neues über Nikolaus Bulow und sein Wirken im Moskauer Rußland, in: JbfGO, Bd. 17 (1969), Heft 3, S. 412 f., 416 f.
249 R. G. Skrynnikov, Ivan Groznyj, Moskau 1975, S. 197; ders., Rossija posle opričniny [Rußland nach der Opričnina], Leningrad 1975, S. 18 ff.
250 Zum Reiseverkehr Ende des 17. Jhs.: Wittram, Bd. 1, S. 194; Kirchner, S. 124; N. A. Baklanova, Privoznye tovary v Moskovskom gosudarstve vo vtoroj polovine XVII v. Očerki po istorii torgovli i promyšlennosti vo Rossii v XVII i načale XVIII stoletija [Importe im russischen Staat in der zweiten Hälfte des 17. Jhs. Skizzen zur Geschichte von Handel und Industrie in Rußland im 17. bis zum Beginn des 18. Jhs.] = Trudy GIMa [Arbeiten des Staatlichen Historischen Museums], Bd. 4: Otdel istoričeskij obščij, Moskau 1928, S. 5 ff.; P. Bushkovitch, The Merchants of Moscow, 1580-1650, Cambridge, London, New York, New Rochelle, Melbourne, Sydney 1980, S. 25 ff., 169.
251 Skrynnikov, Boris Godunov, S. 140; Platonov, S. 40; zu Peters Absendung von Adligen nach Venedig, Holland und England zu einem Studium der Seefahrt 1697, vgl. M. J. Okenfuss, Russian Students in Europe in the Age of Peter the Great, in: The Eighteenth Century in Russia, J. G. Garrard, Hrsg., Oxford 1973, S. 116 ff., 128 ff.
252 Sprachkenntnisse wie die Bildung des Adels in Rußland der frühen Neuzeit, selbst in seinen Führungsschichten, werden von Edward Keenan und dessen Schule m. E. allzusehr heruntergespielt.
253 So der Erzbischof von Černigov Lazar Baranovič, in: Pis´ma Lazarja Baranoviča, zitiert nach: Charlampovič, S. 368.
254 Zu den Auswirkungen auf die russische Publizistik des seitens der russischen Oberschichten radikal geänderten Verhaltens westlichen Ausländern gegenüber generell: L. Kopelew, Lehrmeister und Rivalen, Kameraden und Fremdlinge, in: Deutsche und Deutschland aus russischer Sicht. 18. Jh. Aufklärung = West-Östliche Spiegelungen, Hrsg. L. Kopelew, D. Herrmann, K.-H. Korn, Reihe B, Bd. 2, München 1992, S. 16 ff.
255 Zum folgenden: V. Press, Hessen im Zeitalter der Landesteilung (1567–1655), in: W. Heinemeyer (Hrsg.), Das Werden Hessens, Marburg 1986, S. 267-331; G. Menk (Hrsg.), Landgraf Moritz der Gelehrte. Ein Kalvinist zwischen Politik und Wissenschaft, Marburg 2000.
256 Menk, Ein Regent zwischen dem Streben nach politischer Größe und wissenschaftlicher Beherrschung des Politischen, ebenda, S. 36.
257 Joh. Balthasar Klaute, Lebenslauf der Landgräfin, in: Best. 4a, 59, Nr. 38, f. 1. A. Seraphim, Eine Schwester des Großen Kurfürsten Luise Charlotte, Markgräfin von Brandenburg, Herzogin von Kurland (1617–1676) = Quellen und Untersuchungen zur Geschichte des Hauses Hohenzollern, Berlin 1901; H. Philippi, Landgraf Karl von Hessen-Kassel. Ein deutscher Fürst der Barockzeit = Veröffentlichungen der Historischen Kommission für Hessen, Bd. 34, Marburg 1976, S. 9; E. Seraphim, Geschichte Liv-, Est- und Kurlands von der „Aufsegelung" des Landes bis zur Einverleibung in das russische Reich, Bd. 2, Reval 1896, S. 567 f. (im Folgenden: Seraphim). Schreiben der Maria Amalie an ihren Bräutigam mit einem Austausch kleiner Geschenke, Königsberg, 1669, Mai 26, in: Best. 4f Kurland, Nr. 32. Auch: Privatbriefe des Herzogs v. Kurland an seine Tochter aus Anlaß der Eheschließung und der

Geburt eines Sohnes, in: Best. 4f Kurland, Nr. 36. Vgl. auch weitere Privatbriefe der gesamten Familie bei: Best. 4f Kurland, Nr. 33, 34, 35, 37, 38. Der Herzog Jakob war nicht mehr fähig, eine ordentliche Mitgift an seine Töchter zu zahlen. Kassel verzichtete dann auf die statt dessen angewiesenen Schuldforderungen gegenüber Dänemark. Zu den Finanzverpflichtungen bzw. zur Erbauseinandersetzung mit Friedrich Kasimir, Best. 4f Kurland, Nr. 68, Best. 4f Kurland, Nr. 67, Best. 4f Kurland, Nr. 46, 48, 51. Zu den sich hinziehenden Erbstreitigkeiten unter den Nachkommen Herzog Jakobs, vgl. Best. 4f Kurland (hier nicht ausgewertet). Die Kasseler erwarteten nicht nur Vermögen aus Kurland, sondern unterstützten auch ihre Angehörigen: Zu einem Legat der Landgräfin an ihren Bruder Ferdinand, 1712, vgl. Dankschreiben Ferdinands, Danzig, 1712, Febr. 27, in: Best. 4f Kurland, Nr. 91, vgl. auch deren Privatkorrespondenz.

258 Balthasar Klaute, Lebenslauf der Landgräfin, in: Best. 4a, 59, Nr. 38, f. 4 v.
259 Geb. am 12. Juni 1653, Taufpaten: König v. Dänemark, Markgraf Christian Wilhelm, ehemals Bischof zu Magdeburg, Albrecht, Markgraf zu Ansbach, Prinzessin Amelia zu Tarante, Herzog August zu Sachsen, Herzog August zu Braunschweig-Wolfenbüttel mit Gemahlin, der Vizekanzler von Litauen Sapieha. Vgl. Best. 4a, 59, Nr. 38, f. 43.
260 Sommersemester 1623, vgl. Die Jüngere Matrikel der Universität Leipzig, Bd. IV: 1559–1809, G. Erler, Hrsg., Leipzig 1909, S. IC.
261 1591, 1591/92, 1592, vgl. Die Matrikel der Universität Rostock, Bd. II: Mich. 1499-Ost. 1611, A. Hofmeister, Hrsg., Rostock 1891, S. XVIII.
262 K. W. Cruse, Curland unter den Herzögen, Bd. 1, Mitau 1833, S. 137: *„Auf eignes dringendes Verlangen erhielt er von seinen Pflegeltern die Erlaubnis ..., die Universität Leipzig zu beziehen, wo er, wie einst sein Vater in Rostock, zum Ehrenrektor erwählt worden sein soll."*, auch S. 84. Seraphim vermeldet dies fehlerhaft für Rostock, vgl. Seraphim, S. 519 ff., 524 ff., 555 ff. Portrait: S. 519, hier: S. 44.
263 Landtagsakten, vor allem -abschiede in Abschrift, in: Curländische Formula regiminis, Landesstatuta und Ritterbank, Handschrift, in: Bibliothek der Kurländischen Ritterschaft, Staatsarchiv Marburg, Best. 701, XVI C l08, S. 171 ff.; bei: Cruse, S. 138, 140.
264 Für diese Kolonie interessierte sich auch Hessen. Zur Gründung einer Kolonie mit englischen Familien wurde eine hessische Empfehlung für den Lokatoren an den Herzog von Kurland erbeten. Schreiben des ehemaligen englischen Obristen William Waller, London, 1698, Nov. 8, f. 2 (des Schreibens). Herzog Ferdinand war sich unschlüssig, ob es nach den Negativerfahrungen Kurlands mit den dort getätigten Investitionen, nützlich sei, die Insel zu besitzen. Ders. an Landgraf Karl, Mitau 1699, Jan. 5, ebenda, f. 1 v. (des Schreibens).
265 Cruse, S. 176 ff.
266 Zur Allodialverlassenschaft des letzten Kurländers rechnet das Haus Hessen 1736 noch immer: *„Das Recht an der Insul Tabago in Westindien, Sambia in Afrika, die Werke in Norwegen, nebst den Gerechtigkeiten in Island und Flockero."* (im Wortlaut etwas abgeändert). Pro Memoria zur Instruktion für den mit Erbschleichen in Danzig beauftragten Hofrats Henrich Holmstett, [1736, Sept.], in: Best. 4f Kurland, Nr. 190, f. 1 (des P.M.). Nach dessen Tode wagt niemand, die Allodien in Kurland selbst für das Haus Hessen in Besitz zu nehmen. Vgl. Bericht des Schwedischen Residenten und Hofrats Henrich v. Holmstett, Danzig, 1727, Mai 8, Kopie, in: Best. 4f Kurland, Nr. 190, f. 1 (des Schreibens); dass. 1737, Mai 28/ Juni 8, ebenda, f. 2 v. (des Schreibens). Kurz nach dem Tod des Herzogs rückten offenbar einige russische Kompanien in Kurland ein, um die dortigen Allodialgüter zu besetzen. Bericht Holmstetts, Danzig, 1737, Mai 18/24, ebenda, f. 3 (des Schreibens).
267 Cruse, S. 179 ff.
268 R. Wittram, Baltische Geschichte. Die Ostseelande Livland, Estland, Kurland 1180–1918, München 1954, S. 115 f.; Seraphim, Baltische Geschichte, S. 311 ff.; L. Arbusow, Grundriß der Geschichte Liv-, Est- und Kurlands, 3. Aufl., Riga 1908, S. 206 ff.
269 Cruse, S. 146.
270 Cruse, S. 184 ff.; Schreiben des Herzogs Jakob an die Landgräfin von Hessen-Kassel wegen der geplanten Veräußerung von Juwelen durch seine Tochter Charlotte Sophie, Mitau, 1680, Febr. 16, in: Best. 4f Kurland, Nr. 1, f. 1; Notifikation von dessen Ableben am 31. Dez. 1781, Friedrich Kasimir an Landgraf Karl, Mitau, 1682, Jan. 3, in: Best. 4f Kurland, Nr. 1, f. 3.
271 Cruse, S. 192. Zu dessen Ableben 1698, vgl. Best. 4f Kurland, Nr. 12.
272 Einsetzung zum Vormund 1698, April 5 und

Landtagsverhandlungen auch des volljährigen Friedrich Wilhelm bis 1709 in Abschrift bei Curländische Formula regiminis ..., f. 564 ff.; vgl. auch: Cruse, 218 ff., 237 ff. Zu dessen Ableben und zum nominellen Regierungsantritt Ferdinands, 1711, vgl. Best. 4f Kurland, Nr. 15, bes. Bericht Ferdinands aus Danzig an seine Schwester, Danzig, 1711, Febr. 21.

273 E. Sturm, Grundzüge der Staatsorganisation des Herzogtums Kurland im XVII. Jahrhundert unter besonderer Berücksichtigung der formula Regiminis von 1617, Diss. Greifswald 1919, S. 34.

274 Cruse, S. 183.

275 Zum Ableben des Karl Jakob, 1676, vgl. Best. 4 f Kurland, Nr. 50.

276 Cruse, S. 186 zur Absage des außerordentlichen Landtages in Kurland, auf dem der Landgraf vorgeschlagen werden sollte, 1725, Juni 8. Vgl. auch Notifikation von Ferdinands Ableben im Alter von 81 Jahren, 1737, Mai 4, in: Best. 4f Kurland, Nr. 18. Dessen privater Briefwechsel der Jahre 1671–1701 nach Kassel bei: Best. 4f Kurland, Nr. 39, der Jahre 1702–1711, ebenda, Nr. 83. Ferdinand ging relativ sicher von einer Erbfolge in der weiblichen Linie aus: „... hält er [der König von Preußen] unser Haus so schwach von männlicher Seiten, so ist der Geschwister Gott sei Dank mit schönen Erben reichlich versehen, denen es [Kurland] in Vermangelung der männlichen Erben notwendig zukommen muß." Ferdinand, im Vertrauen auf die polnischen Stände, an seine Schwester Maria Amalie, Warschau, 1702, April 5, in: Best. 4f Kurland, Nr. 83, f. 2-2 v. (des Schreibens).

277 Klaute, Lebenslauf der Landgräfin, in: Best. 4a, 59, Nr. 38, f. 6. Zur Bedeutung der fürstlichen Frauen als potentielle Regentinnen bei Abwesenheit ihres Mannes oder Minderjährigkeit der Söhne, vgl. H. Wunder, Dynastie und Herrschaftssicherung. Geschlechter und Geschlecht, in: Dynastie und Herrschaftssicherung in der frühen Neuzeit, Berlin 2002, S. 9 ff., auch: M. Lemberg, Frauen um Landgraf Moritz, in: Landgraf Moritz der Gelehrte. Ein Kalvinist zwischen Politik und Wissenschaft, G. Menk, Hrsg., = Beiträge zur hessischen Geschichte, Bd. 15, Marburg 2000, S. 173 f.

278 Cruse, S. 183.

279 Chr. G. v. Ziegenhorn, Staatsrecht der Herzogtümer Curland und Semgallen, Königsberg 1772, S. 64, § 150. Baltische Geschichte im Grundriß, Reval 1908, S. 317; Arbusow, S. 211 f.

280 Philippi, S. 9; Klaute, Lebenslauf der Landgräfin, in: Best. 4a, 59, Nr. 38, f. 2-2 v.

281 Seraphim, Baltische Geschichte, S. 323 f.

282 Cruse, S. 231; Seraphim, S. 588 ff.; ders., Baltische Geschichte, S. 324.

283 R. Wittram, Bd. 1, S. 357 ff.; E. V. Anisimov, Rossija bez Petra [Rußland ohne Peter], St. Petersburg 1994 (im Folgenden: Rossija bez Petra), S. 211.

284 Zu dieser der spanische Gesandte James Fitzjames Duke of Berwick, span. Herzog von Liria und Xerica, franz. Herzog von Fitzjames (1670–1734): Gercog Lirijskij, Zapiski o prebyvanii pri imperatorskom rossijskom dvore v zvanii posla korolja ispanskogo [Notizen über seinen Aufenthalt am kaiserlich russischen Hof als Gesandter des spanischen Königs], in: Rossija XVIII v. glazami inostrancev [Das Rußland des 18. Jhs. mit den Augen von Ausländern], Ju. A. Limonov, Hrsg., Leningrad 1989, S. 247: „Sie ist dick, dunkelhäutig und hat ein mehr männliches als weibliches Gesicht. Im persönlichen Umgang ist sie angenehm, freundlich und außergewöhnlich aufmerksam. Freigiebig bis zur Verschwendungssucht liebt sie Luxus im Übermaß, und aus diesem Grunde übertrifft ihr Hof an Pracht alle übrigen europäischen. Die achtet streng auf den Gehorsam ihr gegenüber und möchte alles wissen, was sich in ihrem Staat tut. Sie vergißt ihr erwiesenen Dienste nicht, aber gleichzeitig behält sie auch alle ihr an getanen Beleidigungen." Anisimov, Rossija bez Petra, S. 202 f.; A. Kamenskij, Rossijskaja imperija v XVIII veke: tradicii i modernizacija [Das russische Reich im 18. Jh.: Traditionen und Modernisierung], Moskau 1999, S. 158 f.

285 Anisimov, Rossija bez Petra, S. 204.

286 Anisimov, Rossija bez Petra, S. 233 f.; L. M. Starikova, Štrichi k portretu imperatrica Anny Ioannovny (Častnye razvlečenija v domašnem pridvornom krugu) [Kleine Ergänzungen am Portrait der Kaiserin Anna Ioanovna (Private Vergnügungen im Familienkreis bei Hofe)], in: Razvlekatel´naja kultura, S. 101.

287 Anisimov, Rossija bez Petra, S. 218 ff., 224; Starikova, S. 100, 105 f., auch ebenda zu Peter d. Gr. und dessen Zwergen: D. I. Belozerova, Karliki v Rossii XVII-načala XVIII v. [Zwerge im Rußland des XVII. bis zum Beginn des XVIII. Jhs.], S. 143.

288 Ziegenhorn, S. 70, §§ 165-166. Wittram, Bd. 1, S. 359 f. Die Hochzeit wie andere Familienereignisse wurde betont in St. Petersburg als neuer Hauptstadt gefeiert. N. I. Pavlenko, Petr Velikij [Peter d. Gr.], Moskau 1994, S. 524. Offizielle Notifikation der Hochzeit durch Friedrich Wilhelm, Liebau, 1710, Juli 15, in: Best. 4 f Kurland, Nr. 14, f. 1. Kondolenzschreiben des Landgrafen Karl an Herzog Ferdinand v. Kurland, bei: Best. 4 f Kurland, Nr. 91, f. 2 ff.

289 Wittram, Bd. 1, S. 361; ders., Baltische Geschichte, S. 120; V. v. Wilpert, Geschichte des Herzogtums Kurland, 2. Aufl., Berlin o. J., S. 32. Bildnis der beiden Ehepartner, ebenda, S. 30 f. Zu den im Hintergrund stehenden Verhandlungen zwischen Rußland und Preußen u.a. wegen einer Teilung Polens, vgl. E. Seraphim, Livländische Geschichte. Ein Hausbuch, Reval 1904, S. 175 ff.

290 Von den Verwüstungen waren auch die Güter des Hessen-Kassel'schen Oberhofmarschalls und Generals über die Leibgarde und Sondergesandten an Peter Friedrich v. Kettler betroffen, so weit, daß dessen standesgemäßer Unterhalt in Hessen nicht mehr sicher war. Der Landgraf setzte sich daher bei Peter dafür ein, daß dessen Güter Esseren, Brusilgen, Crusate Drogen und seine Untertanen in Liebau nicht länger zu Kriegsdiensten gezwungen würden, Fourage und Lebensmittel beschlagnahmt und die Güter durch Truppeneinlagerungen ruiniert würden. Landgraf Karl an Peter, Kassel, 1716, Nov. 9, in: Best. 4 f Rußland, Nr. 6. Ziegenhorn, S. 64, § 151, vor allem, S. 66 f., §§ 156, 159, 161. Auch: Wittram, Baltische Geschichte, S. 116; Arbusow, S. 213, zur Zerrüttung Liv- und Estlands, S. 229 ff.

291 Katharina I. ist als schwedische Untertanin zur Welt gekommen und wird später die erste Ausländerin auf dem russischen Thron. Sie dürfte wahrscheinlich in einer kinderreichen und armen lettischen Familie Skovarockij (Skavronski) als Leibeigene eines polnischen Adligen zur Welt gekommen sein. Dafür spräche, daß sie ihre Verwandtschaft zu Peters Lebzeiten zwar im Verborgenen hielt, sie trotzdem finanziell unterstützte, nach dessen Ableben diese aber 1726 nach St. Petersburg an den Hof holte und die Familie 1727 in den Grafenstand erhob. Nach der anderen Version sei sie in Schweden geboren, nach dem Tode des Vaters Johannes Rabe nach Riga gekommen – die Mutter wäre dann die Tochter eines Sekretärs aus Riga. Anisimov, Rossija bez Petra, S. 77. Wittram läßt die Frage der Herkunft offen, vgl. ders., Bd. 1, S. 271.

292 So Ziegenhorn, S. 71, § 170; Cruse, S. 239, auch: Kamenskij, S. 153. Auf diese eingelösten Allodialgüter oder Ämter erhob der im Exil befindliche Herzog Ferdinand weiter Anspruch, übrigens zugunsten der potentiellen Erben aus dem Hause Hessen-Kassel. Zu Verhandlungen diesbezüglich mit dem russischen Hofe, vgl. Kopie einer Relation des Kanzleisekretär Benning, Danzig, 1736, Juni 20, in: Best. 4 f Kurland, Nr. 190, f. 3 v. (des Schreibens). Dazu, speziell zu den Ämtern Niederbartau und Rützau, weiter: Bericht des Kanzleisekretärs v. Benning, Danzig, 1736, Juli 21, Kopie, ebenda, f. 1 (des Schreibens).

293 „Der preußische Gesandte hat ein Memorial übergeben, in welchem er bittet im Namen der in Berlin vom Könige angeordnete Regierung, der Czar möchte doch die in Possession in Kurland genommene Ämter unter Praetext, daß der Czar das Douair vor die verwittwete Herzogin von Kurland daraus ziehen wollte, bestehend in 40 000 Rubels (ein Rubel ist acht gute Groschen) zu lindern, evacuiren und diese Anforderung bis zu einem Generalfrieden in Norden ausgesetzet sein lassen, widrigenfalls der König von Preußen ebenfalls würde genötiget sein, sich in einige Ämter einweisen zu lassen und gewaltsame Possession zu nehmen...". Bericht des Alexander v. Dönhoff an Landgraf Karl aus Pyrmont von Peters Badekur, Kassel, 1716, Juni 24, in: Best. 4 f Rußland, Nr. 5. Übrigens setzt sich Kassel für die Verschonung der Besitztümer der verwitweten Herzogin von Mecklenburg-Schwerin bei Truppendurchmärschen beim Zaren ein. Landgraf Karl an seinen Sondergesandten nach Bad Pyrmont, Friedrich Freiherrn v. Kettler, Kassel, 1716, Juni 25. Zusage des Zaren, nach: Kettler an den Landgrafen, Pyrmont, 1716, Juli 26, ebenda.

294 Er war in den Wirren des Nordischen Krieges in Kurland – darauf gehen wir hier nicht ein – die eigentlich entscheidende Person, Seraphim, S. 591, auch ders., Livländische Geschichte, S. 179.

295 Anisimov, Rossija bez Petra, S. 240 ff.

296 Dazu mit Hofklatsch Gercog Lirijskij, S. 226 ff.; Anisimov, Rossija bez Petra, S. 167 ff.; auch: D. A. Korsakov, Vocarenie Imperatricy Anny Ioannovny [Die Thronbesteigung der Kaiserin Anna Ivanovna], Kazan´ 1880. Vgl. auch: Ab-

schrift eines Mémoire des russischen Gesandten Golovin in Stockholm für König Friedrich I. v. Schweden über den Thronwechsel, Stockholm, 1730, Febr. 12, in: Best. 4f Rußland, Nr. 21. Dazu auch der spanische Gesandte, S. 226 ff.

297 Die *Bironovščina* steht für ein Regime der Ausländer über die Russen, den untergründigen Vorwurf, Anna habe mit dem deutschen Ostermann keine national-russische Außenpolitik betrieben, Rußland sei wirtschaftlich von Ausländern ausgeplündert worden und für eine Zeit innenpolitischen Terrors. Anisimov relativiert diese Vorwürfe durch die Überprüfung der Fakten stark, die ein Teil der Propaganda von Peters Tochter Elisabeth zur Legitimation ihres eigenen Regierungsantrittes gewesen sind. Anisimov, Rossija bez Petra, S. 440 f., 217, 451 f., 226 ff., 230 f., 429 ff., 438; ähnlich schon: Seraphim, Livländische Geschichte, S. 199 f.; Kamenskij, S. 161 ff., 182 ff. Die ältere Interpretation bei: W. Kliutschewskij, Geschichte Rußlands, F. Braun/R. v. Walter, Hrsg., Bd. 4, Stuttgart, Leipzig, Berlin 1926, S. 313 ff.

298 Zur Organisation ihres Hofes mit Biron sofort nach Regierungsantritt und dessen Standeserhöhung zum Grafen durch den Kaiser, vgl. den spanischen Gesandten, S. 236, 241, auch: S. 243.

299 Zu den Vorgängen um die durch russisches Militär beeinflußte Wahl, vgl. Bericht Holmstetts an Friedrich I., Danzig, 1737, Juni 11/22, in: Best. 4 f Kurland, Nr. 190, f. 2-2 v. Pacta subiectionis für Ernst Johann von Biron, Danzig, 1737, Nov. 2, Abschrift, ebenda. Zur Vorgeschichte: [Johann Albrecht v. Korff], Gründlicher Beweiß, daß das Recht einen Fürsten zu wehlen denen Ständen der Herzothümer Curland und Semgallen von ihren Urahnen angestammt und daß sie solches Recht durch keine entgegen stehende Handlung verlohren aus ungezweifelten Urkunden und Geschichten dargethan von einem Patrioten. [1736]. Zu dieser Schrift und einer polnischen anonymen Gegenschrift sowie damals kursierenden Gerüchten, es stünde eine Wahl von Birons Sohn Peter an, aus der Sicht des Exilherzogs Ferdinand, vgl. Kopie der Relation des Kanzleisekretärs Benning an den Geheimen Rat Baron v. Adelebsen, Danzig, 1736, Juni 7, in: Best. 4 f Kurland, Nr. 190, f. 3-3 v. (des Schreibens). Mit dessen Wahl rechnet man noch unmittelbar nach dem Ableben Ferdinands. Henrich Holmstett an Friedrich I., Danzig, 1737, Juni 1/12, ebenda, f. 2. Die Kurländer setzten sich übrigens auf dem Sejm 1736 dank der auswärtigen Unterstützung durch. Dazu: Bericht des Kanzleisekretärs v. Benning, Danzig, 1736, Juli 21, ebenda, f. 1 (des Schreibens) oder Zeitung aus Warschau, 1736, Juli 19, ebenda. Gegen eine Zerstückelung Kurlands in Wojewodschaften und die Inkorporation intervenierte auch der schwedische Gesandte beim Reichstag, vgl. Extract Post Dammer [sic!] Zeitung, in: Best 4f Kurland, Nr. 190, f. 1. Die Konstitution (Reichstagsabschied) über die Einsetzung eines neuen Herzogs war Ferdinand bekannt. Vgl. Bericht Bennings an v. Adelebsen, Danzig, 1736, Aug. 22, f. 2-2 v. (des Schreibens und Kopie des Abschieds in der Anlage). Extractus constitutionum comitiorum pacificationis extraordinariorum de anno 1736 das Herzogtum Kurland betreffend, Kopie und Extractus conclusi senatus consilii Uschoviae die 8 Julii 1737 celebrati, sowie Extrait du Resultat du Senatus Consilium tenû à Fraustadt au mois de Juillet 1737, ebenda. Korff hatte als kaiserlich-russischer Kammerjunker die Rezeption Birons durch die kurländischen Stände (Ritterschaft) im Frühjahr 1730 mit Erfolg betrieben. Seraphim, S. 606 ff.; übrigens, nach seiner Absetzung und Verhaftung 1740 meldeten sich erneut deutsche Interessenten für Kurland zu Wort, darunter Graf Moritz v. Sachsen. Seraphim, Livländische Geschichte, S. 204 ff. Dazu auch zeitgenössisch: A. v. Heyking, Hrsg., Aus Polens und Kurlands letzten Tagen. Memoiren des Baron Heinrich Heyking (1752–1796), Berlin 1897, S. 13 ff., 26 ff.

300 Ziegenhorn, S. 75 f., §§ 181-183, vor allem, S. 345 ff., Beilagen Nr. 279-281.

301 Seraphim, Livländische Geschichte, S. 183 ff. Fast zeitgenössisch zu diesen Vorgängen der spanische Gesandte, S. 194 f.

302 Cruse, S. 276 ff.; Markgraf Albrecht Friedrich von Brandenburg hatte 1703 die Maria Dorothea von Kurland (gest. 1743), Tochter des Herzogs Friedrich Kasimir und Nichte der Frau des Landgrafen Karl geheiratet. Den Ehevertrag hat der Kasseler Hof mit dem preußischen Hof ausgehandelt. Vgl. Best. 4 f Kurland, Nr. 13. Das war die vierte Generation, in der die Häuser Brandenburg und Ketteler eheliche Verbindungen eingegangen waren. Vgl. den Stammbaum bei Seraphim, Livländische Geschichte, Anhang I.

303 So Cruse, S. 278.

304 Wittram, Bd. 2, S. 273 ff.; M. v. Boetticher, Rußland und Nordwestdeutschland, in: Deutsch-russische Begegnungen im Zeitalter der Aufklärung (18. Jahrhundert), L. Kopelew, K.-H. Korn, R. Sprung, Hrsg., Ausstellungskatalog, Köln 1997, S. 178 f.
305 Ziegenhorn, S. 73, § 175; Cruse, S. 279 f.; Seraphim, S. 595; ders., Livländische Geschichte, S. 185.
306 Ziegenhorn, S. 74, § 176; Wittram, Bd. 2, S. 342.
307 Cruse, S. 282 ff.
308 Vgl. Memoriale loco instructionis, 1724, Jan. 12, in: Best. 4f Rußland, Nr. 74, f. 7-7 v. Landgraf Karl behauptet ein näheres Anrecht seines Sohnes, dieser sei Sohn einer kurländischen Prinzessin, die Homburger nur Enkel. Bericht des Generalmajors v. Wutginau, Riga, 1724, März 4, ebenda, f. 137 f. Auch: Landgraf Karl an den Oberhofmarschall und Gesandten zu Ferdinand v. Kurland Baron von Kettler, Kassel, 1724, Jan. 6, in: Best. 4f Kurland, Nr. 100, f. 2 (des Schreibens). Nach dem Regierungsantritt Katharinas I. waren deren Chancen auf den Erwerb von Kurland auf Null reduziert. Dazu: Bericht des Generalmajors v. Wutginau, St. Petersburg, 1725, Mai 4, ebenda, f. 311; Anforderung eines Berichts, Kassel, 1725, April 19, ebenda, f. 307 v.
309 Promemoria des Generalleutnants v. Wutginau, St. Petersburg, 1724 Aug., in: Best. 4f Rußland, Nr. 74, f. 190v.
310 Zu Heiratsprojekten deutscher Fürstlichkeiten (Holstein-Gottorp, Hessen-Homburg) wegen des Besitzes von Kurland selbst mit Menšikovs Tochter, vgl. Seraphim, S. 598 f.
311 Anisimov, Rossija bez Petra, S. 215 f.; Cruse, S. 283 f. Ferdinand bittet von Danzig aus den Landgrafen Karl um Unterstützung seiner Ansprüche. Danzig, 1711, März 25, in: Best. 4f Kurland, Nr. 15, f. 1 (des Schreibens).
312 Ziegenhorn, S. 354; Verbot Augusts des Starken an die Stände in Kurland über die Nachfolgefrage zu entscheiden, 1726, Juni 8, auch S. 76, § 185 zum Beschluß des polnischen Reichstages über eine Einziehung des Herzogtums nach Ableben des Herzogs Ferdinand und zur Kassation der Wahl des Moritz v. Sachsen.
313 Vgl. dazu einen Bericht [des schwedischen Gesandten J. W. Cederkreutz] aus St. Petersburg über die russische Türkeipolitik und u.a. über Kurland, 1727, März 4, ohne Verfasser, franz., in: Best. 4f Rußland, Nr. 19; Seraphim, S. 598 ff.; ders., Livländische Geschichte, S. 187 ff. Die Kurländer selbst lehnten Menšikov ab, weil er kein Deutscher und nicht lutherisch war. Cruse, S. 289; Wittram, Baltische Geschichte, S. 121.
314 Seraphim, S. 596 f.
315 Es handelte sich hier um einen Verstoß gegen Kap. XXX der Formula regiminis Curlandiae ..., 1614, vgl. dazu: Fasciculus rerum Curlandicarum primus ..., Christian Nettelbladt, Hrsg., Rostock 1729, S. 8, auch Privilegium ducis Gotthardi, 1570, Juni 25, ebenda, S. 128; Wilpert, S. 35 f.
316 Cruse, S. 289 ff. Vgl. Beileidsschreiben wegen des Ablebens der Kaiserin Katharina I. und Glückwunsch zur Thronbesteigung, Kassel, 1727, Juni 26, in: Best. 4f Rußland, Nr. 20.
317 Cruse, S. 236 ff., 276. Wegen der Abwesenheit des Herzogs und des noch nicht beim König von Polen geleisteten Lehenseides beanspruchten Ritter- und Landschaft in Gestalt der Oberräte die Regierungsgewalt in Kurland. Ebenda, S. 242 f.; Wilpert, S. 33 ff. (S. 34 Bildnis des Herzogs Ferdinand).
318 Nachricht von dessen Ableben und der Beschlagnahmung von dessen gesamten Vermögen durch dessen mit ihm verstrittene Gattin, bei: Holmstett an Friedrich I., Danzig, 1797, April 25/Mai 6, in: Best. 4f Kurland, Nr. 190. Die Witwe verschwieg den Tod einen ganzen Tag lang, um inzwischen das Vermögen zu ihren eigenen Gunsten zu beschlagnahmen. Kurz nach dem Tod rückten offenbar einige russische Kompanien in Kurland ein, um die dortigen Allodialgüter zu besetzen. Bericht Holmstetts, Danzig, 1737, Mai 18/24, ebenda, f. 3 (des Schreibens); dass. Danzig, 1737, Mai 29, f. 2; ders. an Friedrich I., Danzig, 1737, Juni 1/12, ebenda, f. 2-2 v. Zu einer testamentarischen Verfügung des Kurländers zugunsten des Königs Friedrichs I. von 1729, vgl. ders. an Wilhelm VIII., Stockholm, 27. Mai/7. Juni, Konzept, ebenda.; Schwedischer Protest bei Gericht wegen der Beschlagnahme, ebenda.
319 Cruse, S. 286; Seraphim, S. 598.
320 Zweites Nebenmemorial für den Obristen v. Degenfeld für dessen Reise über Danzig zum Herzog an den Zarenhof, Punkt 3, in: Best. 4f Rußland, Nr. 13, Fragment eines Konzeptes, f. 32 f.: Der Obrist wird angewiesen, den Herzog v. Kurland zu ersuchen, *„unser und derer Unsrigen beständig gütig eingedenk zu sein und dero hohen Vorsorge und Gewogenheit uns auch absonderlich darin verspüren zu lassen,*

daß sie in dero auf dero tödlichen Hintritt, welchen der Allerhöchste noch lange und viele Jahre verhüten und sie hergegen mit vollkommener Leibesgesundheit und alles selbst wählenden Gemütszufriedenheit und Vergnügen begnadigen wolle, errichtenden Disposition sowohl in Ansehung der Succession auf dero Herzogtum Churland als sonsten uns und denen Unserigen vor vor andern einige Avantage und Vorrecht zukommen und uns damit gütig zu versehen sich gefallen lassen möchten". In der Formulierung abgeschwächt: von Landgraf Karl unterzeichnetes Reinkonzept, ebenda, f. 36v. Von diesen Plänen rückt Landgraf Karl nicht ab, er verfolgt sie gegen die Homburger Konkurrenz bis zum Tode Ferdinands weiter. Vgl. Landgraf Karl an den Sondergesandten zu Ferdinand vor dessen erwarteten, aber nicht eingetretenen Tode, Kassel 1724, Jan. 6, in: Best. 4 f Kurland, Nr. 100, f. 2 (des Schreibens). Ferdinand war gegen polnische Widerstände kurz vorher mit der Zarin übereingekommen, Rußland die Verfügung über die Nachfolge zu belassen, allerdings unter dem Vorbehalt, daß ein deutscher protestantischer Prinz nominiert würde. Gedacht war damals seinerseits an einen Hessen-Homburger. Vgl. weiter aus Best. 4 f Kurland, Nr. 100: Extract aus einem Schreiben an den Herrn Oberhofmarschalls Baron von Kettlers Excellenz vom Regimentsquartiermeister Hölcher, sub dato Danzig, den 18. Junii 1723, f. 2 (des Schreibens). 1736 stehen ähnliche Gerüchte im Raum, vgl. Best. 4 f Kurland, Nr. 190, hier (die Blattzahlen beziehen sich auf die Einzelstücke): Schreiben des Herzogs Ferdinand an den Privatsekretär Benning zu Rinteln, Danzig, 1736, März 7, Kopie, f. 1. Wieder soll sich der Sondergesandte zugunsten des Hauses Hessen-Kassel verwenden: Punkt 7 der Instruktion für den nach Danzig abgesandten Kanzleisekretär Engelhard Diedrich, Kassel, 1736, März 26; dessen Schlußrelation, Kassel, 1736, Okt. 18, f. 1 v.-2; auch: Bericht des Sekretärs Benning, Danzig, 1736, Mai 7 über die Rechtslage, Polnische Pläne (Reichstagsbeschluß) einer Einziehung Kurlands durch die Krone und die dem entgegenstehende Abtretung der Nachfolgeansprüche an Rußland durch die Markgräfin Albrecht. Im Laufe der Verhandlungen stellt sich heraus, daß die Kaiserin Anna die Stände dazu veranlassen wollte, gegenüber dem polnischen Reichstag auf ihrer „Freien Wahl" eines neuen Herzogs und der Aufhebung der Konstitution von Grodno über die Einziehung des Lehens zu bestehen. Hessen-Kassel und Schweden sind etwa gleichzeitig bereit, ihre Erbansprüche auf Kurland an Rußland zu verkaufen, worauf die Zarin nicht eingeht. Vgl. den durch Friedrich I. genehmigten Punkt von der geheimen Kriegskanzlei, Kassel, 1736, Juni 10/21, f. 2; S. H. Motz an Statthalter in Hessen, Stockholm, 1736, Juni 11/22, zu bereits zwei Monate zuvor mit dem russischen Gesandten in Stockholm Bestužev eingeleiteten, im Sande verlaufenen Verhandlungen oder P.S. 2 zu einem Schreiben Friedrichs I. an seinen Bruder, Stockholm, 1736, Juni 8/19, f. 1 v.; dass., Stockholm, 1736, Juni 11/22, f. 2-2 v. (Konzept, dort auch Reinkonzept); dazu Landgraf Wilhelm VIII. an seinen Bruder, Wabern, P.S. Nr. 3, 1736, Mai 24/Juni 4, f. 1 v. (sowie die Anlage, Abschrift des Schreibens der Kaiserin Anna an die Kurländischen Stände, St. Petersburg, 1736, April 16); Punkt der Geheimen und Kriegskanzlei, Hofgeismar/Kassel, 1736, Juni 24/Juli 5, f. 1 v.; unabhängig davon bestärkt Ferdinand seine Verwandten aus der Kasseler Linie in deren Hoffnungen auf das Erbe. Er hat wohl vor allem den Prinzen Friedrich im Auge, die Familie wohl eher weiter Georg, denn dieser soll einen neuen Kammerdiener für Ferdinand instruieren. Vgl. Kopie einer Relation des Kanzleisekretärs Benning, Danzig, 1736, Juni 20, f. 4 oder 1736, Aug. 15, f. 1 v.; dass. an den Geheimen Rat v. Adelebsen, 1736, Sept. 19, f. 1; Benning an v. Adelebsen, Kopie, Rinteln, 1736, Okt. 29, f. 1. Die Einflußnahme auf den potentiellen Erblasser bei der Gestaltung des Testamentes zugunsten des Hauses Hessen-Kassel, findet sich wieder in der Instruktion für Bennings Nachfolger, den Hofrat Henrich Holmstett (Unterschrift: Hindrich Holmstedt), der übrigens auch über die gesamten möglichen Erbansprüche unter Einschluß der überseeischen Kolonien des Herzogs Jakob informiert wird [1736, Sept.], Punkt 4 und Pro Memoria, ebenda. Die Verkaufsverhandlungen der potentiellen Erben müssen hinter dem Rücken des potentiellen Erblassers geführt und vor diesem geheim gehalten werden, da dieser *„gegen den russischen Hof einen heimblichen, starken Widerwillen"* hege. So ders., Relation an den Geheimen Rat v. Adelebsen, Danzig, 1736, Juli 5, f. 2.

321 Alexander v. Dönhoff an Landgraf Karl, Kassel, 1716, Juni 24, f. 3. Ähnlich de Campredon

an Landgraf Karl: „*la plus grande passion du Czaar étant de marier honorablement ses filles ...*". Moskau, 1722, Sept. 21/Okt. 2, in: Best. 4a, 58, Nr. 32, f. 1 (des Schreibens).
322 M. v. Boetticher, S. 178.
323 Philippi, S. 364 f., nach: Riese an Klaute, 1708, Aug. 15, 1708, Sept. 19, in: Best. 4e, Nr. 151.
324 Best. 4 f Rußland, Nr. 8.
325 Kopie eines Briefes des russischen Gesandten, Baron Schleinitz, in Paris, 1721, Febr. 7, in: Best. 4 f Rußland, Nr. 10, f. 2. Bis zum Sommer befand sich Georg im Jahre 1721 übrigens am schwedischen Hof. Vgl. Best. 4a, 71, Nr. 6.
326 Friedrich I. v. Schweden billigt die Verbindung Georgs mit Anna wegen der potentiellen Thronfolge in Rußland und einer möglichen außenpolitischen Entlastung Schwedens. Vgl. ders. an seinen Vater, [1721, Dez. 6/12], in: Best. 4a, 58, Nr. 32, f. 1 v.-2 (des Schreibens). Die Idee der Eheverbindung ging nun offenbar von Landgraf Karl aus. Vgl. vor allem auch: Landgraf Karl an v. Dalwig, o.D., in: Best. 4a, 58, Nr. 32.
327 St. Hilaire (?) an Schleinitz, Kassel, 1721, März 21, Kopie, in: Best. 4 f Rußland, Nr. 10, f. 19. Anfang April 1721 sieht Karl das Heiratsprojekt vorübergehend als gescheitert an; vgl. die Kopie eines Briefes an den Sohn, König Friedrich v. Schweden, Schmalkalden, 1721, April 17, in: Best. 4a, 58, Nr. 16, f. 2 (des Schreibens).
328 Abschrift eines Schreibens des Barons de St. Hilaire an Baron Schleinitz d. J., Kassel, 1721, März 15, ebenda, f. 16 v. Rüffel des Landgrafen an de Campredon, Schlangenbad, 1722, Sept. 12, in: Best. 4a, 58, Nr. 32. Auch de Campredon an Landgraf Karl zu den Vorgängen – übrigens sprach man von einem Eheprojekt nicht mit Anna, das der Franzose offiziell betrieb, sondern mit Elisabeth, in Chiffre, Moskau, 1722, Okt. 1/12, ebenda, f. 1 f. (des Schreibens).
329 De Campredon ging aus Schweden nach St. Petersburg, vgl. Landgraf Karl an König Friedrich, Kassel, 1721, Febr. 17, in: Best. 4a, 58, Nr. 16.
330 P. S. zu einem Schreiben des Baron St. Hilaire, Kassel, 1721, Febr. 18, ebenda, f. 5 f. De Campredon wußte ursprünglich nichts von der Verkoppelung der beiden Heiratsprojekte, die er am Zarenhof betreiben sollte. Friedrich an Landgraf Karl, in Chiffre, 1722, Aug. 4/15, f. 2-2 v.
331 Ders., Kassel, 1721, Febr. 26, ebenda, f. 8 f.
332 St. Hilaire an v. Dalwigk, Kassel, 1721, Juni 27, ebenda, f. 15.

333 St. Hilaire an Schleinitz, Kassel, 1721, März 2, Kopie, in: Best. 4 f Rußland, Nr. 10, f. 18 v. Zu dem Vorgang: Philippi, S. 513 f.
334 St. Hilaire an Schleinitz, Kassel, 1721, März 2, Kopie, in: Best. 4 f Rußland, Nr. 10, f. 18 f.
335 E. Hübner, Schleswig-Holsteins dynastische und politische Verbindungen, in: Deutsch-russische Begegnungen, S. 170.
336 Vgl. die betreffende Bemerkung des französischen Gesandten in St. Petersburg de Campredon gegenüber Landgraf Karl, Kopie in Chiffre, St. Petersburg, 1721, Nov., in: Best. 4a, 58, Nr. 32, f. 1 f. (des Schreibens).
337 Ebenda, f. 1 v.; anders: Philippi, S. 514.
338 Offiziöses Dementi bei: 1724, Dez. 31, in: Best. 4 f Rußland, Nr. 74, f. 230.
339 Campredon an Landgraf Karl, in Chiffre, Moskau, 1722, Sept. 21/Okt. 2, in: Best. 4a, 58, Nr. 32, f. 2 (des Schreibens).
340 Landgraf Karl an den König v. Schweden, Heydau, 1722, Juli 8/19, in: Best. 4a, 58, Nr. 16; Philippi, S. 514 ff.
341 Wilhelmine starb am 27. November 1722 an einem Fieber. Landgraf Karl an de Campredon, Kassel, 1722, Dez. 11, in: Best. 4a, 58, Nr. 32, f. 1, 2 v. (des Schreibens); Philippi, S. 517.
342 Landgraf Karl an Georg, Kassel, 1722, Okt. 16, in: Best. 4a, 57, Nr. 12, f. 65.
343 De Campredon an Landgraf Karl, Moskau, 1722, Mai 11 (mit deutscher Übersetzung), in: Best. 4a, 58, Nr. 32, f. 2 des Originals, dass., Kopie in Chiffre, St. Petersburg, 1721, November, in: Best. 4a, 58, Nr. 32, f. 1 v.-2, dass., in Chiffre, Moskau, 1722, Sept. 21, Okt. 2, ebenda, f. 1 (der Schreiben).
344 Dies sollte mündlich so dem Herzog gegenüber zum Ausdruck gebracht werden. Man ging aber wegen der kurzen Lebenserwartung des Holsteiners davon aus, daß der Fall nicht einträte. De Campredon an Landgraf Karl, Moskau, 1722, Mai 11 (mit deutscher Übersetzung), in: Best. 4a, 58, Nr 32, f. 4 v. (des Originals). Dazu weiter: de Campredon an Landgraf Karl, Moskau, 1722, Juli 5/16, ebenda, f. 2 ff.
345 Zu den Auswirkungen der üblichen dynastischen Heiratspolitik für die Kinder, vgl. Wunder, S. 18 f.
346 Georg an Landgraf Karl, 1722, Bielefeld, Okt. 18, in: Best. 4a 57, Nr. 12, f. 82 ff., hier: f. 3 (des Schreibens). Der Vater preist dem heiratsunwilligen Sohn Anna als eine *„wohlgestalte und in allen fürstlichen Tugenden wohlerzogene Prinzessin"* an, weist natürlich auch auf die Mög-

lichkeit der Thronfolge hin. Landgraf Karl an Georg, Kassel, 1722, Okt. 16, in: Best. 4a, 57, Nr. 12, f. 64 v.; de Campredon an Landgraf Karl: *„la princesse est fort aimable. Elle n'a point les inclinations Russes."* St. Petersburg, 1721, Nov., Kopie, in Chiffre, in: Best. 4a, 58, Nr. 32, f. 2 (des Schreibens). Auch: Philippi, S. 517.

347 E. V. Anisimov, Rossija v seredine XVIII veka. Bor'ba za nasledie Petra [Rußland Mitte des 18. Jhs. Der Kampf um Peters Erbe], Moskau 1986 (im Folgenden: Seredina), S. 15.

348 Anisimov, Rossija bez Petra, S. 17. Der hessische Gesandte Generalmajor v. Wutginau war unbeabsichtigt Zeuge der Krönungsfeierlichkeiten – bei seiner Absendung aus Hessen ahnte man dort nichts von dem bevorstehenden Ereignis, vgl. Bericht aus Moskau 1724, April 21/Mai 2, Mai 25, in: Best. 4f Rußland, Nr. 74, f. 141 v., 143, 144. Aus der Sicht dieses Gesandten verlief der Thronwechsel auf Katharina I. völlig reibungslos, vgl. v. Wutginau, St. Petersburg, 1725, Febr. 13, n. St., in: Best 4 f Rußland, Nr. 74, f. 264 ff.; ders., St. Petersburg, 1725, Febr. 27, a. St., ebenda, f. 274. Eidesformel auf Katharina und Manifest über deren Regierungsantritt, 1725, Jan. 28, Anlage zu St. Petersburg, 1725, Febr. 20, n. St., ebenda, f. 271 v.

349 Der Gesandte befand sich zum Zeitpunkt des Thronwechsels in Rußland und mußte daher neu akkreditiert werden, dazu: Kassel, 1725, März 23, in: Best. 4f Rußland, Nr. 74, f. 159. Vgl. auch den Glückwunsch zur Krönung und das Kasseler Beileidsschreiben mit dem Glückwunsch zur Thronbesteigung: 1724, Dez. 2, in: Best. 4f Rußland, Nr. 74, f. 207, auch: 1725, März 22, Konzept, in: Best. 4f Rußland, Nr. 18; E. V. Anisimov, Vremja petrovskich reform [Die Zeit der petrinischen Reformen], Leningrad 1989, S. 460; ders., Rossija bez Petra, S. 18 f.

350 Der hessische Sondergesandte v. Wutginau äußert sich folgendermaßen, ohne Unterschiede zu machen: *„les deux bellissimes Princesses ont déja pris le devant il ya huit jours ..."*, Moskau, 1724, Juni 26, in: Best. 4f Rußland, Nr. 74, f. 164 v. Sehr schmeichelhaft zu deren Aussehen auch der spanische Gesandte, vgl. Gercog Lirijskij, S. 198, vor allem, S. 247: *„Die Prinzessin Elisabeth, die Tochter Peters I. und der Kaiserin Katharina, ist eine solche Schönheit, wie ich sie noch nie gesehen habe. Ihre Gesichtsfarbe versetzt in Staunen, sie hat strahlende Augen, einen vollendeten Mund, einen ganz weißen Hals und eine erstaunliche Figur. Sie ist groß und ungewöhnlich lebhaft. Sie tanzt gut und reitet völlig furchtlos. Im persönlichen Umgang zeigt sie viel Verstand und ist sie angenehm, aber man kann ein gewisses Maß an Ehrgeiz nicht verkennen."*

351 Die Heiratspolitik wertet Klučevskij negativ: *„Indem er seine Nichten nach den entferntesten Winkeln Deutschlands verheiratete – die eine hatte den Herzog von Kurland, die andere den Herzog von Mecklenburg geheiratet –, geriet Peter in die höfische Intrigenwirtschaft und in den kleinlichen dynastischen Interessenkreis jenes riesigen Feudalgespinstes, das ein großes Kulturvolk ganz umgarnt hatte. Drüben aber wirkte diese Einmischung der Moskowiter beunruhigend und ennervierend."* Bd. 4, S. 58; Anisimov, Seredina, S. 12 ff.; Kamenskij, S. 141. Raeff führt die Deutschenfeindlichkeit der russischen Oberschichten im 18. Jh. auf diese Heiratspolitik zurück, die in Einzelfällen zur Vergabe von *„ansehnlichen, wenn auch nicht immer besonders einflußreiche Ämtern"* in den oberen Rängen an die mitgebrachte Entourage führte. Historiker übernehmen relativ unkritisch die deutschenfeindlichen Äußerungen von Herrschern, die auf einen deutschenfreundlichen Vorgänger folgten, die diese taten, um ihre eigene Herrschaft zu konsolidieren. M. Raeff, Legenden und Vorurteile, in: Deutsche und Deutschland aus russischer Sicht. 18. Jh.: Aufklärung = West-östliche Spiegelungen, Hrsg. L. Kopelew, D. Herrmann, K.-H. Korn, Reihe B, Bd. 2, München 1992, S. 61 ff.

352 Anisimov, Seredina, S. 22 f.; Kamenskij, S. 185 f.

353 Dazu auch der spanische Gesandte mit Hofklatsch, vgl. Gercog Lirijskij, S. 198, 206 f., 210 f., 218; Anisimov, Seredina, S. 15 f.; ders., Rossija bez Petra, S. 165 ff.

354 Laut österreichisch-russisch-preußischem nicht ratifiziertem Vertrag kurz vor dem Tode Augusts d. Starken: Kurland sollte als Sekundogenitur an das preußische Königshaus, zunächst an August Wilhelm, fallen. Wilpert, S. 34; Seraphim, Livländische Geschichte, S. 186 f.

355 Mitteilung über die Ankündigung der Verlobung durch den hess. ao. Gesandten v. Wutginau, St. Petersburg, 1724, Dez. 5, in: Best. 4f Rußland, Nr. 74, f. 209 f. Dort weiter: Auftrag sich über die geplante Ehe zu informieren, die–

se ggf. zu hintertreiben an dens., Kassel, 1724, Dez., f. 220 f. bzw. 1724, Dez. 31, f. 231 f. Auch Ankündigung der Hochzeit am Tage der Krönung Katharinas I., dass. St. Petersburg, 1725, Jan. 5, a. St., oder St. Petersburg, 1725, Febr. 27, a. St., f. 259 ff., 274, 310. Vorbild für die Ausgestaltung der Hochzeit war übrigens diejenige der Erzherzogin zu Dresden. Vgl. auch: f. 262. Hübner führt das Engagement der Kaiserin Elisabeth in der Gottorpischen Frage u.a. auf ein weiteres Heiratsprojekt, eine Ehe mit dem Lübecker Fürstbischof Carl zurück. Hübner, S. 171 f.

356 So der spanische Gesandte, vgl. Gercog Lirijskij, S. 200; Seraphim, Livländische Geschichte, S. 188.

357 Kopie einer Relation des Sekretärs Benning, Danzig, 1736, Mai 23, in: Best. 4 f Kurland, Nr. 190, f. 2 (des Schreibens).

358 Konzept des Nebenmemorials für Degenfeld, 1722, Juni 17, in: Best. 4 f Rußland, Nr. 13, f. 2; zweites Nebenmemorial, 1722, Juni 24, Konzept, Randglosse, f. 2 v., Ausfertigung, Punkt 2, f. 2 f.

359 Anweisung an de Martine, Paris, das Heiratsprojekt mit Stillschweigen zu übergehen, 1723, Febr. 18, in: Best. 4 f Frankreich, Nr. 1586.

360 DeCampredon an Diemar, 1723, Sept. 21, Okt. 2, in: Best. 4a, 58, 32.

361 Philippi, S. 520. Karl Friedrich wurde von Peters Favoriten Menšikov nach dem Tode der Kaiserin Katharina I. nach Deutschland abgeschoben.

362 Zur Fortsetzung der preußenfreundlichen russischen Außenpolitik durch Peters Witwe, vgl. Bericht des J. D. Kopp, Dresden, 1725, März 22, in: Best. 4 f Preußen, Nr. 553, f. 4 v.-5.

363 Anisimov, Rossija bez Petra, S. 67 f., 22 f.

364 Verhandlungen über den Ehevertrag mit Billigung des Chefs des Hauses bei Best. 9a, Nr. 3339, vgl. auch: Best. 9a, Nr. 3441-3442. Zu deren Ableben nach der Geburt eines Sohnes, Best. 9a, Nr. 3526. Der russische Gesandte v. Oubril wird wegen seiner Verdienste um den Ehevertrag im Mai 1844 mit einer Portraittabakdose mit Diamanten durch den Coregenten und Erbprinzen belohnt. Vgl. Best. 9a, Nr. 490. Der Zar erhielt den kurfürstlichen Haus-Orden vom Goldenen Löwen, vgl. Best. 9a, Nr. 1074. Zu dessen Sondermission an den Kasseler Hof aus Anlaß des Ablebens der Großfürstin, vgl. Best. 9a, Nr. 3527. Den Zarenhof besucht 1855 v. Baumbach. Dort ein Bericht über die Petersburger Gesellschaft, St. Petersburg, 1855, März 28, in: Best. 9a, Nr. 535, f. 215 v., 216.

365 Es war auch geplant, daß das junge Ehepaar seinen Wohnsitz in Dänemark nehmen sollte. Infolgedessen sollte der dänische Gesandte in St. Petersburg die Verhandlungen über den Ehevertrag führen. Dänischer Gesandter Fhr. v. Pechlin am Bundestag an den kurhessischen Staatsminister v. Steuber, Frankfurt/Main, 1843, Dez. 4, in: Best. 9a, Nr. 3339, f. 30.

366 Genealogisches Handbuch des Adels. Fürstliche Häuser, Bd. VI, S. 63. Vgl. auch: Best. 9a, Nr. 3249, f. 83. Er hat später die Erinnerungsmedaille für die Jahre 1853 bis 1856 (Krimkrieg) vom Kaiser von Rußland erhalten. Best. 9a, Nr. 3678, f. 29.

367 J. R. Wolf, Brautschau und Entwicklungshilfe: Von der Ambivalenz der Wahrnehmung, in: Deutsch-russische Begegnungen, S. 217 ff. zum „Prinzen von Homburg" und dessen Karriere in Rußland und den ersten Eheverbindungen. Zur russischen Heiratspolitik in den deutschen Fürstenhäusern seit Peter d. Gr., vgl. auch: E. Hösch, Deutsche und Russen – Die Moskauer Periode, in: Tausend Jahre Nachbarschaft. Rußland und die Deutschen, A. Eisfeld, M. Hellmann, Hrsg., München 1988, S. 42 ff.

368 Auerbach, Auswanderung aus Kurhessen, S. 163 f.

369 Kaiserin Elisabeth von Rußland, Absage eines Besuches in Hessen, 1814, März 1, in: Best. 4 f Rußland, Nr. 68; Einladung Kaisers Alexanders I. nach Kassel, 1814, Juni 16, in: Best. 4 f Rußland, Nr. 70.

370 Ableben der Kaiserin Elisabeth, Thronbesteigung Peters III., Hamburg, 1762, März 5, in: Best. 4 f Rußland, Nr. 82, f. 2; Ableben der Kaiserin Katharina I., Thronbesteigung Peters II., in: Best. 4 f Rußland, Nr. 20; Verordnung Kaiserin Anna betr. Thronfolge, 1740, Oktober 6, und Manifest Ivans III. betr. Thronfolge, 1740, Okt. 17, in: Best. 4 f Rußland, Nr. 25; erhalten ist die nur indirekte Nachricht aus Berlin über den Tod, Best. 4 f Rußland, Nr. 26. Kaiserin Katharina II. zum Ableben ihrer Enkeltochter Ol´ga, Frankfurt, 1795, Febr. 26/März 9, in: Best. 4 f Rußland, Nr. 47. Ableben der Tochter Pauls, Ol´ga Pavlovna, 1795, und Ableben der Kaiserin Katharina II. 1796. Vgl. Best. 4 f Rußland, Nr. 81, vgl. auch: Best. 4 f Rußland, Nr. 51; Ableben der Enkelin Marija Aleksandrovna 1800, Juli 28, in: Best. 4 f Rußland, Nr. 61 f.

1; dass. Zar Pauls I. durch Alexander I. und dessen Thronbesteigung, St. Petersburg, 1801, März 13, in: Best. 4f Rußland, Nr. 62, f. 1; vgl. für die Zeit von 1826-1865, Best. 9a, Nr. 3595.

371 Katharina II. zur Heirat ihres Enkels Aleksandr Pavlovič (Alexander I.) mit Elisaveta Alekseevna (Luise v. Baden), St. Petersburg, 1793, Okt. 12, in: Best. 4f Rußland, Nr. 45; dass. der Heirat ihres Enkels Konstantin mit Anna Fedorovna (geb. Prinzessin von Sachsen-Saalfeld-Coburg), St. Petersburg, 1796, Febr. 24 (russische Fassung fehlt), in: Best. 4f Rußland, Nr. 49; dass. Pauls der Eheschließung seiner Tochter Aleksandra Pavlovna mit dem Erzherzog von Österreich, dem Bruder des Kaisers, Joseph, Gatčina, 1799, Okt. 29, in: Best. 4f Rußland, Nr. 60; vgl. für die Zeit von 1804-1857, Best. 9a, Nr. 3491.

372 Katharina II.: Geburt einer Enkeltochter Aleksandra durch die Großfürstin Marija Fedorovna (Sophie Dorothea v. Württemberg), Carskoe Selo, 1783, Juli 31, in: Best. 4f Rußland, Nr. 39; dass. der Enkeltochter Elena, St. Petersburg, 1764, Dez. 17, in: Best. 4f Rußland, Nr. 40; dass. der Marija, St. Petersburg, 1786, Febr. 9, in: Best. 4f Rußland, Nr. 41; dass. der Ekaterina, Carskoe Selo, 1788, Mai 23, in: Best. 4f Rußland, Nr. 42; dass. der Ol´ga, Carskoe Selo, 1792, Juli 14, in: Best. 4f Rußland, Nr. 44; dass. der Anna, St. Petersburg, 1795, Jan. 10, in: Best. 4f Rußland, Nr. 46; dass. des Enkels Nikolaus, in: Best. 4f Rußland, Nr. 83, nur Anschreiben des Gesandten in Frankfurt, Hanau, 1796, Juli 29/August 9, in: Best. 4f Rußland, Nr. 50; dass. durch Paul: Geburt des Sohnes Michail, St. Petersburg, 1798, Jan. 31, in: Best. 4f Rußland, Nr. 56; dass. der Tochter Marija mit der Großfürstin Elisaveta Alekseevna (Prinzessin Louise v. Baden), Pavlovsk, 1799, Mai 24, in: Best. 4f Rußland, Nr. 58, vgl. auch: Nr. 57; vgl. für die Zeit von 1849-1866, Best. 9a, Nr. 3407.

373 Antrag des ehem. Platzkommandanten von Fulda, Anselm Franz Neumann, wegen eines russischen Ordens aufgrund seiner Verdienste im Kampf gegen Napoleon, als Platzkommandant 1813-1815, 1817, März 5, in: Best. 4f Rußland, Nr. 76; Verleihung des Ritterkreuzes des Wilhelms-Ordens an den Hauptmann der russ. Garde-Artillerie und Adjutanten des Kriegsministers d'Elston wegen Verdiensten beim Besuch des hess. Gesandten, 1855, vgl. Best. 9a, Nr. 3655, f. 52 ff., 101.

374 Anton Ulrich, Herzog zu Braunschweig und Lüneburg: Hochzeit des russ. Thronfolgers Aleksej Petrovič mit seiner Enkeltochter Charlotte Christine Sophie zu Torgau, Wolfenbüttel, 1711, Okt. 30, in: Best. 4f Rußland, Nr. 4; dass. Johann Ludwig, Fürst zu Anhalt: Heirat der späteren Katharina II. mit dem künftigen Peter III., Zerbst, 1744, Dez. 15, in: Best. 4f Rußland, Nr. 28.

375 Ableben der jüngsten Tochter Peters (* 20. Aug. 1718, † 4. März 1725), die Nachricht gelangt über den hessischen Gesandten am Zarenhof nach Hessen, vgl. v. Wutginau, 1725, März 9, a. St., in: Best. 4f Rußland, Nr. 74, f. 285 v.-286; Ableben Peters I. Schwester, Natal´ja Alekseevna, am 22. Nov. 1728, durch den russ. Residenten im Niedersächsischen Kreis J. F. Böttiger, in: Best. 4f Rußland, Nr. 17; Geburt Pauls I., St. Petersburg, 1754, Sept. 20, in: Best. 4f Rußland, Nr. 32. Der Geschäftsgang ist hier nicht zu erkennen. Ein Neujahrsglückwunsch Peters III. läuft jedoch wieder über Hamburg: Saltykov an den Landgrafen, Hamburg, 1757, März 26/April 6, in: Best. 4f Rußland, Nr. 33; Geburt Katharinas Tochter Anna (von Stanisław August Poniatowski), in: Best. 4f Rußland, Nr. 34 (dazu: I. de Madariaga, Russia in the Age of Catherine the Great, New Haven, London 1981, S. 13); zu deren Ableben, St. Petersburg, 1759, März 11, in: Best. 4f Rußland, Nr. 35.

376 Abreise am 26. Juni, vgl. Bericht des Friedrich Kettler, Pyrmont, 1716, Juni 26, in: Best. 4f Rußland, Nr. 5, f. 2 v. Am 8. Juni war der Zar schon anwesend. Bericht des Generalpostmeisters C. v. Bar, Pyrmont, 1716, Juni 10, ebenda, f. 1 v.

377 Schweden zeigte sich willig, St. Petersburg abzutreten: Protokoll über die Mitteilung des Grafen Poniatowski im Namen des schwedischen Hofes, Actum Helmarshausen, 1716, Juli 24, in: Best. 4f Rußland, Nr. 5.

378 Bericht des Grafen Alexander v. Dönhoff, Kassel, 1716, Juni 24, in: Best. 4f Rußland, Nr. 5, f. 3.

379 Bericht des Friedrich v. Kettler, in Chiffre, in: Best. 4f Rußland, Nr. 7, f. 4. Vgl. Abb. 38.

380 Bericht des Friedrich v. Kettler, Pyrmont, 1715, Juni 24, in: Best. 4f Rußland, Nr. 5, f. 2 v. (des Schreibens).

381 Kreditiv Peters, St. Petersburg, 1719, April 26, in: Best. 4f Rußland, Nr. 8, f. 2. Die Visite dürfte im Sommer stattgefunden haben. Ebenda, f. 6-7. Dazu auch: Best. 4f Rußland, Nr. 74, f. 1.

382 Konzept an Peter d. Gr. wegen des Kreditivs für dessen Gesandten, Kassel, 1719, Nov. 4, in: Best. 4f Rußland, Nr. 9.

383 Kreditiv für den Gesandten von Degenfeld und Memoriale loco instructionis, Konzept, Kassel, 1724, Jan. 17, in: Best. 4 f Rußland. Nr. 13, f. 1, 3. Dazu mit der Anregung, die Gesandtschaft aufzugeben, Landgraf Karl an König Friedrich v. Schweden, dies würde nur Feindseligkeiten schaffen, es reiche, wenn v. Campredon die Sache ggf. beim Holsteiner weiter betreibe: „und überdieses meine Tochter, die Princessin Wilhelmine sowohl als auch mein Sohn Prince George zu denen Gedanken und auf dem Tapis seienden Heiratsallianzen keine Inclination, sondern vielmehr großen Widerwillen bezeigen ..." Der potentielle Sondergesandte ging dann in Finanzgeschäften nach England. Karl an Friedrich I. von Schweden, in: Best. 4a, 58, Nr. 16, f. 1 v.-2. De Campredons Vorbehalte gegenüber der Sondergesandtschaft bei: ders. an Landgraf Karl, in Chiffre, Moskau, 1722, Okt. 1/12, in: Best. 4a, 58, Nr. 32, f. 1 v.-2 (des Schreibens).

384 Das offizielle Kreditiv für den Gesandten enthielt den Kaisertitel vorsichtshalber nicht. Vgl. Memoriale loco instructionis, 1724, Jan. 12, Konzept, in: Best. 4f Rußland Nr. 74, f. 2 v., 4. Das Konzept dafür in einer Fassung jedoch, ebenda, f. 17, 19 mit einer Anweisung an den Gesandten für mögliche Variationen, ebenda, f. 21. Dankschreiben Peters des Großen wegen der Anerkennung seines Kaisertitels, St. Petersburg, 1724, Aug. 4, in: Best. 4f Rußland, Nr. 79.

385 Memoriale loco instructionis, Kassel, 1724, Jan. 17, in: Best. 4f Rußland, Nr. 13, f. 3 f. Konzept, Einschub am Rand, auch: Best. 4f Rußland, Nr. 74, f. 1 ff. Vollzogene Reinschrift, 1724, Jan. 29, ebenda, f. 45 v., auch: 42 v.-44 v.

386 Memoriale loco instructionis, Kassel, 1722, Juni 2, Punkt 2, in: Best. 4f Rußland, Nr. 13, f. 4 v. Vgl. dazu auch die Beilage zu einem Bericht v. Wutginaus, St. Petersburg, 1724, Aug. 14, in: Best. 4f Rußland, Nr. 74, f. 194-195 mit den durch Preußen verwendeten Titeln und Anreden.

387 Kreditiv für den Gesandten v. Degenfeld, Konzept, Kassel, 1722, Juni 17, in: Best. 4f Ruß-

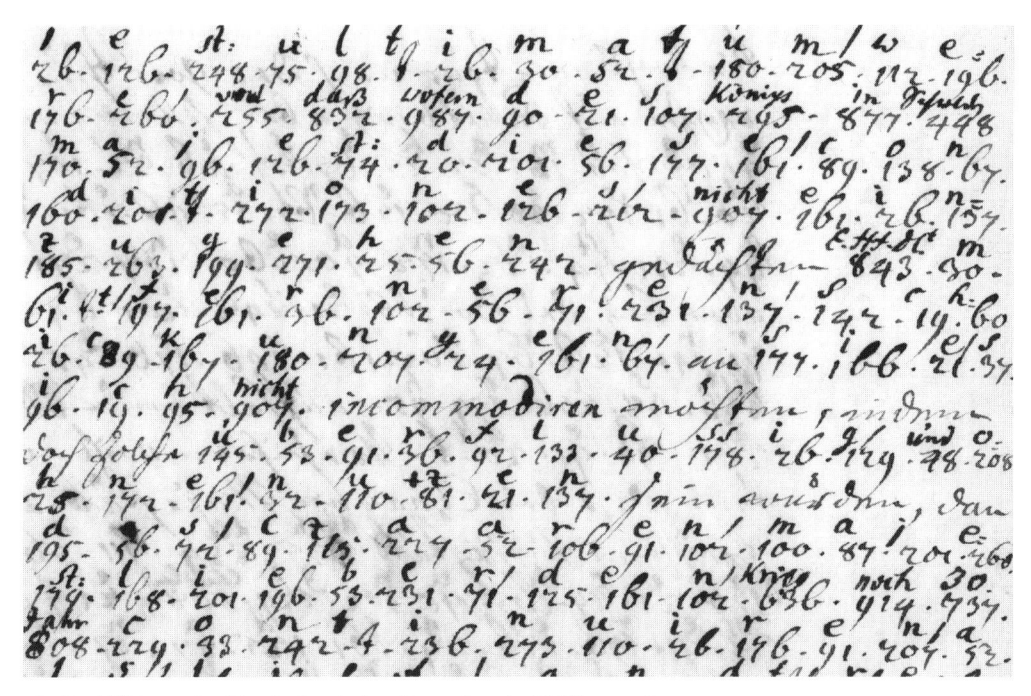

38 Dechiffrierter Bericht des hessischen Gesandten in Chiffre, 1716

land, Nr. 13, f. 1 v. Ob diese Bezeichnung korrekt war, war z.B. 1719 noch völlig unklar: Zum Konzept eines Antwortschreibens von der Hand des Landgrafen ist auf einem Zettel zu lesen: „*Dieses muß ingrossiert, zuvorderst aber nachgesehen werden, ob in puncto curialium Großczarische oder schlechtweg Czarische Majestät gebraucht wird.*" Best. 4f Rußland, Nr. 8, f. 8.

388 Project instructionis für den Vertreter Kassels auf dem Reichstag in Regensburg, o.D. (1745-1747?), in: Best. 4f Rußland, Nr. 31. 1754 wird die Titelfrage im Zusammenhang mit dem Glückwunsch zur Geburt von Katharinas II. Sohn Paul noch einmal aktuell, vgl. Aktennotiz vom 25. Nov. 1754, in: Best. 4f Rußland, Nr. 32. Der Thronfolger wird dann mit „kaiserliche Hoheit" angeredet. Probleme warf noch einmal die geplante Erweiterung um die Anspruchstitel: Erbe zu Norwegen, Herzog zu Schleswig und Holstein, Stormarn, Dithmarschen und Oldenburg und Herr zu Jever auf. Vgl. undatierte Notiz, ca. 1796, in: Best. 4f Rußland, Nr. 52. Der nunmehr gültige offizielle Titel wird nach der napoleonischen Zeit durch den russischen außerordentlichen Gesandten bekannt gegeben. Chanykov an v. Schmerfeld, Weimar, 18./30. Dez. 1816, in: Best. 9a, Nr. 488, f. 11-12.

389 Schweden unterhält zur Regierungszeit Friedrichs I. einen Gesandten in Rußland, über den auch russische Nachrichten an den hessischen Hof gelangen.

390 Dies legt der Aktenzusammenhang nahe. Der Sondergesandte zu Ferdinand wird angewiesen, v. Wutginau nach St. Petersburg Geld zu überweisen, während dieser selbst gleichzeitig in Polen und am Sterbebett des letzten Kurländers zugunsten eines Sohnes von Landgraf Karl verhandelt. Landgraf Karl an Baron v. Kettler, Kassel, 1724, Juli 31, in: Best. 4f Kurland, Nr. 100.

391 Philippi, S. 518 ff.; vgl. Memoriale loco instructionis, Konzept, 1724, Jan. 12, vollzogene Reinschrift, 1724, Jan. 29, in: Best. 4f Rußland, Nr. 74, f. 10 f.; auch: ebenda, f. 13 v., f. 51. Liste der dem Zaren anzubietenden Truppen, o.D., in: Best. 4f Rußland, Nr. 100. Rückberufung des Gottfried Ernst v. Wutginau aus Gesundheitsgründen am 30. Dez. 1724, vgl. ebenda, f. 225 ff.; Bestätigung der Abberufung des Gesandten durch Katharina I., St. Petersburg, 1725, Mai 14, in: Best. 4f Rußland, Nr. 80.

392 v. Wutginau, St. Petersburg, 1725, Jan. 19, a.St., in: Best. 4f Rußland, Nr. 74, f. 263.

393 Landgraf Karl an v. Wutginau, Kassel, 1725, März 9, in: Best. 4f Rußland, Nr. 74 f. 284. Zu Katharinas vermuteten kriegerischen Maßnahmen, vgl. v. Wutginau, St. Petersburg, 1725, April 10, a.St., ebenda, f. 301 v. ff. Die Zarin hoffte die Schweden für ihren Schwiegersohn zu gewinnen, indem sie nicht nur Ösel als Tafelgut, sondern auch die übrigen verlorenen baltischen Provinzen an Schweden zurückgeben wollte, vgl. ders., St. Petersburg, 1725, März 27, a. St., ebenda, f. 295; auch: St. Petersburg, März 6, a.St., ebenda, f. 280 f.; St. Petersburg, 1725, März 20, ebenda, f. 289-290. Vor allem: Abschlußbericht des Gesandten, Kassel, 1725, August 4, ebenda, f. 314 ff. Zur Vorbereitung von dessen Thronfolge nach Katharina vor dem Großfürsten durch die Rangordnung beim Leichenzug für Peter I., vgl. v. Wutginau, St. Petersburg, März 6, a.St., ebenda, f. 281.

394 Ankunft 20. Oktober, vgl. v. Lehrten-Dingelstedt, St. Petersburg, 1803, Okt. 30, in: Best. 4f Rußland, Nr. 66, f. 21. 1802 hatten der Oberkammerherr des Zaren Graf Naryškin, und Graf Rumjancev offenbar eine Audienz beim Landgrafen, dazu ders., St. Petersburg, 1803, Nov. 7, ebenda, f. 25 v., auch: f. 30. Dem hessischen Gesandten wurden auch die Großfürstinnen vorgeführt. Ders., St. Petersburg, 1803, Nov. 17, ebenda, f. 35 v.; gebilligt wurde dort auch die Haltung Kurhessens im Hinblick auf einen durch Frankreich geforderten Kredit, vgl. dazu auch: Best. 4f Rußland, Nr. 67. Übrigens kam es 1815 bei einer angeblichen Kreditaufnahme des Kaisers Alexanders I. beim Kurfürsten zu Fälschungen, vgl. Best. 4f Rußland, Nr. 69.

395 v. Ochs, Berlin, 1819, März 16, in: Best. 9a, Nr. 200, f. 1-1 v.

396 Ders., St. Petersburg, 1819, Juli 29/August 10, ebenda, f. 76. England war grundsätzlich dagegen. Bericht des hessischen Gesandten, Aachen, 1818, Okt. 15, in: Best. 9a, Nr. 1073, f. 39, auch f. 41.

397 Aus russischer Sicht hätte Kassel noch vor der Versteigerung seine Ansprüche geltend machen müssen. Erklärung des Dirigenten im russischen Außenministerium Graf Karl Robert v. Nesselrode, vgl. St. Petersburg, 1819, Juni 9/22, in: Best. 9a, Nr. 200, f. 56. Die Versteigerungen liefen in Augsburg übrigens weiter, so die Hamburger Zeitung, vgl. St. Petersburg, 1819, Juli 10/22, ebenda, f. 65 v.

398 Dazu unten S. 90 ff.
399 Gothaisches genealogisches Taschenbuch 1848, S. 27, 72.
400 Bericht, St. Petersburg, 1819, April 20/Mai 2, in: Best. 9a, Nr. 200, f. 30 v.; dass., St. Petersburg, 1819, April 20/Mai 2, ebenda, f. 27; dass. 1819, April 8/20, ebenda, f. 99; dass., St. Petersburg, 1819, Sept. 9/21, ebenda, f. 93 v.
401 Dass., St. Petersburg, 1819, Juni 2/14, ebenda, f. 54. Zu Kuppeleien der Schwägerin der Kaiserin Mutter, der Herzogin v. Württemberg, ebenda, f. 54 v. oder dass., St. Petersburg, 1819, Juni 2/14, ebenda, f. 102 v.-103.
402 Der Kurfürst hatte ohne kaiserliche Genehmigung durch einen russischen General O'Rurk nach dessen – offenbar willkürlichen – Gutdünken in der russischen Armee hessische Orden verteilen lassen. Nachträglich erfolgte die Billigung durch Alexander I., der General fiel in Ungnade, vgl. Best. 9a, Nr. 200, f. 65 v., 95; vgl. dazu auch: Best. 4 f Rußland, Nr. 71, f. 15, f. 8-9 v. Die Verstimmung blieb: v. Haynau, Kassel, 1826, Mai 22, in: Best. 9a, Nr. 573. General v. Amelunxen besucht im Dezember 1847 die kaiserliche Familie. Best. 9a, Nr. 535, f. 154 f.
403 Best. 9a, Nr. 598.
404 Konzept Handschreiben von Landgraf Wilhelm IX. an Alexander I., 1802, Sept. 14, in: Best. 4 f Rußland, Nr. 64.
405 Best. Urkunden AId, Verträge mit Rußland, Basel, 1814, Jan. 1 (Datum der Ratifikation).
406 Dass., andere Urkunde über Fouragierung und Bezahlung der Kriegskosten. Vgl. auch Konvention über die Aufstellung von Truppen zwecks Sicherung des am 18./30. Mai 1814 abgeschlossenen Friedens von Paris, Paris, 1815, Sept. 5, ebenda.
407 Best. 4 f Rußland, Nr. 65.
408 Generalmajor v. Ochs, St. Petersburg, 1919, Mai 6/18, in: Best. 9a, Nr. 200, f. 41 v.; ausführlicher ders., St. Petersburg, 1819, Mai 13/25, ebenda, f. 44 v.-45.
409 Wilhelmsbad, 1819, Juni 11, in: Best. 9a, Nr. 200, f. 46.
410 v. Ochs, St. Petersburg, 1819, Juni 27/Juli 19, in: Best. 9a, Nr. 200, f. 63 v.
411 Ders., St. Petersburg, 1819, Juli 20, August 1, ebenda, f. 69.
412 In dieser Eigenschaft beantragte er 1856 anläßlich der Krönung des neuen Zaren Orden für russische Minister, Beamte und Offiziere. Vgl. Best. 9a, Nr. 3655, f. 116 f., 124 ff., 152, 160, 163, 177 ff., 224, 228 ff., 238 ff.
413 Best. 80 I/II, XXXII, A 11-12; Auerbach, Auswanderung aus Hessen, S. 53, Anm. 94; I. R. Pleve, Nemeckie kolonii na Volge vo vtoroj polovine XVIII v. [Deutsche Kolonien an der Wolga in der zweiten Hälfte des 18. Jahrhunderts], 2. Aufl., Moskau 2000, S. 69 f., 72, 73.
414 1779, Jan.-Apr., in: Best. 4 f Rußland, Nr. 36. Vgl. allgemein zu den Verhandlungen um die Reichsreformen: U. Krüger-Löwenstein, Rußland, Frankreich und das Reich 1801-1803. Zur Vorgeschichte der 3. Koalition = Fankfurter Historische Abhandlungen, Bd. 2, Wiesbaden 1972, S. 111; L. Pelizaeus, Der Aufstieg Württembergs und Hessens zur Kurwürde 1692-1803 = Mainzer Studien zur Neueren Geschichte, Bd. 2, Frankfurt/Main, Berlin, Bern, Brüssel, New York, Wien 2000, auch: G. Menk, Hrsg., Die Erhebung des Landgrafen von Hessen-Kassel in den Kurfürstenstand. Ereignis und Folgen, Marburg (in Vorbereitung). Zum Wiener Kongreß, vgl. Best. 9a, Nr. 2988, Best. 4h, Nr. 357, 1-3, zur Vor- und Nachgeschichte weitere Akten in Best. 9a.
415 Katharina II. an Landgraf von Hessen-Kassel, St. Petersburg, 1781, Dez. 2, in: Best. 4 f Rußland, Nr. 37, f. 3; Abschiedsschreiben des Grafen Nikolaj Rumjancev an Landgraf, St. Petersburg, 1797, Febr. 24, ebenda, f. 19.
416 Rumjancev wird wieder durch Vukasovicz vertreten. Vgl. dazu: Best. 4 f Rußland, Nr. 37, f. 27; Akkreditierung v. Stackelbergs durch Paul, St. Petersburg, 1797, Jan. 30, ebenda, f. 30, auch Schreiben des Vukassovicz an Wittorf, Frankfurt, 1797, April 9/20, in: Best. 4 f Rußland, Nr. 53; Schreiben v. Stackelberg an dens., Frankfurt, 1797, April 9/20, in: Best. 4 f Rußland, Nr. 54; zum Amtswechsel die Kasseler Reaktion bei: Best. 4 f Rußland, Nr. 55; Abberufung des Gesandten bei den Reichskreisen durch Alexander I., St. Petersburg, 1802, Juli 18, in: 4 f Rußland, Nr. 37, f. 37.
417 Rumjancev an Landgraf, 1789, Mai 23/Juni 2, in: Best. 4 f Rußland, Nr. 37, f. 9; v. Peterson an Landgraf, Frankfurt/Main, 1789 Juni 15, ebenda, f. 13 f.
418 Die Notifikation des Ablebens Landgraf Friedrichs II. an Katharina II. erfolgte über Wien, Kassel, 1785, Nov. 5, in: Best. 4 f Rußland, Nr. 75; Rumjancev an Landgraf, Frankfurt, 1795, September 10/21, Best. 4 f Rußland, Nr. 37, f. 15; de Vukassovicz an Landgraf, Frankfurt, 1795, Sept. 10/21, ebenda, f. 16; Abschiedsschreiben Vukassovicz nach der Ernen-

nung Stackelbergs, Frankfurt/M, 1797, April 9/20, in: Best. 4f Rußland, Nr. 53.
419 Landgräflich-Hessischer Staatskalender auf das Jahr 1790, S. 10. Zur Rückkehr des Grafen Rumjancev nach Frankfurt, vgl. Best. 4f Rußland, Nr. 43.
420 Beides in: Best. 4f Rußland, Nr. 48, alte Sign. des Friedensschlusses: Best. 4h 336, Nr. 1.
421 1799, Juli-Sept., in: Best. 4f Rußland, Nr. 59.
422 Dtsch./franz.: *Canicof*. Vgl. Best. 9a, Nr. 488. Er stirbt dort am 12./24. April 1829. Reste seiner Geschäftsakten der Jahre 1815–1820 in: Best. 4f Rußland Nr. 71.
423 Vgl. Anschreiben zu einer Toterklärung, Kassel, 1836, Febr. 15, in: Best. 9a, Nr. 2421, f. 125.
424 Vgl. Best. 9a, Nr. 489. Er stirbt dort, der Leichnam wird durch Hessen-Kassel nach seinem Besitz Kozk in Polen überführt.
425 Im Sommer 1856 Beförderung zum russischen Gesandten am Kaiserlich Brasilianischen Hof. Best. 9a, Nr. 491, f. 32.
426 Zum Empfang am 3. 12. 1758, Best. 9a, Nr. 492, f. 57 v.
427 Zur Durchreise der Kaiserin-Mutter durch Hessen über Hanau und Fulda, v. Carlshausen, Hanau, 1818, Dez. 2, in: Best. 4f Rußland, Nr. 72. Durchreise des russischen Thronfolgers mit Gemahlin, incognito unter den Namen Graf und Gräfin Borodino, Konzept, Kassel, 1847, Juni 15, in: Best. 9a, Nr. 490, f. 66.
428 Zur Stellung von Pferden und Wagen für eine moscovitische Gesandtschaft von Amsterdam nach Wien im Schaumburgischen, 1698, April 16, vgl. Best. 4f Rußland, Nr. 3.
429 Zu den Handelsbeziehungen generell: V. N. Zacharov, Der Anteil west- und mitteleuropäischer Kaufleute am Außenhandel Rußlands im 18. Jahrhundert, in: Unternehmertum in Rußland = Berliner Jahrbuch für osteuropäische Geschichte, 1997, S. 29 ff.
430 v. Ochs, St. Petersburg, 1819, April 1/12, in: Best. 9a, Nr. 200, f. 17. Wenige Tage später weist er auf die gesellschaftlichen Vorbehalte gegenüber Vaudello hin. St. Petersburg, 1819, April 7/19, ebenda, f. 19 v.
431 Ders., Kassel, 1819, Dez. 23, in: Best. 9a, Nr. 527, f. 33 v.; immerhin hatte Vaudello in Frankfurt/Oder Rechtswissenschaft studiert, ebenda, f. 6.
432 v. Haynau, Kassel, 1826, Mai 22, in: Best. 9a, Nr. 573, f. 70 v.-71, auch: Best. 9a, Nr. 527, f. 31. In der Tat kam es zu Unregelmäßigkeiten bei Wechselgeschäften.
433 Der Kurhessen vor Ort hatte sich C. F. Schilling, ein Kaufmann, auf privater Basis angenommen. Vgl. Best. 9a, Nr. 535, f. 1.
434 Bundestagsgesandter Rieß, Frankfurt/Main, 1844, Jan. 25, in: Best. 9a, Nr. 535, f. 44-44 v.; Aufhebung der Privilegierung der Konsuln im Rahmen der Stadtverwaltung, 1855, Dez. 7, in: Best. 9a, Nr. 535, f. 207.
435 Ernennungsurkunde, Wilhelmshöhe, 1846, Mai 19, in: Best. 9a, Nr. 535, f. 69. Gest. 1847, Februar 20/März 4, ebenda, f. 109.
436 Vgl. Best. 9a, Nr. 535, f. 105 v.; die dort angekündigte Uniformzeichnung fehlt.
437 Cornelius v. Reissig/Reising, russ. wirklicher Staatsrat, an Staatsminister v. Dörnberg, St. Petersburg, 1847, März 1/13, in: Best. 9a, Nr. 535, f. 115.
438 Bescheid an den kurhessischen Konsul auf dem Eingang mit der Bitte um Information über weitere kurhessische Konsulate im Russischen Reich, Konzept, Kassel, 1853, März 30, in: Best. 9a, Nr. 535, f. 178.
439 Beurteilung mehrerer möglicher Kandidaten durch v. Reissig, St. Petersburg, 1847, März 29/April 10, in: Best. 9a, Nr. 535, f. 132 ff., durch das Departement des Äußeren, Kassel, Protokollauszug, Konzept, Bad Nenndorf, 1847, Juli 16, f. 147 ff. Die Ernennungsurkunde, Bad Nenndorf, 1847, Juli 16, f. 149 f.
440 Tunder, St. Petersburg, 1853, Sept. 5/17, in: Best. 9a, Nr. 535, f. 182. Dazu positives Gutachten des russischen Staatsrates v. Reissig, ebenda, f. 183. Ablehnung, f. 189, 190.
441 Tunder, St. Petersburg, 1853, Sept. 1/13, in: Best. 9a, Nr. 535, f. 184.
442 „*aus Veranlassung der politischen Wirren*", Carl Christian Clementz, St. Petersburg, 1854, Dez. 11/23, in: Best. 9a, Nr. 535, f. 159. Entlassung, Kassel, 1855, Febr. 16, ebenda, f. 210, 211. Zu Clementz und dessen Verhältnissen, vgl. f. 215.
443 Vgl. Bescheid an Clementz, Kassel, 1855, Sept. 14, in: Best. 9a, Nr. 535, f. 219, auch f. 223 ff. Hauptgrund für die Ablehnung der Ernennung scheint dessen Antrag auf deren Rückdatierung auf einen Zeitpunkt vor der Reform der Munizipalverfassung gewesen zu sein. Vgl. auch die Notiz wegen der Bewerbungen des früheren Associés C. Chrn. Clementz und Konsularvertreters von Tunder ab 1854, in: Best. 9a, Nr. 557, f. 1, 33 v., 35.
444 Best. 9a, Nr, 557, f. 25, 21. Giermann beteiligt sich übrigens nach einem mißglückten Atten-

tat auf den Zaren an einer Dankadresse im Namen der Petersburger Deutschen. Bericht Giermanns, St. Petersburg, 1866, April 14/26, in: Best. 9a, Nr. 557, f. 51.

445 Das Exequator wird schließlich – nach Einspruch des Generalgouverneurs von Neurußland – erteilt. Gesandter C. de Labensky an Minister des Auswärtigen, Darmstadt, 1858, Nov. 20, in: Best. 9a, Nr. 551, f. 26, auch f. 28 ff. Zu dessen Tätigkeit aus Anlaß eines abgelehnten Antrages auf Ordensverleihung, vgl. Best. 9a, Nr. 3656, f. 76 ff. Die Neuinstallation dieses Konsulats wird zum Anlaß, die Gestaltung der Dienstsiegel von Konsulaten und Geschäftsträgern im Unterschied zu Gesandtschaften grundsätzlich zu regeln. Auszug aus dem diplomatischen Protokoll, Konzept, in: Best. 9a, Nr. 551, f. 11-11 v.

446 Vgl. dazu: Auerbach, Auswanderung aus Kurhessen, S. 114 ff.

447 Philippi, S. 252; Bericht von 1697, 3/13. Sept., in: Best. 4 h, Nr. 276.

448 Bericht Kettlers, Pyrmont, 1716, Juni 26, in: Best. 4f Rußland, Nr. 5, f. 2 v.; Frauen tanzten im alten Rußland nicht. Infolgedessen sind die Tänze Peters „polnische", d.h. schon aus dem Westen importierte. Dazu vom Anfang des 16. Jhs., Herberstein, S. 133.

449 C. v. Barr an Landgraf, Pyrmont, 1716, Juni 10, in: Best. 4f Rußland, Nr. 5, f 1 v. (des Schreibens).

450 C. v. Barr an Landgraf, Pyrmont, 1716, Juni 13, in: ebenda.

451 Bericht Friedrich Kettlers aus Pyrmont, 1816, Juni 18, in: Best. 4f Rußland Nr. 5, f. 2 v.-3.

452 Zu den Details von Peters Vorwürfen gegen die Offiziere Düker und Stackelberg und den Generalmajor Horn, vgl. ebenda, f. 3 (des Schreibens).

453 Bericht Kettlers aus Pyrmont, 1716, Juni 24, ebenda, f. 4 v.-5 (des Schreibens).

454 Friedrich Kettler, Pyrmont, 1716, Juni 26, in: Best. 4f Rußland, Nr. 5, f. 1-1 v. (des Schreibens).

455 „Sa Majesté Imperiale fera lancer 2 grands vaisseaux en mer au premier jour, et fera aussi exercer une escadre du côté de Revel, d'ailleurs elle fait toujours continuer le grand canal et d'autres grands travaux à telle force qu'il faut dire qu'il n'y a pas grand seigneur au monde qui l'approche en grands desseins, aussi bien qu'en grandes exécutions, et ses soldats sont capables de faire tout." Bericht v. Wutginau, St. Petersburg, 1724, Juli 17, in: Best. 4f Rußland, Nr. 74, f. 171 v., vgl. auch zum bewunderungswürdigen Tempo der Arbeiten, dass., Moskau, 1724, Mai 25, ebenda, f. 143 v.; grundsätzlich: Anisimov, Vremja petrovskich reform.

456 Übersetzt aus dem Franz., Bericht von Wutginau, Moskau, 1724, Mai 25, ebenda, f. 143-143 v. Übrigens unterrichtete der hessische Gesandte in Paris seinen Hof über die Absichten, die hinter Falconets berühmter Reiterstatue Peters d. Gr. in St. Petersburg standen, vgl. Auszug aus Schreiben des Falconet an de Monigny, St. Petersburg, 1768, Febr., in: Best. 4f Frankreich, Nr. 1690, f. 119 v.-120. Vgl. weiter: Gebet bei: Moskau, 1724, Juni 9, in: Best. 4f Rußland, Nr. 74, f. 145 v.-146 v. Wutginaus verwendete Geheimtinte, die erst über Feuer sichtbar wurde. Vgl. Bericht, Moskau, 1724, Juni 19, f. 163.

457 Vgl. etwa: „In Quartieren und im Ameublement treibt man hier einen Luxus, den ich nirgends so groß gesehen habe ... Die hiesigen Großen sind besonders prächtig ameubliert." Bericht v. Ochs, St. Petersburg, 1819, April 20/Mai 2, in: Best. 9a, Nr. 200, f. 101.

458 Dass. St. Petersburg, 1819, April 1/12, ebenda, f. 17. Ähnlich mit ausführlicher Darstellung der Vorzüge St. Petersburgs gegenüber anderen europäischen Hauptstädten, St. Petersburg 1819, April 8/20, ebenda, f. 99 f. Zum Weiterleben des Stereotyps des russischen „Barbaren" unter französischen Reisenden vom Ende des 18. Jhs., deren Suche nach Uneuropäischem, vgl. Artemova, S. 140 ff. Sein Vorgänger v. Lehrten-Dingelstedt war hingegen im Winter 1803 von der Stadt enttäuscht, vgl. Best. 4f Rußland, Nr. 66, f. 46 v.

459 Die Schaukeln waren schon Herberstein Anfang des 16. Jahrhunderts aufgefallen, vgl. S. 132 f.

460 v. Ochs, St. Petersburg, 1819 April 12/24, in: Best. 9a, Nr. 200, f. 23.

461 Ders., St. Petersburg, 1819, August 9/21, ebenda, f. 81.

462 Ders., St. Petersburg, 1819, Juni 2/14, ebenda, f. 55.

463 Ebenda, f. 103 v.

464 Ders., Vorstadt von Riga am linken Ufer der Dunna, 1819, März 31, ebenda, f. 12 v.

465 Ders., St. Petersburg, 1819, Juli 20/August 1, ebenda, f. 69 v.: „Fürst Volkonskij und der General der Artillerie Graf Arakčeev sind die einzigen Männer, welche hier für einflußreich ge-

halten werden. Letzterer war unter Kaiser Paul noch gemeiner Grenadier, ist aber ein Mann voller Energie und Tätigkeit, der als Senator zugleich alles vorträgt, was im Senat beschlossen wird. Er ist ein Stockrusse und spricht keine andere Sprache, trägt auch keinen Orden, sondern nur das Portrait Seiner Majestät des Kaisers mit großen Brillanten. Ihm ist das Kolonisationssystem der Truppen einzig übertragen, das in der Folge sehr wichtig werden dürfte." Die Reform wird als eine Verbesserung für die Soldaten gewertet: Mit der Aufstellung einer großen Armee an der türkischen Grenze sei keine andere Absicht verbunden, *„als nur diejenige, die ganze Armee immer zum Streit gerüstet zu erhalten, eine Maßregel, die nur hier stattfinden kann, weil man kein Urlaubssystem wie bei uns eingeführt hat und welches auch einzuführen nicht gut möglich ist, weil die Soldaten* [= auf Lebenszeit zum Militär abgeordnete Leibeigene] *keine eigentliche Heimat haben. Das neue Colonisations-System, an dessen Spitze der Artillerie-General Graf Arakčeev stehet, wird eine Art von Beurlaubungsystem gründen und für die Staatskasse und auch die höhere Kultur des Ackerbaues von großem Nutzen sein."* Ders., St. Petersburg, 1819, Mai 13/25, ebenda, f. 45 f.

466 Ders., St. Petersburg, 1819, Mai 6/28, ebenda, f. 41 f.

467 Ukaz Peters d. Gr. wegen der Aufnahme schwedischer Kriegsgefangener und anderer Untertanen im russischen Reich, 1721, in: Best. 4 f Rußland, Nr. 11. Für den Landgrafen in Kassel war es offenbar 1785 von hohem Interesse, daß der ehemalige Reichshofrat Graf v. Grävenitz über eine Rußlandreise auf die Krim nach einer Anstellung suchte. Wien, 1785, Sept. 21, in: Best. 4 f Rußland, Nr. 77, f. 2.

468 Der in Lougau verstorbene Berggeschworene Kohlstädt aus Udenhausen hinterließ 1819 seinen Verwandten in Hofgeismar, der Frau des Johannes Bergmann et cons., 23 789 Rubel, vgl. v. Ochs, St. Petersburg, 1819, August 18/30, in: Best. 9a, Nr. 200, f. 89.

469 St. Petersburg, 1721, April, Abschrift eines Drucks, in: Best. 4 f Rußland, Nr. 11.

470 Für eine Gesamtdarstellung der Geschichte der Auswanderung aus dem gesamten Gebiet des heutigen Hessen verweise ich auf meinen Beitrag im Handbuch der hessischen Geschichte (in Vorbereitung).

471 Später kehrte er zurück und wurde Präsident der obersten fuldischen Gesundheitsbehörde. M. Michler, Melchior Adam Weikard (1742–1803) und sein Weg in den Brownianismus: Medizin zwischen Aufklärung und Romantik. Eine medizinhistorische Biographie = Acta Historica Leopoldina, Bd. 24, Leipzig 1995.

472 Carl v. Hessen-Philippsthal-Barchfeld war russ. Generalmajor (1784–1854), Genealogisches Handbuch des Adels, Fürstliche Häuser, Bd. VI (1961), S. 68 f.; Friedrich Wilhelm von Hessen-Rumpenheim (1820–1884), General der Kavallerie, ebenda, S. 63. Zu Carl (1818) vgl. Best. 4f Rußland, Nr. 71, f. 1-5. Nach Hausgesetz von 1817 mußte bei auswärtigem Dienst der Chef des Hauses seine Zustimmung erteilen, vgl. Best. 9a, Nr. 3249, f. 21 v.-22. Diese erfolgt zwischen 1821–1865 nur im Falle des Prinzen Friedrich Wilhelm. Ebenda. Der ehemalige Lehrer am Collegium Carolinum und gebürtige Kasseler J. J. Pistor wurde 1771 Offizier bei der Artillerie und stieg zum General und Generalquartiermeister auf; er kehrte 1797 nach Hessen zurück. Dazu: S. Lotze, Als hessischer Offizier im Dienst Katharinas d. Gr. Verbindungen der Büchsenmacherfamilie Pistor nach Rußland, in: ZHG, Bd. 103 (1998), S. 267 ff.

473 General-Major v. Wutginau sollte seine Gesandtschaft zu Peter d. Gr. in wichtigen Staatsangelegenheiten hinter einer Art von Bildungsreise als Volontair tarnen. Vgl. memoriale loco instructionis, 1724, Jan. 12, in: Best. 4 f Rußland, Nr. 74, f. 8 v. Am Rand: Konzept der Nebeninstruktion, o.D., ebenda, f. 54, 55, auch andere Konzepte: f. 57, 58, 61 ff., 129 f. Ein weiteres Beispiel: Der alte und verarmte, aus politischen Gründen in Hessen in Ungnade geratene, nach Rußland ausgewanderte Obrist v. Numers fällt in der St. Petersburger Gesellschaft dadurch auf, daß er keine hessische Pension erhält. Dazu: v. Ochs, St. Petersburg, Mai 13/25, in: Best. 9a, Nr. 200, f. 45 v., vgl. ebenda, f. 46. Der Oberstleutnant stand bis 1806 beim Leibdragonerregiment, wurde gegen Ende der westfälischen Zeit neben dem russischen Obersten v. Ratzen zeitw. 2. Kommandant der Festung Kassel. Er ging dann nach Rußland. Best. 9a, Nr. 2392, f. 181 ff. Im Jahre 1803 erwähnt wird der russische Major und General-Adjutant des Zaren v. Winzingerode, der Volontair beim hessischen Jägerkorps gewesen war. Vgl. v. Lehrten-Dingelstedt, in: Best. 4f Rußland, Nr. 66, f. 47 v.

474 Vgl. I. Auerbach, Auswanderung aus Kurhessen nach Südosteuropa, in: Hundert Jahre Historische Kommission für Hessen 1897–1997, Marburg 1997, Bd. 2, S. 886.

475 Fleischhauer rechnet im 1. Weltkrieg aber immerhin im russischen höheren Offizierskorps und im Generalstab von einem Anteil an Deutschen von mindestens 15–20%, darunter natürlich auch Baltendeutsche, nicht nur Auswanderer aus dem Reich. I. Fleischhauer, Die Deutschen im Zarenreich, Stuttgart 1986, S. 461.

476 E. Amburger, Geschichte der Behördenorganisation Rußlands von Peter dem Großen bis 1917 = Studien zur Geschichte Osteuropas, Bd. X, Leiden 1966, S. 442 f.

477 Mitau, 1741, März 14, in: Best. 4 f Rußland, Nr. 27. Empfehlungsschreiben der Kasseler Seite im Konzept, Kassel, 1740, Aug. 18, in: Best. 4 f Rußland, Nr. 24.

478 W. v. Dörnberg, Selbstdarstellung, in: Geheime Geschichten und rätselhafte Menschen, F. Bülau, Hrsg., 1854, S. 409 ff.

479 H. Fhr. v. Doernberg, Wilhelm Freiherr v. Doernberg (1768–1850), in: Lebensbilder aus Kurhessen und Waldeck. 1830–1930, I. Schnack, Hrsg., = Veröffentlichungen der Historischen Kommission für Hessen und Waldeck, Bd. 20,1, Marburg 1939, S. 82 ff. Der schriftliche Nachlaß v. Doernbergs befindet sich in der Landesbibliothek Kassel (Universitätsbibliothek der GH Kassel).

480 Mitte des 19. Jahrhunderts wurde die Erteilung von Pässen sehr restriktiv gehandhabt. Möglich waren nur Verwandtenbesuche (Brüder Julius und Friedrich Hille aus Felsberg), Besuche beim Nachweis von Vermögen (Anträge des Johan Huppfeld und Nikolaus Hoffsommer aus Hitzerode für deren vier Söhne) oder der Besuch eines Theologen Heinrich Siebert aus Obergrenzebach in St. Petersburg. Vgl. Best. 9a, Nr. 1688, f. 24 ff., 31, 33, auch Vermerk über einen Paß an Siebert. 1861, Febr. 20, ebenda, f. 35. In St. Petersburg verstarb eine Catharina Elisabeth Hoffsommer, unverheiratet, aus Hitzerode am 12. Febr. 1860, Vermögen: nur einige Kleidungsstücke. Diese fielen an einen dort lebenden Bruder Carl. Vgl. Best. 9a, Nr. 2425, f. 143. Die geistig verwirrte, seit Juni 1848 in einer Heilanstalt befindliche, Marie Christine Hille starb in St. Petersburg am 14.3.1866, vgl. Best. 9a, Nr. 2426, f. 140 ff. Dies war vermutlich die „russische Verwandtschaft".

481 Moskau, 1724, Mai 25, in: Best. 4 f Rußland, Nr. 74, f. 143 f.

482 L. A. Markina, Proizvedenija nemeckich živopiscev i graverov XVIII v. v moskovskich sobranijach [Arbeiten deutscher Maler und Stecher in Moskauer Sammlungen], in: Nemcy Moskvy, S. 242; Thieme, Becker, Künstlerlexikon, Bd. VIII, S. 279.

483 W. Czysz, Vom Römerbad zur Weltkurstadt: Geschichte der Wiesbadener heißen Quellen und Bäder = Schriften des Stadtarchivs Wiesbaden, Bd. 7, Wiesbaden 2000.

484 Vgl. B. Lauer, Zwischen Rußland und Deutschland. Anmerkungen zu einer Biographie Gerhardt v. Reuterns (1794–1865), in: Willingshäuser Hefte, Bd. 4 (1994), S. 4, auch: K. Mayer-Pasinski, Der Maler Gerhardt v. Reutern. Kunst- und geistesgeschichtliche Aspekte seines Frühwerkes, ebenda, S. 14 ff.; zu den Mitgliedern der Malerkolonie, vgl. J. A. Wollmann, Die Willingshäuser Malerkolonie und die Malerkolonie Kleinsassen, [Schwalmstadt-Treysa o.J.], S. 12 ff.; K. Kaiser, Die Künstlerkolonie Willingshausen, in: Katalog zur gleichnamigen Ausstellung in der Orangerie Kassel vom 5. Juli bis 7. September 1980, [Kassel 1980], S. 12 ff.

485 Mayer-Pasinski, S. 29.

486 Dies., S. 26 ff., auch: O. Berlitt, Goethe und der erste Willingshäuser Maler, in: Hessenland, Jg. 33 (1919), S. 115 ff.; W. D. Vogel, Gerhard v. Reutern´s Beziehungen zu Goethe, in: Willingshäuser Malerkolonie, S. 19.

487 G. v. Reutern, Ein Lebensbild, dargestellt von seinen Kindern, St. Petersburg 1894; W. Neumann, Baltische Maler und Bildhauer des 19. Jahrhunderts, Riga 1902.

488 Mayer-Pasinski, S. 18. Zu einer sehr bekannten Trachtenarbeit, Johann Riebling und Catherine Orth, 1828, vgl. H. Geißel, Weltreise nach Willingshausen. Die Odyssee eines Bildes, in: 25 Jahre Großgemeinde Willingshausen, 1974–1999, Willingshausen 1999, S. 86 ff.

489 Zum Ableben des Goldschmiedegesellen Theodor Robert Dehio aus Reval, gest. am 31. Mai 1841 in Kassel, vgl. Best. 9a, Nr. 2410, f. 145-145 v.; dass. für den Juden Hirsch Koppel aus Grodno, gest. am 1.5.1848 in Hanau, in: Best. 9a, Nr. 2412, f. 39, 45.

490 W. Heller, Kooperation und Konfrontation. M. V. Lomonosov und die russische Wissenschaft im 18. Jahrhundert, in: JbfGO, Bd. 38 (1990), Heft 1, S. 1.

491 Johannes, geb. 1.1.1742, begr. 7.2.1742. Abb. Kirchenbuch der reformierten Gemeinde Marburg 1724–1757, S. 173 mit Taufeintrag im Ausstellungskatalog: Michail W. Lomonossow. Mittler zwischen Ost und West = Schriften des Hessischen Staatsarchivs Marburg, Nr. 6, Marburg 1990, S. 123 (im Folgenden: Ausstellungskatalog).
492 Eheschließung am 6.6.1740.
493 Elisabeth Christina Zilch, reformiert, Tochter des Henrich Zilch, Bierbrauer, zu Lomonosovs Zeiten bereits verstorben, und der Catharina Elisabeth, geb. Sergel, geb. am 22.6.1720 in Marburg.
494 Geb. 19.11.1739, vorehelich. Die Tochter wird in Rußland jünger gemacht. In Hessen-Kassel drohte der Mutter Strafe des *adulterii simplicis* der hessischen Kirchenreformationsordnung (Haft und Geldstrafe plus Kirchenbuße, vgl. Präzedenzfälle, bei Best. 5, Nr. 7771, f. 12 ff.). Zuständiges Gericht laut Entscheid Landgraf vom 4. Okt. 1724 war das Konsistorium bzw. die Regierung Marburg, nicht die Universität, da es sich hier nicht um ein leichtes Vergehen handelte (Anlage zu: Bestrafung des Universitätstanzmeisters Michelet wegen Ehebruchs, 1725, in: Best. 5, Nr. 7771, f. 16 f.). Vgl. Bericht Rektor, Dekane und Professoren, 1700, Dez. 4, dagegen: Landgraf Karl an Universität: 1700, Nov. 23, in: Best. 5, Nr. 7770, f. 9, 16.
495 Der Schwager Johannes Zülch begleitete die Schwester. Vgl. W. A. Eckhardt, Lomonossow in Marburg, in: Mitteilungen des Vereins für hessische Geschichte und Landeskunde, N.F. Nr. 22 (März 1991), S. 13, gegen: A. Rammelmeyer, Die Philipps-Universität zu Marburg in der russischen Geistesgeschichte und schönen Literatur, in: Mitteilungen des Universitätsbundes Marburg 1957, S. 70 ff.
496 Zu Lomonosovs Familienverhältnissen auf Seiten seiner Frau, vgl. Eckhardt, S. 10 f.
497 E. Lebedev, Lomonosov, 2. Aufl., Moskau 1990, S. 24 ff.; A. Morozov, Lomonosov = Žizn' zamečatel'nych ljudej, Bd. 5, Moskau 1961, S. 39 ff. (benutzt und zitiert wird hier die russische Ausgabe); zur Familie, vgl. M. I. Belov, O rodine Lomonosova [Über Lomonosovs Familie]. In: Sbornik statej i materialov [Lomonosov. Sammlung von Aufsätzen und Materialien], Bd. 3, Moskau, Leningrad 1951, S. 226 ff., auch: P. Scheibert, Lomonosov, Christian Wolff und die Universität Marburg, in: Academia Marburgensis, Bd. 1 (1977), S. 231.
Abb. einer Karte von Kurostrov, Aquarell, Papier mit Tinte, Zeichner Semjon Kočnev, 1780, Besitzer: GIM Moskau, Abteilung für Bildmaterial, NV, in: Ausstellungskatalog, S. 31.
498 Etwa in der *„Hymne an den Bart wegen eines (gerechten) Urteils"*, 1757 (russ. „Gimn borode za sud"), in: M. V. Lomonosov, Polnoe sobranie sočinenij [Vollständige Sammlung der Werke], 10 Bde. und Nachtragsbd., Moskau-Leningrad 1950 ff. [im Folgenden: Polnoe sobranie], hier: Bd. 8, S. 830.
499 Das tonische Verssystem, von Martin Opitz in seinem *„Buch von der deutschen Poeterey"* 1624 im Deutschen eingeführt, gegen die auf den Prinzipien der Silbenmessung beruhende antike Metrik, ersetzte im Russischen dank Lomonosov die unter mittellateinisch-polnischem Einfluß bis dahin übliche „syllabisierende", d.h. silbenzählende Dichtung. Dazu eingehender weiter unten.
500 Lomonosov an G. F. Miller, 1764, Mai 7, in: Lomonosov, Sočinenija, Bd. 8, Moskau, Leningrad 1948, S. 168 f., Kommentar, S. 106, auch: Scheibert, S. 240. Erfolg hatte er mit seinem Vorstoß nicht.
501 Schon zu deren Regierungszeit betätigte sich Lomonosov als Hofpoet, etwa mit einem Gedicht zur Geburt des Ivan III. (1741) oder aus Anlaß eines Sieges über die Schweden, vgl. Polnoe sobranie, Bd. 8, S. 35 ff., 43 ff.
502 Dies beginnt mit der *„Ode zur Thronbesteigung der Kaiserin Elisaveta Petrovna"* oder mit der *„Ode zur Ankunft aus Holstein bzw. zum Geburtstag von Peter III."*, 1741, vgl. Polnoe sobranie, Bd. 8, S. 53 ff., 59 ff.
503 G. E. Pavlov, A. S. Fedorov, Michail Vasil'evič Lomonosov. Žizn' i tvorčestvo [Michail Vasil'evič Lomonosov. Sein Leben und Werk], Moskau 1980, S. 19 ff. Nur generell verwiesen sei auf die zweite erweiterte Aufl. unter dem Titel: Michail Vasil'evič Lomonosov. 1711–1765, Moskau 1986.
504 Morozov, S. 77 f.
505 Zum derzeitigen Kenntnisstand: O. V. Tvorogov, Rukopisnye sobranija Rossii: sostojanie izučenija i opisanija [Russische Handschriftensammlungen – der Stand ihrer Erforschung und Beschreibung], in: TODRL, Bd. LII (2001), S. 709 ff. oder E. M. Juchimenko, Novonajdennye sočinenija vygovskich pisatelej, in: TODRL, Bd. LIII (2003), S. 289 ff., eine Ergänzung zu älteren Bibliographien der Altgläubigenliteratur.

506 I. Filipov, Istorija Vygovskoj staroobrjadčeskoj pustyni [Geschichte der altgläubigen Einödsiedlung vom Vyg], St. Petersburg 1862, S. 137; zu den klosterinternen Feiern der Prediger und zu Einflüssen des Barock auf deren Arbeiten zur Zeit Lomonosovs, vgl. E. M. Juchimenko, Dni tezoimenitstva vygovskich nastavnikov [Die Feierlichkeiten zu Ehren der Lehrer vom Vyg], in: TODRL, Bd. L (1997), S. 627 ff., 630; ebenfalls speziell zum Vyg: Crummey, The Old Believers, S. 141; M. L. Sokolovskaja, Krest´janskij mir kak osnova formirovanija vygovskogo obščežitel´stva [Das bäuerliche Milieu als Grundlage der Ausbildung der Lebensgemeinschaft vom Vyg], in: Staroobrjadčestvo v Rossii (XVII-XX vv.) [Das Altgläubigentum in Rußland (17.–20. Jh.)], E. M. Juchimenko, Hrsg., Moskau 1999, S. 269 ff.; E. M. Juchimenko, Rukopisno-knižnoe sobranie Vygo-Leksinskogo obščežitel´stva [Die Handschriften- und Buchsammlung der Gemeinschaft am Vyg bzw. der Leksa], ebenda, S. 45 ff. mit einer Rekonstruktion des Bibliotheksbestandes vor der Auflösung der Bibliothek Mitte des 19. Jhs.; ders., Neizvestnaja stranica polemiki vygovskich staroobrjadcev s official´noj cerkov´ju: Predistorija „Pomorskich otvetov", [Eine unbekannte Seite der Polemik der Altgläubigen vom Vyg mit der offiziellen Kirche: Zur Vorgeschichte der „Pomorskie otvety"], in: TODRL, Bd. LI (1999), S. 404 ff.; G. V. Markelov, F. V. Pančenko, O gimnografičeskom tvorčestve na Vygu, [Über hymnografische Schöpfungen am Vyg], ebenda, S. 417 ff.; G. V. Markelov, F. V. Pančenko, O liturgičeskom tvorčestve vygovcev [Zum liturgischen Schaffen der Gemeinschaft vom Vyg], in: TODRL, Bd. L (1997), S. 220 ff.; vgl. auch zu altgläubigen Drucken: A. V. Voznesenskij, Svedenija i zametki o kirilličeskich pečatnych knigach [Nachrichten und Bemerkungen zu in Kyrillica gedruckten Büchern], in: TODRL, Bd. LII (2001), S. 624 ff.; G. V. Markelov, Starobrjadčeskij ispoved´ dlja ikonopiscev [Ein altgläubiges Sündenbekenntnis für Ikonenmaler], in: TODRL, Bd. LII (2001), S. 745 ff.; zur Verfolgung der „Narren in Christo" seit Nikons Reformwerk bis Elisabeth vgl. A. S. Lavrov, Jurodstvo i reguljarnoe gosudarstvo (konec XVII-pervaja polovina XVIII v.) [Die Narren in Christo und der regulierte Staat (Ende des XVII. bis erste Hälfte des XVIII. Jhs.), ebenda, S. 433 ff.

507 L. M. Modzalevskij im Kommentar zu einem Brief an Varsonofij, den Erzbischof von Archangel´sk und Cholmogory, St. Petersburg, 1746, Nov. 19, in: Lomonosov, Sočinenija, Bd. 8, S. 68 f., dazu: Kommentar, S. 14.

508 Morozov, S. 79 ff.

509 J. Z. Serman, „Psaltyr´ rifmotvornaja" Simeona Polockogo i russkaja poèzija XVIII v. [Der gereimte Psalter des Simeon Polockij und die russische Poesie des XVIII. Jhs.], in: TODRL, Bd. XVII (1962), S. 214 ff.; P. N. Berkov, Kniga v poèzii Simeona Polockogo [Das Buch in der Poesie des Simeon Polockij], in: TODRL, Bd. XXIV (1969), S. 260 ff.

510 Zu den Anfängen der orthodoxen Gegenreformation ab etwa 1570, vgl. I. Auerbach, Reformation und Gegenreformation in Polen-Litauen und Kurbskijs Übersetzungswerk, in: Andrej Michajlovič Kurbskij, Novyj Margarit, Dies., Hrsg. = Bausteine zur Geschichte der Literatur bei den Slawen, Bd. 9,4, Lieferung 16, Giessen 1990, S. 70 ff. Zum Aufschwung des Schulwesens bzw. zur Gründung von Akademien ausführlich: A. S. Archangel´skij, Očerki iz istorii zapadno-russkoj literatury XVI-XVII vv.: Bor´ba s katoličestvom i zapadno-russkaja literatura konca XVI-pervoj poloviny XVII v. [Skizzen aus der Geschichte der westrussischen Literatur des XVI.-XVII. Jhs.: Der Kampf mit dem Katholizismus und die westrussische Literatur vom Ende des XVI.-erste Hälfte des XVII. Jhs.], Moskau 1888, S. 29 ff.

511 Zur Bedeutung dieser Grammatik, vgl. Archangel´skij, S. 108 ff.

512 Charlampovič, S. 117.

513 E. V. Markasova, K voprosu o sootnošenii drevnerusskoj literaturnoj tradicii i poètiki pol´skogo barokko v viršach Simeona Polockogo [Zur Frage des Verhältnisses der altrussischen literarischen Tradition und der Poetik des polnischen Barock in den Versen des Simeon Polockij], in: TODRL, Bd. L (1997), S. 144 ff.; A. Hippisley, Zapadnoe vlijanie na „Vertograd mnogocvetny" Simeona Polockogo [Westlicher Einfluß auf die Gedichtsammlung „der vielblumige Garten" des Simeon Polockij], in: TODRL, Bd. LII (2001), S. 695 ff.; Simeon Polockij, Vertograd mnogocvetny, A. Hippisley, L. Sazonova, Hrsg., Bd. 1-2, Köln, Weimar, Wien 1996, 1999.

514 J. Cracraft, The Church Reform of Peter the Great, Stanford, Cal. 1971; Charlampovič, S. 381 ff., 394 ff., 400 ff.; Platonov, S. 141 ff.

515 Scheibert, S. 232 nach: L. S. Minčenko, Neizvestnaja zapis' Ejlera o rabotach Lomonosova [Eine unbekannte Notiz Eulers über Lomonosov], in: Lomonosov, Sbornik statej i materialov, Bd. 4, S. 321 ff.
516 Morozov, S. 85 ff.
517 Morozov, S. 94; Pavlova, Fedorov, S. 24 ff.; N. F. Utkina, Michail Vasil´evič Lomonosov. K 275-letiju so dnja roždenija [Michail Vasil´evič Lomonosov. Zum 275. Jahrestag seiner Geburt], Moskau 1986.
518 Morozov, S. 94 ff.
519 Vgl. Lomonosovs Stellungnahme gegen das neue Statut der Universität bei der Kaiserlichen Akad. d. Wiss. in St. Petersburg, 1747, in: Lomonosov, Polnoe sobranie, Bd. 10, S. 55.
520 Morozov, S. 84, 95.
521 Morozov, S. 108 ff.
522 Morozov, S. 116 f.
523 S. A. Belokurov, O namerenii Lomonosova prinjat' svjaščenstvo i otpravit'sja s I. K. Kirillovym v Orenburgskuju ėkspediciju [Über die Absicht Lomonosovs, in den geistlichen Stand einzutreten und sich mit I. K. Kirillov auf eine Expedition nach Orenburg zu begeben], in: 1711–1911. Lomonosovskij sbornik [1711–1911. Der Lomonosovband], St. Petersburg 1911, S. 67 ff.
524 Morozov, S. 118 f.
525 Morozov, S. 120.
526 S. A. Belokurov, Ob otpravlenii učenikov slavjano-greko-latinskoj Akademii, v tom čisle i Lomonosova, iz Moskvy v S. Peterburg 1735 g. [Über die Abordnung von Schülern der Slavisch-Griechisch-Lateinischen Akademie, darunter Lomonosovs, aus Moskau nach St. Petersburg 1735], in: 1711-1911, S. 77 ff.
527 Vgl. zu Lomonosovs naturwissenschaftlich-technischen Arbeiten Polnoe sobranie, Bd. 1-5. Grundlegend zu dieser Seite von Lomonosovs Tätigkeit: Lomonosov. Sbornik statej i materialov, Bd. I-VIII [Lomonosov. Sammlung von Aufsätzen und Materialien], Leningrad 1940–1983.
528 Dazu grundsätzlich: E. S. Kuljabko, M. V. Lomonosov i učebnaja dejatel´nost' Peterburgskoj Akademii nauk [Lomonosov und die Lehrtätigkeit der St. Petersburger Akad. d. Wiss.], Moskau, Leningrad 1962, auch: D. M. Griffith, The Early Years of the Petersburg Academy of Sciences as Reflected in Recent Soviet Literature, in: Canadian-American Slavic Studies, Bd. 14 (1980), S. 27 ff.
529 P. N. Berkov, Istorija russkoj žurnalistiki XVIII v. [Die Geschichte des russischen Zeitungswesens im 18. Jh.], Moskau, Leningrad 1962, S. 56 ff., 63, 64 ff.
530 Dazu: Berkov, S. 77 ff.; A. Zapadov, M. V. Lomonosov i žurnalistika [M. V. Lomonosov und das Zeitungswesen], Moskau 1961, S. 71 ff.
531 E. Winter, Deutsch-slawische Wechselseitigkeit, besonders in der Geschichte der Wissenschaft. Deutsch-russische Wissenschaftsbeziehungen im 18. Jahrhundert = Sitzungsberichte der Akad. d. Wiss. der DDR, Berlin (Ost), 1981.
532 H. Keipert, Der Fremdsprachenunterricht in der Frühzeit des Petersburger Akademie-Gymnasiums, in: Polata knigopisnaja. An Information Bulletin Devoted to the Study of Early Slavic Books, Texts and Literatures, August 1987, Nr. 16, S. 68 ff.
533 E. Winter, G. Jarosch, Lomonosovs Übersetzung der Wolffschen Experimentalphysik, in: E. Winter, C. Grau, P. Hoffmann, H. Lemke, Hrsg., Lomonosov, Schlözer, Pallas. Deutsch-russische Wissenschaftsbeziehungen im 18. Jahrhundert, Berlin (Ost) 1962, S. 42 ff.
534 Minčenko, S. 321 ff., auch: E. Amburger, Beiträge zur Geschichte der deutsch-russischen kulturellen Beziehungen, Giessen 1961, S. 123 f.
535 Die geographischen Arbeiten in: Polnoe sobranie, Bd. 6, S. 417 ff. Zur amtlichen Korrespondenz, auch ein Abschnitt zur Geographie: V. F. Gnučeva, Geografičeskij department Akademii Nauk XVIII v. [Das geographische Departement der Akad. d. Wiss. im 18. Jh.] = Trudy archiva AN SSSR, Bd. 6, Moskau, Leningrad 1946. J. N. Delisle gab 1752 eine Rußlandkarte unter Berücksichtigung der jüngsten geographischen Entdeckungen heraus. Morozov, S. 553, 554. Lomonosov wollte diese Karte und die alte der Akademie von 1745 verbessern und entwickelte gleichzeitig einen methodisch neuen russisch-sprachigen Globus. Im Zusammenhang mit diesen Projekten stehen seine statistischen Umfragen über die Bevölkerung, die Wirtschaft und speziell über die Landwirtschaft der russischen Provinzen. Morozov, S. 558. Akademija Nauk SSSR, S. 99. Zu Delisles Tätigkeit an der Akademie, ebenda, S. 62 ff.
536 Wolff war von Anfang an eine an der Petersburger Akademie einflußreiche Persönlichkeit. Dazu: G. Mühlpfordt, Deutsch-russische Wissenschaftsbeziehungen in der Zeit der Aufklä-

rung (Christian Wolff und die Gründung der Petersburger Akademie der Wissenschaften), in: 450 Jahre Martin-Luther-Universität Halle-Wittenberg, Bd. 2, Halle/Saale 1952, S. 169 ff., auch: U. Grabosch, Studien zur deutschen Rußlandkunde im 18. Jahrhundert = Wissenschaftliche Beiträge der Martin-Luther–Universität Halle-Wittenberg, Nr. 33 bzw. Beiträge zur Geschichte der UdSSR, Nr. 12 (1985), S. 61 ff. speziell zu Wolff und dessen Bedeutung für die St. Petersburger Akademie.

537 Scheibert, S. 233 nach: Sbornik materialov dlja istorii Imperatorskoj Akademii Nauk v XVIII veke [Sammlung von Materialien zur Geschichte der Kaiserlichen Akad. d. Wiss. im 18. Jh.], A. Kunik, Hrsg., Bd. 1, St. Petersburg 1865, S. 246 ff.

538 Vgl. Best. 305a II, Nr. 8, 1736, Nov. 17. Abbildung bei H. Gödeke, Lomonosov in Marburg (1736-1741). Ein Beitrag zu den deutsch-russischen wissenschaftlichen Beziehungen im 18. Jahrhundert, in: ZHG, Bd. 103 (1998), S. 97. Russischerseits grundlegend: M. I. Suchomlinov, Lomonosov. Student Marburgskago universiteta [Lomonosov. Ein Student der Marburger Universität], in: Russkij vestnik, Bd. XXXI (1861), S. 127-165. Vgl. auch den Auszug aus B. N. Menšutin, Lebensbeschreibung Michail Vasil´evič Lomonosovs, Moskau, Leningrad 1947, T. Högy-Lanko, Übers., in: alma mater philippina WS 1966/67, S. 15 ff. mit Abbildungen und einer Einleitung. Vor allem: L. Auburger, Rußland und Europa. Die Beziehungen M. V. Lomonosovs zu Deutschland, Heidelberg 1985.

539 Vgl. G. D. Komkov, B. V. Levšin, L. K. Semenov, Akademija Nauk SSSR. Kratkij istoričeskij očerk [Die Akademie der Wissenschaften der UdSSR. Kurzer historischer Abriß], 2. Aufl., Bd. 1, Moskau 1977, S. 34, Abbildung des Diploms auf S. 52. Manche der Ehrenmitglieder erhielten eine Pension aus St. Petersburg; im Falle Wolff's würde das sein selbstloses Eintreten für die Marburger Schulden der russischen Studenten erklären.

540 Er zahlte die drei Taler Strafe, zu denen Lomonosov nach einer von offenbar mehreren Schlägereien am 15. Okt. 1737 verurteilt wurde. Ursprünglich drohten als Höchststrafe 3 Tage Karzerhaft. Wolff nahm an der Verhandlung teil, galt aber als befangen, *„weiln ihm die Moscow[iter] recommendirt"*. Best. 305a Protocollum academicum 1737-1740, f. 12 v., auch: Best. 310, Oeconomatsrechnung 1737.

541 Beweisführung gegen das Haus Arcularius in der Barfüßerstr. bei: Eckhardt, S. 10 ff.

542 Lomonosov v vospominanijach i charakteristikach sovremennikov [Lomonosov in den Erinnerungen und Beurteilungen der Zeitgenossen], G. E. Pavlova, Hrsg., Moskau, Leningrad 1962, S. 98 (im Folgenden: Lomonosov v vospominanijach ... sovremennikov), S. 53; auch: A. I. Andreev, Materialy o Lomonosove v archive Štelina [Lomonosovmaterial im Archiv Stählins], in: Sbornik, Bd. 4, S. 314 ff.

543 Vgl. Best. 5, 8061; H. Hermelink, S. A. Kaehler, Die Philipps-Universität zu Marburg 1527-1927. Fünf Kapitel aus ihrer Geschichte (1527-1866), Marburg 1927 (Reprint Marburg 1977), (im Folgenden: Universitätsgeschichte), S. 380 f., Anm., dass. 383; Suchomlinov, S. 131 ff.

544 Universitätsgeschichte, S. 377; Vorlesungskatalog Wolffs, ebenda, S. 284, Anm. 29.

545 Scheibert, S. 233; Zeugnis des Professors für Lomonosov in russischer Übersetzung, in: Lomonosov v vospominanijach ... sovremennikov, S. 97.

546 F. Gundlach, Catalogus professorum academiae marburgensis. Die akademischen Lehrer der Philipps-Universität in Marburg von 1527 bis 1910 = Veröffentlichungen der Historischen Kommission für Hessen, Bd. XV, 1, Marburg 1927, S. 188, 225.

547 Wolff an Korff, 1737, Juni 12, in: Briefe von Christian Wolff aus den Jahren 1719–1753. Ein Beitrag zur Geschichte der kaiserlichen Akademie der Wissenschaften zu St. Petersburg, St. Petersburg 1860, S. 94.

548 Vorlesungsnachschrift des späteren Marburger Mediziners Georg Michaelis der Physikvorlesung Wolffs von 1731, in: UB Marburg, Hs. 126. Ältere Vorlesungsnachschrift von 1729, ebenda, Hs. 125.

549 Eingeführt hatte er dieses Thema wegen des personellen Notstandes in der Marburger Jur. Fak. 1732, um mehr Adlige an die Marburger Hochschule zu locken. Wolff an Friedrich I., 1732, Nov. 6, in: Best. 5a, Nr. 1745, f. 2 v.; vgl. auch: Vorlesungskatalog Wolffs, in: Universitätsgeschichte, S. 384, Anm.

550 G. Menk, Michail W. Lomonossow und Marburg (1736-1741), in: Ausstellungskatalog, S. 114.

551 W. Ebel, Johann Stephan Pütter aus Iserlohn, Göttingen 1975; Menk, in: Ausstellungskatalog, S. 117 f.

552 Johann Stephan Pütter, Selbstbiographie zur dankbaren Jubelfeier seiner 50jährigen Professur, Bd. 1, Göttingen 1798, S. 27 f.
553 Eckhardt, S. 12 f.
554 Immatrikulation am 23.4.1738, Ende SS 1739 nach den ersten Monaten der Schwangerschaft der Christine Zülch weggegangen. Matrikel der Universität Marburg, Best. 305a, II, Nr. 8. Vgl. auch: Pütter, Selbstbiographie, S. 27 f.: *„Vor seiner Abreise hatte er eines Marburgischen Bürgers Tochter zu heiratthen versprochen, hat auch hernach Wort gehalten"*, auch: August Ludwig von Schlözers öffentliches und Privatleben ... , vollständig beschrieben von ... Christian von Schlözer, Bd. 1, Leipzig 1828, S. 90.
555 Lomonosov an Georg Michaelis, Bitte um Erlaubnis dessen Laboratorium zum Experimentieren benutzen zu dürfen. Marburg, 1740, Dez. 4, in: Best. 305a, A IV3a, Nr. 8. (Einziger Autograph Lomonosovs in Hessen). Ausstellungskatalog, S. 121; vgl. auch: R. Schmitz, Chymia et Pharmacia Marburgensis, in: Alma mater philippina, WS 1963/64, S. 9 ff.
556 Best. 305a, A IV3a, Nr. 8; Scheibert, S. 238.
557 Vgl. Lomonosov an G. F. Miller, 1764, Mai 7, in: Lomonosov, Sočinenija, Bd. 8, S. 168 f.
558 Menk, in: Ausstellungskatalog, S. 94.
559 Gundlach, S. 325.
560 Scheibert, S. 236.
561 Vgl. für den generellen Eindruck die 1746 einsetzende Rechnungsserie „Bibliotheksrechnungen" im Marburger Universitätsarchiv. Best. 310, Rechnungen.
562 Schröder war Vater von vier künftigen Marburger Professoren. Gundlach, S. 421 f.; H. Gödeke, S. 98. Schröder war ein sehr eifriger Lehrer, vgl. Universitätsgeschichte, S. 381, Anm. Er hatte eine Arbeit über die *„Oratores et Poetae Veterum Selecti"* um 1732 zum Druck gebracht, interessierte sich also für die Theorie der Dichtkunst.
563 Gundlach, S. 412; Gödeke, S. 98.
564 Gundlach, S. 523 f.
565 Wolff an Korff, 1739, Jan. 13, in: Wolff, Briefe, S. 114.
566 Scheibert, S. 240; G. N. Moiseeva, Poětičeskoe tvorčestvo M. V. Lomonosova [Das dichterische Werk Lomonosovs], in: Lomonosov i Russkaja literatura [Lomonosov und die russische Literatur], Moskau 1989, S. 9. Zu dessen späteren Bibliothek: G. M. Korovin, Biblioteka Lomonosova [Lomonosovs Bibliothek], Moskau, Leningrad 1961, S. 197 ff. Gottsched war dort gut vertreten.
567 Morozov, S. 167 f.
568 Best. 5, Nr. 4054.
569 Abbildung des Titelblattes bei Morozov, S. 143.
570 Die Entwicklung der Verskunst verläuft grob in zwei Etappen, von der Zeit der Wirren bis Simeon Polockij weisen die einzelnen Zeilen eine ungleiche Silbenzahl auf, ab dann herrscht Isosyllabismus. Rezitiert wurde offenbar nicht gleichmäßig, sondern jedes Wort getrennt vom nächsten. In Moskovien übernimmt man zunächst die primitivere Form, den polnischen Vers der 2. Hälfte des 16. Jhs., dann auch fast gleichzeitig den moderneren Vers. Zum Einfluß des Volksliedes: A. Stender-Petersen, Geschichte der russischen Literatur, München 1957, Bd. 1, S. 232 f., vgl. dagegen: A. M. Pančenko, Neskol´ko zamečanij o genealogii knižnoj poèzii [Einige Bemerkungen zur Entstehung der Kunstdichtung], in: TODRL, Bd. XXVII (1972), S. 237, 236; ders., Materialy po drevnerusskoj poèzii, I-III (I. Stichotvornoe nastavlenie o čtenii virš. II. pochvala grammatike. III. Deklamacija Medevedeva v čest´ carevny Evdokii) [Materialien zur altrussischen Poesie], in: TODRL, Bd. XXVIII (1974), S. 368, 369; ders., Slovo i znanie v èstetike Simeona Polockogo (na materiale „Vertograda mnogocvetnogo") [Das Wort und das Wissen in der Ästhetik des Simeon Polockij], in: TODRL, Bd. XXV (1950), S. 232 f., 234, 235 ff.
571 Gödeke, S. 99; Morozov, S. 185 ff.
572 Morozov, S. 222 f.
573 Vgl. Lomonosov, Polnoe sobranie, Bd. 8, S. 8 ff.; A. Zapadov, Otec russkoj poèzii. O tvorčestve Lomonosova [Der Vater der russischen Poesie. Zum Werk Lomonosovs], Moskau 1961, S. 13; Pavlova, Fedorov, S. 240 f.
574 Gödeke, S. 99; A. A. Kunik, Neskol´ko slov o Fenelone i ego ode 1681 g., perev. Lomonosovym. Pervoe podražanie Lomonosova jambam v konce 1740 g. [Einige Bemerkungen zu Fenelon und seiner Ode von 1681. Der erste Versuch der Jambendichtung Lomonosovs vom Ende 1740], in: Učenye zapiski Akademii Nauk po 1-mu i 2-mu otdeleniju, 1855, Bd. 3, Heft 2, S. 256 ff.; J. Z. Serman, Mikhail Lomonosov. Life and Poetry, Jerusalem 1988, S. 51 ff.; vgl. auch die Übersetzung der einschlägigen Schriften plus Einleitung bei: R. Silbajoris, Russian Versification. The Theories of Tredia-

kovskij, Lomonosov and Kantemir, New York, London 1968; Lomonosov, Polnoe sobranie, Bd. 8, S. 866 ff.

575 Morozov, S. 187 f.; Lomonosov, Polnoe sobranie, Bd. 8, S. 16 ff. Lomonosov nahm die Ode trotz des Aufsehens, die sie erregt haben soll, in seine „Gesammelten Werke" von 1751 nicht auf. Morozov, S. 187 f.

576 Lomonosov an Vinogradov, 1741, April 18, in: ders., Sočinenija, Bd. 8, S. 62; Scheibert, S. 238.

577 Scheibert, S. 239.

578 A. V. Voznesenskij, Služebnaja Psaltir´ v vostočnoslavjanskom knigopečatanii XVI-XVIII vv. [Der im Gottesdienst verwendete Psalter im ostslavischen Druck des XVI.-XVIII. Jhs.], in: TODRL, Bd. L (1997), S. 215 ff.; Zur Psalterübersetzung auch: Zapadov, S. 157 ff.

579 H. Keipert, Lomonosov und die Lifljandskaja ėkonomija, in: Festschrift für Hans-Bernd Harder zum 60. Geburtstag, K. Harer, H. Schaller, Hrsg., München 1995, S. 217, auch: ders., Lomonosov und Luther, in: Die Welt der Slaven, Bd. XLI (1996), S. 62 ff.; ders., Die knigi cerkovnye in Lomonosovs „Predislovie o pol´ze knig cerkovnych v rossijskom jazyke" [Die kirchlichen Bücher in Lomonosovs „Vorrede zum Nutzen der kirchlichen Bücher in der russischen Sprache"], in: Zeitschrift für Slavische Philologie, Bd. 54 (1994), Heft 1, S. 21 ff.; auch mit einer Analyse der Ode mit Stücken aus Hiob, in: Polnoe sobranie, Bd. 8, S. 387 ff.; B. O. Unbegaun, Lomonosov und Luther, in: Zeitschrift für Slavische Philologie, Bd. 37 (1973), S. 159 ff.

580 Abdruck des Stundenplans von WS 1738/39 bei Gödeke, S. 38 nach Lebedev, S. 87 (so ein Bericht Lomonosovs).

581 Gödeke, S. 99; Scheibert, S. 236. Gundlach, S. 409. Vor allem Ausländer besuchten die Tanzstunden bei dem in der Stadt nur geduldeten Franziscus von Malknecht aus Bayern, der sich in Marburg von Sept. 1737 bis zum 24.10.1738 aufhielt, also zu Lomonosovs Zeit, ebenda, S. 511.

582 Menk, S. 88; Universitätsgeschichte, S. 377, Anm.

583 Universitätsgeschichte, S. 378.

584 Zum Jagddistrikt für die Marburger Studenten ab 1709, Best. 5, Nr. 7780; Best. 305a, AVIII 8, Nr. 1; Geheimer Rat, 1786, März 7, Befreiung der Studenten von der Hundesteuer, nach C. F. Wittich, Handbuch zur Kenntnis der Hessen-Casselischen Landesverfassung und Rechte, Bd. 5, Kassel, 1802, S. 346.

585 Duelle waren längst verboten, vgl. Edikt, 1684, Febr. 6, in: Neue Sammlung der Landes-Ordnungen, Ausschreiben und anderer allgemeinen Verfügungen, welche bis zum Ende des Oktobers 1806 für die ältern Gebietsteile Kurhessens ergangen sind, Bd. 1, Kassel 1828, S. 222 ff. (im Folgenden: Neue Sammlung) oder 1660, Nov. 1, in: Staatsarchiv Marburg, Verordnungssammlung, Polizeisachen. Duelle ohne tödlichen Ausgang waren jedoch weiter üblich und wurden mit den Gesetzen für die Studierenden auf der Universität Marburg, 1819, Dez. 10, § 37, erneut untersagt, vgl. Sammlung von Gesetzen, Verordnungen, Ausschreiben und sonstigen allgemeinen Verfügungen für die kurhessischen Staaten, Bd. 2, Kassel [1820], S. 89 f. (im Folgenden: Gesetzessammlung).

586 Universitätsangehörige waren von der Zahlung der Accise auf Wein und Bier seit 1707 befreit. Best. 5, Nr. 8216, 6943, 6848.

587 Verbot des Kaffeetrinkens in Hessen-Kassel ab 1765, vgl. Best. 5, Nr. 1037.

588 Kakaoverbot folgte 1774, vgl. Best. 5, Nr. 831.

589 Ein hessisches Tabaksmonopol wird 1784 diskutiert, vgl. Best. 5, Nr. 3425, auch: Nr. 10669 zu Tabakfabriken 1780.

590 Dazu auch: Bericht Christian Wolffs, Marburg 1732, Nov. 6, in: Best. 5, Nr. 16745, f. 3.

591 Verordnungen gegen das Borgen der Studenten und die Bestrafung der dabei den Luxus unterstützenden Kaufleute, 1733–1770, bei: Best. 5, Nr. 7795.

592 Gesetze für die Studierenden auf der Universität Marburg, 1819, Dez. 10, § 16, 28, 39, in: Gesetzessammlung, S. 86, 89, 90.

593 Vgl. Best. 5, Nr. 7752, f. 35 ff. und Kassel, 1653, Sept. 26, ebenda.

594 Inhaltlich ausführlich das Verbot des Pennalismus an der Universität Giessen, Giessen, 1660, dtsche. und lat. Fassung, in: Best. 5, Nr. 7751, f. 21 ff.

595 Wolff an Korff, 1739, Aug. 1, in: Wolff, Briefe, S. 124 ff.

596 Menk, S. 95; Quellen zu Wolffs Urteil über Lomonosov, in: Lomonosov v vospominanijach ... sovremennikov, S. 98.

597 Menk, S. 94, 95; Morozov, S. 166 f.

598 Abdruck der beiden Arbeiten in: Polnoe sobranie, Bd. 1, S. 5 ff., 23 ff.; Scheibert, S. 236 f.; nach: Minčenko, S. 322.

599 Gödeke, S. 100; Scheibert, S. 236. Vgl. auch: Archiv der Akad. d. Wiss. zu St. Petersburg

(ANA), f. 20, op. 3, Nr . 37, II, 5-6. Deutsche Übersetzung in: M. W. Lomonossow, Ausgewählte Schriften, Berlin 1961, Bd. 1, S. 35 ff.

600 Zitat nach Gödeke, S. 100, vgl. Lomonosov, Polnoe sobranie, Bd. 1, S. 70 f. oder: Lomonossow, Ausgewählte Schriften, Bd. 1, S. 70.

601 Ausstellungskatalog, S. 121 nach: Best. 305 a, A IV 3 a, Nr. 8; Scheibert, S. 238.

602 Vgl. etwa dessen Programm für die künftige Arbeit der Akademie, Zitat bei Gödeke, S. 102 nach: Lomonossow, Ausgewählte Schriften, Bd. 1, S. 131.

603 Menk, in: Ausstellungskatalog, S. 97. Den Paß für die Rückreise nach Rußland stellte ihm dann der Marburger Prorektor am 13. Mai 1741 aus. Eckhardt, S. 13, nach: M. T. Beljavskij, ...Vse ispytal i vse pronik [... Er analysierte und verstand alles], Moskau 1990, S. 28 (dort Abbildung des Passes).

604 Morozov, S. 173.

605 Morozov, S. 175 ff., 188 ff.

606 Vgl. Lomonosov, Sočinenija, Bd. 8, S. 48 ff., vor allem seine Rechtfertigung gegenüber J. D. Schumacher, Marburg 1740, Nov. 5/16, ebenda, S. 50 ff.

607 Morozov, S. 192 ff., bes.: 196 f.

608 Morozov, S. 196.

609 Einzelheiten zu den Forschungen auf den unterschiedlichsten Gebieten bei: Akademija Nauk SSSR, S. 83 ff., 79 f.; vgl. auch das biographische Material bei: Materaly dlja biografii Lomonosova [Material für eine Biographie Lomonosovs], P. S. Biljarskij, Hrsg., St. Petersburg 1865.

610 Titelblatt der Abhandlung „Betrachtungen über eine größere Genauigkeit der Seereise" [*Rassužděnie o bol'šej točnosti morskago puti*], öffentlicher Vortrag 1759, in: Akademija Nauk SSSR, S. 82 mit einer Beschreibung von 20 Arten neuer meteorologischer und navigatorischer Geräte. Dazu ebenda, S. 85. Zu dessen Arbeiten zur atmosphärischen Elektrizität, ebenda, S. 83 ff.

611 S. Anm. 624.

612 Einschlägige Arbeiten in: Lomonosov, Polnoe sobranie, Bd. 6, S. 377 ff.

613 Das Titelblatt seines Versuches, die Chemie als eigenständige Wissenschaft zu begründen (*Rede über den Nutzen der Chemie*, 1751), bei Morozov, S. 237. Lomonosovs systematisches Messen und Wiegen der Substanzen während der chemischen Versuche führte zur Entdeckung von Lomonosovs Gesetz vom Erhalt der Materie. Einschlägiges Zitat aus einem Schreiben an Euler, 1748, Juli 5, bei Morozov, S. 242. Zu seinem Standardwerk, *Pervye osnovanija metallurgii i rudnych del* [Erste Grundlegung der Metallurgie und des Bergwesens], St. Petersburg 1763, vgl. Ausstellungskatalog, S. 62, zu anderen naturwissenschaftlichen Arbeiten auf dem Gebiet der Physik, Chemie, Astronomie, Geographie, ebenda, S. 50 ff., 76; vgl. auch den russischen Sammelband mit den „*Anekdoten*" Stählins, zuerst von F. B. Miller/Müller ins Russische übersetzt und in der alten russischen Zeitschrift „*Moskvitjanin*" veröffentlicht. Das Originalmanuskript liegt im Archiv der Akad. d. Wiss., St. Petersburg, Sign.: f. 20, op. 6, Nr. 33. Hier nach: Lomonosov v vospominanijach ... sovremennikov, S. 53, 55, 56 f.

614 „*Obgleich ich fest überzeugt bin, daß jene fast mystische Lehre durch meine Argumente gründlich widerlegt würde, fürchte ich doch dem Manne das Alter durch Kummer schwer zu machen, dessen Wohltaten ich nicht vergessen kann*". Zitat nach Kopelev, Lomonosov bzw. Brief an Euler, 1754, Febr., in: Lomonosov, Polnoe sobranie, Bd. 10, S. 501.

615 B. L. Modzalevskij, Rod i potomstvo Lomonosova (s rodoslovnoj tablicej) [Die Vorfahren und Nachfahren Lomonosovs (mit einer genealogischen Tafel)], in: 1711–1911, S. 331 ff.

616 Zum theoretischen und praktischen Wettbewerb der drei Dichter in der Übersetzung von Ps. 143 des Jahres 1743 (der Band erschien gedruckt), vgl. Morozov, S. 216 f.; grundsätzlich: H. Grasshoff, Michail Lomonossow, der Begründer der neueren russischen Literatur, Halle 1962.

617 Morozov, S. 199, 203, 206 ff.

618 Kiril Razumovskij (1728–1803), der jüngere Bruder des Favoriten der Elisabeth, war 1746–1798 Präsident der Akademie.

619 Morozov, S. 228 ff.

620 Morozov, S. 493 ff.

621 Vgl. Ausstellungskatalog, S. 84 ff. Zur Verwaltungstätigkeit Lomonosovs, vgl. Akademija Nauk SSSR, S. 97 f.

622 Berkov, S. 117 ff., 124. Die Zeitung war das erste bedeutende Privatunternehmen (gleichzeitig, nur einige Tage vorher, erhielt „*Prazdnoe vremja v pol'zu upotreblennoe*" [Die nützlich verwendete Freizeit] des Kadettenkorps die staatliche Lizenz), orientierte sich politisch auf die künftige Herrscherin Katharina II. hin.

623 Šuvalov pflegte sich einen Spaß daraus zu ma-

chen, die beiden Dichter aufeinander zu hetzen. Zu Lomonosovs Verhältnis zu Sumarokov, vgl. Morozov, S. 318 ff.

624 Dazu: Lomonosov, Polnoe sobranie, Bd. 9, S. 231, 244 f., 250 f., 253, 256, vor allem: „*Kratkoe pokazanie o proischoždenijach Akademičeskogo geografičeskogo departementa*" [Kurze Anzeigen über die Vorgänge am Geographiedepartement der Akademie], 1763, S. 258 ff.

625 Morozov, S. 286 ff.

626 Zu den frühen Übersetzungen Lomonosovs für Schumacher, vgl. Morozov, S. 200 ff., 204. Speziell zur Übersetzung von „*Salomonis Guberti Strategema oeconomicum, oder Akker-Student. Denen jungen, ungeübten Akkersleuten in Lieffland zum nöthigen Unterrichte ...*", 2. verb. Aufl., Riga 1688 im Jahre 1747, vgl. Lomonosov, Polnoe sobranie, Bd. 11 (Ergänzungsband), Leningrad 1983, S. 71-152; Keipert, Lomonosov und die Lifljandskaja ėkonomija, S. 213 ff.; auch: P. N. Berkov, Lomonosov i Livljandskaja ėkonomija, in: Lomonosov. Sbornik statej, Bd. 2, S. 171 ff. Vgl. Keipert, S. 22, Nachtrag.

627 So: Akademija Nauk SSSR, S. 94.

628 H. Keipert, M. V. Lomonosov als Übersetzungstheoretiker, in: Zeitschrift für Slawistik, Bd. 68 (1961), S. 27 ff.; Volfijanskaja eksperimental'naja Fizika ..., St. Petersburg 1746, Erstausgabe in: GIM, Moskau, Abt. für Buchbestände, 105189/83. Titelblatt der russischen Ausgabe, in: Ausstellungskatalog, S. 61.

629 Morozov, S. 325 f.; V. N. Makeeva, Russkaja leksikografija 40-50ch godov XVIII v. i Lomonosov [Die russische Lexikographie der 40-er bis 50-er Jahre des 18. Jhs. und Lomonosov], in: Sbornik, Bd. 4, S. 186 ff.; zur Beteiligung Lomonosovs in den Anfängen seiner Karriere in St. Petersburg am gescheiterten Projekt einer Übersetzung des Lateinwörterbuchs von Cellarius ins Russische, ebenda, S. 184.

630 Die „*Trudoljubivaja pčela*" seines Kontrahenten Sumarokov forderte die Ausmerzung allein von Fremdwörtern aus den modernen Sprachen, d.h. Deutsch und Französisch, akzeptierte sie hingegen aus den klassischen Alten Sprachen. Zu Sumarokovs Artikel „*O istreblenii čužich slov iz russkogo jazyka*" [Über die Entfernung von Fremdwörtern aus der russischen Sprache], vgl. Berkov, S. 122 f.

631 E. S. Kuljabko, M. V. Lomonosov i učebnaja dejatel'nost' Peterburgskoj Akademii nauk [M. V. Lomonosov und die Lehrtätigkeit an der St. Petersburger Akad. d. Wiss.], Moskau, Leningrad 1962; H. Grasshoff, Lomonosov und Gottsched. Gottscheds „Ausführliche Redekunst" und Lomonosovs „Ritorika", in: Zeitschrift für Slawistik, Bd. 6 (1961), S. 498 ff.; L. Kopelew, Die ersten Vermittler: Gottsched und sein Kreis, in: ders., M. Keller, Hrsg., Russen und Rußland aus deutscher Sicht, S. 339 ff.; P. Kirchner, Lomonosov und Johann Christian Günther, in: Zeitschrift für Slawistik, Bd. 6 (1961), S. 483 ff.

632 D. M. Griffith, The Early Years of the Petersburg Academy of Sciences as Reflected in Recent Soviet Literature, in: Canadian-American Slavic Studies, Bd. 14 (1980), S. 27 ff.; Morozov, S. 493 ff.

633 H. Keipert, der Fremdsprachenunterricht in der Frühzeit des Petersburger Akademie-Gymnasiums, in: Polata knigopisnaja. An Information Bulletin devoted to the Study of Early Slavic Books, Texts and Literatures, August 1987, Nr. 16, S. 68 ff.

634 Vgl. etwa die statistischen Untersuchungen Pedlows zum Heiratsverhalten des hessischen Adels und der bürgerlichen Honoratioren, G. W. Pedlow, Marriage, Family Size, and Inheritance among Hessian Nobles, 1650–1900, in: Journal of Family History, Winter 1982, S. 338 ff.; ders., The Survival of the Hessian Nobility. 1770–1870, Princeton, New Jersey 1988, S. 11, 18, 38 ff.

635 Morozov, S. 491 ff.

636 M. Smotryc'kyj, Hrammatiki slavenskija pravilnoe syntagma. Jevje 1616, O. Horbatsch, Hrsg., = Specimina Philologiae Slavicae, Bd. 4, Frankfurt/Main 1974 bzw. Facsimileausgabe: V. V. Nimčuk, Hrsg., Kiev 1979; vgl. eine spätere Ausgabe Moskau 1648, Ausstellungskatalog, S. 32.

637 Ende des 17./Anf. 18. Jhs. wird eine Übersetzung der *Ars magna* durch den Versdichter Andrej Belobockij sowohl als Lehrbuch der Rhetorik als auch eine Art von naturwissenschaftlicher Enzyklopädie – wegen des dort vermittelten Einblickes in die Lehren der Kabbala – außerordentlich populär. V. P. Zubov, K istorii oratorskogo iskusstva konca XVII – pervoj poloviny XVIII v. [Zur Geschichte der Redekunst vom Ende des XVII. bis zur ersten Hälfte des XVIII. Jhs.], in: TODRL, Bd. XVI (1960), S. 189 ff., 291, 292; A. Ch. Gorfunkel', „Pentateugum" Andreja Belobockogo (iz istorii pol'sko-russkich literaturnych svjazej) [Der

Pentateuch des Andrej Belobockij (Aus der Geschichte der polnisch-russischen literarischen Verbindungen)], in: TODRL, Bd. XXI (1965), S. 39, 40; ders., Andrej Belobockij – poėt i filosof konca XVII – načala XVIII v. [Andrej Belobockij – Ein Dichter und Philosoph vom Ende des XVII. – Anfang des XVIII. Jhs.], in: TODRL, Bd. XVIII (1972), S. 188 ff.

638 Zu deren Einfluß auf die kosmologisch-theologischen Poeme „Abendbetrachtungen über die Majestät Gottes aus Anlaß eines großen Nordlichtes" (russ. *Večernee razmyšlenie o božiem veličestve pri slučae velikogo severnogo sijanija*) und „Morgenbetrachtungen über die Majestät Gottes" (russ. *Utrennee razmyšlenie o božiem veličestve*) neben der Leibniz-Wolff'schen Philosophie, vgl. L. Kopelew, Lomonosov, S. 162. Hier wird auf Literaturangaben zur älteren, marxistischen und völlig willkürlichen Interpretation der Weltanschauung Lomonosovs als die Philosophie eines Materialisten mit Blick auf dessen offensichtlichen Glauben an einen ordnenden Schöpfer verzichtet.

639 Kratkoe rukovodstvo k krasnorečiju. Kniga pervaja, v kotoroj soderžitsja ritorika, St. Petersburg 1748. Erstausgabe in: GIM, Moskau, Abt. für Buchbestände, 106353/15/386, vgl. Ausstellungskatalog, S. 81. Abb. des Titelblattes auch bei Morozov, S. 331; vgl. auch: Pavlova, Fedorov, S. 243 f.

640 Druck 1757, deutsche Übersetzung 1764 Pavlova, Fedorov, S. 244 f.; H. Gödeke, Auswahlbibliographie zur Lomonosovs „Rossijskaja grammatika", in: Studia Slavica in honorem viri doctissimi Olexa Horbatsch, Teil 3: Lomonosov und die grammatische Beschreibung im 18. Jahrhundert, München 1983, S. 43 ff.; M. Lomonossow, Russische Grammatik, St. Petersburg 1764. Aus dem Russischen von Johan Lorenz Stavenhagen = Specimina Philologiae Slavicae, Bd. 27, München 1980. Erstausgabe der Rossijskaja grammatika, St. Petersburg 1755, in: GIM, Abt. für Buchbestände, 196352/18/455, Ausstellungskatalog, S. 82; vgl. Morozov, S. 334 ff.

641 Vgl. Lomonosov, Polnoe sobranie, Bd. 7, S. 587 ff. Im gleichen Band auch die anderen philologischen Arbeiten; Morozov, S. 328 f.; Pavlova, Fedorov, S. 246 f.; Serman, S. 170 f.; V. I. Sacharov, Michail Vasil'evič Lomonosov i polemika o „starom i novom sloge" [Lomonosov und die Polemik um den alten und den neuen Stil], in: Lomonosov i russkaja literatura, A. S. Kurilov, Hrsg., S. 282 ff. zum Weiterwirken von Lomonosovs Stilkunde.

642 Historische Abhandlungen, in: Lomonosov, Polnoe sobranie, Bd. 6, S. 7 ff.

643 Morozov, S. 347 f.; Istorija Rossijskaja s samych drevnejšich vremen [Geschichte Rußlands seit den ältesten Zeiten], 5 Bde, Moskau 1768–1848, Neuausgabe in 7 Bänden, Moskau 1962–1968. Zur Person des Historikers, vgl. H. Hecker, Vasilij Tatiščev – ein Staatsmann als Historiker, in: Deutsche und Deutschland aus russischer Sicht. 18. Jahrhundert: Aufklärung = West-östliche Spiegelungen, Reihe B, Bd. 2, S. 139 ff., auch: A. G. Mazour, Modern Russian Historiography, 2. verb. Aufl., Westport, Conn., London 1975, S. 28 ff.; E. C. Thaden, German Historians, and the St. Petersburg Academy of Sciences, in: Russian History – Histoire Russe, Bd. 13, Nr. 4 (Winter 1986), S. 367 ff.

644 Zu dem Auftrag des Hofes 1753, vgl. Morozov, S. 346 f., zum Inhalt mit wissenschaftlich positiver Wertung, ders., S. 348 ff.

645 Zu den Lomonosov bekannten, in seinen historischen Arbeiten, seiner Dichtung, ja selbst in naturwissenschaftlichen Darstellungen verwerteten altrussischen Quellentexten, vgl. G. N. Moiseeva, Lomonosov i Drevnerusskaja literatura [Lomonosov und die altrussische Literatur], Leningrad 1971 (mit weiterer russischer Literatur zu Lomonosov und seinem Umfeld, S. 5 f.).

646 Russ.: Kratkij Rossijskij letopisec. Bei der Edition unterstützte ihn der Handschriftenkenner Andrej Ivanovič Bogdanov (1693–1766), vgl. Morozov, S. 352 f. Die Geschichte Rußlands bestand aus drei Teilen: allgemeine Einleitung mit Zusammenfassung seiner Thesen zur älteren russischen Geschichte, Liste der russischen Herrscher bis Peter d. Gr. mit Kurzbiographie, genealogischer Teil mit den Heiratsbeziehungen des Zarenhauses ins Ausland.

647 Zu dessen Lehrtätigkeit auf dem Gebiet der Geschichte 1753–1754 und anderen Arbeiten, vgl. Akademija Nauk SSSR, S. 96 f.

648 Vgl. Lomonosov, Polnoe sobranie, Bd. VI, S. 17, 25, 34 f., 80, 41; Akademija Nauk SSSR, S. 96.

649 Zu Gottlieb Siegfried Bayer (1694–1738), vgl. M. A. Alpatov, Russkaja istoričeskaja mysl' i zapadnaja Evropa (XVIII-pervaja polovina XIX veka) [Das russische historische Denken

39 Katharina II. die Große

und Westeuropa (18. – erste Hälfte 19. Jhs.)], Moskau 1985, S. 15 ff.; Mazour, S. 32 ff.

650 Zu den Vorgängen an der Akademie, vgl. Morozov, S. 342 ff.; zu den politischen Voraussetzungen des Streites, vgl. Alpatov, S. 9 ff.

651 Povest´ vremennych let [Die Erzählung von den alten Zeiten], V. P. Adrijanova-Peretc, D. S. Lichačev, Hrsg., Moskau, Leningrad 1950, Bd. 1, S. 18.

652 Mazour, S. 35 ff.; Alpatov, S. 19 ff.

653 Mazour, S. 40 ff.; Alpatov, S. 28 ff.; H. Neubauer, August Ludwig Schlözer und die Geschichte Osteuropas, in: JbfGO, Bd. 18 (1970), S. 205 ff.; H. Hecker, Rußland und die deutsche Historiographie des 18. Jhs., in: Russen und Rußland aus deutscher Sicht, Bd. A 2, S. 184 ff.; Lomonosov, Schlözer, Pallas.

654 Genf 1759-1763. In russischen Hofkreisen erregte das kleine, unansehnliche Format und die inhaltliche Schwäche Anstoß. Lomonosov entdeckte auch hier Züge der nationalen Diskriminierung der Russen durch die Ausländer. Dazu: Morozov, S. 354 ff.

655 Dazu auch: Kopelew, Lomonosov, S. 176 ff., 187 f.; Serman, S. 169.

656 Unter Rückgriff auf eine arabische Quelle des 9. Jhs. wird neuerdings bei Pritsak *Rus´* mit Fernhändlern aus der Nähe von Rodez/Frankreich in Verbindung gebracht (lat. Rutenici, kelt.-lat. Ruteni, mittelfrz. Rusi, mhd. Ruzzi). O. Pritsak, The Origins of Rus´, Bd. 1, Cambridge, Mass. 1981, S. 24 ff. Vgl. auch Schramm, Altrußlands Anfang; ders., Fernhandel und frühe Reichsbildung am Ostrand Europas. Zur historischen Einordnung der Kiever Rus´, in: Staat und Gesellschaft in Mittelalter und früher Neuzeit. Gedenkschrift für Joachim Leuschner, Göttingen 1983, S. 15 ff.; ders., Die Herkunft des Namens Rus´: Kritik des Forschungsstandes, in: Forschungen zur osteuropäischen Geschichte, Bd. 30, Berlin 1982, S. 7 ff.

657 Vgl. Anm. 14 und Anm. 23.

658 Hessen-Kassels Auswanderungspolitik im 18. Jahrhundert, in: Auerbach, Auswanderung aus Kurhessen, S. 34 ff. oder dies., Hessen-Kassel und das Einwanderungsmanifest der Kaiserin Katharina II. von 1763, in: ZHG, Bd. 91 (1986), S. 71 ff.

659 M. Busch, Deutsche in St. Petersburg 1865-1914 = Veröffentlichungen des Instituts für Kultur und Geschichte der Deutschen im östlichen Europa, Bd. 6, Koblenz 1995, S. 17, 50 ff.

660 Vgl. in Ausstellungskatalogen: I. Auerbach; Deutsche Siedler in Rußland, in: Katharina die Große. Eine Ausstellung der Staatlichen Museen Kassel, der Wintershall AG, Kassel und der RAO Gazprom, Moskau, Kassel 1997, S. 164-165; dies., Rußlandauswanderung aus dem hessischen Raum, in: Deutsch-russische Beziehungen im Zeitalter der Aufklärung, L. Kopelew, K.-H. Korn, R. Sprung, Hrsg., Köln 1997, S. 245-251; dies., W. Schüler, J. R. Wolf, Hrsg., Auswanderung aus Hessen. Ausstellung der Hessischen Staatsarchive zum Hessentag 1984 in Lampertheim, 2. Aufl., Marburg 1986, S. 15-16, 27-31.

661 In einer bislang unvollständigen Liste von Kolonisten aufgrund russischer Quellen (eine vollständige Publikation durch den Autor mit dem Institut für deutsche und osteuropäische Studien an der Universität Göttingen ist geplant) können zwei an der Wolga nachgewiesen werden. Sie sollen aus Oberhaltenfeld (Oberhaldessen?) stammen. Pleve, S. 367, 389.

662 Pleve, S. 67 ff.

663 H. Neuschäffer, Der livländische Pastor und Kameralist Johann Georg Eisen von Schwarzenberg. Ein deutscher Vertreter der Aufklärung in Rußland zu Beginn der zweiten Hälfte des 18. Jahrhunderts, in: Rußland und Deutschland. Festschrift Georg v. Rauch, U. Liszkowski, Hrsg. = Kieler Historische Studien, Bd. 22, S. 123, 127; auch: de Madariaga, S. 133. Zu Katharinas eigenen Anschauungen, vgl. de Madariaga, S. 464, zum Preisausschreiben der Freien Ökonomischen Gesellschaft von 1766 zur Bauernfrage, ebenda, S. 134 ff.

664 M. Scheid, Kartoffeldeutsche in Mitteljütland, Dreieich 1984.

665 Fleischhauer, S. 97 ff. geht auf die privaten Lokatoren nicht ein. D. Brandes, Einwanderung und Entwicklung der Kolonien, in: Deutsche Geschichte im Osten Europas. Rußland, G. Stricker, Hrsg., Berlin 1997, S. 63.

666 Vgl. die Schiffsliste des Hans Kulberg aus Oranienbaum für sein Schiff von Lübeck „Anna Katharina" für Mai bis August 1766, Fragment, in: Pleve, S. 391 ff.; vgl. zu dessen Konditionen und zur Vorgeschichte des Unternehmens, Pleve, S. 79 ff.

667 Vgl. etwa: J. H. G. v. Justi, Grundsätze der Policeywissenschaft, 3. Aufl., Göttingen 1772 (Reprint Frankfurt/Main 1969), S. 93 f.; J. F. v. Pfeiffer, Polizeiwissenschaft, Frankfurt/Main 1779 (Reprint Aalen 1970), S. 89 f.

668 Auerbach, in: Deutsch-russische Begegnungen, S. 249; Brandes, S. 54 f.; ders., Die Deutschen in Rußland und der Sowjetunion, in: Deutsche im Ausland – Fremde in Deutschland, K. J. Bade, Hrsg., München 1992, S. 93 f.
669 Pleve, S. 81.
670 Pleve, S. 87.
671 Auerbach, in: Deutsch-russische Begegnungen, S. 249; D. Dahlmann, Die Deutschen an der Wolga von der Ansiedlung 1764 bis zum Ausbruch des Ersten Weltkrieges, in: Deutsche in Rußland, H. Rothe, Hrsg., Köln, Weimar, Wien 1996, S. 5.
672 Pleve, S. 88; R. P. Bartlett, Human Capital. The Settlement of Foreigners in Russia 1762-1804, Cambridge, London, New York, New Rochelle, Melbourne, Sydney 1979, S. 63 ff., 97. Manifest der Werbung für Katharinenlehen, in: Best. 121, Nr. 8451; Russisches Verbot der Umgehung des Zolls durch Rußlandeinwanderer zugunsten Dritter, 1765, Dez. 20, in: Best. 4e, Nr. 1815.
673 Pleve, S. 86.
674 K. J. Bade, Altes Handwerk, Wanderzwang und Gute Policey: Gesellenwanderung zwischen Zunftökonomie und Gewerbereform, in: VSWG, Bd. 69 (1982), Heft 1, S. 1-37.
675 Pleve, S. 70, 83 mit den Namen der Werber für die privaten Lokatoren nach: Russisches Staatsarchiv Alter Akten, Moskau (RGADA), f. 283, Op. 1, d. 50, f. 219.
676 Namenslisten in: I. Auerbach, Hessische Auswanderer (HESAUS). Index nach Familiennamen, Bd. I: Auswanderer aus Hanau im 18. Jahrhundert = Veröffentlichungen der Archivschule Marburg – Institut für Archivwissenschaft, Nr. 12, Bd. 1, Marburg 1987.
677 Auerbach, in: Deutsch-russische Begegnungen, S. 248; vgl. die Befragung des Vaters von Johannes Crais aus Bühle über die Gründe der Flucht seines Sohnes nach Rußland, in: Best. 121, Nr. 8451, f. 206-207 bzw. Tafel 15 der Ausstellung: Auswanderung aus Hessen, S. 31 des Katalogs.
678 Auswanderung aus Hessen, Ausstellungskatalog, Tafel 13, S. 26.
679 Fleischhauer, S. 103, nach: PSZ, Bd. XIX, Nr. 13819.
680 Vgl. etwa die Notiz in den Rechnungen des Erbachischen Amtes Michelstadt über die finanziell günstigen Folgen der Ungarnauswanderung des Jahres 1724, in: Auswanderung aus Hessen, Ausstellungskatalog, Tafel 20, S. 37; zu den Einnahmen der Renterei Büdingen aus dem Abzugsgeld der Rußlandauswanderer im Vergleich zu anderen Einnahmen des überschuldeten Grafen Gustav Friedrich, vgl. Dekker, S. 101, Anm. 84.
681 Decker, S. 87 f.; Namenslisten zur Büdinger Massenhochzeit bei: H. Hoffmann, Auswanderungen nach Rußland im Jahre 1766, in: Mitteilungen der hessischen familiengeschichtlichen Vereinigung Darmstadt, Bd. 1 (1927), Heft 4, S. 109-122; Auerbach, Auswanderung aus Kurhessen, S. 32 f.
682 Vgl. Auswanderung aus Hessen, Ausstellungskatalog, Tafel 14, S. 29 f.
683 Best. 121, Nr. 8451, f. 8, 9-9 v., 22.
684 Patent der Gießener Provinzialregierung gegen die Rußlandauswanderung, 1766, April 28, in: Hauptstaatsarchiv Wiesbaden, Abt. 190, Nr. 4493; Verbot für hochstiftische Untertanen der Auswanderung ohne amtliche Erlaubnis, 1764, Febr. 24, in: Best. 98d, X, Nr. l, f. 31 v.-32; Fuldisches Verbot der illegalen Auswanderung und des Durchzuges von fremden Auswanderern, 1766, Febr. 27, ebenda, f. 41; Kasseler Verbot einer Auswanderung nach Rußland, 1767, März 30, in: Staatsarchiv Marburg, Verordnungssammlung; vgl. Auswanderung aus Hessen. Ausstellungskatalog, S. 7, 16, 26 f., 37, 32; Auerbach, Auswanderung aus Kurhessen, S. 41.
685 Best. 121, Nr. 8451, f. 60-62, 66, 85, 133, 136, 172.
686 1768, Juli 7, Patent in der Bildersammlung des Staatsarchivs Marburg; Brandes, S. 55.
687 Pleve, S. 67 f.
688 Decker, S. 91.
689 Pleve, S. 69.
690 Decker, S. 97.
691 Best. 121, Nr. 8451, f. 1, 3.
692 Ebenda, f. 140.
693 Ebenda, f. 35 v.
694 Decker, S. 94 f.
695 Auerbach, in: Deutsch-russische Begegnungen, S. 251; dies., Die Rolle Waldecks bei der Rußlandauswanderung der Jahre 1765 bis 1767, in: Geschichtsblätter für Waldeck, Bd. 75 (1987), S. 270; Pleve, S. 92.
696 Best. 121, Nr. 8451, f. 9 v.-9 a.
697 Ebenda, f. 73, 91 f., 108 v.
698 Ebenda, f. 40.
699 Ebenda, f. 8, 9.
700 Ebenda, f. 27-28, 32-32 v., 34-36, 49 ff.
701 Ebenda, f. 40 ff.

702 Ebenda, f. 103 v., 104.
703 Ebenda, f. 207.
704 Ebenda, f. 54 v.
705 Ebenda, f. 21 v., 32-32 v., auch: 19 v., 28 v., 51.
706 Ebenda, f. 8 ff.
707 Ebenda, f. 29 v.
708 Ebenda, f. 54 v.
709 Ebenda, f. 90.
710 Ebenda, f. 63, f. 101 ff.
711 Ebenda, f. 90 f.
712 Ebenda, f. 143 v.; Wilhelm Graebing ist am 8.8.1766 mit seiner Frau Elisabeth und einer 16-jährigen Tochter Barbara auf dem Schiff „Anna Katharina" des Johann Kulberg aus Lübeck in Oranienbaum angekommen. Er gehörte zu den Siedlern Beauregards, war also offenbar ebenfalls durch v. Nolting angeworben worden. Vgl. Pleve, S. 402. Der Name fehlt bei Stumpp.
713 Best. 121, Nr. 8351, f. 151.
714 Ebenda, f. 204-204 v.
715 Ebenda, f. 93, 101.
716 Ebenda, f. 140 v.
717 Ebenda, f. 196.
718 Ebenda, f. 181-181 v.
719 Ebenda, f. 220.
720 So aus Anlaß der Rückkehr von Leuten aus Kurtrier bereits 1766, ebenda, f. 6 v.
721 Ebenda, f. 206 ff., 220. Fehlt bei Stumpp. Identisch mit dem Johannes Reis, 30, luth., Bauer aus Büdingen, Frau Margarethe 32 Jahre alt, Ankunft: 20.6.1767 in Kamenka? Vgl. Pleve, S. 345.
722 Best. 121, Nr. 8451, f. 214-214 v.
723 Ebenda, f. 68, 70, 72, 80, 82, 84, 95, 114.
724 Ebenda, f. 1 ff.
725 Ebenda, f. 10 ff., 17-18, 44-50.
726 Ebenda, f. 19 v., 28 v., 31 v., 32-32 v., 51.
727 Ebenda, f. 138-138 v.
728 Ebenda, f. 108, 112, 125.
729 Ebenda, f. 138-138 v.
730 Vgl. für das Folgende: Hessen-Kassels Rußlandauswanderung im 19. Jahrhundert, in: Auerbach, Auswanderung aus Kurhessen, S. 102 ff.
731 Verordnung von 1774, Juli 2, in: Staatsarchiv Marburg, Verordnungssammlung, Die kurhessische Verfassung von 1831, R. Polley, Hrsg. = Marburger Reihe, Nr. 16, Marburg 1981, 3. Abschnitt, § 27, S. 31.
732 Carl Friedrich Sigmund Luthringhausen, geb. in Kassel, ca. 1797 ausgewandert, Erzieher der Kinder des Prinzen Kozlovskij, unterstützt 1812 seine in Hessen lebende Mutter finanziell. Vgl. Best. 76a, Nr. 463; Ernst v. Lorentz, Sohn des Oberlandforstmeisters, Kandidat der Theologie, Lehrer an einer höheren Lehranstalt in Werro bei Dorpat, 1859, vgl. Best. 9a, Nr. 1364 (wie im Folgenden), f. 1 ff.; Gustav Schomburg, Lehrer in Rußland, 1860, f. 10; Israel, Lehrer in Rußland, 1860, f. 12; Karl Sallmann, Sohn des Pfarrers Sallmann aus Kassel, Kandidat der Theologie, Lehrer an der Ritter- und Domschule Reval, 1861, f. 22; Friedrich Wilhelm Großcurth, Sohn des Lehrers Philipp Großcurth aus Kassel, Studium von Mathematik und Neueren Sprachen in Paris und Göttingen, Privatlehrer an einer Privatlehranstalt in Werro bei Dorpat, 1861, f. 28; Samuel Friedrich August Conrad, geb. in Wolfhagen, Kandidat der Theologie, Lehrer in Rußland nach einem Examen an der Universität Dorpat, 1861, f. 36; Wilhelm Tassius, geb. in Kassel, Kandidat der Theologie, Lehrer in Rußland, 1862, f. 46; Karl Riemenschneider, geb. in Neukirchen, Kandidat der Theologie, wegen der Anforderung von beglaubigten Zeugnisabschriften offensichtlich auf Stellensuche in St. Petersburg, 1849, vgl. Best. 9a, Nr. 2440, f. 31 ff., 58 ff., 62 ff.
733 Dr. med. Fleischhuth, geb. in Jesberg, ca. 1853 gest. im Pastorat Buschhof bei Jacobsstadt in Kurland, vgl. Best. 9a, Nr. 1445, f. 60 ff.; bei Best. 75, 5, 3, Nr. 3 Musterverträge für die Anwerbung von Ärzten in den russischen Staatsdienst, 1810. Vgl. auch: Best. 77, Nr. 1204, f. 24-25. Ein Privatvertrag des Dr. Johann Christian Schoenemann mit dem Fürsten Volkonskij, 1809 in: Best. 77a, Nr. 1307, f. 133-134, vgl. auch: f. 113 ff.
734 Zu Dr. Friedrich Michael Schüller/Schuller, vgl. unten. Dr. Friedrich Cnyrim, geb. in Felsberg, als kurhessischer Amtswundarzt ausgewandert 1855, Arzt im Hospital im Norden von Sevastopol', gest. 1856, vgl. Best. 9a, Nr. 2397, f. 272 ff.; Andreas Wilhelm und Johann Heinrich Bernhard Martini, Brüder, geb. in Trendelburg, Andreas: 1830 Arzt im 1. Seeregiment, gest. 1831, Wohnsitz: Riga. Die Familie erhält eine Pension von 200 Rubeln jährlich. Johann Heinrich, 1806 ausgewandert, 1814 im Range eines Generalmajors Teilnehmer am Frankreichfeldzug, dann Stabsarzt und Kollegienassessor beim Leibregiment in Carskoe Selo, gest. 1835 an Cholera. Best. 9a, Nr. 2397, f. 296 ff.
735 Busch, S. 65.

736 Busch, S. 65, nach: N. M. Frieden, Russian Physicians in an Era of Reform and Revolution, 1856-1905, Princeton 1981, S. 21 ff.
737 1869: 155 Frauen gegenüber 100 Männern, vgl. Busch, S. 35.
738 V. Dönninghaus, Die Deutschen in der Moskauer Gesellschaft. Symbiose und Konflikte (1494–1941) = Schriften des Bundesinstituts für Kultur und Geschichte der Deutschen im östlichen Europa, Bd. 18, München 2002, S. 105.
739 Wohnung: St. Petersburg, Vladimirstr., vgl. Best. 9a, Nr. 2396, f. 486 ff. Deren offizielle Todesnachricht am 8./20. Juli 1852 bei: Best. 16, Rep. II, Kl. 8, Nr. 10, Bd. 3, Tgb. Nr. 9578 PdI; Best. 9a, Nr. 2423, f. 102 ff.
740 Amburger, S. 320, 208; G. Rösch, Finanzminister des Zaren. Der Weg der Familie Cancrin von Bieber über Hanau nach Rußland, in: Heimatjahrbuch Gelnhausen (1962), S. 36-42; I. Grüning, Graf Georg Cancrin (1774–1845) – Russischer Finanzminister, in: Lebensbilder aus Kurhessen und Waldeck 1830–1930, Bd. 3, I. Schnack, Hrsg. = Veröffentlichungen der Historischen Kommission für Hessen und Waldeck, Bd. 20, 3, Marburg 1942, S. 21 ff.; I. N. Božerjanov, Graf Egor Francevič Kankrin. Ego žizn´, literaturnye trudy i dvacatiletnaja dejatel´nost´ upravlenija ministerstva finansov [Graf Egor Francevič Kankrin. Sein Leben, die literarischen Arbeiten und die zwanzigjährige Tätigkeit als Leiter des Finanzministeriums], St. Petersburg 1897; R. Sementkovskij, Graf Egor Francevič Kankrin. Ego žizn´ i gosudarstvennaja dejatel´nost´ [Graf Egor Francevič Kankrin. Sein Leben und seine Tätigkeit als Staatsmann], St. Petersburg 1893.
741 So v. Ochs, St. Petersburg, 1819, April 20/Mai 2, in: Best. 9a, Nr. 200, f. 28-29.
742 Ders., St. Petersburg, 1819, April 29, Mai 11, ebenda, f. 38 v.
743 Ders., St. Petersburg, 1819, Juli 20/August 1, ebenda, f. 69-69 v. Einen großherzoglich-badischen Orden, das Commandeurkreuz, erhielt er 1819. Ders., St. Petersburg, 1819, Mai 22/Juni 3, ebenda, f. 48 v. Unterschrift später: Cornelius v. Reissig.
744 Ders., St. Petersburg, 1819, Juli 20/Aug. 1, ebenda, f. 69 v.
745 Best. 9a, Nr. 1359, f. 184 ff.
746 Dem offenbar relativ erfolgreichen Kaufmann und Fabrikanten August Knipping, seit etwa 1830 in Liskova bei Nižnij Novgorod ansässig, gelang es zunächst nicht, seinen Neffen als Handlungsgehilfen nachzuziehen. Der Zuzug gelernter Kaufleute ohne eigenes Kapital war nicht erlaubt. Vgl. den Antrag des Georg Moyer aus Wilhelmsthal, 1848-1850, in: Best. 9a, Nr. 1688, f. 1 ff., 18. Er wollte bei seinen Eltern arbeiten, die dort bereits wohnten und erhielt schließlich seinen Paß. Best. 9a, Nr. 2440, f. 62.
747 Die allgemeinen Bestimmungen bei: Best. 16, Rep. II, Kl. 14, Nr. 11. Auch: Best. 9a, Nr. 1445, f. 32, 104, 130 und den Antrag des Wilhelm Euler auf Genehmigung seiner Eheschließung, ebenda f. 24, 25. Die Stadt Kassel lehnt die Übernahme eines von den russischen Behörden ausgewiesenen Sohnes eines hessischen Auswanderer aus Kassel nach St. Petersburg ab, geb. 1781 in Kassel, der „weder ein Handwerk triebe, noch eine Beschäftigung oder ein Asyl habe." Kassel weigert sich u.a. auch das Heimatrecht wegen langer Abwesenheit anzuerkennen, da eine Aufrechterhaltung von Verbindungen zur Heimat nicht zu erkennen sei. Best. 9a, Nr. 1442, f. 95 ff., bes. f. 98.
748 Fleischhauer, S. 216 ff.
749 Der Gatte der Sophie v. Klöpfer war eine der wenigen Ausnahmen von der Regel. Die in Schweinsberg in Hessen, bei ihrem Schwager Schenk zu Schweinsberg, erkrankte Witwe läßt 1854 ihren russischen Paß verlängern. Der Beruf ihres Mannes ist nicht zu erkennen. Best. 9a, Nr. 2440, f. 421. Bei Amburger findet er sich nicht, war also vermutlich Militär.
750 Wilhelm Gotthardt, geb. 1807 in Kassel, 1825 ausgewandert, 1826 Eintritt ins russische Staatsgebiet, verheiratet 1831 mit einer Württembergerin, gest. 1852. Best. 9a, Nr. 1359, f. 184 und S. 102.
751 Karl Michael Krafft, Reisepaß aus Hanau vom 19. April 1861, gest. auf der Poststation Kisielinka, Gouvernement Baku, „gänzlich mittellos" 1864. Best. 9a, Nr. 2426; Dietrich Loh, gest. im Gouvernement Ekaterinoslav, wohl 1865, vgl. Best. 9a, Nr. 551, f. 36; Jean Barbe, gest. 1848 in Saratov, ausgewandert 1806, Apotheker? Vgl. Best. 9a, Nr. 2423, f. 263; Johann Philipp Stein, geb. in Hüttengesäß, Küfer, 1824 in Odessa nicht mehr nachweisbar, vgl. Best. 9a, Nr. 2396, f. 577 ff.; Karl Emanuel Werner, geb. in Kassel, gest. vor 1851 in Kazan´, ebenda f. 363 ff.; Johann Schäffer, ansässig in Moskau, 1848 in Moskau gest., vgl. Best. 9a, Nr. 2423, f. 212 f.; Franz Loefler, geb. in Hanau, verheiratet, Söhne: Franz und Louis, verstorben: Gu-

stav, Tochter: Elisabeth, Witwe und Kinder 1848 nach Tod des Vaters in Moskau ansässig, ebenda, f. 318 f.; möglicherweise ein Jude aus Hessen: Johannes Salomon, verheiratet in Moskau, ist in Hessen nicht bekannt, vgl. Best. 9a, Nr. 2395, f. 90 ff.; weitere Angaben fehlen zu dem 1862 in St. Petersburg verstorbenen Friedrich Johann Schiffer, dort noch ein Bruder. Best. 9a, Nr. 2425, f. 61 ff.; Johann Schädel, gest. 1861 in St. Petersburg, ebenda, f. 142 v.-143; Johann Theodor Arnold, geb. in Kassel, Aufenthalt in St. Petersburg, 1861 verschollen, ebenda, f. 143 v.; Johann Georg Hildebrandt, geb. in Frankershausen, 1843 ausgewandert, ansässig in St. Petersburg, dort 1849 gest., vgl. Best. 9a, Nr. 2398; Gustav Asmus, geb. in Kassel, gest. 1860 in St. Petersburg, Witwe und Sohn in St. Petersburg ansässig, ebenda; Ernst Johann Walter, gest. 1860 in St. Petersburg, vgl. Best. 9a, Nr. 2425, f. 209; Carl Flieter aus Wilhelmshausen, gest. 1865 in St. Petersburg, vgl. Best. 9a, Nr. 2426, f. 221; Carl Heinrich Paul aus Veckerhagen, gest. 1864 in St. Petersburg, ebenda, f. 323; Camille Française Thomas, geb. in Hessen, Wohnort nicht genannt, erbittet 1865 eine Geburtsurkunde, vgl. Best. 9a, Nr. 2444, f. 185 f.; Louis Gundermark, gest. 1850, Tochter Charlotte Amelie Berg wohnhaft in Kovno, vgl. Best. 9a, Nr. 2423, f. 200; Johann Christoph Reisser, verheiratet in Kovno, gest. 1831 in Kovno, vgl. Best. 9a, Nr. 2581, f. 177 ff.; Gregorius Habersack, geb. 1807 in Bockenheim, Kellermeister, gest. 1861 in Kamenka/Gouvernement Podolien, vgl. Best. 9a, Nr. 2425, f. 78 ff.; Johann Heinrich Gick, geb. in Niedervellmar, gest. 1854 in Dorpat, Kinder, vgl. Best. 9a, Nr. 2440, f. 402, 452; in Beziehungen nach Mitau stehen der Stellmacher Jost Heinrich Großbernd und seine Geschwister Marie Caroline und Johannes, vgl. Best. 9a, Nr. 2444, f. 324 ff.; Eltern des Adolph C. H. Emmel, ausgewandert nach Kalisch, Vater dort gest. 1854, vgl. Best. 9a, Nr. 2440, f. 409 ff., 418; Johann Friedrich Abe, geb. zu Lengsfeld 1782, 1810 als Handwerker ansässig auf der Insel Ösel/Estland, vgl. Best. 77a, Nr. 1307, f. 345 ff.; Georg Philipp Haase, geb. 1810 in Eschwege, Tuchscherer, gest. 1865 in Supraśl bei Białystok, ev., vgl. Best. 9a, Nr. 2399, f. 274 ff.

752 Karl Heinrich Manz, aus Harmuthsachsen, gest. im Königreich Polen 1859, vgl. Best. 9a, Nr. 2425, f. 215, 217; Johann Heinrich Sommer, geb. 1800 in Kassel, gest. 1831 in Warschau, ebenda, f. 126 ff.; David Alsfeld, gest. 1843 in Warschau, Frau lebt in Kassel, vgl. Best. 9a, Nr. 2422, f. 248 ff. Eine Vaterschaftsklage gegen den Goldarbeiter aus Düsseldorf Wilhelm Nieten durch die Witwe des Heinrich Rüfer, Marie Magdalena, geb. Schuck, wegen der Unterhaltszahlungen für deren Tochter Helene geht 1856 nach Warschau. Best. 9a, Nr. 2576, f. 184 ff.

753 Kandidat der Theologie Heinrich Siebert aus Obergrenzebach, offiziell nur als Tourist nach St. Petersburg zugelassen, mag dort nach einer Anstellung bei der Evanglischen Kirche Rußlands oder als Hauslehrer bzw. Lehrer an eine öffentlichen Schule gesucht haben. Best. 9a, Nr. 1688, f. 33. Als Mitglied der Honoratiorenschicht traf ihn das russische Einreiseverbot für fremde Unterschichtenmitglieder offenbar nicht.

754 Johannes Schierholz, geb. zu Lichtenau, 1799 Kapellmeister beim 2. Pionierregiment in Dünaburg, Musiker bei der St. Petersburger kaiserlichen Theaterdirektion, vgl. Best. 9a, Nr. 2393, f. 41 ff.; zum Kapellmeister Georg Zinngardt aus Kassel, gest. 1848 in Kiev, vgl. Best. 9a, Nr. 2460, f. 215, vgl. auch: Best. 16, Rep. II, Kl. 8, Nr. 10, Bd. 3, 1850, Tgb. Nr. 7139 PdI.; Musiker Friedrich Grenzebach aus Marburg, 1831 ausgewandert, gest. 1837. Best. 16, Rep. II, Kl. 8, Nr. 9, Bd. 2, f. 98 f.; Johann Baptist Balzer, Musiker am kaiserlichen Theater in St. Petersburg, verzehrte seine Pension in der Heimat, in Fulda, diese erbte dann seine Schwester. Best. 100, Nr. 3406; Best. 16, Rep. II, Kl. 8, Nr. 8, Bd. 4, 1860, Nr. 4151, 1861, Nr. 2257, 5127 PdI.

755 Wilhelm Konrad Spangenberg, Bronzearbeiter, geb. 1823, nach mehrjährigem Aufenthalt in St. Petersburg Entlassung aus dem kurhessischen Untertanenverband 1849, vgl. Best. 17b, 103, Nr. 6, Bd. 2. War der Kasseler Bediente des Fürsten Potemkin Künstler (1812)? Vgl. zu Franz Michel und zu Georg Michel: *„Ils se trouvent en Russie; l'ainé est entré au service du Prince Potemkin, mais quant á l'autre il n'est rien connu de ses occupations..."*. Best. 76a, Nr. 463.

756 Die Nachricht über Karrierechancen für deutsche Offiziere in Rußland nach dem Napoleonfeldzug dürfte vor allem für diejenigen von Interesse gewesen sein, die nach der Restauration der Herrschaft des Kurfürsten wieder in ihren alten Rang zurückversetzt worden wa-

ren. Es kam in der Folge zu einer Abwanderung hessischer Offiziere vor allem nach Holland oder Preußen. Auerbach, Auswanderung aus Kurhessen, S. 199 f. Zu einem der russischen Beispiele, v. Numers, vgl. oben, Anm. 473. Zum ehemaligen Rittmeister in der Westfälischen Garde Ludwig Neumark, angeblich aus Kassel, später offenbar in Odessa: Best. 9a, Nr. 1440, f. 1 ff.; 1822 russischer Militärarzt Dr. Friedrich Michael Schüller/Schuller, Hofrat, wohnhaft in Simferopol. Best. 9a, Nr. 2465, f. 290 ff.; Theodor Rall, geb. 1771, angeblich in Kassel, Sohn des Generalmajors im russischen Dienst Christian Friedrich v. Rall (geb. 1730 in Kassel), 1851 russischer Untertan. Ein Major Rall aus Karlshafen stand 1771 in russischen Diensten; es ist unklar, ob es sich um den Vater des Theodor oder um ein anderes Mitglied der in Karlshafen und Oberkaufungen beheimateten hessischen Offiziersfamilie handelt, vgl. Best. 9a, Nr. 2406, f. 100 ff.; Bankier für Kurhessen war 1803 ein anderer v. Rall in St. Petersburg, vgl. L. A. v. Lehrten-Dingelstedt, St. Petersburg, 1803, Okt. 30, in: Best. 4 f Rußland, Nr. 66, f. 21; Bruder des Oberzahlmeisters Georg Pfannkuch aus Kassel, zunächst im russischen Militär- bzw. Staatsdienst, dann 1851 Gutsadministrator in Moskau, vgl. Best. 9a, Nr. 2440, f. 177 ff.; Fähnrich Schmid, Verwandter des Obersten Schmid zu Kassel, 1848 in St. Petersburg, vgl. Best. 9a, Nr. 2423, f. 245 v.

757 Kaufmann Gabriel Louis Harnier aus Hessen-Kassel, vgl. Best. 9a, Nr. 2406, f. 480 ff. Zur Geschichte der Michaelis-Gemeinde und der übrigen protestantischen Kirchen Moskaus, vgl. Dönninghaus, S. 141 ff. Eine weitere hessische Hugenottenfamilie hatte Angehörige in Rußland, ohne daß über deren Beruf näheres bekannt ist: Jean Jacques Bourgignon, Sohn des landgräflichen Hofgärtners zu Kassel, eines aus Metz gebürtigen Pierre Bourgignon. Auswanderung nach Kiev/Rußland Ende 18./Anfang 19. Jahrhundert, vgl. Best. 9a, Nr. 2399, f. 326 ff.

758 Johannes Mogge, geb. in Schachten bei Hofgeismar, 1817 ausgewandert, seit 1824 Schlossermeister in Tiflis/Grusinien, vgl. Best. 9a, Nr. 2393, f. 129 ff.; zur Anwerbung von 12 Männern und 2 Frauen als Bierbrauer für die Brauerei des Alexander v. Krusenstjern in Białystok, vgl. Best. 9a, Nr. 2398, f. 18 f., 12 ff.; Best. 100, Nr. 3412. Davon verstorben: Konrad Driesel aus Wagenfurth, Krs. Melsungen, 1862 auf Gut Doilida/Gouvernement Grodno. Mit Ausnahme von zweien sind alle übrigen 1862 nach Hessen zurückgekehrt, vgl. Best. 9a, Nr. 2398, f. 12. Ein weiterer Wagenfurther Konrad Kriesch (Griesch) stirbt 1862, Best. 9a, Nr. 2425, f. 49; Heinrich Schott, geb. in Eitra, ausgewandert nach Dubno/Wolhynien, Schuhmacher, mit Familie, erbittet 1850 einen hessischen Schutzschein, vgl. Best. 9a, Nr. 1445, f. 16 ff., 49 ff.; Valentin Werner, geb. in Oberkaufungen bei Kassel, Webermeister, ausgewandert nach Ostersetz (?), Kreis Dubno/Wolhynien, verheiratet, 4 Kinder, erbittet 1850 Schutz- bzw. hessischen Heimatschein, 1856 ansässig in Smela, Kreis Čerkassy, Gouvernement Kiev, ebenda, f. 21 ff., 135 ff.; Friedrich Werner, geb. in Oberkaufungen, Blechschmied, ausgewandert nach Smela, Kreis Čerkassy, erbittet 1854 Heimatschein, ebenda, f. 71 ff.; Heymüller oder Müldner, geb. in Kassel, Tischlergeselle, 1830 Mitglied der Nationalgarde in Warschau, in Warschau verstorben, vgl. Best. 9a, Nr. 2424, f. 248 ff.; Heinrich Sommer, geb. in Kassel, Zimmergeselle, 1830–1832 in Warschau, Teilnehmer am Aufstand gegen die Russen, gefallen, vgl. Best. 9a, Nr. 2424, f. 277 ff.; Hermann Paul, geb. in Münden 1822, gest. 1856 als Schlossergeselle in St. Petersburg, vgl. Best. 9a, Nr. 2424, f. 282 ff.; Friedrich Hieronymus Koetting, geb. in Karlshafen, Tapezierer, gest. 1852 in Warschau, vgl. Best. 9a, Nr. 2423, f. 112 ff.; Johann Adam Kirschner, geb. in Hechelmannskirchen, Krs. Hünfeld, Schmiedemeister in St. Petersburg, ebenda, f. 366 ff.; Johannes Ackermann, Schuhmachermeister, verheiratet, gest. 1847 in Moskau, ebenda, f. 384-384 v.

759 Erst 1857 gibt der bereits zu Riga geborene Kaufmann Eduard Wihelm Oscar Hartmann sein Heimatrecht in Sterbfritz auf und läßt sich aus dem hessischen Untertanenverband entlassen. Best. 16, Rep. II, Kl. 14, Nr. 23, f. 436.

760 Valentin Schülbe, geb. in Hersfeld, gest. 1835 in St. Petersburg, begraben durch die Bäckergesellenorganisation (fraternité), vgl. Best. 9a, Nr. 2421, f. 125; Justus Wilhelm Pfeiffer, geb. in Grebenstein, Bäckergeselle, gest. 1866 in St. Petersburg „gänzlich unbemittelt", vgl. Best. 9a, Nr. 2426, f. 74 ff.; Martin Goebeler, geb. in Mardorf, Bäckergeselle, gest. 1866 in St. Petersburg ohne Vermögen und Angehörige, ebenda, f. 180-182 v.; Johann Jordan, geb. in Zwergen, Bäckergeselle, gest. 1850 in St. Pe-

tersburg ohne Vermögen und Angehörige, vgl. Best. 9a, Nr. 2423, f. 169; Heinrich Werner, geb. in Niederkaufungen, Bäckergeselle, gest. 1848 in St. Petersburg ohne Vermögen und Angehörige, ebenda, f. 198; Georg Christian Groscurth, geb. in Kassel, Bäckergeselle, gest. 1848 in St. Petersburg ohne Angehörige, ebenda, f. 242 ff.; Georg Rhein, Bäckergeselle aus Neustadt, gest. 1862 in St. Petersburg, vgl. Best. 9a, Nr. 2426, f. 194 ff.; Heinrich Wilhelm Schroeder, geb. in Rosenthal, Bäckermeister in Moskau, vermögenslos, seit 1852 gemütskrank, vgl. Best. 9a, Nr. 2396, f. 56 ff.

761 Offenbar gesellschaftlich und finanziell einigermaßen gut gestellt waren mehrere Bäcker, über die weitere Angaben nicht vorliegen: Gustav Asmus, geb. in Kassel, Bäcker, verheiratet, gest. 1862 in St. Petersburg, vgl. Best. 9a, Nr. 2425, f. 53; Friedrich Icke, Bäckermeister, verheiratet, gest. 1860 in St. Petersburg, ebenda, f. 143; auch: Best. 9a, Nr. 557 f. 43 f.; Justus Heinrich Neuschäfer, Stiefsohn des Färbers Heinrich Prinz aus Frankenberg, Bäckermeister in Kronstadt bei St. Petersburg, 1853 russischer Untertan, offenbar Vermögen, vgl. Best. 9a, Nr. 2440, f. 321 ff., 332, 354; Balthasar Waldeck, Bäcker in Kassel, verheiratet mit Louise Loderhose aus Frankenberg, Sohn: Wilhelm, hatte seine Familie heimlich verlassen und bestreitet die Vaterschaft, daher Auswanderung nach St. Petersburg, dort Wiederverheiratung, Bäckerei in Kronstadt auf den Namen seiner zweiten Frau angemietet, angeblich ohne Vermögen, vgl. Best. 9a, Nr. 2576, f. 324 ff.; Best. 9a, Nr. 2398, f. 194.

762 Vgl. dazu HESAUS-Datei (HESsische AUSwanderer) im Hessischen Staatsarchiv Marburg. Direkte Beziehungen zwischen den Ausgewanderten und den Nachziehenden etwa verwandtschaftlicher Natur, eine „Kettenwanderung", läßt sich nicht erkennen.

763 Dönninghaus, S. 129 f., 117 ff.

764 Nur ein einziger „Ehrenbürger der Stadt Moskau", also ein Aufsteiger in einen privilegierten Stand, wird in Hessen bekannt: Peter Schleiden, ein wohlhabender Mann. Er selbst war jedoch kein Hesse, sondern stammte aus Aachen, er hatte aber hessische Verwandte und Erben. Schleiden war zunächst in Simferopol´ ansässig. Best. 9a, Nr. 2397, f. 220, 221 v., 216 ff.; Nikolaus Hirn, geb. in Marburg, Hofmechaniker in Gatčina, gest. 1844 in Gatčina, hinterläßt sein Vermögen einer Tochter Barbara Sophie. Sein Holzhaus in Gatčina fällt an die Tochter des Soldaten Pelagij Dmitriev von dort, vgl. Best. 9a, Nr. 2422, f. 344 ff.; Johannes Felsing, vermutlich Giessener Professorensohn, wird Uhrmacher in Tver´, gest. (durch Selbstmord) 1837 in Tver´. Er hinterläßt ein Vermögen von 300 Rubeln bei 400 Rubel Schulden, vgl. Best. 9a, Nr. 2394, f. 137 ff.

765 Antoine Rebould, geb. in Kassel, Koch, verheiratet, gest. 1860 ohne Vermögen, vgl. Best. 9a, Nr. 2425, f. 264ff.; Christoph Heinzemann, geb. ca. 1777 in Kassel, seit 1804 in Rußland, 1838 in St. Petersburg, ernährt sich von Kleinaufträgen als Sattler, vermögenslos, vgl. Best. 9a, Nr. 2391, f. 142 ff.

766 Auerbach, Auswanderung aus Kurhessen, S. 169 f. oder dies., Auswanderung aus Kurhessen 1832–1866, in: Der große Aufbruch. Studien zur Amerikaauswanderung, P. Assion, Hrsg. = Hessische Blätter für Volks- und Kulturforschung, NF Bd. 17 (1985), S. 28.

767 Bericht des preußischen Vizekonsuls für Podolien, Wolhynien und Bessarabien in Chotin/Bessarabien, gleichzeitig Vertreter Kurhessens, über die Wiederverleihung der hessischen Staatsbürgerschaft an Auswanderer nach Wolhynien. Die Hessen hatten entweder gänzlich ohne Paß oder aufgrund von Warschauer Aufenthaltsakten in dessen Konsularbezirk gelebt. Best. 9a, Nr. 1366a, f. 16 ff., 12 ff.

768 Namen von Siedlern vo Rožyč, Kreis Luck, in Wolhynien, meist Bauern, ebenda, f. 32 f. Johann Friedrich Bosse aus Rinteln, gest. 1853 in Ivanka, Gouvernement Kiev, hinterläßt Frau und 3 Kinder. Für seine Familie wird 1854 um einen Heimatschein gebeten. Bosse war vermögenslos gestorben, prozessierte jedoch mit der Fürstin Cecilie Radziwiłł um 35 803 Rubel, vgl. Best. 9a, Nr. 1445, f. 77 f., 179 ff.

769 Preußischer Vizekonsul in Chotin, Best. 9a, Nr. 1366a, f. 25 v.-26; Best. 9a, Nr. 1445, f. 35 v.

770 Dönninghaus, S. 66 ff.

771 Dazu etwa: Busch, S. 50 f.; auch: Dönninghaus, S. 99 ff. zur zahlenmäßig minimalen Assimilation über Mischehen bzw. zu sprachlich russifizierten Deutschen in Moskau. Generell zur russischen Diskussion der „deutschen Frage" seit Mitte des 19. Jhs., speziell im ersten Weltkrieg, vgl. Fleischhauer, S. 329 ff., S. 440 ff.

772 Geb. in Kassel, Küfer- und Bierbrauergeselle, 1834 nach Poczapy bei Roop in Livland ausgewandert, ca. 1841 nach Schaulen bei Kovno verzogen, dort am 9. Okt. 1845 verstorben. Best. 9a, Nr. 1441, f. 117 ff.

773 Best. 9a, Nr. 1445, f. 98 ff., 124 f., 130.
774 Ebenda, f. 109.
775 Best. 9a, Nr. 1366a, f. 16 ff. Vielleicht erleichterte die bessere Mobilität den Absatz der eigenen Produkte.
776 Vgl. oben.
777 Gebührenanforderung wegen einer beglaubigten Übersetzung, wobei Rommels Russischkenntnisse angefochten wurden bei: Best. 9a, Nr. 2440, f. 322, 332, 354 ff.; Erhebung über dessen russische Dienste in der Zeit des Königreichs Westfalen bei Best. 76a, Nr. 463; Chr. V. Rommel, Erinnerungen aus meinem Leben und meiner Zeit, in: Geheime Geschichten und rätselhafte Menschen. Sammlung verborgener oder vergessener Merkwürdigkeiten, F. Bülau, Hrsg., Bd. 5, Leipzig 1854, S. 421; Auerbach, 125 Jahre Osteuropäische Geschichte, SS 1982, S. 20; Gundlach, S. 352 f. Sein Buchgeschenk von 1814 an die Universität Moskau in den Beständen der Universitätsbibliothek mag noch heute an ihn erinnern. Best. 4f Rußland, Nr. 71, f. 21.
778 Best. 9a, Nr. 2498. Ähnlich lag der Fall eines Soldaten aus Mecklar. Best. 100, Nr. 3406.
779 V. M. Kabuzan, Zaselenie Novorossii XVIII – pervoj polovine XIX v. (1719–1858) [Die Besiedlung Neurußlands im 18. bis zur 1. Hälfte des 19. Jhs.], Moskau 1967, S. 167; Fleischhauer, S. 157 ff. Aus hessischer Perspektive verwunderte, daß bei einer vom Gesandten in Dresden 1809 ausgehenden Werbung deutscher Siedler im Schmalkaldischen von einem nachzuweisenden Mindestvermögen keine Rede mehr war. Best. 75, 5, 3, Nr. 3; Best. 77, Nr. 1204, f. 5-6. Zu den Werbungen generell (der Schwerpunkt lag auf Süd- und Westdeutschland), Brandes, S. 73.
780 Etwa ein Jakob Schaefer aus Rothemann, der Zeitpunkt ist nicht ersichtlich, Best. 9a, Nr. 2465, f. 225 ff.
781 Die Kosten der Ansiedlung einer Kolonistenfamilie wurden mit 5 000 Rubeln veranschlagt, was viel zu hoch erscheint. Fleischhauer, S. 171.
782 Zu einem Sonderfall, der Ausdehnung aller Privilegien der Fremden auf russische Staatsbauern aus Smolensk, als diese sich im Gouvernement Ekaterinoslav ansässig machten (ihre Militärpflicht blieb jedoch erhalten), vgl. Kabuzan, S. 177.
783 Zur Vorbildfunktion der schwarzmeerdeutschen Bauern in Südrußland, vgl. Brandes, S. 96 ff.

784 Fleischhauer, S. 156 ff.; Kabuzan, S. 192 ff.; Bartlett, S. 230.
785 Best. 9a, Nr. 1386, f. 2 ff.
786 Nach hess. Quellen: Babice, Pechschütz, Bruschinowitz (bzw. Proschinowitz), vgl. Best. 100, Nr. 3412, speziell: f. 36. Die Landstände befürworten Anträge auf Erlassung bzw. die Rückzahlung von Abzugsgeld. Best. 16, Rep. II, Kl. 14, Nr. 9, f. 99 ff., 195 ff.
787 E. O. Koßmann, Die Einwanderung der Hessen in die Lodzer Gegend, in: Deutsche Monatshefte für Polen, Jg. 1937, S. 99.
788 Zur Auswanderung nach Rußland, vgl. Best. 9a, Nr. 1366.
789 Gehörte zu ihnen ein Georg Heinrich Schmidt aus Lingelbach bei Ziegenhain, der 1852 eine Beglaubigung erbittet? Best. 9a, Nr. 2440, f. 274 ff.
790 Koßmann, S. 104, auch: H. Grund, Hessische und nassauische Siedler im ehemaligen Polen, in: Volk und Scholle, 18. Jg. (1940), S. 76, 77 nach Koßmann, S. 98-104. Die sich als solche „bekennenden" wenigen Hessen in der ältesten deutschen Siedlung bei Łódz Nowosolna (Neu-Sulzfeld) stammen wohl nicht von dort. Die Ortsnamen sind falsch zugeordnet. A. Eichler, Das Deutschtum in Kongreßpolen = Schriften des Deutschen Auslands-Instituts, A: Kulturhistorische Reihe, Bd. 4, Stuttgart 1921, S. 64. Zur Gründung von Neu-Sulzbach 1801, vgl. Michael Schmit, Mundart und Siedlungsgeschichte der schwäbisch-rheinfränkischen Dörfer bei Litzmannstadt = Deutsche Dialektgeographie, Heft LI, Marburg 1942, S. 149, 173. Die Namensliste dort enthält nur einen Hessen-Kasseler: Jakob Vonderau. Möglicherweise zu diesen Siedlern gehörte Katharina Dute, geb. Rohrbach, die 1837 ihren Ehemann in Asmushausen „böswillig" verlassen hatte, um mit ihren Eltern Peter Rohrbach und Elisabeth, geb. Dode, nach Konstantynów zu gehen. 1867 war diese gestorben. Vgl. Best. 9a, Nr. 2574, f. 366 ff.
791 So v. Wilkens, Berlin, 1837, März 21, in: Best. 9a, Nr. 1386, f. 12 v.-13.
792 Bundestagsgesandter v. Rieß, Frankfurt/Main, 1837, Juni 6, in: Best. 9a, Nr. 1386, f. 16 ff., Anlage Nr. 2 mit Namen von noch nicht Ausgewanderten.
793 Verordnung in Betreff der Colonisation in Russisch-Polen, o.D., in: Best. 9a, Nr. 1386, f. 22-23. Die Gesandtschaft in Frankfurt teilt 1837 die für die ländliche Kolonisation derzeit geltenden Regeln mit, ebenda, f. 29-29 v.

794 Koßmann, S. 100 f. Übrigens hatten zwei Auswanderungskandidaten, der Johannes Berg aus Rotterode und Konrad Zimmer aus Kirchheim, beides Krs. Hersfeld 1836, die russische Gesandtschaft um Überprüfung der Echtheit der ihnen ausgestellten Urkunden gebeten, die von dort aus bestätigt wurde. Man ging also nicht ohne Vorbehalte aus der Heimat weg. Best. 9a, Nr. 2438, f. 10 ff.

795 Auerbach, Auswanderung aus Kurhessen, S. 112; dies., in: Handbuch der Hessischen Geschichte (in Vorbereitung). Gehörte ein Bauer Georg Heinrich Schmidt, der 1852 um eine Beglaubigung eines amtlichen Schriftstückes (Vollmacht auch für seine Frau Maria Dorothea) nachsuchen läßt, zu den dort gebliebenen Auswanderern? Best. 9a, Nr. 2440, f. 274 ff., 325 ff., 335 ff., 342, 348.

796 Regierung Hanau, 1838, Juli 26, in: Best. 16, Rep. II, Kl. 14, Nr. 13, f. 1 v. (des Schreibens); vgl. auch: Best. 9a, Nr. 1386, f. 40 ff.

797 Vgl. Auerbach, Hessen in Amerika, S. 161 ff.

798 Listen westfälischer Offiziere und Mannschaften, die am Kriege gegen Rußland teilgenommen haben, 1813, in: Best. 75, 4, Nr. 42.

799 Namensliste ohne Kommentar: K. Geisel, Westfälische Soldaten aus Kurhessen, welche die Feldzüge in Spanien und Rußland (1808–1812) überlebten, in: Hessische Familienkunde, Bd. 14 (1978), Heft 1, S. 27-38.

800 Namensliste bei: Best. 9a, Nr. 2404.

801 Namensliste bei: Best. 9a, Nr. 1355, f. 155-175.

802 Es handelt sich um ca. 400 Personen, höchstens 500-600. Vgl. HESAUS-Datei im Staatsarchiv Marburg.

803 Nach Stumpp, S. 33: 25 000–27 000 Personen.

804 Vgl. die Bemerkung über die mangelnde Kooperationsbereitschaft der russischen Behörden vor 1816, in: Best. 9a, Nr. 1355, f. 67 v.

805 Best. 9a, Nr. 1355, f. 21 v.

806 Betr. Frühjahr 1916, ebenda, f. 67.

807 Text ebenda, f. 2-2 v.

808 1816 erhoffte man sich hessischerseits von den Zeitungsanzeigen noch einige Wirkung. Neben den Anzeigen in russischen Blättern erschienen die Annoncen auch in den großen deutschen Zeitungen, vgl. Best. 9a, Nr. 1355, f. 21, 104 v., 116 v. Bis 1848 hatte es sich erwiesen, daß Zeitungsanzeigen in russischen oder polnischen Zeitungen zur Ermittlung des Aufenthaltsortes verschollener Angehöriger nutzlos waren, vgl. Best. 9a, Nr. 2396, f. 555.

809 Deutschbaltisches biographisches Lexikon, 1710–1960, O. Welding, E. Amburger, G. v. Krusenstjern, Hrsg., Köln, Wien 1970, S. 248.

810 Abdruck im Auszug bei: K. K. Šof, Tomskij zagovor [Die Verschwörung von Tomsk], in:Ističeskij vestnik, 1912, Aug., S. 639.

811 Tomskij zagovor, S. 639.

812 Tomskij zagovor, S. 622 ff.; V. A. Dunaevskij, Otečestvennaja vojna 1812 i Sibir´ [Der Krieg gegen Napoleon 1821 und Sibirien], in: Voprosy istorii, 1983, Nr. 8, S. 98 ff.

813 Tomskij zagovor, S. 638.

814 Best. 9a, Nr. 1355, f. 191-191 v.

815 Tomskij zagovor, S. 627.

816 Literaturbericht bei: N. A. Minenko, Novejšaja sovetskaja istoriografija o zaselenii Sibiri russkimi v épochu feodalizma [Die jüngste sowjetische Literatur über die Besiedlung Sibiriens durch Russen in der Zeit des Feudalismus], in: Voprosy istorii 1984, Nr. 7, S. 114 ff.; vgl. auch: N. A. Jakimenko, Agrarnye migracii v Rossii (1861–1917) [Ländliche Wanderungen in Rußland. 1861–1917], ebenda, 1983, Nr. 3, S. 17 ff.; Promyšlennost´ Sibiri v feodal´nuju épochu (konec XVI-seredina XIX v.) [Die Industrie Sibiriens in der Zeit des Feudalismus (Ende 16.-Mitte 19. Jh.)], Institut istorii, filologii i filosofii Sibirskoj Otd. AN SSSR, Hrsg., Novosibirsk 1982; W. Treadgold, The Great Siberian Migration, Princeton 1957 (mit älterer Literatur).

817 Best. 9a, Nr. 1355, f. 131-133. Generalgouverneur von ganz Sibirien, also der vermutlich für den Soldatenhandel Verantwortliche, war 1806–1819 Johann (Ivan Borisovič) Pestel, vgl. Amburger, S. 406.

818 Dunaevskij, S. 100.

819 Kabuzan zu den sog. „propisnye", den von den Gutsbesitzern nicht Gemeldeten, S. 194 ff., zu den „bezglasnye", S. 197.

820 1816-1835: 56, 09 %, so Kabuzan, S. 198.

821 Vgl. oben S. 107 f. Zu den weitreichenden Kompetenzen russischer Gouverneure, vgl. Kaiser, S. 2 ff.

822 Best. 9a, Nr. 1355, f. 39-43.

823 Best. 9a, Nr. 200, f. 75; vgl. auch: Best. 4 f Rußland, Nr. 73 (mit Abschrift des Briefes).

824 Best. 9a, Nr. 1355, f. 139-142, auch Best. 9a, Nr. 200, f. 65 v.-66.

825 Best. 9a, Nr. 200, f. 12 v. aus Anlaß der Bauernbefreiung im Baltikum.

826 Vgl. zu dessen Angebot mit Blick auf die Kriegsgefangenen: Best. 9a, Nr. 527, f. 19 v.-20.

827 Best. 4 f Rußland, Nr. 72, f. 21.

828 Zunächst von dem hannöverischen Leutnant Meyer, dann von der preußischen Gesandtschaft in St. Petersburg und evtl. 1821 durch Sachsen-Weimar, vgl. Best. 9a, Nr. 1355.
829 Meyer ermittelte im preußischen Auftrag Nachrichten über 5 831 preußische Kriegsgefangene und 531 kurhessische, 1 163 großherzoglich-hessische, 553 mecklenburgische, 225 oldenburgische Vermißte [1820], ebenda, f. 152.
830 Best. 9a, Nr. 200, f. 74 v., Pipes, S. 282 ff.; Kaiser, S. 29 ff., auch: H.-J. Torke, Das russische Beamtentum in der ersten Hälfte des 19. Jahrhunderts = Forschungen zur osteuropäischen Geschichte, Bd. 13, Berlin 1967, S. 187 ff., 192 ff., 226 ff., 239. Grundlegend: A. Mączak, Korupcja w dziejach nowożytnych. Przegląd problematyki [Korruption in moderner Zeit. Ein Überblick über die Problematik], in: Kwartalnik Historyczny, Bd. 93 (1987), Nr. 3, S. 785 ff.
831 Best. 9a, Nr. 1355, f. 118 v.-119.
832 Best. 77a, Nr. 497, Nr. 621.
833 Entwurf einer Verordnung vom August 1815 und Verordnung vom 5. Juli 1816, in: Best. 9a, Nr. 1355, f. 32, 113-113 v.
834 Best. 9a, Nr. 200.
835 Anlage zum Haager Abkommen vom 18.10.1907, ohne verbindliche Vorschriften über die Rechte von Kriegsgefangenen. Abdruck bei: Völkerrecht, Dokumente, G. Reintanz u.a., Arbeitsgemeinschaft für Völkerrecht beim Institut für Internationale Beziehungen an der Akad. für Staats- und Rechtswissenschaft der DDR, Hrsg., Bd. 1, Berlin 1973, S. 61 ff. (hier benutzt und zitiert); auch: M. Basdevant, Recueil des traités et conventions en vigueur entre la France et les puissances étrangères (jusqu'en 1914), Bd. 4, S. 383.
836 H. Meier-Welcker, Kriegsgefangene, in: HRG, Bd. II, Sp. 1204. Zur Durchführung, vgl. Best. 180 Homberg, Nr. 343, f. 217.
837 Vgl. Übersetzung der Haager Landkriegsordnung in der Präambel zum Erlaß des Kriegsministeriums vom 15.4.1915, in: Best. 165, Nr. 3683, f. 15. Nach Art. 6 der Landkriegsordnung darf die Arbeit nicht übermäßig sein. Arbeiten auf eigene Rechnung von Gefangenen, sei es für die öffentliche Verwaltung, sei es für Private, waren gestattet. Die Unterhaltskosten sollten nach Kriegsende mit dem erwirtschafteten Lohn der Gefangenen verrechnet werden, den Kriegsgefangenen vor ihrer Rückkehr die Reste ausgezahlt werden. Landkriegsordnung, Art. 6, S. 62. Zum Verfahren der Berechnung von Gewinn und Verlust aus Anlaß der Friedensverhandlungen, vgl. Best. 180 Homberg, Nr. 343, f. 199 ff.
838 Meier-Welcker, Kriegsgefangene, in: HRG, Bd. II, Sp. 1204.
839 Diese sollten die Unterlagen über die Vergütung der Arbeiten ihrer Mitgefangenen führen. Vgl. Erlaß des Kriegsministeriums vom 15.4.1915 über die Beschäftigung von Kriegsgefangenen (im Folgenden nur: Erlaß über die Beschäftigung von Kriegsgefangenen), in: Best. 165, Nr. 3683, f. 17.
840 Ebenda, f. 15.
841 Zur Flucht eines baltendeutschen Zivilisten stud. ing. Wolfgang Schummer und eines russischen, wohl ebenfalls deutschstämmigen Feldschers Karl Kultmann aus dem Gefangenenlager auf dem Truppenübungsplatz Altengrabow am 1.5.1915 (wieder ergriffen Ende Mai), vgl. Inspektion der Kriegsgefangenenlager beim XI. Armeekorps, Kassel, 1915, Mai 11, 1915, Juni 1, in: Best. 180 Homberg, Nr. 358. Ein ähnlicher Fall war vielleicht Emanuel Bartsch, aus dem Lager Kassel entwichen und wieder gefaßt. Bericht des Gefangenenlagers Kassel, 3. Bataillon, 1915, Juni 6, Juni 20, ebenda.
842 Jg. 3, Nr. 49, Teil 2, Wetzlar, 1917, Jan. 10. Der Geschichtsverein Wetzlar hat mich in einem Schreiben vom 18.11.1990 unter Beilage dieser, der offenbar frühesten erhaltenen Nummer, auf eine Zeitungssammlung in zwei Kartons des Stadtarchivs Wetzlar hingewiesen.
843 Vgl. etwa die Fahndung nach Fričmanenko und Lucenko, in: Best. 180 Homberg, Nr. 350, f. 397.
844 Hromad´ka Dumka, S. 2.
845 Ebenda, S. 4-8.
846 Bericht über deren Tätigkeit und Neuwahl, ebenda, S. 4.
847 Ausgewertet wird hier und im folgenden die Überlieferung des Landratsamts Homberg (Best. 180 Homberg), die Bestände der meisten anderen Landratsämter enthalten keine Unterlagen zum Thema; wahrscheinlich wurden sie zwischenzeitlich behördlicherseits vernichtet.
848 Regierungspräsident an die Niederhessischen Basaltwerke in Kassel, 1915, April 3, in: Best. 165, Nr. 3683, f. 4 v.
849 bei AIII 1633/15, 1457/15, nach Landwirtschaftsminister: Allgemeine Grundsätze für die Heranziehung der Kriegsgefangenen des

Mannschaftsstandes zu Arbeiten vom 25.9.1914 (AIII 5335/14 bzw. IB IIb7088), vgl. Regierungspräsident an Inspektion der Kriegsgefangenenlager, Kassel 1915, April 14, bzw. April 26, in: Best. 165, Nr. 1254, f. 8, 9.

850 Best. 165, Nr. 1254, f. 27 f., 35 ff.
851 Vgl. die Meldung der Flucht des Polen Peter Krzampiński von seinem Arbeitsplatz auf der Domäne Serrig, Krs. Saarburg, 1915, Juli 20, in: Best. 180 Homberg, Nr. 358.
852 Inspektion der Kriegsgefangenenlager beim XI. Armeekorps an Regierungspräsidenten, Kassel, 1915, April 28, ebenda, f. 10.
853 Circularverfügung, Kassel, 1915, Mai 14 mit Erlaß des Kriegsministeriums vom 15.4.1915 (Druck), ebenda, f. 13 ff.
854 Erlaß über die Beschäftigung von Kriegsgefangenen, in: Best. 165, Nr. 3683, f. 18.
855 Erlaß über die Beschäftigung von Kriegsgefangenen, f. 20.
856 Planungen von Meliorationsarbeiten in Trokken- und Nassenerfurth, in: Best. 180 Homberg, Nr. 358, f. 1 ff. Antrag des Meliorationsbauamtes auf Rücküberweisung eines Arbeitstrupps von 25 Mann durch das zentrale Lager in Niederzwehren, Kassel, 1916, Dez. 30, in: Best. 180 Homberg, Nr. 350, f. 561 ff. Gegen den Leiter der Wachmannschaft erfolgte durch Frauen aus Nassenerfurth eine Anzeige wegen Drückebergerei mit dem abgeschlagenen Antrag auf Versetzung. Best. 180 Homberg, Nr. 350, f. 603 v.-604, auch: f. 605 f., 626. Aus Nassenerfurth waren vor dem 10.5.1917 vier Gefangene verschwunden, die jedoch wieder ergriffen wurden. Best. 180 Homberg, Nr. 349, f. 183.
857 *„Was den Verdienst der Kriegsgefangenen anbetrifft, so sollen davon nach dem Schlußabsatz im Artikel 6 zunächst die Kosten für ihren Unterhalt abgezogen werden. Wie diese Kosten sich tatsächlich gestalten, wird ein wirklicher 'Überschuß' zur Auszahlung an die Kriegsgefangenen nur selten herauskommen. Ohne solchen Anreiz würden aber die Kriegsgefangenen die Arbeit nur lässig betreiben und nur geringe Einnahmen für die Reichskasse mit dem Arbeitsverdienst erzielen."* Präambel zum Erlaß über die Beschäftigung von Kriegsgefangenen, in: Best. 165, Nr. 3683, f. 4.
858 Ebenda, f. 16 v.
859 Ebenda, f. 22 f., 23 v.
860 *„Allgemein zu empfehlen aber ist die Einführung des Scheckverkehrs, anstatt Barzahlung an die Kriegsgefangenen."* Ebenda, f. 15 v., auch: f. 20.
861 Ebenda, f. 20.
862 Ebenda, f. 6.
863 Kommandantur des Kriegsgefangenenlagers Kassel an die Kommandoführer, auch wegen Überschreitung des 10-Stundentages, gleichzeitig mit dem Hinweis, eine Überbelastung der Gefangenen zu vermeiden. Niederzwehren, 1916, Juli 14, in: Best. 180 Homberg, Nr. 343, f. 63.
864 Telegramm vom 5. Jan. 1915, in: Best. 180 Homberg, Nr. 358.
865 Daraufhin wurden in allen Gemeinden Arrestlokale eingerichtet. Best. 180 Homberg, Nr. 343, f. 62 ff. Aus der ursprünglich „freiwilligen" Arbeit der Haager Landkriegsordnung wurde eine Arbeitspflicht, während der Erntezeit auch an Sonn- und Feiertagen, ggf. mit wetterbedingten Überstunden, deren Verweigerung mit Haft bei Wasser und Brot geahndet wurde. Inspektion der Kriegsgefangenenlager beim XI. Armee-Korps, Kassel, 1916, Juli 31, in: Best. 180 Homberg, Nr. 343, f. 183.
866 Präambel zum Erlaß über die Beschäftigung von Kriegsgefangenen, in: Best. 165, Nr. 3683, f. 16. Der Versuch, die Ärzte unter der Tarifordnung zu bezahlen, führte im Kreis Homberg zur Weigerung eines Arztes, die Krankenfürsorge zu übernehmen. Später galten die Mindestsätze der ärztlichen Gebührenordnung. Best. 180 Homberg, Nr. 342. Stellvertretende Intendantur des XI. Armeekorps über die Bezahlung nach den Mindestsätzen der ärztlichen Gebührenordnung, Kassel, 1915, Okt. 26, in: Best. 180 Homberg, Nr. 343, f. 6 ff.
867 Dem Arbeitgeber konnten später die Kosten für deren Anschaffung als Amortisationsquote steuerlich zurückerstattet werden. Dann ging die Arbeitskleidung, die als Belohnung an den Gefangenen abgegeben werden konnte, in den Besitz der Heeresverwaltung über. Vgl. Erlaß über die Beschäftigung von Kriegsgefangenen, f. 22 v., 23.
868 Nach Art. 6 der Landkriegsordnung war der evtl. erarbeitete Lohnüberschuß nach Abzug der Unterhaltskosten bei der Entlassung auszuzahlen. Vgl. Völkerrecht, S. 61.
869 Erlaß über die Beschäftigung von Kriegsgefangenen, in: Best. 165, Nr. 3683, f. 19, 20.
870 Kommandantur des Kriegsgefangenenlagers, Niederzwehren, 1915, Dez. 23, in: Best. 180 Homberg, Nr. 343, f. 29.

871 Die Landkriegsordnung sah zwar die Unterbringung in Festungen, Lagern o.ä. vor, nicht jedoch eine Einschließung, die nur als unerläßliche Sicherungsmaßnahme und kurzfristig statthaft war. Sonst galt das Ehrenwort, sich nicht über einen bestimmten Bezirk hinaus zu entfernen. Gegen Art. 5, streng ausgelegt, verstieß die deutsche Verwaltung grundsätzlich, vgl. Völkerrecht, S. 61.

872 Vgl. Erlaß über die Beschäftigung von Kriegsgefangenen, in: Best. 165, Nr. 3683, f. 19 f.

873 Die Postzensur erfolgte durch das Kriegsgefangenenlager Kassel oder der Postprüfungsstelle Erfurt. Best. 180 Homberg, Nr. 358, f. 67. Die Landkriegsordnung sah in Art. 16 porto- und zollfreien Postverkehr in die Heimat vor und ließ nach Art. 15 Hilfsgesellschaften zu, vgl. Völkerrecht, S. 63. Faktisch mußten die Arbeitgeber für das Porto aufkommen. Der Mißbrauch der Portofreiheit über den Vermerk „Heeressache" wurde durch die Oberpostdirektion Kassel am 30. Nov. 1917 gerügt. Best. 180 Homberg, Nr. 343, f. 194b, auch ebenda, f. 197. Im Unterschied zu Deutschen wurden jedoch die Särge von in Deutschland verstorbenen Ausländern von der Versteuerung der Leichenpässe nicht ausgenommen. Innenminister, Berlin 1915, Sept. 13, in: Best. 180 Homberg, Nr. 358.

874 Vgl. Erlaß über die Beschäftigung von Kriegsgefangenen, in: Best. 165, Nr. 3683, f. 19 v.

875 Der deutsche Wachmann erhielt Verpflegung im Wert von 1,20 M. Vgl. Erlaß über die Beschäftigung von Kriegsgefangenen, f. 19 v. Eine Erhöhung des Nominalwertes der Verpflegungssätze trat in der Tat ein, und zwar sehr bald. Vgl. Grundsätze für die Beschäftigung von Kriegsgefangenen im Handwerk, Gewerbe, Bergbau und in der Industrie, 1915, Okt. 3, ebenda, f. 76 (im Folgenden: Grundsätze).

876 Vgl. Erlaß über die Beschäftigung von Kriegsgefangenen, ebenda, f. 22 v.

877 Ebenda, f. 23.

878 Vgl. die Liste der für polnische Kriegsgefangene und Sommerarbeiter zulässigen Zeitungen und Zeitschriften. Generalkommando XI, Nr. 933, Kassel, 1916, Nov. 2, in: Best. 180 Homberg, Nr. 350, f. 505 ff.

879 Vgl. die gleichzeitige Fahndung nach einem Belgier (graue englische Hose, blauer Rock, belgische Mütze) und zwei Russen in Gefangenenkleidung, 1916, Mai 15, in: Best. 180 Homberg, Nr. 350, f. 105.

880 Regierungspräsident an Niederhessische Basaltwerke in Kassel, 1915, April 3, in: Best. 165, Nr. 3683, f. 5. Seitens der Basaltwerke war geplant, die Kriegsgefangenen zu Hilfsarbeiten (Verladearbeiten), nicht zu Sprengarbeiten einzusetzen, Gewerbeinspektor, Eschwege, 1915, April 9, ebenda, f. 7 f.

881 Inspektion der Kriegsgefangenenlager XI. Armeekorps an Regierungspräsident, Kassel, 1915, April 28, ebenda, f. 10. Dies galt nicht generell. Vgl. dazu Beispiele bei: Best. 180 Homberg, Nr. 358, f. 33-33a v., 46, 57.

882 Merkblatt für die Ernährung der Kriegsgefangenen auf Arbeitskommandos, 1916, Okt. 1, in: Best. 165, Nr. 3683, f. 91 (im Folgenden: Merkblatt).

883 Übrigens war es verboten, schwere Arbeiten, die von Maschinen erledigt werden konnten, von Hand ausführen zu lassen. Kriegsministerium, 1915, Dez. 23, in: Best. 180 Homberg, Nr. 343, f. 14 v.

884 Zu den Motiven: *„Ich habe die Gemeinden eingehend belehrt, und sie besonders darauf aufmerksam gemacht, daß sie nicht auf Beurlaubung ihrer Krieger rechnen könnten, es ist aber bei den Leuten geradezu eine Abneigung gegen die Heranziehung von Gefangenen und eine gewisse Angst wegen der Verantwortung, welche der Militärbehörde gegenüber übernommen werden soll, vorhanden. Bei dem hiesigen sehr zersplitterten kleinbäuerlichen Besitz ist tatsächlich eine Beschäftigung von Kriegsgefangenen, wobei die Frauen in Abwesenheit der Männer die Leitung übernehmen müßten, nicht leicht einzurichten."* Landrat von Wolfhagen, 1915, Juni 30, in: Best. 165, Nr. 3683, f. 57 f., auch: Landrat von Frankenberg, 1915, Juli 20, f. 35, oder Landrat von Kirchhain, 1915, Juni 25, f. 46. Dies voraussehend: Landwirtschaftskammer Kassel an Landrat von Homberg, Kassel, 1915, Mai 16, in: Best. 180 Homberg, Nr. 358.

885 Landrat von Fulda, 1915, Juni 29, in: Best. 165, Nr. 3683, f. 37, ähnlich Landrat von Hersfeld, 1915, Juli 29, f. 42 f., Landrat von Hofgeismar, 1915, Juni 29, f. 43 v. Vgl. auch Fälle von Ablehnung von Gefangenen zur Frühjahrsbestellung 1915, in: Best. 180 Homberg, Nr. 358, f. 12 ff., 30 ff. Der Landrat von Homberg mußte Anfang Juni 1915 seinen Gemeinden gut zureden, zusätzliche Gefangene zu einzusetzen. Ders. an Bürgermeister von Sondheim, Homberg, 1915, Juni 7, ebenda, f. 1 v. (des Schreibens).

Die Ausnahme von der Regel war Gut Falkenberg, auf dem Meliorisationsarbeiten geplant waren, ebenda, f. 22 ff. Dieser Arbeitstrupp wurde von Wachmannschaften des Landsturm-Ersatz-Bataillons II, Giessen, bewacht. Inspektion des Kriegsgefangenenlagers beim XVIII. Armeekorps, Frankfurt, 1915, Mai 6, Anlage: Vertrag 1915, o. D., auch: Frankfurt/Main, 1915, Mai 30, ebenda.

886 Best. 180 Homberg, Nr. 358.
887 „Russen" waren alle russischen Untertanen. Nach Ausweis einer Liste des Kreises Homberg von 1915, die Griechisch-Orthodoxe allerdings überhaupt nicht ausweist, nur Katholiken, Lutheraner und Juden, muß es sich zunächst überwiegend um Polen gehandelt haben, die also die alte Tradition der polnischen Saisonarbeiter fortsetzten. Im Landkreis Homberg waren nach einer Liste von 1915 in der Stadt selbst 19 (überwiegend evangelische, also wohl Letten oder Balten) beschäftigt, sonst fast ausschließlich Katholiken. Best. 180 Homberg, Nr. 351; vgl. weitere Verzeichnisse über die Beschäftigung der Kriegsgefangenen 1915, in: Best. 180 Homberg, Nr. 359, 361, dass. 1917, in: Best. 180 Homberg, Nr. 345, f. 12 ff.
888 Landrat von Gelnhausen, 1915, Juni 29, in: Best. 165, Nr. 3683, f. 38 v.; Landrat von Hünfeld, 1915, Juli 15, ebenda, f. 45.
889 Best. 180 Homberg, Nr. 350, f. 15 ff.; allerdings, nicht für den Winter 1915/16 wurde ein Antrag aus Mosheim abschlägig beschieden, in dem die Antragsteller die Unterbringung und Bewachung ihrer zwei Gefangenen den Winter über selbst organisieren wollten. Mosheim, 1915, Okt. 9, in: Best. 180 Homberg, Nr. 358. Das widersprach in gewisser Weise dem Ministerialerlaß vom 6.10.1915, der über einen gewährten Verpflegungszuschuß die Weiterbeschäftigung der Gefangenen über den Winter fördern wollte, ebenda. Bei der strikten Linie blieb es für das Lager Kassel-Niederzwehren zunächst auch in einem anderen Fall.
890 Regierungspräsident, Kassel, 1916, März 31, in: Best. 180 Homberg, Nr. 358.
891 Preußischer Staatskommissar für Volksernährung, Berlin 1917, März 19, in: Best. 165, Nr. 3683, f. 111. Für die Verpflegung der Kriegsgefangenen in der Landwirtschaft sollten nicht die Arbeitgeber, sondern weiter die abgebenden Kriegsgefangenenlager aufkommen. Staatskommissar für Volksernährung, Berlin 1917, Mai 11, ebenda, f. 123, 125.

892 Die Fakten sprechen gegen die großdeutsche Ideologie und für die Loyalität der Rußlanddeutschen gegenüber dem Zarenreich: Der offenbar russifizierte, nur Russisch sprechende, Peter Riedel flüchtete von der Domäne Galm am 15. Juli 1915 (wieder ergriffen). Best. 180 Homberg, Nr. 385. Das Kaliwerk Neu-Bleicherode bei Bernterode vermißte am 21. Juli 1915 den Sergeanten Aleksandr Pless (Rußlanddeutscher?) und den Vasilij Černičev/Ahvernischow (wieder ergriffen). Der Deutsch sprechende Adolf Riemer flüchtete mit zwei russischen Kollegen Ivan Zajcev/Sicov und Jefim Gulpak am 3. Aug. 1915 von seiner Arbeitsstätte in Epterode bei Großalmerode. [Grundsätzlich wird hier eine Rückführung der Namen auf die Urform versucht. Polen werden nach den Vornamen identifiziert, auf eine Unterscheidung zwischen Russen und Ukrainern allerdings verzichtet. Fehler sind wegen der Verballhornungen im Deutschen unvermeidbar.] Hans Riesemann verließ am 7. Sept. 1915 seinen Arbeitgeber, Rittergut Albshausen b. Gertenbach. Das Bürgerholz, Stadtforst Salzwedel, meldete neben zwei Franzosen auch das Verschwinden des zweisprachigen Handelsvertreters Georg Bauer. Mit Aleksandr Lusan verschwand auch der deutschsprachige Gustav Buch am 14. Sept. 1915 vom Arbeitsplatz in Kleinchüden. Die Gewerkschaft Wintershall in Heringen meldete am 21. Sept. 1915 die Flucht von zwei Russen und dem Rußlanddeutschen Schmied Edgar Schuch (gefaßt). Alle Fälle aus: Best. 180 Homberg, Nr. 385.
893 Ministerium für Landwirtschaft, Domänen und Forsten, 1915, Nov. 11, in: Best. 180 Homberg, Nr. 343, f. 12 ff. Die Landkriegsordnung sah diesen Fall vor.
894 Best. 180 Homberg, Nr. 350, ab f. 95 ff., vgl. aber Gendarmeriewachtmeister Nolte zur Lage auf dem Arbeitsmarkt, Borken, 1916, Juni 27, ebenda, f. 195 v.
895 Vgl. Landrat von Homberg an den Bürgermeister von Cassdorf, 1916, Juli 1, in: Best. 180 Homberg, Nr. 350, f. 218.
896 Inspektion der Kriegsgefangenenlager beim XI. Armeekorps, Kassel, 1916, Dez. 5, ebenda, f. 507 ff.; vgl. auch: Kriegsministerium, Kriegsamt, Berlin, 1917, Juni 6, in: Best. 180 Homberg, Nr. 345, f. 6 ff.
897 Vgl. Berichte von Anfang März 1917 zu den Anträgen auf Gefangene, in: Best. 180 Homberg, Nr. 350, f. 694 ff.

898 Inspektion der Kriegsgefangenenlager beim XI. Armeekorps, Kassel, 1917, Juni 28, in: Best. 180 Homberg, Nr. 343, f. 178, auch: f. 151 ff. zur ärztlichen Beurteilung der Arbeitsfähigkeit.
899 Inspektion der Kriegsgefangenenlager beim XI. Armeekorps, Kassel, 1918, Juni 5, ebenda, f. 216.
900 Kommandantur der Kriegsgefangenenlager beim XI. Armeekorps, Kassel, 1918, Juli 16, ebenda, f. 221.
901 Maßstab nach Maßgabe der Landkriegsordnung Art. 7 ist nicht der Standard der Verpflegung der Zivilbevölkerung, sondern die des eigenen Militärs, vgl. Völkerrecht, S. 62.
902 Kommandantur des Kriegsgefangenenlagers Kassel, Niederzwehren, 1917, Febr. 23, in: Best. 180 Homberg, Nr. 350, f. 672; dies. (geheim mit Eilt-Vermerk), 1917, Febr. 23, ebenda, f. 717.
903 Kriegswirtschaftsamt Kassel, Kassel 1917, März 12, ebenda, Nr. 350, f. 706.
904 Offenbar beispielsweise in Haarhausen b. Borken, vgl. Stellvertretendes Generalkommando beim XI. Armeekorps, Kassel, 1917, Juni 7, in: Best. 180 Homberg, Nr. 343, f. 165 ff., speziell 165 v.
905 Best. 180 Homberg, Nr. 348, f. 6 ff.; auch: Best. 180 Homberg, Nr. 343, f. 190 ff.
906 Best. 165, Nr. 3683, f. 62 ff.; Erlaß zum in der Anlage beigefügten Originalantrag, f. 70-72.
907 Antrag, Herfa. 1917, März 4, in: Best. 165, Nr. 3683, f. 109 v.; Negativgutachten des Landrates gegen den amtsbekannten Querulanten, ebenda, f. 110.
908 Vgl. den Aktenvermerk mit Folgeakten 1916, Febr. 9, in: Best. 180 Homberg, Nr. 358. Das stand im Widerspruch zu Landkriegsordnung. Vgl. oben Anm. 837.
909 Der wegen Ledermangels fast arbeitslose Schuhmacher Carl Hain suchte nach der letzten Lederlieferung im Februar über Schuhreparaturen für die Gefangenen zu einer neuen Lederzuteilung zu kommen. Mosheim, 1916, Mai 30, in: Best. 180 Homberg, Nr. 350, f. 134. Konrad Iber aus Unterappenfeld führte eine ähnliche Klage. Infolgedessen sollten die Schuhmacher, die für Gefangene arbeiten, künftig Sonderzuteilungen von Sohlenleder erhalten. So: Landrat, 1916, Juli 6, ebenda, f. 215 v. Das Stellvertretende Generalkommando beim XI. Armeekorps entschied den Antrag Hain grundsätzlich anders: Die Schuhmacher seien allein für die Zivilbevölkerung zuständig. Die Lieferung von Schuhen sowie deren Reparatur ist Sache der Lager. Russen trugen u.U. aber auch nur Stiefel mit Holzsohlen, so der 1816 flüchtige Vladislav Paltovič, ebenda, f. 217, 237.
910 Hervorhebungen wie in der Vorlage. 1916, Juli 23, in: Best. 165, Nr. 3683, f. 87. Vollständiges Warensortiment von August 1915: Angebot Nr. 13 für Kriegsgefangenenlager, in: Best. 180 Homberg, Nr. 242, f. 3 ff.
911 Grundsätze, in: Best. 165, Nr. 3683, f. 80.
912 Merkblatt, ebenda, f. 92 v.
913 Festsetzung der Kartoffelmenge auf höchstens eineinhalb Pfund für nichtarbeitende und auf drei Pfund für schwerarbeitende Gefangene pro Tag. Kriegsministerium, Berlin, 1916, März 30, in: Best. 180 Homberg, Nr. 358. Das Kriegsgefangenenlager Kassel setzte die Normen für die Verpflegung mit Kartoffeln und Zucker am 15. Juni 1916 herunter, vgl. Best. 180 Homberg, Nr. 343, f. 45. Die Kartoffelknappheit führte zu einem Erlaß des Reichskanzlers vom 14. Okt. 1916 (R.G.Bl. Nr. 232), bis zum 15. August 1917 sei die tägliche Kartoffelmenge ggf. durch Gemüse, insbesondere Kohlrüben, oder durch Blätter von Zucker- oder Roten Rüben zu ersetzen, vgl. Best. 165, Nr. 3683, f. 101.
914 Inspektion der Kriegsgefangenenlager, Frankfurt/Main, 1916, Okt. 16, ebenda, f. 89.
915 Beschwerde des Oberförsters Bierau, Witzenhausen, 1916, Okt. 31, ebenda, f. 93 f.
916 Landrat, Witzenhausen, 1916, Nov. 13, in: Best. 165, Nr. 3683, f. 98 v.-99 v.
917 Am Rand grünes Fragezeichen des Behördenchefs, ebenda, f. 99.
918 Stellvertretendes Generalkommando, Kassel, 1916, Nov. 16, Nr. 967, in: Kriegs-Korps-Verordnungs-Blatt für den Bereich des XI. Armeekorps. 1. Jg. (1916), Kassel, 1916, Nov. 21, 144. Stück, ebenda, f. 103 v.
919 Dass. Nr. 426: Die Ernährung der Kriegsgefangenen auf Arbeitskommandos, Kassel, 1917, Juni 25, in: Kriegs-Korps-Verordnungs-Blatt für den Bereich des XI. Armeekorps, 2. Jg. (1917), Kassel, 1917, Juni 26, 70. Stück, ebenda, f. 126 ff., auch: Inspektion der Kriegsgefangenenlager, Hrsg., Merkblatt (II) für Ernährung der Kriegsgefangenen auf Arbeitskommandos, Frankfurt/Main, 1917, Juni 30, ebenda, f. 133.
920 Stellvertretendes Generalkommando beim XVIII. Armeekorps, Frankfurt/Main, 1917,

August 11, ebenda, f. 135, 136 (Vervielfältigung für die Landräte, den Magistrat in Hanau, die Bezirkseinkaufsstelle, die Bezirksfleischstelle und die Bezirksfettstelle in Kassel).

921 Kriegsministerium, Unterkunftsdepartement, Berlin 1917, Aug. 11, ebenda, f. 137.

922 Nr. 426: Die Ernährung der Kriegsgefangenen auf Arbeitskommando, Kassel, 1917, Juni 25, in: Best. 180 Homberg, Nr. 343, f. 177 f.; Nr. 30: Die Versorgung der Kriegsgefangenen auf Arbeitskommandos mit Lebensmitteln, Kassel, 1918, Jan. 22, über die Verteilung von Fett und anderen Lebensmitteln durch die Gemeindevorstände, in: Kriegs-Korps-Verordnungs-Blatt, Jg. 3 (1918), Kassel, 1918, Jan. 29, 11./12. Stück, in: Best. 165, Nr. 3683, f. 140; Nr. 126, dass., Kassel, 1918, März 26, 35. Stück, ebenda, f. 144; Neuregelung der Mindestversorgung, Kassel, 1918, April 25, Nr. 173, ebenda, Kassel, 1918, April 30, 48. Stück, ebenda, f. 149.

923 Staatssekretär des Kriegsernährungamtes an den Staatskommissar für Volksernährung in Berlin, Berlin 1918, Mai 18, in: Best. 165, Nr. 3683, f. 153 v.

924 Inspektion der Kriegsgefangenenlager, Frankfurt/Main, 1918, Juni 18, ebenda, f. 155.

925 Verbot der Beschlagnahme von für die Kriegsgefangenen bestimmten Lebensmittelvorräten durch die Soldatenräte. Kriegsministerium, Unterkunftsdepartement, bzw. des Vollzugsrates des Arbeiter- und Soldatenrates im Kriegsministerium, Berlin, 1918, Dez. 6, ebenda, f. 158a.

926 Grundsätze, ebenda, f. 77.

927 Kommandantur des Kriegsgefangenenlagers Kassel, Niederzwehren, 1916, Juni 29, ebenda, Nr. 350, f. 211.

928 Innenminister über die Maßnahmen zur Förderung einer Eingliederung von Rußlanddeutschen, 1917, März 8 und über die Förderung der Tätigkeit des Fürsorgevereins für Deutsche Rückwanderer, 1917, April 8, in: Best. 180 Homberg, Nr. 343, f. 145 f., 144.

929 Kommandantur des Kriegsgefangenenlagers Kassel, Niederzwehren, 1916, Mai 23, in: Best. 180 Homberg, Nr. 350, f. 120.

930 Meldung der Deutschrussen im Kreis Homberg aus dem Stammlager Kassel, 1916, Juni 16, ebenda, f. 121.

931 Grundsätze, in: Best. 165, Nr. 3683, f. 76 v.; zu unterschiedlichen Methoden der Übermittlung geheimer Nachrichten in die Heimat über die Gefangenenpost, vgl. Kriegsministerium, 1915, Juli 3; dass. 1915, Febr. 8, beides in: Best. 180 Homberg, Nr. 358, f. 25 ff. und Kriegsministerium über Geheimschriften in den Briefen der Kriegsgefangenen, geheim, Berlin, 1916, April 28, in: Best. 180 Homberg, Nr. 343, f. 22 ff.; zu den Schwierigkeiten, die jeweiligen Geheimschriften zu entziffern, vgl. Kriegsministerium, 1916, Jan. 21; vgl. auch die anonyme Anzeige gegen Polen, wegen Postschmuggels durch Juden u.a., Borken, 1915, Juli 21, beides in: Best. 180 Homberg, Nr. 358.

932 Ministerium für Landwirtschaft, Domänen und Forsten zwecks Bekämpfung der Fleckfieber- und Rückfallfiebergefahr, Berlin, 1915, August 16, ebenda. Mit dem 6. August 1915 wurde eine Schutzimpfung gegen Cholera und Typhus zwangsweise eingeführt.

933 Stellvertretendes Generalkommando beim XI. Armee-Korps, Kassel, 1916, April 10, in: Best. 180 Homberg, Nr. 343, f. 19a-b.

934 Stellvertretender Kommandierender General beim XI. Armeekorps, Kassel, 1915, März 3, in: Best. 180 Homberg, Nr. 358, f. 28, 34: Geschenke an Gefangene ohne Genehmigung werden mit Gefängnis bis zu einem Jahr bestraft.

935 Stellvertretendes Generalkommando beim XI. Armeekorps, Kassel, 1914, August 18, in: Best. 180 Homberg, Nr. 358.

936 Homberg, 1916, August 3, in: Best. 180 Homberg, Nr. 343, f. 66; Merkblatt über den Verkehr mit Kriegsgefangenen, Kassel, 1917, Juni 7, ebenda, f. 174.

937 Die Unterbringung in Gastwirtschaften wurde daher verboten. Kommandantur des Kriegsgefangenenlagers Kassel, Niederzwehren, 1916, April 1, in: Best. 180 Homberg, Nr. 358. Erneuertes, daher offenbar bislang vielfach unwirksames, Verbot des Ausschanks von Alkohol durch die Kommandantur des Kriegsgefangenenlagers Kassel, Niederzwehren, 1916, Mai 17, in: Best. 180 Homberg, Nr. 343, f. 32, auch: f. 33. Anzeige wegen des Ausschanks von Bier an fünf russische Kriegsgefangene, die einzeln bei ihren, diesen angeblich nicht gewachsenen Arbeitgebern/-innen untergebracht waren. Offenbar erhielten sie dort den doppelten Lohn und forderten daher andere Gefangene zum Streik auf. Die beschuldigten Bauern legten massiv Widerspruch ein. Sie gaben an, sie vermuteten nur den Versuch, ihnen zugunsten anderer ihrer Hilfskräfte zu entziehen. Borken, 1916, April 2, in: Best. 180 Homberg, Nr. 358.

Anzeige gegen Johannes Kaiser zu Trockenerfurth wegen des Geschenkes von einer Flasche Weißwein an einen Franzosen. Best. 180 Homberg, Nr. 349, f. 10 ff., 14 ff.

938 Best. 180 Homberg, Nr. 350, f. 370 ff.; vgl. die Verwarnung des Gastwirtes von Mörshausen, 1916, März 23, ebenda, Nr. 358.

939 Ebenda, Nr. 350, f. 480 ff.

940 Ebenda, f. 90 ff. Vgl. auch den Bericht über die Kontakte zwischen russischen Kriegsgefangenen und polnischen Landarbeiterinnen bei Rittergutsbesitzer Koch in Borken sowie über die ausnahmsweise Verabreichung von Pfefferminztee mit Alkohol in einem Krankheitsfall, Borken, 1915, August 18, in: Best. 180 Homberg, Nr. 348.

941 Anzeige des Vizefeldwebels Krüger, Homberg, 1917, Jan. 23, in: Best. 180 Homberg, Nr. 350, f. 592 v. Gegendarstellung: Der Wirt habe nur zugeschaut, f. 593 v.

942 Kommandantur des Kriegsgefangenenlagers Kassel, Niederzwehren, 1917, Jan. 13, in: Best. 180 Homberg, Nr. 350, f. 583.

943 Verordnung von 1916, März 22, in: Best. 180 Homberg, Nr. 358.

944 Ebenda, Nr. 371: Das Verhalten der Bevölkerung gegenüber außerhalb der Lager auf Arbeit befindlichen Kriegsgefangenen, Stellvertretendes Generalkommando des XI. Armeekorps, Kassel, 1916, April 1, daraufhin Verschärfung durch die Inspektion der Kriegsgefangenenlager, Kassel, 1916, April 2. Auf der Arbeit wurde auch das Rauchen verboten, Kassel, 1916, März 29, alles in: Best. 180 Homberg, Nr. 358.

945 Regierungspräsident, Kassel, 1917, März 17, in: Best. 180 Homberg, Nr. 343, f. 138.

946 Inspektion der Kriegsgefangenenlager beim XI. Armeekorps, Kassel, 1918, August 1, ebenda, f. 223. Lohnzahlungen in Mark waren jedoch durchaus üblich. Vgl. die Meldung eines Kameradendiebstahls bei der Flucht des Polen Pawel Skowroński, eines Vorarbeiters in Breitenau/Melsungen, der auch noch Lohn mitgehen ließ, am 18. Juli 1915 (wieder ergriffen), vgl. Best. 180 Homberg, Nr. 358.

947 Bericht aus Mühlhausen, Krs. Homberg, 1916, Mai 20, in: Best. 180 Homberg, Nr. 350, f. 115.

948 Verbot von Zechgelagen von Gefangenen miteinander und des Besuches von Landsleuten außerhalb des jeweiligen Wohnsitzes. Kommandantur des Kriegsgefangenenlagers Kassel, Niederzwehren, 1917, April 18, in: Best. 180 Homberg, Nr. 343, f. 146. Vgl. auch: Landrat mit einer Beschränkung der Freiheiten der Gefangenen, f. 150a v.-150b.

949 Kommandantur des Kriegsgefangenenlagers Kassel über die sofortige Inhaftierung von Herumtreibern, Niederzwehren, 1917, Mai 26, ebenda, f. 154; dass. Niederzwehren, 1917, Juni 1, f. 161 f.

950 Kriegsministerium über das Verhalten von Kriegsgefangenen gegenüber Frauen, Berlin, 1917, Juni 25, ebenda, f. 211 ff.; Anzeige wegen Kontakten von russischen Kriegsgefangenen aus Zimmersrode zu polnischen Mädchen in Römersberg, ebenda, f. 104 ff.

951 Kriegs- und Innenministerium über notwendige verschärfte Sicherheitsmaßnahmen, 1917, April 30, in: Best. 180 Homberg, Nr. 343, f. 147 ff.

952 Generalkommando beim XI. Armeekorps, Kassel, 1917, Mai 22, in: Best. 180 Homberg, Nr. 152.

953 Kommandant des Kriegsgefangenenlagers Kassel, Niederzwehren, 1917, Mai 23, in: Best. 180 Homberg, Nr. 343, f. 153.

954 Dass., Niederzwehren, 1916, Juli 28, in: Best. 180 Homberg, Nr. 350, f. 304, weiter: 446 f.

955 Es stellte sich dann heraus, daß es sich um einen Fall von übler Nachrede handelte, da das Dienstmädchen vom Sohn ihres Herren Französisch sprechen gelernt hatte. Immerhin mußte sie sich einer peinlichen gynäkologischen Untersuchung unterziehen, der Franzose kam tatsächlich zu den Russen. Ebenda, f. 323 ff.

956 Druck: „*Bestrafungen von Verstößen gegen die Befehle über den Verkehr der Bevölkerung mit den Kriegsgefangenen*", in: Best. 180 Homberg, Nr. 343, f. 164.

957 Anzeige gegen die Dienstmagd Katharina Neubert aus Cassdorf, Homberg, 1918, Dez. 2, in: Best. 180 Homberg, Nr. 348, f. 52. Disziplinarmaßnahmen waren offenbar nicht nur auf deutscher Seite durch die Staatsanwaltschaft, sondern auch durch das Gericht der Kommandantur der Kriegsgefangenenlager fällig.

958 Anna Hucke aus Freudenthal wollte den Georgij Šuvalov aus dem Gefangenenlager Niederzwehren heiraten. Er war wegen Wilderei und Diebstahls eines Anzugs verurteilt worden. Der Landrat plädiert für Abschiebung gemäß dem Votum des Bürgermeisters: „*Gegen solche lästige Ausländer wehren wir uns auf das Entschiedenste. Pflicht der Behörde ist es, solche abzuschieben.*" (Unterstreichung durch den

Landrat). Bürgermeister, Freudenthal, 1921, Juli 2, in: 180 Homberg, Nr. 348. Durch die Flucht des Dominik Fiodorowicz mit dem russischen Unteroffizier Michail Fedorov vom Landwirt Schade zu Homberg am 5. Febr. 1917 wurde eine Liebschaft des Dominik in Cassdorf aktenkundig. Best. 180 Homberg, Nr. 349, f. 1.

959 Hinter der Anzeige des Bürgermeisters von Dillich vom 14.1.1921 gegen die Witwe Pfeiffer, der ihr Arbeiter Jakov Krasikov entzogen worden war, stand offenbar der als Querulant bekannte Schwiegervater. Die Anzeige erfolgt, „da ich sie schon selber angetroffen habe, bei solchen Sachen, welche von einem Russe [sic!] und einer deutschen Frau nicht vorkommen geduldet wird ... Die Witwe Pfeiffer läßt extra Kuchen für den Russe backen. Da dieser so stark ist, daß ihm kein Bürgermeister noch etwas zu sagen hat und freche Aussagen macht. Von der ganzen Gemeinde wird er verachtet und so wird gebeten von der Gemeinde aus, daß der Russe nicht wieder zurück kommt. Da es in der Gemeinde Schwierigkeiten gibt." Der Pfarrer hingegen stufte den Russen als fleißig, geschickt und bescheiden ein, vgl. Best. 180 Homberg, Nr. 348. Generelles Verbot unter Hinweis auf bereits bekannte Beispiele, die Gefangenen zu „verwöhnen", bei: Kommandantur des Kriegsgefangenenlagers Kassel, Niederzwehren, 1917, Febr. 23, in: Best. 180 Homberg, Nr. 350, f. 719.

960 Grundsätze von 1915, in: Best. 180 Homberg, Nr. 358, f. 35 v.-36; Kommandantur des Kriegsgefangenenlagers Kassel, Niederzwehren, 1917, März 2, in: Best. 180 Homberg, Nr. 350, f. 684.

961 Vgl. über die Verhältnisse vor Ort den Bericht aus Borken, 1915, Juli 25, in: Best. 180 Homberg, Nr. 358, f. 2 (des Schreibens). Kommandantur des Kriegsgefangenenlagers Kassel, Niederzwehren, 1916, Dez. 1, in: Best. 180 Homberg, Nr. 350, f. 509 ff. Darauf Bericht mit dem Ist-Zustand: In der Tat waren nur die meisten Wachtmänner bewaffnet, Homberg, 1916, Dez. 12, f. 531. Bis Ende 1916 hatte sich an dem Zustand nicht viel geändert. Vgl. f. 573.

962 Nr. 576: Die unberechtigte Entwaffnung von Begleitmannschaften von Gefangenentransporten, in: Kriegs-Korps-Verordnungs-Blatt, 3. Jg. (1918), 1918, Dez. 19, 146. Stück, in: Best. 165, Nr. 3683, f. 158.

963 Ca. ein Viertel der in der Landwirtschaft Tätigen war ohne Wachmannschaft eingesetzt, vgl. die Meldungen für 1918, in: Best. 180 Homberg, Nr. 348, f. 17, 18, 21, 25, 27, 33, 43.

964 Einzelanträge der Jahre 1918-1921 bei: Best. 180 Homberg, Nr. 348 bzw. Nr. 350, f. 38 ff. Der Buchdrucker in Homberg Ph. Wiegand erhielt im Januar 1916 einen russischen Juden Meier Tikotin als Hilfskraft, f. 41.

965 Best. 180 Homberg, Nr. 350, f. 41. Als landwirtschaftliche Arbeiter wurden Ivan Bulhakov (Ukrainer) und Ivan Bušnev zwei Bauern in Reddehausen im Jan. 1916 zugewiesen, f. 49-50. Der Pole Stanisław Kilczenowski kommt im Jan. 1916 in Sipperhausen unter, f. 57. Der Russe Dmitrij Burdenej wurde in Pfaffenhausen beschäftigt, f. 64. Michail Fedorov kam im April 1916 auf die Pelzmühle bei Homberg, f. 76. Grigorij Ivanov arbeitete seit April 1916 beim Bürgermeister Schade in Niederbeisheim, f. 79.

966 Kommandantur des Gefangenenlagers Kassel, Niederzwehren, 1916, Mai 18, in: 180 Homberg, Nr. 343, f. 33.

967 Meldung des Besuchs von drei Franzosen aus Grebenhagen bei einem Kameraden in Schwarzenborn am Karfreitag 1916, in: Best. 180 Homberg, Nr. 350, f. 80 ff.

968 Kommandantur des Kriegsgefangenenlagers Kassel, Niederzwehren, 1916, Juli 8, ebenda, f. 244. Nach Landkriegsordnung Art. 5 nicht völlig korrekte Maßnahme. Vgl. oben Anm. 871. Aber nach Art. 8 unterstehen die Kriegsgefangenen den Gesetzen des fremden Staates, vgl. Völkerrecht, S. 62.

969 Bericht des Bürgermeisters von Berndshausen, 1916, Mai 11, in: Best. 180 Homberg, Nr. 350, f. 67 v.

970 Antrag des Heinrich Braun aus Rockshausen, 1916, April 17, ebenda, Nr. 350, f. 74.

971 Die Landkriegsordnung, Art. 8, sah vor, daß im Inland aufgegriffene Flüchtige einer disziplinarischen Strafe, aber ggf. nur für die letzte Flucht zu unterwerfen waren. Auf Ehrenwort in die Heimat freigelassene Offiziere verloren als Eidbrüchige bei einer Wiederergreifung bei Kampfhandlungen während des Kriegs ihren Status als Kriegsgefangene. Art. 12, vgl. Völkerrecht, S. 62 f.

972 Vgl. generell Best. 180 Homberg, Nr. 156, 343, f. 49, 349, 350, 358. An größeren Fluchtversuchen von dem Kaliwerk in Sollstedt/Eichsfeld in der Nacht zum 9. Oktober 1916 beteiligten sich neben Russen auch Franzosen. Best. 180 Homberg, Nr. 350, f. 452, 457 f., 470.

973 Best. 180 Homberg, Nr. 350, 358.
974 Best. 180 Homberg, Nr. 348, 349, 350, 358. Die Erfolgsaussichten waren bei den einzelnen Nationen unterschiedlich: Von ca. 70 Franzosen wurden ca. 2/3 wieder gefaßt; von ca. 25 Belgiern glückte vermutlich der Hälfte die Flucht; auch von den 40 geflohenen Engländern dürfte der Hälfte die Flucht geglückt sein.
975 Vgl. Stellvertretendes Generalkommando beim XI. Armeekorps: Die Wiederergreifung entflohener Kriegsgefangener, Kassel, 1916, Mai 17, in: Best. 180 Homberg, Nr. 343, f. 39 bzw. das tatsächliche Verfahren bei der Fahndung nach Osip Kuncov, der am 12./13. Juli 1916 aus Rockshausen, Krs. Homberg, verschwunden war (wieder gefaßt). Best. 180 Homberg, Nr. 350, f. 263 ff., 269, auch: Best. 180 Homberg, Nr. 343, f. 49. Neuregelung nach der Revolution: Kassel, 1918, Febr. 28, Nr. 343, f. 202 ff., auch: f. 241 f., 220 f., 226.
976 Stellvertretendes Generalkommando beim XI. Armeekorps, Kassel, 1915, Sept. 19, in: Best. 180 Homberg, Nr. 358.
977 Zum Kriegsgefangenenlager Wittenberg, Arbeitsplätze in Golpa bei Gräfenhainichen, u.a. Elektrizitätswerke, vgl. Best. 180 Homberg, Nr. 348, Best. 180 Homberg, Nr. 350, f. 27. Von dort flüchteten 17 Russen/Ukrainer bzw. Polen, die alle wieder gefaßt wurden. Gruben-, Bahn- und Forstarbeiter flüchteten besonders häufig: von den geflüchteten ca. 90 „russischen" Bergarbeitern wurden etwas mehr als zwei Drittel wieder gefaßt. Best. 180 Homberg, Nr. 358, Best. 180 Homberg, Nr. 350. Unter den Bahnarbeitern am Bahnhof Wittenberg, Bez. Halle, beim Eisenbahnkommando Weimar b. Kassel, Bahnmeisterei I in Nordhausen gelang nur drei Mann die Flucht, 10 wurden wieder ergriffen. Aber hier gab es einen doppelten Fluchtversuch: Von der Eisenbahnhauptwerkstätte in Göttingen flüchteten in der Nacht zum 28. Aug. 1916: Ivan Mal'čichin (wieder ergriffen, dann erneuter Fluchtversuch), Andrej Semmel und Nikolaj Nikonov (wieder ergriffen), Best. 180 Homberg, Nr. 350, f. 383, 417, 431. Vermutlich vom gleichen Arbeitsplatz entfernten sich am 15. Jan. 1917: Stepan Dresvynikov (Bezvonnikov?) und Ivan Mal'čichin, Egor Moloteškov/Molotos-Toškov (wieder ergriffen), f. 596, 598. Aus Forstbetrieben, u.a. vom Forstmeister von Niederaula, von der Oberförsterei Witzenhausen, Arbeitsstelle Steinberg bei Großalmerode, der Oberförsterei Morschen, Unterkunftsstelle Beiseförth und der Oberförsterei Großalmerode glückte möglicherweise fast der Hälfte der 31 Russen (darunter auch Turkstämmige) ihre Flucht. Die Neujahrsnacht 1916/1917 nutzten bei der Oberförsterei Spangenberg 5 Russen, hier: Best. 180 Homberg, Nr. 350, f. 568.
978 Die Berechnung erfolgt hier unter Ausschluß der in anderen Fußnoten besonderen Fälle; hier geht es um die „Normalfälle". Als geflohen gemeldet werden in Best. 180 Homberg, Nr. 358 und Best. 180 Homberg, Nr. 350, Best. 180 Homberg, Nr. 349, ca. 120 wieder gefaßte Personen (sowie ein Rückkehrer) und ungefähr die gleiche Zahl an Flüchtlingen, über deren Ergreifung keine Meldung erfolgt ist.
979 Zwei einjährig-freiwillige Unteroffiziere Petr Lakevič und Isaak Zernesz, am 17. April 1915 in Stendal vermißt. Best. 180 Homberg, Nr. 358, f. 56. Vom Landwirt Böcker in Grone bei Göttingen flüchteten in der Nacht zum 23. Mai 1916 der Sergeant Ivan Ašetjakov/Četakov (wieder gefaßt), der Savon Gapon, Sergeant (wieder gefaßt), der Petr Kulakov, Sergeant (wieder gefaßt), der Egor Fomin, Feldwebel (wieder gefaßt), und der Soldat Ivan Rumjancev (wieder gefaßt). Best. 180 Homberg, Nr. 350 (wie im Folgenden), hier: f. 116, f. 156, 176. Józef Baskiewicz (Baskewitz) entlief am 28. Juni 1916 seiner Bäuerin in Elnhausen b. Marburg, f. 228. Stefan Voroncov und Fedor Peterov liefen in der Nacht zum 7. Juli 1916 von ihrer Arbeitsstelle, der Baumwollbleicherei in Herzberg/Harz, weg (wieder gefaßt), f. 231, 248. Nach Peter Sidorov wurde Mitte Juli 1916 im Deutschen Fahndungsblatt gesucht. Best. 180 Homberg, Nr. 350, f. 251. Zwei Unteroffiziere Nikolaj Turkin und Aleksandr Filipov flüchteten am 20. Juli von einem Arbeitskommando in Asche, Krs. Uslar (wieder ergriffen), f. 277, 300. Zwei Unteroffiziere und ein Gemeiner in Fehrlingsen, Krs. Northeim, am 24. Juli 1916: Aleksej Suštov, Sergej Ušackij, Boris (Bons) Gusev, f. 281. Der Kreis Marburg meldet am 20. Juli die Abwesenheit von Anton Opal'nik und Tit Pogonec in Todenhausen, f. 282. Im hanauischen Großauheim fand am 24. Juli ein größerer Ausbruch von fünf „Russen" aus dem Lager statt: Savosch, Auski, Cieply, Plotnikov, Postnjakovič, f. 291. Aus Münchhausen bei Marburg verschwanden am 25. Juli Ivan Sorokin und Ivan Skobickij, aus Oberrie-

193

den, Krs. Witzenhausen, der Jurij Karaev und der Rußlanddeutsche (?) Anton Schack (wieder ergriffen), f. 292, 390. Verabredet hatten ihre Flucht von mehreren Landwirtinnen in Ossenfelde b. Dransfeld in der Nacht zum 1. August 1916 offenbar zwei Unteroffiziere und ein Gemeiner: Petr Kulakov, Ivan Šestjakov, Afanasij Kruglov, f. 320. Vom Arbeitskommando in Hattenbach, Krs. Hersfeld, haben sich am 17. Aug. 1916 vier Gefangene entfernt: Piótr Suszków (Suschku), Michail Suchotin, Georg Sol´nikov, Daniel Sedrak, f. 357 ff.

980 Dedučev und Kuznecov, festgenommen am 16.8.1815, vgl. Best. 180 Homberg, Nr. 350 (wie im Folgenden), hier: f. 13. Riemer, Sitzow und Gulpak (Ukrainer ?), Arbeiter in Epterode, aufgegriffen um den 18.8.1915, f. 13. Aus dem Arbeiterkommando Wolfhagen b. Kassel flüchteten am 25.8. nachmittags zwei Russen. Telegramm, f. 14. Platon Pekarewicz und Aleksander Sertuk gelang im November 1915 die Flucht nicht, f. 19. Masičuk, Demčuk und Savijalov ergriffen, f. 22. Aus dem Arbeitskommando der Gemeinde Kerkuhn Altmark entwich am 12. Dez. der Savva Bidenko (wieder gefaßt), f. 26. Fünf Tage später traf es Heimboldshausen mit Gavriil Gavril´čuk und Timofej Kuz´min (wieder ergriffen), f. 27, 35 f. Die Unteroffiziere Michail Kuchtinov/Kachtinov und Il´ja Romanov sowie ein Gemeiner Michail Brujanov/Bryjanov waren in Dabrun, Bez. Halle, am 2. Jan. 1916 entlaufen (alle wieder gefaßt), f. 48. Flucht von vier Russen aus dem Arbeitskommando Rothenditmold am 7.6.1916, f. 55. Flucht des Gefreiten Chnekim Kuzmar, offenbar eines Turkstämmigen, am 15. Jan. 1916 aus Berka, Krs. Northeim (wieder ergriffen), f. 65. Von Waldarbeiten im Forst Bettenhausen entfernten sich Ende April Stepan Guridin und Ivan Machotin, die zum Arbeitskommando Witzenhausen gehörigen Mammiak und Jeselev wurden wieder ergriffen, f. 78. Vom Arbeitskommando in Elnhausen, Krs. Marburg, entfernten sich am 4. Mai 1918 der Alexander Bekuva und der Andrej Spoljakov, f. 86, 99. Am gleichen Tag verschwand der zum Lager Niederzwehren gehörige Pavel Juskanin aus Heimboldshausen, f. 87. Hubert Kristopaniec und Sergij Kudrjašin verschwanden in der Gemeinde Neusesen bei Werleshausen/Werra am 15. Mai 1916 (wieder ergriffen), f. 105, 144. Grigorij Davidov entfernte sich in der Nacht zum 16. Mai 1916 aus Ebsdorf, f. 107. Am 19. Aug. 1918 flüchtete aus Homberg der Zachar Sidorenko. Vgl. Best. 180 Homberg, Nr. 348, f. 1.

981 Runderlaß mit einer Warnung vor den Folgen für die öffentliche Sicherheit, Berlin 1915, Mai 29, in: Best. 180 Homberg, Nr. 358.

982 Verfügung Nr. 965: Die Wiederergreifung russischer Kriegsgefangener, Kassel, 1916, Nov. 16, in: Kriegs-Korps-Verordnungs-Blatt, 1. Jg. (1916), 1916, Nov. 21, 144. Stück, in: Best. 165, Nr. 3683, f. 103.

983 Zur Flucht aus der Gegend von Göttingen zunächst nur von 3 Russen und einem Balten am 2. und 3. April 1917, dann aber von insgesamt 13 Personen von verschiedenen Arbeitsstellen (wieder gefaßt), vgl. Best. 180 Homberg, Nr. 349, f. 31, 35, 61, 70. Offenbar wartete man in diesem Gefangenenlager nicht ab, sondern witterte durch die Revolution eine Chance. Hanau, aus dem sonst keine Meldungen eingingen, vermißte gleichzeitig nur einen Russen und einen Franzosen, wenig später 2 Russen, ebenda, f. 37. Nordhessen: In Niederaula/Hattenbach verschwanden gleichzeitig 3 Russen und 3 Polen, f. 34. Ihnen folgen aus Niederissigheim am 18. April Aleksandr Dubimev und Aleksandr Kolos, f. 37, und aus Conrode am 18. April der Unteroffizier Ivan Krasnyj und Petr Buroštin, f. 58, aus Kirchhof, Krs. Melsungen, der Nikotin Starcov und der Matfej Dedulin am 19. April 1917, f. 60, aus Altenburg, Krs. Melsungen, am 4. Mai 1917 der Simon Tolmačev, der Timofej Lukač und der Nikolaj Soncov, f. 85, und ein ungenannter Russe aus Oberbimbach am 9. Mai, f. 84. Bei der Gewerkschaft Heimboldshausen fehlt am 11. Mai der Vasilij Suslov, f. 99. In Rhünda verschwanden am 24. Mai 1917 der Kuz´ma Perevozčikov und der Vasilyj Hlusin, f. 146, aus Aua der Semion Klubin am Tag zuvor, f. 149. Am 30. Mai war nicht nur der Nikitova Ivanov von seinem Bauern in Melsungen, sondern vor allem ein größerer Trupp vom Arbeitskommando in Herlefeld verschwunden: Gavriil Prodan, Andrej Samarin, Ivan Sporjagin, Ivan Rachman, Michail Vorebëv, Timofej Sisotkin und Osip Michalenko, f. 157. Am 4. Juni fehlten von Arbeitskommandos in Niederaula, Willingshain und Heimboldshausen bei Hersfeld offenbar einzeln der Nikifor Boltun, der Aleksej Bazalov, der Ivan Komcov und der Fedor Gasenko, f. 172. Hersfeld vermißte einen Tag später den Pavel Koetaev, den Theodor Bajaron und den

Osip Vušenko, f. 174a. Bei der Firma Kaufmann & Co. in Beiseförth verschwanden am 11. Juni 4 Russen bzw. Ukrainer: Stepan Agavolov, Matfej Kudrin, Ivan Grisulov und Andryj Timošenko, f. 183n. Bei der Gewerkschaft Herfa fehlte am 14. Juni 1917 der Vasilij Alekseev, in Kathus bei einem Arbeitskommando Porfirij Temnin, Ivan Grigorev, Sergej Frolov und von dem in Heimboldshausen Vasilij Suslov, Ivan Egorov und Gedor Gasenko, f. 185. Bei seinem Bauern in Mörshausen flüchtete am 18. Juni 1917 der Grigorij Brjuchin, in Melsungen der Kiril Belyj und der Ustin Macuev, aus Gensungen b. Melsungen Dmitrij Klibanov, Ivan Popov und Jurij Žurakov, f. 201-202.

984 Vgl. die Meldungen ab Juni 1917, in: Best. 180 Homberg, Nr. 346, f. 1, 18, 20, 24, 33, 42, 60, 64, 65.

985 Kriegsministerium, Berlin, 1917, Juni 8, in: Best. 180 Homberg, Nr. 349, f. 180, 187. Etwa gleichzeitig fiel eine auffällige Sammlung von deutschem Hartgeld auf, Militärische Polizeistelle, Kassel, 1917, Juni 11. Im harmlosesten Fall wurden auch daraus nur Ringe gefertigt, die vor allem durch Russen aus Messing oder Aluminium hergestellt wurden, offenbar aber nicht in Nordhessen, vgl. f. 183a-183i.

986 Kriegsministerium, Berlin, 1915, Sept. 13, in: Best. 180 Homberg, Nr. 385.

987 Leopold Stockmann, Belgier, flüchtete mit dem russischen Juden Janne Jankel in Apelern b. Rinteln. Best. 180 Homberg, Nr. 350, f. 344. Gemeinsamer Fluchtversuch von Russen mit einem Franzosen, am 9. Okt. 1916, ebenda, f. 452. Vgl. zuvor die Flucht des Baptiste Lombard und des Petr Nazarenko aus dem Arbeitslager Burg am 16. Aug. 1915 (wieder ergriffen). Best. 180 Homberg, Nr. 358. Ähnlich flüchten ein Franzose, Lucien Surble, und zwei Russen, Sergej (Sarjen) Telepa und Gerasim Sandrika, Anfang September 1917 von einem Arbeitskommando in Herfa, vgl. Best. 180 Homberg, Nr. 345, f. 79 f. Flucht des russ. Oberleutnants Boris Pavlovskij und des franz. Oberleutnants Maurice Gueranger aus dem Offizierslager Bad Colberg. Best. 180 Homberg, Nr. 45, f. 80 ff.

988 Aus einem Kalkwerk in Bischofferode, Krs. Worbis, flüchteten in der Nacht zum 3. Aug. 1916 drei Soldaten: Fedor Šetein, Petr Osmapka und Dimitrij Doska/Deska (wieder ergriffen), vgl. Best. 180 Homberg, Nr. 350, f. 322, 390.

989 Fürst Viktor Svjatopolk-Mirskij, der Belgier Jules Bastin und Józef Koziradski, Telegramme in: Best. 180 Homberg, Nr. 358, f. 47-49. Bastin wagt kaum einen Monat später einen zweiten Fluchtversuch aus dem Offizierslager Magdeburg (wieder ergriffen). Regierungspräsident Kassel, 1915, Mai 15, Mai 19, Mai 29, ebenda. Bei einem Ausbruch von sieben hochrangigen russischen und einem englischen Offizier aus dem Offizierslager Hann. Münden wurde vermutet, diese würden getrennt von einander und bei Nacht nach Holland marschieren. Sie wurden wieder gefaßt, doch einer von ihnen Konstantin Tarasov aus Moskau nahe der holländischen Grenze auf der Flucht erschossen. 1915, April 15, in: Best. 180 Homberg, Nr. 358, f. 52-53, 54, 58, 64.

990 Einzige Meldung über die Flucht des Leutnants Aleksandr Abramovič aus Minsk und des baltendeutschen Sanitäters Alexander Freymann aus Riga aus dem Reservelazarett III Stettin am 6. April 1916, ebenda.

991 Ebenda, Nr. 31: Die Behandlung russisch-polnischer Arbeiter vom 8.12.1917, Kassel, 1918, Jan. 23, in: Kriegs-Korps-Verordnungs-Blatt, 3. Jg. (1918), 1918, Jan. 29, 11./12. Stück, in: Best. 165, Nr. 3683, f. 140.

992 Gutsbesitzer Freytag, Grünhof, 1916, Juli 19, in: Best. 180 Homberg, Nr. 343, f. 69 ff.

993 Wachtmeister Groß aus dem Melsunger Beritt der 11. Gendarmerie-Brigade über Konflikte in Rückersfeld, 1916, August 28, in: Best. 180 Homberg, Nr. 350, f. 380 ff. Hier hatten Gefangene unterschiedlicher Nationalität (Franzosen/Russen) wegen schlechter Behandlung mehrfach die Arbeit verweigert.

994 1915, Aug. 15/18 in: Best. 180 Homberg, Nr. 358.

995 Zur Amtsenthebung des Bürgermeisters von Rückersfeld als Kommandoführer bei kriegsgefangenen Franzosen, vgl. Best. 180 Homberg, Nr. 343, f. 56 ff.

996 Best. 180 Homberg, Nr. 343, f. 88. Auch: Kommandantur des Kriegsgefangenenlagers Kassel, Niederzwehren 1917, Dez. 22, f. 195.

997 Kommandantur des Kriegsgefangenenlagers Kassel, Niederzwehren, 1917, Februar 23 (geheim mit Eilt-Vermerk), in: Best. 180 Homberg, Nr. 350, f. 917.

998 Meldung vom 10. April 1917, in: Best. 180 Homberg, Nr. 350, f. 817.

999 Kriegs- und Innenministerium, 1917, April 30, in: Best. 180 Homberg, Nr. 343, f. 147 v. Zu

Methoden der Feindpropaganda und zu Sabotageakten, vor allem von französischer Seite, vgl. Generalkommando beim XI. Armeekorps, Kassel, 1917, Mai 10, in: Best. 180 Homberg, Nr. 343, f. 150 ff.; Landrat aufgrund eines Erlasses aus dem Kriegsministerium, Homberg, 1917, Juni 5, ebenda, f. 155 v. ff.; zu den deutschen Gegenmaßnahmen und Schulungen auch, ebenda, f. 162, 187 ff.

1000 Landwirtschaftsamt Kassel, 1917, April 3, in: Best. 180 Homberg, Nr. 343 (wie im Folgenden), hier: f. 139 ff.; Stellvertretendes Generalkommando XI wegen der Schadensstiftung durch Kriegsgefangene mit der Anweisung, die Kriegsgesetze einzuschärfen, Kassel, 1917, Mai 2, f. 149; dass. wegen verbrecherischer Anschläge von Kriegsgefangenen, Kassel, 1917, Mai 3, f. 150; öffentliche Bekanntmachung wegen Einführung der Todesstrafe bei Sabotage und Nichtanzeige von geplanten Sabotageakten. Kassel, 1917, Mai 24, f. 170.

1001 Einzelfälle in Best. 180 Homberg, Nr. 348. Die Gesindeordnung war 1919 aufgehoben worden. Die Ausländer waren daher wie freie Arbeiter zu behandeln. Best. 165, Nr. 1254, f. 62. Vgl. etwa: Antrag des Bürgermeisters von Dillich, 1916, Jan 28, in: Best. 180 Homberg, Nr. 358.

1002 Kommandantur des Kriegsgefangenenlagers Kassel, Niederzwehren, 1918, März 30, in: Best. 180 Homberg, Nr. 343, f. 206 ff.

1003 Dass., Niederzwehren, 1918, August 3, ebenda, f. 224.

1004 Dass., Niederzwehren, 1918, Juni 10, ebenda, f. 218.

1005 Kriegsministerium über das Verbleiben der russischen und rumänischen Kriegsgefangenen in Deutschland und Heirat derselben, Berlin, 1918, Juli 21, ebenda, f. 226a: Sofortige Einbürgerung war nur von Rußlanddeutschen vorgesehen. Heirat mit Deutschen war für alle möglich. Auch: Kommandantur des Kriegsgefangenenlagers Kassel, Niederzwehren, 1921, April 26, in: Best. 180 Homberg, Nr. 348.

1006 Innenminister, 1920, Juni 2, in: Best. 165, 1254, f. 90 ff.; 1920 übertraf die Zahl der Kriegsgefangenen in der Landwirtschaft die der dortigen zivilen ausländischen Arbeiter noch um ein Drittel. Best. 165, Nr. 1254, f. 94. 1922/23 gab es noch immer in der Landwirtschaft tätige ehemalige russische Kriegsgefangene im Regierungsbezirk Kassel, doch hat deren Zahl stark abgenommen, was darauf hindeutet, daß sie weiter gewandert sind. Best. 165, Nr. 1214. Hauptaufnahmeland war Frankreich, das Arbeitskräfte suchte. Vgl. M. R. Marrus, The Unwanted. European Refugees in the Twentieth Century, New York, Oxford 1985, S. 113, 145 ff.

1007 So Abwicklungsstelle des Kriegsgefangenenlagers Kassel, Kassel 1922, Jan. 12, in: Best. 180 Homberg, Nr. 348.

1008 Zur Vorgeschichte des sog. „Nansenpasses" für Staatenlose und kurz zu den Problemen der nicht wieder zurückkehrenden Kriegsgefangenen, vgl. Marrus, S. 93 ff. Übrigens spekulierten bis zum Ende des Bürgerkrieges die Westmächte auf russische Emigranten als potentielle Truppen in einem weiteren Krieg gegen die Bolschewiki. Ebenda, S. 84.

1009 Zur grundsätzlich sehr restriktiven Einwanderungs-/Einbürgerungspolitik des Deutschen Reichs in der Kaiserzeit, vgl. I. Wertheimer, Unwelcome Strangers, East European Jews in Imperial Germany, New York, Oxford 1987, S. 42 ff. Nach dem Krieg blieben die Grenzen für jüdische Migranten aus dem Osten weiter geschlossen, doch entschloß sich die deutsche Seite zur Tolerierung der zwischen 1914 und 1921 z.T. als Arbeitskräfte angeworbenen, teils vor Pogromen in der Ukraine oder Gewalttakten in Polen geflüchteten 100 000 „Ostjuden", von denen jedoch ca. 40% weiter wanderten. Die neu gegründeten Staaten Ostmitteleuropas nahmen zunächst keine jüdischen Rückwanderer auf. Vgl. dazu: I. Blank, „... nirgends eine Heimat, aber Gräber auf jedem Friedhof": Ostjuden in Kaiserreich und Weimarer Republik, in: Deutsche im Ausland – Fremde in Deutschland, S. 326 f. Vgl. den grundlegenden, liberalisierenden Erlaß des Innenministers, 1915, Juli 20, in: Best. 165, Nr. 1254, f. 41 f., dann: Innenminister, 1919, Nov. 1, über die Duldung der Ostjuden, ebenda, f. 63 ff. Ein schikanöser Einzelfall der Nachkriegszeit, eines in die Emigration oder in die Basaltwerke gezwungenen jüdischen Schusters, in: Best. 165, Nr. 1252, f. 132 ff. Grundsätze der Anwerbung und Beschäftigung von Ostjuden in der Kriegswirtschaft, in: Best. 165, Nr. 1254. Von der Abschiebung nicht rückkehrwilliger Osteuropäer in ihre Heimat sollte ebenfalls abgesehen werden. Innenminister, 1920, Nov. 29, ebenda, f. 110. Kriminelle konnten in ein Sammellager (Stargard, Cottbus-Sielow) eingewiesen werden.

1010 Vgl. die Listen der Ausgewiesenen aus dem preußischen Staatsgebiet der Jahre 1921–1923, in: Best. 165, Nr. 7069.

1011 Sie unterlagen dem Abkommen vom 19.4.1920, vgl. Reichsgesetz vom 31. Mai 1920, in: Reichsgesetzblatt, S. 1183. Dazu: Best. 165, Nr. 1254, f. 119. Aber die Beteiligung von Russen an den Unruhen in Mitteldeutschland und ein befürchtetes Zurückfluten von russischen Kriegsgefangenen aus Frankreich führte zu verschärfter Aufsicht, ebenda, f. 131 ff.

1012 Die zweibändige von der Akad. d. Wiss. herausgebrachte, natürlich vom Ansatz her anders ausgerichtete Arbeit: Kul´turnoe nasledie rossijskoj ėmigracji 1917–1940 [Das Kulturerbe der russischen Emigration 1917–1940], E. P. Čelyšev, D. M. Šachovskoj, 2 Bde., Moskau 1994 erwähnt diese Emigrantengruppe überhaupt nicht. Ähnlich: K. Schlögel, Berlin. Ostbahnhof Europas. Russen und Deutsche in ihrem Jahrhundert, Berlin 1998, S. 31, 92, 108.

BILDNACHWEIS

1 Russischer Bär, aus einer Karikatur von 1812, Privatbesitz.
2 Evgenija Vladimirovna Pasternak, Boris Pasternak in den 20-er Jahren, Ölgemälde, Privatbesitz, nach: Alma mater philippina SS 1991.
3 Ernst Herrmann, aus: Professorenbildersammlung, Universitätsmuseum Marburg.
4 Ein kleglichs und erbermlichs Lied von der grawsamen Tyranney, so die Moscoviter mit der Stat Reffel in Lieffland getrieben hat, in: Staatsarchiv Marburg, Best. 115.2. Pak. 414.
5 Sigismund v. Herberstein in moskovitischer Tracht, aus: Sigismund v. Herberstein, Moscovia, 1549.
6 Moskovitischer Reiter, aus Sigismund v. Herberstein, Moscovia, 1549.
7 Siegel des Großfürsten von Litauen (und Königs von Polen) Sigismunds II. Augusts am durch Blut befleckten Adelsdiplom des Abenteurers und Publizisten Johann Taube, 1572, April 30, in: Staatsarchiv Marburg, Best. 701, Kurländische Ritterschaft, VI, 3 v. Taube, Nr. 1.
8 Privilegium Sigismundi Augusti, 1561, Nov. 28. Übernahme der Lehenshoheit vom Kaiser durch den Großfürsten von Litauen mit Garantie der Rechte der Ritterschaft, in: Staatsarchiv Marburg, Best. 701, Kurländische Ritterschaft, V, 4, Nr. 1.
9 Moskoviter der Regensburger Gesandtschaft, aus: Wahrhafftige Contrafaktur der Legation oder Gesandten der Großfürsten aus Moscaw an die Römische Kaiserliche Majestät, Regensburg 1576.
10 François Antoine Aveline (1727–1780), Plan von Moskau, 18. Jahrhundert, Privatbesitz.
11 Ders., Der Moskauer Kreml', Privatbesitz.
12 Mitglied der Zarenfamilie der Zeit Peters d. Gr. noch in altrussischer Tracht, Russisches Museum, St. Petersburg, Sign.: Ж-3970.
13 Jakob v. Kurland, Ölgemälde, Schloß Gripsholm, Schweden, Sign. Grh 184.
14 Karte Delisles von Polen mit Kurland, Stich, 18. Jahrhundert, Privatbesitz.
15 Prinz Georg v. Hessen, Ölgemälde, Hessische Hausstiftung, Museum Schloß Fasanerie, Eichenzell b. Fulda.
16 Anna Petrovna, ca. 1725, Leihgabe SKH Anton Günther Herzog von Oldenburg an die Schleswig-Holsteinische Landesbibliothek Kiel.
17 Karl Friedrich v. Holstein-Gottorp, Leihgabe SKH Anton Günther Herzog von Oldenburg an die Schleswig-Holsteinische Landesbibliothek Kiel.
18 Badehaus auf der Saline bei Pyrmont, Stich, Anf. 19. Jh., in: Staatsarchiv Marburg, Slg. 7c, Nr. 301.
19 Newa-Ansicht, Radierung, 18. Jahrhundert, vermutlich aus dem Album J. P. Vinogradov, Plan der Hauptstadt St. Petersburg mit Abbildungen seiner bekanntesten Ansichten, St. Petersburg 1753. Privatbesitz.
20 Autograph Katharinas II. mit Akkreditierung des Grafen Nikolaj Rumjancev zum Gesandten bei mehreren Reichskreisen in Frankfurt/Main nach dem Frieden von Teschen, 1781, Dez. 2, in: Staatsarchiv Marburg, Best. 4f Rußland, Nr. 37.
21 Reiterstandbild Peters des Großen, Stich, Russisches Museum, St. Petersburg.
22 Stich aus: August, Dahlsteen, Russische Trachten und Ausrufer in St. Peterburg. Habillements es et Crieurs de St. Petersbourg, Kassel ca. 1750–1760, Stiftung Preuß. Kulturbesitz, Kunstbibliothek, Berlin-Dahlem.
23 Michail Vasil'evič Lomonosov, GIM, Moskau, Sign. I.I. 3080/57057/35.
24 Matrikel der Universität Marburg mit Eintrag der drei russischen Studenten, 1736, Nov. 17, in: Staatsarchiv Marburg bzw. Universitätsarchiv, Best. 305a.
25 Christian Wolff, Professorenbildersammlung, Universitätsbibliothek Marburg.
26 Autograph Lomonosovs mit der Bitte um Benutzung eines chemischen Labors, 1740, Dez. 4, in: Universitätsarchiv Marburg bzw. Staatsarchiv, Best. 305a, A IV 3a, Nr. 8.
27 Ansicht von Marburg, Federzeichnung, Mitte 18. Jahrhundert, Staatsarchiv Marburg, Slg. 7d, Nr. 201.
28 Erneuertes Verbot des Schuldenmachens der Studenten, 1746, Dez. 20, in: Staatsarchiv Marburg, Best. 5, Nr. 7795, f. 78.
29 Ludwig Grimm, Gerhard Wilhelm v. Reutern beim Zeichnen einer Schwälmerin, Privatbesitz.
30 Manifest Katharinas mit Einladung der Wolgadeutschen, 1763, Juli 25, Staatsarchiv Marburg, Best. 4e, Nr. 1807.
31 Carl Rhode, Willingshäuser Schule, Hessische Auswanderer, Ölgemälde, 1824, Staatliche Kunstsammlungen, Kassel.

32 Hessische Verlustliste der Grande Armée, 1818, in: Staatsarchiv Marburg, Best. 9a, Nr. 2404.
33 Christian Wilhelm Faber du Faur, In der Gegend von Bobr eine Gruppe Soldaten. In der Mitte ein Jäger der französischen Kaisergarde beim Versuch einen schwer verwundeten General und dessen Frau vor angreifenen Kosaken zu schützen. Bayrisches Armeemuseum Ingolstadt.
34 Das Gefangenenlager Wetzlar, Stadtarchiv Wetzlar.
35 Ukrainische Lagerzeitung aus Wetzlar, Stadtarchiv Wetzlar.
36 Verordnungen über das Verhalten gegenüber den Kriegsgefangenen, 1914, Aug. 18 bzw. Dez. 1, in: Staatsarchiv Marburg; Best. 180 Homberg, Nr. 358.
37 Jean Marc Nattier, Peter der Große, 1717, Ölgemälde, Residenzmuseum München, Grüne Galerie, Sign.: G 268.
38 Chiffriertes Schreiben des Gesandten an Peter d. Gr., 1716, in: Staatsarchiv Marburg, Best. 4f Rußland, Nr. 7, f. 4.
39 Katharina II. die Große, Sammlung Springer/Fielmann in Gut Schierensee.

Dank

Der Dank für die Unterstützung der Veröffentlichung sowie der zugehörigen Ausstellung geht an folgende Leihgeber von Bildern und anderen Realien: Den Staatlichen Museen Kassel, der Hessischen Hausstiftung, der Sammlung Springer/Fielmann in Gut Schierensee, der Schleswig-Holsteinischen Landesbibliothek Kiel bzw. SKH Günther Herzog von Oldenburg, dem Residenzmuseum München bzw. der Bayrischen Schlösserverwaltung, dem Nationalmuseum Schloß Gripsholm, Schweden, dem Staatlichen Historischen Museum Moskau (GIM) und dem Staatlichen Russischen Museum St. Petersburg, dem Bayerischen Armeemuseum Ingolstadt, der Kunstbibliothek der Stiftung Preußischer Kulturbesitz, Berlin, dem Malerstübchen Willingshausen e.V., dem Stadtarchiv Wetzlar und nicht zuletzt der Familie Pasternak, die dem Marburger Universitätsbund für dessen Veröffentlichungen über den Dichter seinerzeit Originalbildmaterial zur Verfügung gestellt hatte.

Abkürzungen

GIM	Staatliches Historisches Museum, Moskau
HRG	Handwörterbuch der Deutschen Rechtsgeschichte
JbfGO	Jahrbücher für Geschichte Osteuropas
PA	Politisches Archiv Philips des Großmütigen, in: STA Marburg
PdI	Protokoll des Innern
PSZ	Polnyj svod zakonov
RGADA	Russisches Staatsarchiv Alter Akten (früher: CGADA)
STA	Staatsarchiv
TODRL	Trudy otdela drevnerusskoj literatury
UB	Universitätsbibliothek
ZHG	Zeitschrift des Vereins für hessische Geschichte und Landeskunde

Ungedruckte Quellen

Sämtliche in den Anmerkungen als „Best." ausgewiesene ungedruckte Quellen stammen aus dem Staatsarchiv Marburg.

Curländische Formula regiminis, Landesstatuta und Ritterbank, Handschrift 18. Jh., in: Staatsarchiv Marburg, Bibliothek der Kurländischen Ritterschaft 701, XVI C 108.

Hauptstaatsarchiv Wiesbaden, Abt. 170 III Nr. 1604.

Gedruckte Quellen

G. N. Anpilogov, Nižegorodskie dokumenty XVI veka [Quellen aus Nižnij Novgorod im XVI. Jh.] Moskau 1977.

Domostroj, V. V. Kolesov, V. V. Roždestvenskaja, Hrsg. = Literaturnye pamjatniki, Petersburg 1994 [dtsch. Übersetzung, russ. Text umfangreicher: Altrussisches Hausbuch. „Domostroj", K. Müller, Übers., Leipzig, Weimar 1997].

G. Fletcher, the Russian Commonwealth = The Principal Navigations Voyages and Discoveries of the English Nation, The Hakluyt Society, Hrsg., Nr. 29, London 1856.

S. v. Herberstein, Das alte Rußland, W. v. d. Steinen, Übers., W. Leitsch, Hrsg., Zürich 1984 [hier zitiert].

S. Fhr. v. Herberstein, Moscovia, H. Kauders, Hrsg., Erlangen 1926.

A. v. Heyking, Hrsg., Aus Polens und Kurlands letzten Tagen. Memoiren des Baron Karl Heinrich Heyking (1752–1796), Berlin 1897.

Paul Juusten's Mission to Muscovy, H. F. Graham, Hrsg., in: Russian History – Histoire Russe, Bd. 13 (1986), Nr. 1, S. 65ff.

Kniga posol´skaja Metriki Velikago knjažestva Litovskago, soderžaščaja v sebe diplomatičeskija snošenija Litvy v gosudarstvovanie korolja Sigismunda Avgusta [Gesandtschaftsbücher der Litauischen Metrik aus der Regierungszeit Sigismunds II. Augusts], M. Obolenskij/I. Danilovič, Hrsg., Moskau 1843. [Litovskaja metrika, Bd. 1]

Kniga posol´skaja Metriki Velikago knjažestva Litovskago, soderžaščaja v sebe diplomatičeskija snošenija Litvy v gosudarstvovanie korolja Stefana Batorija [dass. der Regierungszeit Stefan Báthorys], M. Pogodin/D. Dubenskij, Hrsg., Moskau 1843 [Litovskaja metrika, Bd. 2].

E. Kruse, Warhafftiger Gegenbericht auff die Anno 1578 ausgangene Lieflendische Chronica Balthasar Russows, Riga 1861.

M. Kurbskij, Istorija o velikom knjaze Moskovskom, G. Z. Kuncevič, Hrsg. = Russkaja istoričeskaja biblioteka, Bd. 31, Teil 1, Petersburg 1914 [in Englisch: Prince A. M. Kurbsky's History of Ivan IV., J. L. I. Fennel, Hrsg., Cambridge 1965].

M. V. Lomonosov, Polnoe sobranie sočinenij [Vollständige Sammlung der Werke], 10 Bde. und Nachtragsband, Moskau-Leningrad 1950 ff. [Polnoe sobranie].

Ders., Sočinenija, L. M. Modzalevskij, Hrsg., Bd. 8, Moskau, Leningrad 1848.

Pamjatniki diplomatičeskich snošenij Moskovskago gosudarstva s Pol´sko-Litovskim [Dokumente zu den auswärtigen Beziehungen des Moskauer Staates mit dem Polnisch-Litauischen], Bd. 3 (1560–1571), G. O. Karpov, Hrsg. = Sbornik Imperatorskago russkago istoričeskago obščestva, Bd. 71, Petersburg 1892.

Lomonosov v vospominanijach i charakteristikach sovremennikov [Lomonosov in den Erinnerungen und im Urteil der Zeitgenossen], G. E. Pavlova, Hrsg., Moskau, Leningrad 1962, S. 98 [Lomonosov v vospominanijach ... sovremennikov].

Boris Pasternak, Geleitbrief. Entwurf zu einem Selbstbildnis, Berlin 1958.

Ders., Gedicht „Marburg" in: Boris Pasternak, Drei Gedichte, Nina Preussfreund, Übers., in: alma mater philippina, WS 1971/72, S. 44.

Ders., Sommer 1912. Briefe aus Marburg, S. Dorzweiler, Hrsg., Marburg 1990.

Ders., Stichotvorenija i poemy [Gedichte und Poeme], A. D. Sinjavskij, L. A. Ozerova, Hrsg., Moskau-Leningrad 1965.

Patriaršaja ili Nikonovskaja letopis [Die Chronik des Patriarchen oder Nikons], in: Polnoe sobranie russkich letopisej, Bd. 13,2, 2. Aufl., Moskau 1965.

A. Possevino, The Moscovia, H. F. Graham, Hrsg. = University Center for International Studies. Series in Russian & East European Studies, Nr. 1, Pittsburg 1977.

Povest´ vremennych let [Die Erzählung von den alten Zeiten], V. P. Adrijanova-Peretc, D. S. Lichačev, Hrsg., Moskau, Leningrad 1950, Bd. 1.

Pskovskie letopisi [Pskover Chroniken], A. Nasonov, Hrsg., Bd. 1, Leningrad 1941.

Johann Stephan Pütter, Selbstbiographie zur dankbaren Jubelfeier seiner 50jährigen Professur, Bd. 1, Göttingen 1798.

Die russische Gesandtschaft am Regensburger Reichstag 1576, E. Völkl. K. Wessely, Hrsg. = Schriftenreihe des Regensburger Osteuropainstituts, Bd. 3, Regensburg 1976.

Rossija XVIII v. glazami inostrancev [Rußland im 18. Jh. mit den Augen von Ausländern], Ju. A. Limonov, Hrsg., Leningrad 1989.

Sammlung von Gesetzen, Verordnungen, Ausschreiben und sonstigen allgemeinen Verfügungen für die kurhessischen Staaten, Bd. 2, Kassel [1820], [Gesetzessammlung].

Neue Sammlung der Landes-Ordnungen, Ausschreiben und anderer allgemeinen Verfügungen, welche bis zum Ende des Oktobers 1806 für die älteren Gebietsteile Kurhessens ergangen sind, Bd. 1, Kassel 1828. [Neue Sammlung].

Skazanie o Knjazjach vladimirskich [Die Erzählung über die Fürsten von Vladimir], R. P. Dmitrieva, Hrsg., Moskau, Leningrad 1952.

K. Stumpp, Die Auswanderung aus Deutschland nach Rußland in den Jahren 1763 bis 1862, 4. Aufl., 1985 [vor allem: Namenslisten].

Die kurhessische Verfassung von 1831, R. Polley, Hrsg., = Marburger Reihe, Nr. 16, Marburg 1981.

Briefe von Christian Wolff aus den Jahren 1719-1753. Ein Beitrag zur Geschichte der kaiserlichen Akademie der Wissenschaften zu St. Petersburg, St. Petersburg 1860.

Zakonodatel´stvo perioda obrazovanija i ukreplenija Russkogo centralizovannogo gosudarstva [Die Gesetzgebung der Periode der Bildung und Festigung des russischen zentralisierten Staates] = Rossijskoe zakonodatel´stvo X-XX vv., O. I. Čistjakov u. a., Hrsg., Moskau 1985, Bd. 2.

Chr. G. v. Ziegenhorn, Staatsrecht der Herzogtümer Curland und Semgallen, Königsberg 1772.

LITERATUR

M. A. Alpatov, Russkaja istoričeskaja mysl´ i zapadnaja Evropa (XVIII-pervaja polovina XIX veka) [Das russische historische Denken und Westeuropa (18.–1. Hälfte 19. Jh.)], Moskau 1985.

E. Amburger, Beiträge zur Geschichte der deutsch-russischen kulturellen Beziehungen, Giessen 1961.

Ders., Geschichte der Behördenorganisation Rußlands von Peter dem Großen bis 1917 = Studien zur Geschichte Osteuropas, Bd. X, Leiden 1966.

N. Angermann, Studien zur Livlandpolitik Ivan Groznyjs = Marburger Ostforschungen, Bd. 32, Marburg 1972.

E. V. Anisimov, Rossija bez Petra [Rußland ohne Peter], St. Petersburg 1994.

Ders., Rossija v seredine XVIII veka. Bor´ba za nasledie Petra [Rußland Mitte des 18. Jhs. Der Kampf um Peters Erbe], Moskau 1986.

Ders., Vremja petrovskich reform [Die Zeit der petrinischen Reformen], Leningrad 1989.

A. S. Archangel´skij, Očerki iz istorii zapadno-russkoj literatury XVI-XVII vv. Bor´ba s katoličestvom i zapadno-russkaja literatura konca XVI-pervoj poloviny XVII v. [Skizzen aus der Geschichte der westrussischen Literatur des XVI.-XVII. Jhs.: Der Kampf mit dem Katholizismus und die westrussische Literatur vom Ende des XVI. bis in die erste Hälfte des XVII. Jhs.], Moskau 1888.

E. Ju. Artemova, Kul´tura Rossii glazami posetivšich ee franzuzov (poslednjaja tret´ XVIII v.), [Die russische Kultur in den Augen französischer Reisender im letzten Drittel des XVIII. Jhs.], Moskau 2000.

L. Auburger, Rußland und Europa. Die Beziehungen M. V. Lomonosovs zu Deutschland, Heidelberg 1985.

I. Auerbach, Auswanderung aus Kurhessen. Nach Osten oder Westen? = Schriften des Hessischen Staatsarchivs Marburg, Bd. 10, Marburg 1993.

Dies., Auswanderung aus Kurhessen nach Südosteuropa, in: Hundert Jahre Historische Kommission für Hessen 1897–1997, Marburg 1997, Bd. 2, S. 871 ff.

Dies., Brände von Moskau, in: Felder und Vorfelder russischer Geschichte. Studien zu Ehren von Peter

Scheibert, I. Auerbach, A. Hillgruber, G. Schramm, Hrsg., Freiburg/Br. 1985, S. 32 ff.

Dies., Ivan Groznyj, Spione und Verräter im Moskauer Rußland und das Großfürstentum Litauen, in: Russian History – Histoire Russe, Bd. 14 (1987), Heft 1-4, S. 5 ff. [Auerbach].

Dies., Andrej Michajlovič Kurbskij. Leben in osteuropäischen Adelsgesellschaften des 16. Jahrhunderts, München 1985 [Kurbskij].

Dies., Nomina abstracta im Russischen des 16. Jahrhundert = Slavistische Beiträge, Bd. 68, München 1973.

Dies., Lebende Tiere als fürstliche Geschenke, in: Jahrbuch für Volkskunde, NF Bd. 25 (2002), S. 161 ff.

Dies., Die Rolle Waldecks bei der Rußlandauswanderung der Jahre 1765–1767, in: Geschichtsblätter für Waldeck, Bd. 75 (1987), S. 261 ff.

K. J. Bade, Hrsg., Deutsche im Ausland – Fremde in Deutschland, München 1992.

R. P. Bartlett, Human Capital. The Settlement of Foreigners in Russia 1762–1804, Cambridge, London, New York, New Rochelle, Melbourne, Sydney 1979.

G. Best, Humanity in Warfare. The Modern History of the International Law of Armed Conflicts, 2. Aufl., London 1982.

J. Béranger, Die Geschichte des Habsburgerreiches 1273 bis 1918, 2. Aufl., Wien, Köln, Weimar 1996.

R. Bonney, The European Dynastic States. 1494-1660 = The Short Oxford History of the Modern World, 3. Aufl., Oxford, New York, Athens, Auckland, Bangkok, Bombay etc. 1991.

G. Bonwetsch, Geschichte der deutschen Kolonien an der Wolga = Schriften des Deutschen Auslands-Instituts Stuttgart, Nr. 2, Stuttgart 1919.

D. Brandes, Die Deutschen in Rußland und der Sowjetunion, in: Deutsche im Ausland – Fremde in Deutschland, K. J. Bade, Hrsg., München 1992, S. 85 ff. [Die Deutschen in Rußland].

Ders., Einwanderung und Entwicklung der Kolonien, in: Deutsche Geschichte im Osten Europas. Rußland, G. Stricker, Hrsg., Berlin 1997, S. 35 ff. [Brandes].

O. Brunner, Land und Herrschaft, 4. Aufl., Wien, Wiesbaden 1959.

M. Busch, Deutsche in St. Petersburg 1865–1914 = Veröffentlichungen des Instituts für Kultur und Geschichte der Deutschen im östlichen Europa, Bd. 6, Koblenz 1995.

F. Carr, Ivan the Terrible, London, Totowa, New Jersey 1981.

N. Challis/H. W. Dewey, The Blessed Fools of Old Russia, in: JbfGO Bd. 22 (1974), Nr. 1, S. 2 ff.

Dies., Basil the Blessed, Holy Fool of Moscow, in: Russian History – Histoire Russe, Bd. 14 (1987), Nr. 1-4, S. 47 ff.

K. V. Charlampovič, Malorossijskoe vlijanie na velikorusskuju cerkovnuju žizn´ [Der Kleinrussische Einfluß auf das großrussische kirchliche Leben], Bd. 1 = Slavistic Printings and Reprintings, C. H. Schoneveld, Hrsg., Bd. 119, The Hague, Paris 1968 (Nachdruck der Ausgabe Kazan´ 1914)

H. Conrad, Deutsche Rechtsgeschichte, 2. Aufl., Karlsruhe 1962, Bd. 1.

Ph. Contamine, War in the Middle Ages, M. Jones, Übers., Oxford 1984.

St. Courtois, N. Werth, J.-L. Panné, A. Paczkowski, K. Bartosek, J.-L. Margolin, Das Schwarzbuch des Kommunismus. Unterdrückung, Verbrechen und Terror, I. Arnsperger u.a. Übers., 2. Aufl., München, Zürich 1998.

R. O. Crummey, New Wine in Old Bottles? Ivan and Novgorod, in: Russian History – Histoire Russe, Bd. 14 (1987), Heft 1-4, S. 61 ff.

Ders., The Old Believers and the World of Antichrist, Madison, Milwaukee, and London 1970.

K. P. Decker, Büdingen und Fauerbach bei Friedberg als Werbeplätze der Rußlandauswanderung von 1766, in: Wetterauer Geschichtsblätter, Bd. 30 (1981), S. 87 ff.

Z. V. Dmitrieva, Kataster (piscovye knigi) des russischen Reiches vom Ende des 15. bis ins 17. Jahrhundert, in: Archiv für Diplomatik, Schriftgeschichte, Siegel- und Wappenkunde, Bd. 40 (1994), S. 171 ff.

W. A. Eckhardt, Lomonossow in Marburg, in: Mitteilungen des Vereins für hessische Geschichte und Landeskunde, N.F. Nr. 22 (März 1991), S. 9 ff.

A. Eisfeld, M. Hellmann, Tausend Jahre Nachbarschaft. Rußland und die Deutschen, Hrsg., München 1988.

J. L. I. Fennel, Ivan the Great of Moscow, London 1961.

I. Fleischhauer, Die Deutschen im Zarenreich, Stuttgart 1986.

G. V. Forsten, Baltisjkij vopros v XVI i XVII stoletijach [Die baltische Frage im 16. und 17. Jh.] = Zapiski istoriko-filologičeskogo fakul´teta Imp. S.-Peterburgskago universiteta, Teil 33,1, Petersburg 1893.

H. Gödeke, Lomonosov in Marburg (1736–1741). Ein Betrag zu den deutsch-russischen wissenschaftlichen Beziehungen im 18. Jahrhundert, in: ZHG, Bd. 103 (1998), S. 95 ff.

I. Grüning, Graf Georg Cancrin (1774–1845) – Russischer Finanzminister, in: Lebensbilder aus Kurhessen und Waldeck 1830–1930, Bd. 3, I. Schnack, Hrsg., = Veröffentlichungen der Historischen Kommission für Hessen und Waldeck, Bd. 20, 3, Marburg 1942, S. 21 ff.

Ch. J. Halperin, Russia and the Golden Horde. The Mongol Impact on Medieval Russian History, Bloomington, Ind. 1985

Handbuch der hessischen Geschichte, W. Heinemeyer u.a. Hrsg., Bd. 4: Hessen im deutschen Bund und im neuen Deutschen Reich (1806) 1815 bis 1945, Zweiter Teilband: Die hessischen Staaten bis 1945, 1. Lieferung, Marburg 1998, 2. Lieferung, Marburg 2000 (wird fortgesetzt).

R. S. Hartigan, The Forgotten Victim: A History of the Civilian, Chicago, Ill. 1982.

W. Heller, Kooperation und Konfrontation. M. V. Lomonosov und die russische Wissenschaft im 18. Jahrhundert, in: JbfGO, Bd. 38 (1990), Heft 1, S. 1 ff.

R. Hellie, R. Hellie, What Happened? How did he get away with it? Ivan Groznyi´s Paranoia and the Problem of Institutional Restraints, in: Russian History – Histoire Russe, Bd. 14 (1987), Heft 1-4, S. 199 ff.

Ders., Slavery in Russia. 1450–1725, Chicago, London 1982.

U. Herbert, Geschichte der Ausländerpolitik in Deutschland, München 2001.

E. Herrmann, Geschichte des russischen Staates = Geschichte der europäischen Staaten, A. H. L Heeren/F. A. Ukert, Hrsg., Bd. 6, Gotha 1860.

J. T. Johnson, Ideology, Reason and the Limitations of War. Religious and Secular Concepts 1200-1740, Princeton, N. J. 1975.

R. E. Jones, Provincial Development in Russia. Catherine II. and Jacob Sievers, New Brunswick, N.J. 1984.

E. M. Juchimenko, Hrsg., Staroobrjadčestvo v Rossii (XVII-XX vv.) [Das Altgläubigentum in Rußland (17.–20. Jh.)], Moskau 1999.

M. A. Jusim, Knigi iz biblioteki Simeona Polockogo – Sil´vestra Medvedeva [Bücher aus der Bibliothek des Simeon Polickij – Sylvester Medvedev], in: TODRL, Bd. XLVII (1993), S. 312 ff.

V. M. Kabuzan, Zaselenie Novorossii XVIII. – pervoj polovine XIX v. (1719–1858) [Die Besiedlung Neurußlands im 18. bis zur 1. Hälfte des 19. Jhs.], Moskau 1967.

F. B. Kaiser, Die russische Justizreform von 1864. Zur Geschichte der russischen Justiz von Katharina II. bis 1917 = Studien zur Geschichte Osteuropas, Bd. 14, Leiden 1972.

F. Kämpfer, Das Rußlandbuch Sigismunds v. Herberstein „Rerum Moscoviticarum Commentarii". 1549–1999. Beiträge zu Ehren der Internationalen Tagung im Oktober 1999 an der Universität Münster, Hamburg 1999.

Ders./F. Frötschner, Hrsg., 450 Jahre Sigismund von Herberteins Rerum Moscoviticarum Commentarii 1549–1999. Jubiläumsvorträge = Schriften zur Geistesgeschichte des östlichen Europa, Bd. 24, Wiesbaden 2002 [450 Jahre Sigismund v. Herberstein].

F. B. Kaiser/B. Stasiewski, Hrsg., Reiseberichte von Deutschen über Rußland und von Russen über Deutschland = Studien zum Deutschtum im Osten, Bd. 15, Köln, Wien 1980.

A. Kamenskij, Rossijskaja imperija v XVIII v. Tradicii i modernizacija [Das russische Reich im 18. Jh.. Tradition und Modernisierung], Moskau 1999.

A. Kappeler, Ivan Groznyj im Spiegel der ausländischen Druckschriften seiner Zeit. Ein Beitrag zur Geschichte des westlichen Rußlandbildes = Geist und Werk der Zeiten, Nr. 33, Bern 1972 [Ivan Groznyj].

Karsten, Hrsg., Vorurteil. Ergebnisse psychologischer und soziologischer Forschung, Darmstadt 1978.

H. Keipert, Lomonosov und Luther, in: Die Welt der Slaven, Bd. XLI (1996), S. 62 ff.

W. Kliutschewskij, Geschichte Rußlands, F. Braun/ R.v. Walter, Hrsg., Bd. 4, Stuttgart, Leipzig, Berlin 1926.

V. B. Kobrin, Istočniki dlja izučenija čislennosti i istorii formirovanija opričnogo dvora [Quellen für das Studium der Personenzahlen und der Ausgestaltung des Opričnina-Hofes], in: Archeografičeskij ežegodnik za 1962 g., 1963, S. 16 ff.

G. D. Komkov, B. V. Levšin, L. K. Semenov, Akademija Nauk SSSR. Kratkij istoričeskij očerk [Die Akademie der Wissenschaften der UdSSR. Kurzer historischer Abriß], 2. Aufl., Bd. 1, Moskau 1977.

L. Kopelew, Lomonosov – ein streitbarer Kollege, in: Deutsche und Deutschland aus russischer Sicht. 18. Jahrhundert: Aufklärung, S. 155 ff. [Kopelew, Lomonosov].

L. Kopelew, D. Herrmann, K.-H. Korn, Hrsg., Deutsche und Deutschland aus russischer Sicht. 18. Jahrhundert: Aufklärung = West-östliche Spiegelungen, Reihe B, Bd. 2, München 1992.

L. Kopelew, M. Keller, u.a., Hrsg., Russen und Rußland aus deutscher Sicht. 9.–17. Jahrhundert = West-östliche Spiegelungen, Reihe A, Bd. 1, München 1985.

E. O. Koßmann, Die Einwanderung der Hessen in die Lodzer Gegend, in: Deutsche Monatshefte in Polen, Aug./Sept. 1937, S. 98 ff.

J. Kunisch, H. Neuhaus, Hrsg., Der dynastische Fürstenstaat. Zur Bedeutung von Sukzessionsordnungen für die Entstehung des frühmodernen Staates, Berlin 1982.

E. Lebedev, Lomonosov, 2. Aufl., Moskau 1990.

W. Leitsch, Westeuropäische Reiseberichte über den Moskauer Staat, in: Reiseberichte als Quellen europäischer Kulturgeschichte, A. Mączak, H. J. Teuteberg, Hrsg. = Wolfenbütteler Forschungen, Bd. 21, Wolfenbüttel 1982, S. 153 ff.

D. S. Lichačev, A. M. Pančenko, „Smechovoj mir" drevnej Rusi [Die Welt des Komischen im Alten Rußland], Leningrad 1976.

A. Mączak, H. J. Teuteberg, Hrsg., Reiseberichte als Quellen europäischer Kulturgeschichte. Aufgaben und Möglichkeiten der historischen Reiseforschung = Wolfenbütteler Forschungen, Bd. 21, Wolfenbüttel 1982.

E. Matthes, Das veränderte Rußland. Studien zum deutschen Rußlandverständnis im 18. Jahrhundert zwischen 1725 und 1762 = Europäische Hochschulschriften, Reihe III, Bd. 135, Frankfurt/Main, Bern, Cirencester/U.K. 1981.

W. H. McNeill, Venice, the Hinge of Europe. 1081–1797, Chicago, London 1974 (Reprint 1986).

M. Michler, Melchior Adam Weikard (1742–1803) und sein Weg in den Brownianismus: Medizin zwischen Aufklärung und Romantik. Eine medizinhistorische Biographie = Acta Historica Leopoldina, Bd. 24, Leipzig 1995.

A. Morozov, Lomonosov = Žizn´ zamečatel´nych ljudej, Bd. 5, Moskau 1961.

G. Mühlpfordt, Deutsch-russische Wisenschaftsbziehungen in der Zeit der Aufklärung (Christian Wolff und die Gründung der Petersburger Akademie der Wissenschaften), in: 450 Jahre Martin-Luther-Universität Halle-Wittenberg, Bd. 2, Halle/ Saale 1952, S. 169 ff.

K.-D. Müller, K. Nikischkin, G. Wagenlehner, Hrsg., Die Tragödie der Gefangenschaft in Deutschland und der Sowjetunion 1941–1945 = Schriften des Hannah-Ahrendt-Instituts für Totalitarismusforschung, Bd. 5, Köln, Weimar 1998.

N. I. Pavlenko, Petr Velikij [Peter d. Gr.], Moskau 1994.

Ju. A. Petrov, A. A. Semin, Hrsg., Nemcy Moskvy: istoričeskij vklad v kul´turu stolicy [Die Deutschen Moskaus: Ihr historischer Beitrag zur Kultur der Hauptstadt]. Sbornik dokladov, Moskau 1997 [Nemcy Moskvy].

G. Pferschy, Hrsg., Siegmund v. Herberstein. Kaiserlicher Gesandter und Begründer der Rußlandkunde und die europäische Diplomatie, Graz 1989.

R. Pipes, Russia under the Old Regime. The History of Civilization, New York 1974.

S. F. Platonov, Moskva i Zapad [Rußland und der Westen], Berlin 1926.

I. R. Pleve, Nemeckie kolonii na Volge vo vtoroj polovine XVIII v. [Deutsche Kolonien an der Wolga in der zweiten Hälfte des 18. Jhs.], 2. Aufl., Moskau 2000.

R. W. F. Pope, Fools and Folly in Old Russia, in: Slavic Review, Bd. 39, Heft 3 (Sept. 1980), S. 478 ff.

O. Pritsak, The Origins of Rus´, Bd. 1, Cambridge, Mass. 1981.

A. Rammelmeyer, Die Philipps-Universität zu Marburg in der russischen Geistesgeschichte und schönen Literatur, in: Mitteilungen des Universitätsbundes Marburg 1957, S. 70 ff.

G. v. Rauch, Zarenreich und Sowjetstaat im Spiegel der Geschichte. Aufsätze und Vorträge. Festschrift für G. v. Rauch zum 75. Geburtstag, Göttingen, Frankfurt, Zürich 1968.

H. Rothe, Hrsg., Deutsche in Rußland, Köln, Weimar, Wien 1996.

K. H. Ruffmann, Das Rußlandbild im England Shakespeares = Göttinger Bausteine zur Geschichtwissenschaft, Bd. 6, Göttingen 1952.

P. Scheibert, Lomonosov, Christian Wolff und die Universität Marburg, in: Academia Marburgensis, Bd. 1 (1977), S. 231 ff.

K. Schlögel, Berlin. Ostbahnhof Europas. Russen und Deutsche in ihrem Jahrhundert, Berlin 1998.

I. Schnack, Lebensbilder aus Kurhessen und Waldeck, Bd. 1 ff., = Veröffentlichungen der Historischen Kommission für Hessen und Waldeck, Bd. 20, Marburg 1939 ff.

G. Schramm, Altrußlands Anfang. Historische Schlüsse aus Namen, Wörtern und Texten zum 9. und 10. Jahrhundert = Rombach Wissenschaften. Reihe Historiae, Bd. 12, Freiburg/Br. 2002.

Ders., Fernhandel und frühe Reichsbildung am Ostrand Europas. Zur historischen Einordnung der Kiever Rus´, in: Staat und Gesellschaft in Mittelalter und früher Neuzeit. Gedenkschrift für Joachim Leuschner, Göttingen 1983, S. 15 ff.

Ders., Gentem suam Rhos vocari dicebant. Hintergründe der ältesten Erwähnung von Russen (a. 839), in: Ostmitteleuropa. Berichte und Forschungen. Gotthold Rhode zum 28. Januar 1981, U. Hanstein, G.W. Strobel, G. Wagner, Hrsg., Stuttgart 1981, S. 1 ff.

Ders., Die Herkunft des Namens Rus´: Kritik des Forschungsstandes, in: Forschungen zur Osteuropäischen Geschichte, Bd. 30, Berlin 1982, S. 7 ff.

E. Seraphim, Baltische Geschichte im Grundriß, Reval 1908.

Ders., Geschichte Liv-, Est- und Kurlands von der „Aufsegelung" des Landes bis zur Einverleibung in das russische Reich. Eine populäre Darstellung, Bd. 2, Reval 1896.

Ders., Livländische Geschichte von der „Aufsegelung" der Lande bis zur Einverleibung in das russische Reich. Ein Hausbuch, Bd. 3: Die Geschichte des Herzogtums Kurland, 2. Aufl., Reval 1904.

J. Z. Serman, Mikhail Lomonosov. Life and Poetry, Jerusalem 1988 [Serman].

R. G. Skrynnikov, Ivan Groznyj [Ivan d. Schreckliche], Moskau 1975, S. 169 ff. (ins Englische übersezt von H. Graham)

R. G. Skrynnikov, Načalo opričniny [Der Beginn der Opričnina] = Učenye zapiski gos. Ped. Instituta im. A. I. Gercena, Nr. 294, Leningrad 1966, S. 271 ff.

Ders., Opričnaja zemel´naja reforma Groznogo 1565 g. [Die Landreform der Opričninazeit Ivans des Schrecklichen von 1565], in: Istoričeskie zapiski, Bd. 70 (1961), S. 223 ff.

W. Speitkamp, Restauration als Transformation. Untersuchungen zur kurhessischen Verfassung 1813–1830 = Quellen und Forschungen zur hessischen Geschichte, Bd. 67, Darmstadt, Marburg 1986.

B. Spuler, Die Goldene Horde. Die Mongolen in Rußland, 2. Aufl., Wiesbaden 1965.

G. Stökl, Die historischen Grundlagen des russischen Deutschlandbildes, in: Deutsche im Europäischen Osten = Studien zum Deutschtum im Osten, Bd. 13, Köln, Wien 1976, 3. Aufl., Stuttgart 1982.

Ders., Osteuropa und die Deutschen. Geschichte und Gegenwart einer spannungsreichen Nachbarschaft, Oldenburg, Hamburg 1967.

Chr. Streit, Keine Kameraden. Die Wehrmacht und die sowjetischen Kriegsgefangenen 1941–1945, 2. Aufl., Bonn, Dietz 1997.

G. Stricker, Hrsg., Deutsche Geschichte im Osten Europas. Rußland, Berlin 1997.

M. A. Taube, Iogann Taube sovetnik carja Ivana Groznogo [Johann Taube als Berater Ivans d. Schrecklichen], in: Novyj Žurnal, Bd. 71 (1963), S. 170 ff.

N. K. Teletova, Pervyj russkij liričeskij poet P. A. Kvašnin-Samarin [Der erste russische lyrische Dichter P. A. Kvašnin-Samarin], in: TODRL, Bd. XLVII (1993), 393 ff.

S. M. Troickij, Rossija v XVIII veke [Rußland im 18. Jh.], Moskau 1982.

H. Uebersberger, Österreich und Rußland seit dem Ende des 15. Jahrhunderts, Bd. 1, Wien, Leipzig 1906.

Ch. Verlinden, L'esclavage dans l'europe médiévale, Bd. 1-2 = Werken uitgeven door de Faculteit van de Letteren en Wijsbegeerte, Nr. 1991, 162, Brüssel 1955, Gent 1977.

M. Welke, Rußland in der deutschen Publizistik des 17. Jahrhunderts (1612–1689), in: Forschungen zur Osteuropäischen Geschichte, Bd. 23, Berlin 1976.

Das Werden Hessens, W. Heinemeyer, Hrsg. = Veröffentlichungen der Historischen Kommission für Hessen, Bd. 50, Marburg 1986.

A. Yanov, The Origins of Autocracy. Ivan the Terrible in Russian History, Berkeley, Los Angeles, London 1981.

Willingshäuser Hefte, Bd. 1(1990) ff., hier: Bd. 4 (1994).

E. Winter, Deutsch-slawische Wechselseitigkeit, besonders in der Geschichte der Wissenschaft. Deutsch-russische Wissenschaftsbeziehungen im 18. Jahrhundert = Sitzungsberichte der Akad. d. Wiss. der DDR, Berlin (Ost), 1981.

E. Winter, C. Grau, P. Hoffmann, H. Lemke, Hrsg., Lomonosov, Schlözer, Pallas. Deutsch-russische Wissenschaftsbeziehungen im 18. Jahrhundert, Berlin (Ost 1962).

R. Wittram, Baltische Geschichte. Die Ostseelande Livland, Estland, Kurland 1180–1918, München 1954.

Ders., Peter I. Czar und Kaiser, Göttingen 1964, 2 Bde. [Wittram].

H. Wunder, Dynastie und Herrschaftssicherung. Geschlechter und Geschlecht, in: Dynastie und Herrschaftssicherung in der frühen Neuzeit, Berlin 2002, S. 9 ff.

P. A. Žilin, Otečestvennaja vojna 1812 goda [Der Vaterländische Krieg des Jahres 1812], Moskau 1988.

A. A. Zimin, Opričnina Ivana Grozonogo [Die Opričnina Ivans d. Schrecklichen], Moskau 1964.